W0300059

NDRC

BTS NDRC

1re et 2e années

Négociation et Digitalisation
de la Relation Client

Relation Client

et négociation vente

2e ÉDITION

Sous la direction de :
Laurence Garnier

Marie José Chacon Benito, Carole Hamon,
Sandrine Jouanard, Xavier Le Ven, Laure Manoury

Nathan
TECHNIQUE

Avec ce livre, une licence i-Manuel 2.0

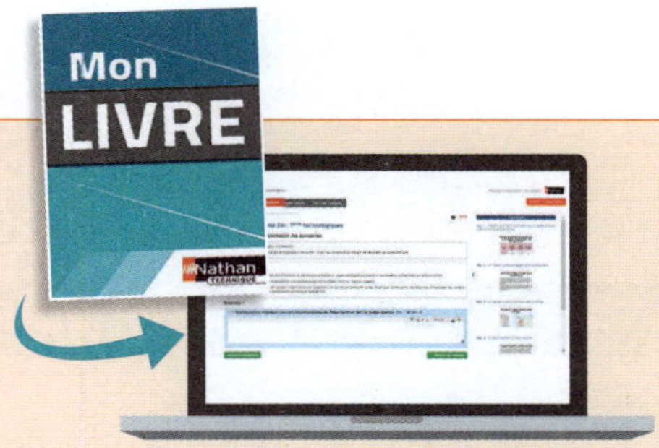

Le i-Manuel 2.0, un outil simple d'utilisation qui reprend l'ensemble des contenus de ce livre sous forme numérique et interactive.

Il permet d'accéder au contenu de ce manuel à tout moment et en tout lieu sur un ordinateur ou une tablette. L'utilisateur peut donc passer du papier au numérique et choisir le support qui lui convient le mieux selon le travail à faire et le lieu où il se trouve.

Une véritable interactivité entre l'enseignant et sa classe

- **Vidéoprojeter** en classe les activités, les documents et les corrections pour animer les cours et travailler collectivement.
- N **Feuilleter le livre papier enrichi et le télécharger** pour un usage sans connexion.
- N Bénéficier d'**une banque de ressources.**
- **Piloter la classe** en assurant le suivi du travail des élèves à distance et en cours (recevoir et envoyer du travail, faire des commentaires, intervenir en temps réel).
- **Intégrer et envoyer à la classe**, à un ou plusieurs élèves, **des documents personnels**.
- **Afficher les corrigés** ou la correction individuelle du travail de l'élève.
- **Imprimer** les documents nécessaires pour mettre les élèves en **situation d'examen**.

Des fonctionnalités innovantes pour favoriser l'intérêt, la motivation et l'implication des élèves

- **Saisir les réponses** en travaillant sur ordinateur ou tablette.
- **Faire les activités et les exercices**, préparer ou réviser le cours **en classe ou à la maison**.
- **Accéder** aux **ressources numériques**, vidéos, fichiers élèves (Word, Excel, GeoGebra...).
- **Sauvegarder** au **format Word** le travail effectué dans un dossier (classeur).
- **Envoyer le travail** au professeur.
- **S'enregistrer** pour les activités orales.
- **S'auto-évaluer**.

Toutes les infos et les tutos sur www.nathan.fr/i-manuel2

Avec ce livre, des ressources numériques en accès direct

Flashez les QR Codes avec votre smartphone ou saisissez les mini-liens associés pour accéder à des vidéos, animations, QCM…

Sommaire

Cet ouvrage peut contenir des liens hypertextes vers des sites internet. L'Editeur prend le plus grand soin dans la sélection des liens hypertextes pour leur intérêt pédagogique et leur sérieux. Néanmoins, l'Editeur ne saurait garantir la pérennité, les contenus et les services qui sont proposés. Il appartient aux Utilisateurs d'être vigilants sur les liens hypertextes et de signaler à l'Editeur tout problème pour lui permettre de faire évoluer l'ouvrage.

Édition : Anna-Tatum Villalba, Florence Terrasse
Fabrication : Emmanuelle Perrier
Conception couverture : Vincent Rioult
Conception maquette intérieure : Anne-Danielle Naname, Lucas Cholewa
Mise en pages : Anne-Charlottte Reyntjens/NordCompo
Infographies : Nathalie Guéveneux Nourry / Domino, Vincent Landrin

ISBN : 978-2-09-167668-5

Sommaire des fiches ressources

Sommaire des ressources numériques

Ce pictogramme indique les savoirs managériaux qui peuvent être traités en CEJM appliquée.

Ce pictogramme indique les savoirs juridiques qui peuvent être traités en CEJM appliquée.

Ce pictogramme permet de repérer les questions qui font appel à l'utilisation d'outils numériques, notamment ceux de la plateforme numérique du BTS NDRC. Les questions sur les outils Prestashop et Wordpress permettent de s'entraîner à l'épreuve pratique du BTS NDRC.

CHAPITRE 1

Analyser la politique commerciale de l'entreprise

Contexte professionnel

Activité/Tâche
Gestion de portefeuille clients

Compétence
Analyser un portefeuille clients.

Vers PIX
1.2. Gérer des données
1.3. Traiter des données

Répare est une jeune entreprise située près de Tours (Indre-et-Loire), spécialisée dans le recyclage et la distribution de matériel mobile et informatique de qualité. Elle rachète des lots de smartphones, tablettes et ordinateurs portables d'occasion auprès d'opérateurs en Europe et aux États-Unis, et les reconditionne pour les revendre remis à neuf, 15 à 40 % moins cher avec une garantie d'un an. Ses clients sont des grossistes, des distributeurs ou encore des places de marché comme Vente-privée, la FNAC…
Son concept séduit puisque l'entreprise est en forte expansion et son chiffre d'affaires est de 130 millions d'euros.
Actuellement, Répare revend les appareils reconditionnés sous deux marques : Répare in France pour le haut de gamme et Light Défaut pour le matériel présentant un léger défaut esthétique.

Votre rôle

Vous venez d'intégrer l'entreprise Répare en tant que commercial(e). Dans le cadre de votre intégration, et avant de vous former aux produits, vous êtes chargé(e) de l'analyse du marché et de la stratégie marketing.

Vos objectifs

I Analyser le marché de l'entreprise Répare

Vous commencez par regrouper des informations pour appréhender la situation du marché.

1 Présentez le marché sur lequel intervient l'entreprise Répare (indicateurs clés, évolution, spécificités). — Fiche ressource 1 ; Annexe 1

2 Repérez les acteurs (offreurs et demandeurs) du marché. — Annexes 2 et 3

3 Analysez la concurrence :
- sa structure ;
- les parts de marché en valeur de chaque offreur ;
- les stratégies de chaque concurrent.

4 Caractérisez la demande : type et profil d'acheteur, lieu d'achat… — Annexes 3 et 4

II Définir le marketing stratégique et opérationnel de l'entreprise

Lors du séminaire d'intégration des nouvelles recrues, vous assistez à une intervention du directeur général de Répare, qui vous expose la stratégie de l'entreprise à court et moyen terme.

5 Identifiez ce qui a poussé M. Mallet à se lancer sur ce marché. — Annexe 5

6 Reformulez les éléments du marketing stratégique évoqués dans l'entretien en termes de segmentation, de ciblage et de positionnement. — Fiche ressource 2

7 Décrivez la politique commerciale de l'entreprise en utilisant le modèle des 5P. — Fiche ressource 3 ; Annexes 5, 6, 7 et 8

8 Analysez et justifiez la cohérence de ce plan de marchéage avec le marketing stratégique.

III Expliquer l'offre produit et la politique de gamme

Votre formation se poursuit… Vous devez maîtriser l'offre de l'entreprise avant de partir sur le terrain.

9 Énumérez les dimensions matérielle, fonctionnelle et d'image du smartphone reconditionné. — Fiche ressource 4 ; Annexe 6

10 Identifiez la phase du cycle de vie dans laquelle se situent les smartphones Répare. Justifiez votre réponse. — Annexes 1 et 2

11 Présentez la gamme de Répare : sa dimension, sa structure, sa gestion ainsi que les éléments de différenciation des produits. — Annexes 6 et 9

12 Définissez le rôle et la stratégie de marque de l'entreprise. — Fiche ressource 5 ; Annexe 5

13 Analysez les qualités commerciales et juridiques de la marque Répare in France.

14 Recherchez la disponibilité du nom du nouveau service Répare Rent sur le site de l'INPI (https://bases-marques.inpi.fr/) et expliquez les démarches à réaliser pour protéger ce nouveau service. — Annexe 9

Votre dossier

Annexe 1 — Le marché du smartphone d'occasion

Ce marché de l'occasion, né à la fin des années 2000, affiche une croissance soutenue en France. Alors que les ventes de smartphones neufs stagnent à 1 371 millions d'unités vendues dans le monde, le marché d'occasion est passé de 80 millions d'unités vendues en 2015 à 225 millions en 2020.
En effet, un smartphone neuf a une durée de vie très courte vis-à-vis des autres appareils connectés, et n'est garanti que deux ans.

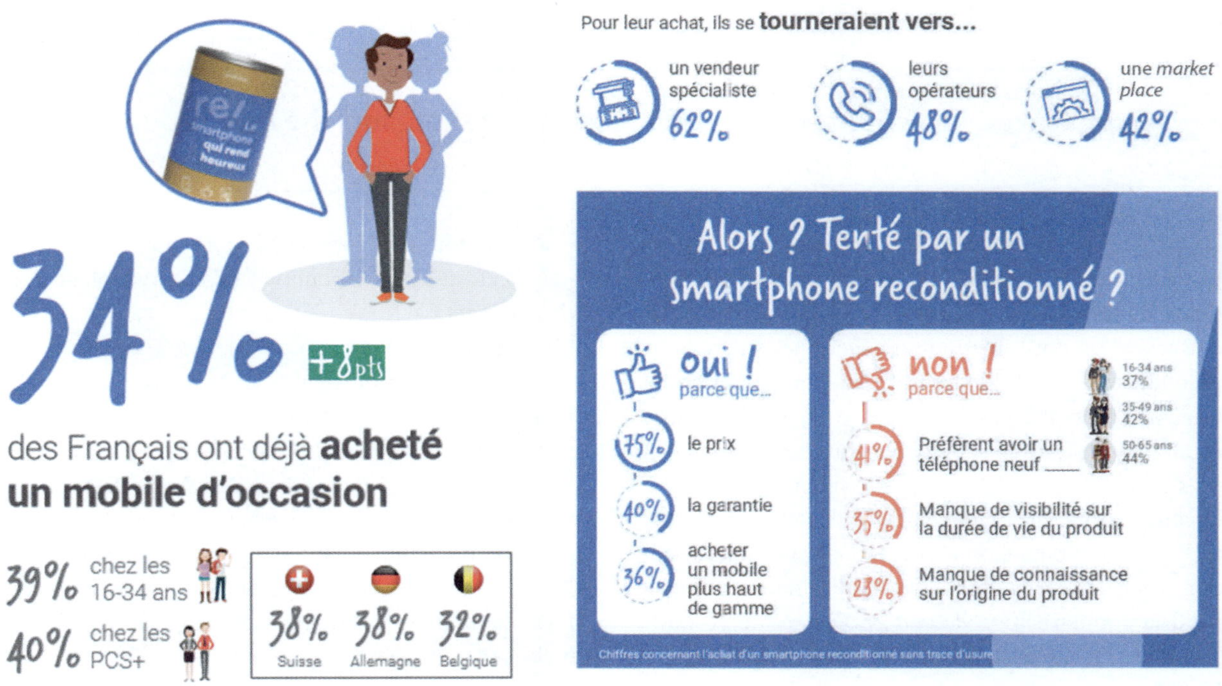

Source : baromètre Recommerce Kantar 2021

Annexe 2 — Les offreurs sur ce marché en France

RÉPARE
- Leader du secteur en France
- CA : 130 millions d'euros (+ 25 % en un an)
- Nombre de produits reconditionnés : 750 000 téléphones, 100 000 tablettes, 80 000 ordinateurs de toutes marques
- Garantie : 1 an
- Effectif : 450 personnes
- Cibles : B to B et B to C

Recommerce
- N° 2 du secteur en France
- CA : 34 millions d'euros
- Effectif : 65 personnes en France
- Nombre de produits reconditionnés : 600 000 téléphones de toutes marques
- Garantie : 6 mois
- Cibles : B to B et B to C

Autres offreurs

- **Back Market**
CA : 18 millions d'euros
Effectif : 35 personnes
Nombre de produits reconditionnés : 300 000 téléphones
Cible : B to C
Pure players (canal unique de vente)

- **Love 2 Recycle**
CA : 8 millions d'euros
Achat de produits d'occasion et vente de téléphones reconditionnés en ligne aux particuliers.
Une des 12 sociétés du groupe ANOV (réparation de matériel électronique)

Annexe 3 Répartition de la demande : parts de marché relatives

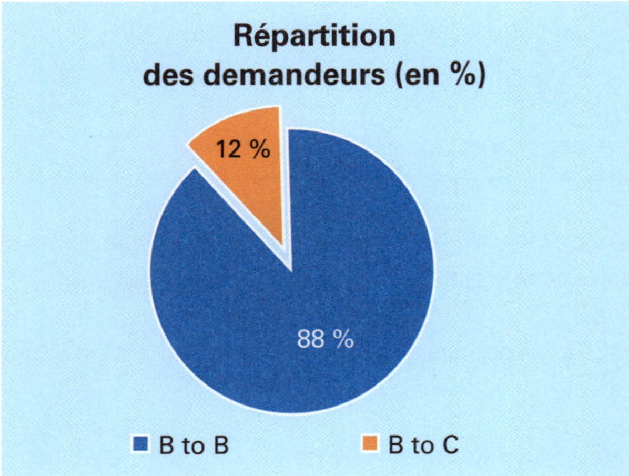

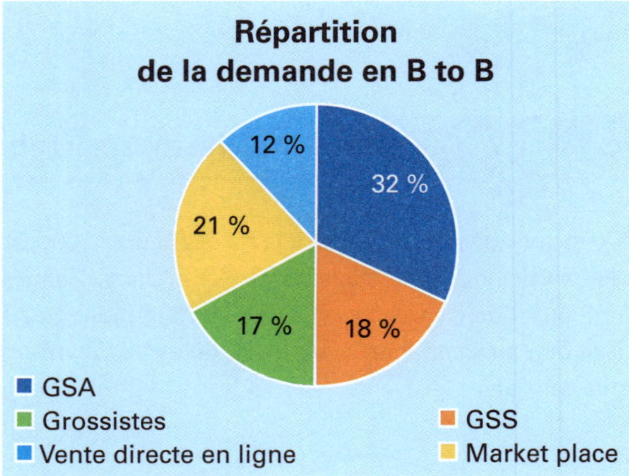

Annexe 4 La crise sanitaire, un accélérateur sur le marché du téléphone reconditionné

La crise sanitaire du covid-19 a rebattu les cartes des tendances de consommation des Français, plus soucieux d'acheter responsable et français. [...] 60 % des Français ont acheté ou ont l'intention d'acheter un smartphone reconditionné [...]. Les consommateurs se montrent également prêts à débourser davantage malgré un contexte économique incertain : 23 % sont ainsi disposés à payer plus de 250 € pour un smartphone reconditionné [...].
Et cette tendance ne se limite plus seulement aux jeunes : 52 % des baby-boomers interrogés ont également l'intention d'acheter un smartphone reconditionné, soulignant ainsi la popularisation de cette catégorie de produits auprès de toutes les tranches d'âge de la population.
Plusieurs autres facteurs permettent d'expliquer cet engouement :

- une meilleure connaissance du produit [...]
- des prix plus attractifs par rapport au neuf [...] ;
- vient ensuite la contribution à la préservation de l'environnement [...].

Alors qu'en 2018, on notait que 83 % des Français conservaient un à plusieurs (voire plus de trois) téléphones dont ils ne se servaient plus, on constate aujourd'hui qu'ils sont plus de la moitié (59 %) à avoir déjà revendu un ou plusieurs téléphones afin qu'il(s) soie(nt) reconditionné(s) ou à l'envisager. Cette vente ou cette intention de vente constitue un phénomène de masse chez les moins de 35 ans avec 66 % d'entre eux qui ont déjà vendu un téléphone dont ils ne se servent plus ou envisagent de le faire.

Source : sondage IFOP du 02 décembre 2020
https://www.ifop.com

Annexe 5 Entretien avec le directeur général de Répare

M. Mallet : Je peux commencer par vous raconter la naissance du concept. J'ai découvert qu'il existait une anomalie sur le marché du smartphone d'occasion. En effet, un produit à réparer était acheté à un consommateur ou un distributeur qui souhaitait « se débarrasser » du produit usagé. Il était ensuite revendu à la Chine, qui le reconditionnait et l'exportait. Si on réindustrialisait le processus de recyclage en Europe, on pouvait revendre encore moins cher ! C'est le point de départ…

Vous : Et vous vous êtes lancé aussitôt ? Du jour au lendemain ?

M. Mallet : Non, j'ai d'abord étudié le marché, ce qui m'a permis de conforter ma vision. On achète de nouveaux smartphones de plus en plus vite. Maintenant, quand on en a un d'un an, même s'il fonctionne bien, on en veut un nouveau. Environ 50 % des consommateurs revendent leur smartphone et, en France, trois Français sur dix sont adeptes du mobile d'occasion.
Un second marché s'est donc structuré dans l'Hexagone. Actuellement, tous les opérateurs téléphoniques proposent de reprendre des smartphones alors que cela a longtemps été un marché où il n'y avait pas de recyclage, de revendeurs, de repackaging. Il y a encore dix ans, la technologie changeait tellement rapidement qu'un téléphone de deux ans était bon à jeter. La technologie s'est stabilisée, ce qui favorise la revente de smartphones. Tant et si bien que le marché d'occasion cannibalise celui des nouveaux smartphones, comme dans l'industrie de l'automobile. Si les personnes ne peuvent s'acheter le téléphone à 1 000 €, elles préféreront s'offrir un smartphone d'occasion à 250 € mais pas un neuf à 150 € !

• • •

Annexe 5 — Entretien avec le directeur général de Répare (suite)

Vous : Vous parlez du consommateur final. Or, vous avez choisi de travailler principalement avec les intermédiaires. Pourquoi ?

M. Mallet : Je veux voir loin et grand. Ce qui m'intéresse, c'est de faire du volume et d'être reconnu comme le leader incontesté en proposant des produits de qualité. J'ai donc segmenté mon offre entre mobilité (tablette et smartphone) et informatique (PC portable principalement) ; et, plus récemment, les accessoires. Ma cible est les revendeurs : grossistes, distributeurs et les *pure players* (revendeurs sur le Web uniquement) qui vont prendre en charge la commercialisation et la communication. Le positionnement qui en découle est donc « premium », « *made in France* », avec une connotation durable puisqu'on prolonge la durée de vie des produits et que l'on réduit la consommation des métaux.

Vous : Pour conclure, quel est votre projet à court terme ?

M. Mallet : Bien entendu, être le leader dans mon domaine, voire en Europe grâce au savoir-faire de mon personnel ! Nous étions à peine 100 à l'origine pour atteindre 450 personnes cette année. Une Répare Academy a été créée car il n'y a pas d'école dans notre domaine ! 132 personnes ont pu suivre cette formation depuis un an.

Annexe 6 — Les produits Répare

- **Smartphones :** 20 références (C'est la famille qui génère le plus de CA.)
- **Tablettes :** 5 références
- **Montres :** 3 références
- **PC :** 8 références (principalement de la marque Apple et Microsoft)
- **Accessoires reconditionnés :** 3 types d'écouteurs et 15 modèles de chargeurs

Les produits sont garantis pendant un an et le service après-vente répond aux mails en moins de 35 minutes.
Les prix varient entre 180 et 600 € en fonction du modèle avec une qualité « premium », assurée par le grade « A+ », qui correspond au plus haut grade de qualité possible dans la gamme d'appareils reconditionnés.

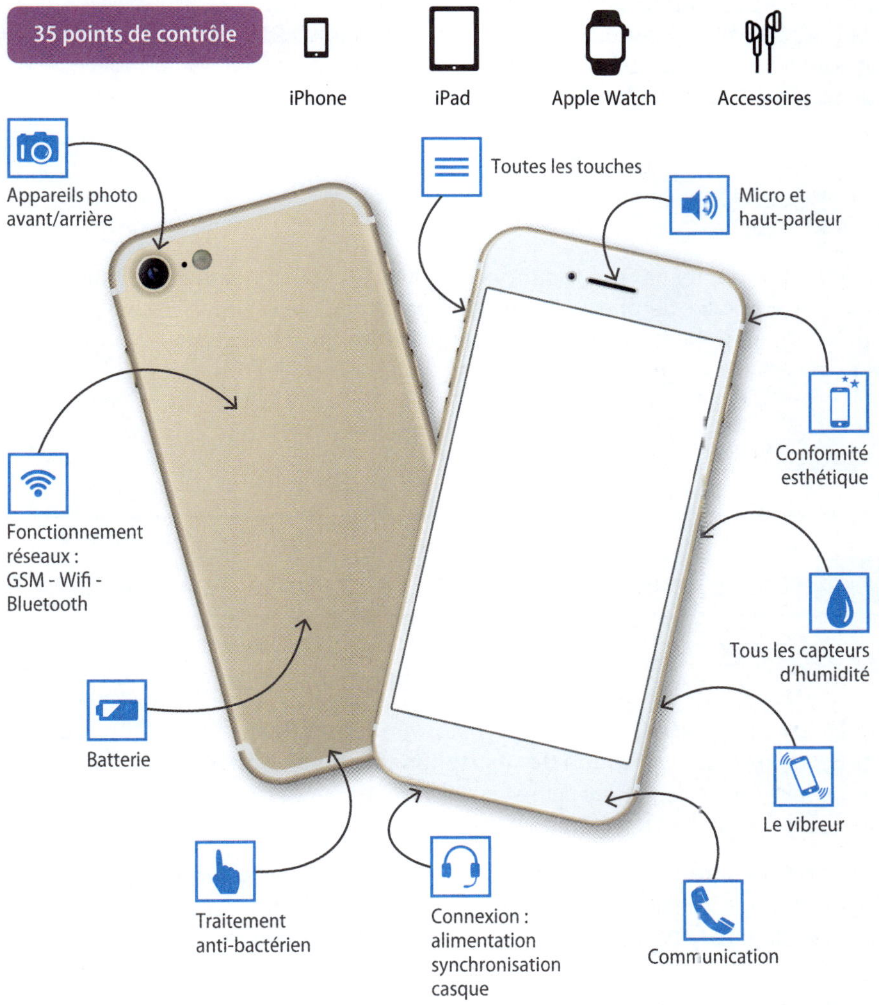

Annexe 7 — Les valeurs de l'entreprise

Fabrication française

Situé au cœur de l'Indre-et-Loire, le site industriel de Répare s'étend sur 2 hectares. Tous nos métiers sont gérés en interne sans sous-traitance.

Savoir-faire

Notre expertise est réalisée par plus de 50 collaborateurs spécialisés dans l'électronique et les nouvelles technologies numériques, le recyclage et le reconditionnement d'appareils nomades. Notre savoir-faire s'appuie sur la compétence des hommes au cœur d'une industrie de pointe.

Un label de qualité

Les produits et services sont labellisés et garantis en accord avec les normes ISO : ISO9001 – ISO14001 – ISO27001.

Nous nous engageons à n'utiliser que des pièces d'origine recyclées dans nos usines.

Annexe 8 — Avis des usagers

Posté le 20-01-N à 14:44:44

Vincent M36

Bonjour à tous,

Connaissez-vous RÉPARE ?

En fait, je lance un sujet à propos des iPhone reconditionnés. À défaut d'avoir trouvé des réponses satisfaisantes sur le Web...

Je m'explique : depuis la dernière Keynote, APPLE a baissé les prix de l'iPhone 6 sur le store, j'avais envie de me tourner vers cet iPhone sans toutefois en payer le prix fort.

Alors en faisant le tour des différentes offres proposées, je suis tombé sur RÉPARE via Pixmania (ils vendent aussi sur Cdiscount, Ventes-privées et même sur PriceMinister).

J'aimerais connaître vos avis sur RÉPARE (si toutefois vous aviez déjà commandé chez eux).

J'aime — Répondre

Posté le 10-02-N à 13:59:14

Lucie956

J'ai acquis un mobile par Cdiscount de Répare. Je n'ai eu aucun problème ; il est garanti 1 an. Que demander de plus pour un tél d'occasion ? Je n'ai pas trouvé mieux et si toutes les plateformes de vente en ligne les vendent, c'est que ça doit pas être si mauvais que ça !

En tout cas, moi je suis ravie. En plus, il y a un mois, j'ai cassé mon écran et il a été pris en charge par le SAV ! Top !

J'aime — Répondre

Annexe 9 — Communiqué de presse de l'entreprise du 19 mars N

Une nouvelle offre

L'entreprise Répare continue de grandir en élargissant son offre avec **Répare Rent**. Ce nouveau service, complémentaire avec l'activité première de Répare, propose la **location de smartphones reconditionnés**. Il s'agit, tout simplement, de louer un smartphone durant des durées variables, ce qui permet au locataire de bénéficier d'un smartphone dans un état proche du neuf, sans avoir à débourser des sommes importantes comme lors d'un achat.

Par exemple, **un iPhone 6 (16 Go) (prix neuf : 600 €) sera proposé à la location à seulement 14,99 € par mois** (modèle reconditionné avec engagement 24 mois). Le contrat de location n'implique aucun frais de dossier ou droit d'entrée. Les équipements sont garantis un an et chaque produit sera livré avec ses accessoires neufs.

Service Communication de Répare

FICHE RESSOURCE

1

LE MARCHÉ DE L'ENTREPRISE

I La notion de marché

Un marché correspond à un lieu de rencontre, qui peut être physique ou virtuel (comme la place de marché eBay ou Amazon), entre des offreurs qui vendent un bien ou un service et des demandeurs qui proposent de la monnaie en échange. Le marché permet de fixer le prix de vente du bien ou du service.
Le marché doit être analysé par l'entreprise afin d'y saisir les opportunités et de faire face aux menaces. Il est nécessaire d'identifier les acteurs en présence et d'évaluer leur représentativité (nombre, force…) et les échanges (en volume et en valeur).

1. Les acteurs

Les offreurs →
- Producteurs ou fabricants
- Revendeurs (grossistes, détaillants)

Les demandeurs →
- Consommateurs ou utilisateurs
- Particuliers ou professionnels
- Acheteurs ou décideurs
- Prescripteurs (individus qui, par leurs activités, sont en position de recommander l'achat d'un produit ou d'une marque)

2. Les indicateurs du marché en valeur (euros) et volume (quantité)

Indicateur	Calcul	Illustration
Volume du marché	Quantité de biens ou de services échangés sur une période donnée	Le marché automobile français représente 1 650 082 voitures neuves en novembre 2020.
Valeur du marché	Quantité × Prix Ou Chiffre d'affaires (CA) total des offreurs	Le marché des smartphones représente 11,7 milliards d'euros en France en 2020.
Part de marché en volume	$\frac{\text{Quantité vendue par un offreur}}{\text{Quantités vendues sur le marché global}} \times 100$	La part de marché en volume de Leclerc est de 22 % en 2020 contre 19,5 % pour Carrefour.
Part de marché en valeur	$\frac{\text{CA d'un offreur}}{\text{CA total du marché}} \times 100$	La part de marché de Carrefour France en valeur est de 19,1 % en mai-juin 2021.
Occupation du marché	$\frac{\text{Nombre d'acheteurs}}{\text{Population totale}}$	Part de l'e-commerce : 40 millions de Français achètent sur Internet, soit 78,3 % des internautes français (source : FEVAD, 28 mai 2020).

Si l'entreprise détient la part de marché (en volume ou en valeur) la plus importante, elle occupe la position de leader. Le 2e est nommé « challenger » et les suivants « suiveurs » ou « outsiders ».

II L'offre du marché

1. Les formes de concurrence

• La **concurrence directe** comprend les entreprises produisant ou commercialisant un produit similaire sur un même marché.

EXEMPLE : Salomon et Asics sont concurrents sur le marché des chaussures de running/trail.

• La **concurrence indirecte ou secondaire** correspond aux entreprises présentes sur le marché et proposant des produits différents.

EXEMPLE : Le réseau d'autopartage CITIZ est un concurrent indirect de Hertz sur le marché de la location de voitures entre particuliers.

2. Les structures de marché

On distingue trois types de structure selon le nombre d'offreurs sur le marché.

Monopole	• Un seul acteur sur le marché • Exemple : les marchés publics comme la SNCF (mais le cas tend à disparaître)
Oligopole	• Quelques offreurs sur le marché (souvent dû à la concentration d'entreprises) • Exemple : le marché de l'automobile avec PSA, Renault/ Nissan, Volkswagen, Toyota
Marché atomisé	• Une multitude d'offreurs • Exemple : le marché de l'ameublement où l'on trouve des grandes surfaces spécialisées, des magasins franchisés et des indépendants ou artisans

III La demande

Sur un marché, la demande correspond aux quantités d'un bien ou d'un service que des clients sont prêts à acheter pour un prix donné.

1. Les types de clientèle

• **Les entreprises** : il peut s'agir de grandes entreprises, de TPE, de PME ou de distributeurs. On parle d'une relation B to B (*Business to Business*).

EXEMPLE : Michelin vend des pneus aux constructeurs automobiles comme Renault.

• **Les particuliers** : on parle de relation B to C (*Business to Consumer*), qui se caractérise par la vente sans intermédiaire entre une entreprise et le consommateur final.

EXEMPLE : Renault vend ses véhicules aux particuliers dans les concessions Renault.

• **Les administrations** : on parle de relation B to G (*Business to Government*). Il s'agit d'une entreprise qui fournit des produits à une administration.

EXEMPLE : les postiers utilisent de plus en plus des véhicules électriques, notamment la Renault Zoé.

2. La demande quantitative et qualitative

Pour quantifier la demande, on peut calculer :

– son évolution entre deux périodes en pourcentage : $\frac{\text{Ventes année N} - \text{Ventes années N-1}}{\text{Ventes années N}} \times 100$;

– sa part de marché relative : $\frac{\text{Nombre de clients de l'entreprise}}{\text{Nombre de clients du marché}}$;

– sa part de marché absolue : $\frac{\text{Nombre de clients de l'entreprise}}{\text{Nombre de clients potentiels}}$.

Les clients potentiels sont des individus qui ne sont pas encore clients mais qui peuvent le devenir (prospects).

Pour analyser qualitativement la demande, il faut s'intéresser au comportement d'achat des clients (habitudes et fréquence de consommation, critères d'achat…), au budget, à la répartition géographique des clients…

IV L'environnement

Pour compléter l'étude du marché, il faut prendre en compte les éléments de l'environnement qui influencent de manière positive ou négative l'entreprise. Le modèle PESTEL distingue les facteurs Politique (politique du gouvernement), Économique (contexte et politique économique), Sociologique (démographie, revenus…), Technologique (brevets…), Écologique (normes sur l'environnement), Légal (lois).

FICHE RESSOURCE

2

LE MARKETING STRATÉGIQUE

À l'issue de l'étude du marché, l'entreprise peut mettre en place sa stratégie marketing. Le marketing stratégique regroupe l'ensemble des décisions relatives à la stratégie marketing. Il doit être à la fois proche des clients pour permettre de personnaliser l'offre et capable de créer une relation durable : il s'agit d'un marketing de proximité, où l'organisation crée, développe et optimise de la valeur à vie sur des segments de clientèle visés. Il est à distinguer du marketing opérationnel, qui détermine les actions à court terme.

I Le diagnostic stratégique

L'étude du marché permet de réaliser :
– un diagnostic externe, qui porte sur l'environnement de l'entreprise, afin de déceler des opportunités et des menaces ;

> **EXEMPLE :** les opportunités peuvent être la croissance du marché, une innovation, une nouvelle technologie, un nouveau canal de distribution ou de communication… Les menaces comprennent des changements de comportement des consommateurs, une nouvelle législation, une norme, l'arrivée d'un concurrent…

– un diagnostic interne, qui porte sur les forces et les faiblesses de l'entreprise par rapport à ses concurrents.
La matrice SWOT (*Strenghts, Weaknesses, Opportunities, Threats*) peut être utilisée pour résumer ce diagnostic. Une fois celui-ci réalisé, on définit des objectifs stratégiques, c'est-à-dire les résultats que l'entreprise veut atteindre à long terme (volume de vente, part de marché, image…).

II La segmentation

Une fois que l'on a défini la place que l'entreprise doit occuper, on cherche à identifier les différents comportements des consommateurs et à découper le marché en sous-ensembles homogènes. C'est la segmentation. Pour qui créons-nous de la valeur ? Les clients sont au cœur de la démarche. Afin de mieux satisfaire les clients, il est possible de les classer en différents segments présentant des besoins, des comportements ou d'autres attributs communs.

III Le ciblage

La phase de ciblage détermine les consommateurs à qui l'entreprise décide de s'adresser (sa cible). Selon les cas, il peut s'agit d'un ou de plusieurs segments de clientèle (marché de niche, marché de masse…). Pour cela, l'entreprise prend en compte sa capacité à atteindre cette cible, qui peut être différente suivant l'objectif recherché :
– prospects que l'on doit conquérir pour asseoir, développer la valeur ;
– clients actuels à fidéliser en les accompagnant et en optimisant leur valeur à vie ;
– clients inactifs à relancer pour optimiser la valeur.

IV Le positionnement

Il correspond à la position que le produit ou la marque doit occuper dans l'esprit des consommateurs face à ses concurrents. Il doit être **crédible, différent** et **attractif** vis-à-vis du marché et dans l'esprit des consommateurs.
Le positionnement s'appuie sur des éléments techniques (performance, prix) ou psychologiques (image, évocations).

> **EXEMPLE :** le groupe hôtelier Accor a découpé son offre en trois segments : luxe, milieu de gamme et économique. Pour chaque segment, une catégorie d'hôtels vise une cible précise et un positionnement clair : Ibis pour le segment économique ; Novotel et Mercure pour le milieu de gamme ; Sofitel, Fairmont… pour le luxe. Les services et l'offre sont distincts pour chaque segment et la stratégie de prix renforce le positionnement.

FICHE RESSOURCE

3

LA POLITIQUE COMMERCIALE

La politique commerciale (ou marketing opérationnel) désigne l'ensemble des décisions permettant d'appliquer la stratégie marketing de l'entreprise. Il s'agit de la déclinaison du marketing stratégique au niveau opérationnel : la politique commerciale doit donc rester cohérente avec la segmentation, le ciblage et le positionnement prévus.

I La notion de *mix marketing*

La politique commerciale, encore appelée « plan de marchéage » (ou *mix marketing* en anglais), englobe cinq domaines opérationnels, appelés les « 5P » : *Product, Price, Place, Promotion* et *People*. Ils sont traduits en français par « Produit, Prix, Distribution, Communication et Personnel ».

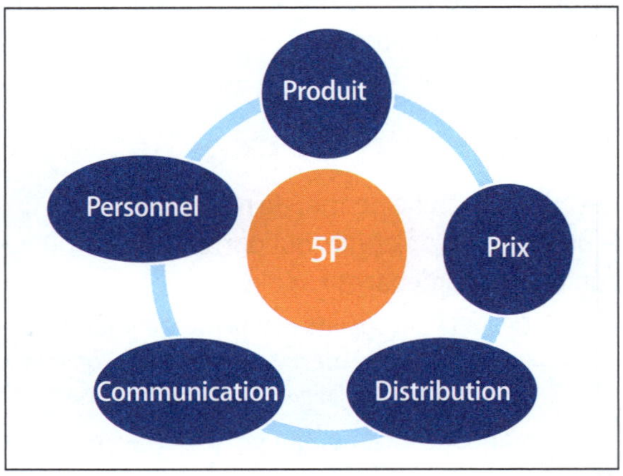

II Les éléments du mix : les 5P

Product (ou Produit : bien ou service)	On définit l'offre de produit, notamment ses caractéristiques et fonctionnalités, le conditionnement et l'emballage, la marque et la gamme.
Price (Prix)	Il est défini en tenant compte de la rentabilité recherchée, de la demande des clients et de la concurrence. Il peut varier au cours de la vie du produit.
Place (Distribution)	On choisit les circuits et les canaux de distribution, les méthodes de vente et le merchandising en privilégiant une fluidité et une continuité pour le client dans le processus d'achat : proposition d'un seul canal de distribution (monocanal), de plusieurs canaux indépendants (multicanal), voire de canaux qui fonctionnent ensemble (crosscanal ou omnicanal). La politique de distribution peut être soit intensive (commercialisation dans un maximum de distributeurs), soit sélective (les distributeurs sont sélectionnés), soit exclusive (le produit est vendu par une seule catégorie de distributeurs).
Promotion (Communication)	Il s'agit ici de déterminer comment on communique sur le produit : on définit donc l'ensemble des informations, des messages et des campagnes de communication émis en direction du public. On peut utiliser la communication ***on*** et ***off line*** selon le modèle **POEM** : – ***Paid Media*** (ou audiences achetées) : TV, affichage, presse et *display*, *search* et affiliation… ; – ***Owned Media*** (ou audience contrôlée par l'entreprise) : packaging, brochure, point de vente et site Internet de la marque, application mobile… ; – ***Earned Media*** (ou audiences générées par les conversations) : bouche-à-oreille, blogs, forums, conversations sur les réseaux sociaux…
People (Personnel)	Il s'agit des personnes au service de la clientèle et de la relation client. Un personnel ambassadeur, disponible, à l'écoute, aimable et souriant peut permettre d'influencer la décision d'achat.

FICHE RESSOURCE

4

LA POLITIQUE DE PRODUIT DE L'ENTREPRISE

Le produit (bien ou service) est un ensemble de caractéristiques destinées à satisfaire au mieux les besoins des consommateurs.

I Les dimensions d'un produit

Le produit se caractérise par trois dimensions :
– une **dimension matérielle** : il s'agit des caractéristiques techniques du produit (sa forme, sa taille, les matériaux, les technologies, son design…) ;

EXEMPLE : un fauteuil de bureau en cuir noir avec dossier pivotant et accoudoirs en bois vernis.

– une **dimension fonctionnelle** : c'est la valeur d'usage du produit ;

EXEMPLE : le fauteuil sert à s'asseoir !

– une **dimension d'image** : elle est liée à la position et à la notoriété du produit. Elle s'exprime à travers quatre éléments : le conditionnement ou l'emballage, le nom ou la marque, la stylique ou le design, l'étiquette du produit.

EXEMPLE : une chaise Philippe Starck (designer) sera très recherchée.

II Le cycle de vie

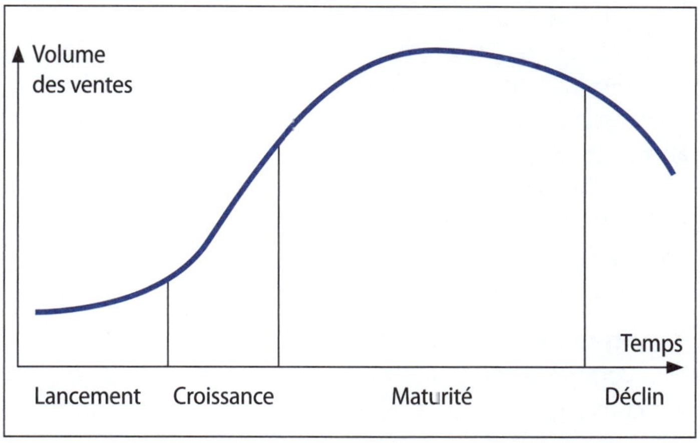

Le cycle de vie retrace la vie du produit en fonction de l'évolution des ventes au cours du temps.

1. Le lancement : acquisition d'une notoriété

Le produit arrive sur le marché ; la concurrence est faible ou inexistante (monopole), donc il est possible d'avoir un prix élevé pour financer les investissements en R&D et compenser le coût de production. Le volume de ventes est encore faible, le produit n'est pas rentabilisé. L'entreprise doit faire connaître le produit par le biais d'investissements de communication importants, pour attirer les clients.

2. La croissance : augmentation de la part de marché

Les ventes progressent de manière importante, le produit est connu, la concurrence apparaît et devient forte. L'entreprise peut alors faire jouer les économies d'échelle ; le produit devient rentable, les prix ont tendance à diminuer, l'entreprise cherche à accroître sa part de marché, son avance concurrentielle et à se différencier.

3. La maturité : maintien des parts de marché et accroissement des profits

Les ventes atteignent un niveau maximal, les parts de marché se stabilisent. Les coûts de production sont maîtrisés, le profit est maximum. L'entreprise cherche à fidéliser son marché pour maintenir ses parts de marché en diminuant ses prix de vente et en augmentant les promotions et la publicité. C'est le moment où elle se remet en cause et doit investir dans de nouveaux produits.

4. Le déclin : réduction des dépenses

Les indicateurs passent au rouge : déclin des ventes, déclin des bénéfices, le produit devient coûteux pour l'entreprise. Celle-ci opte pour l'abandon ou la relance. Dans le dernier cas, on parle de rajeunissement de produit (exemple : les tennis Adidas Stan Smith).
Attention : tous les produits n'ont pas le même cycle de vie.

III La politique de gamme

Une gamme de produits rassemble les produits susceptibles de satisfaire les mêmes besoins. Elle permet à l'entreprise de proposer une offre correspondant à différents segments.

EXEMPLE : la famille « Soin de la peau » est divisée en plusieurs gammes : « Soin du visage », « Soin du corps », « Solaires » et « Nettoyants ».

1. La dimension de la gamme

La gamme comporte des lignes ou familles de produits qui renferment des produits ayant une caractéristique commune. La dimension s'apprécie autour de trois critères :
– la longueur : nombre total de produits de toutes les familles ;
– la largeur : nombre de familles existantes ;
– la profondeur : nombre de produits par famille.
Selon les objectifs poursuivis, l'entreprise optera pour :
– une gamme longue (ou large) si elle cherche à augmenter son CA en proposant un produit pour chaque segment de clientèle ;

EXEMPLE : les constructeurs automobiles proposent un monospace pour les familles, une citadine pour les couples en ville, un modèle électrique pour les citadins soucieux de l'environnement…

– une gamme courte (ou étroite) si elle désire minimiser les coûts.

EXEMPLE : la start-up Doctolib propose un agenda en ligne pour tous les professionnels de la santé.

2. La structure d'une gamme

Au sein de la gamme, les produits peuvent avoir des rôles différents :
– les produits leaders assurent la plus grande partie du CA (par exemple, chez Apple, l'iPhone) ;
– les produits d'appel attirent les consommateurs (AirPods ou le MacBook Pro) ;
– les produits de prestige valorisent la gamme (iPhone 12) ;
– les produits tactiques contrent la concurrence (Apple TV+ ou Apple Arcade [jeu vidéo par abonnement]) ;
– les produits régulateurs régulent les ventes lors d'activités saisonnières.
Attention : l'entreprise doit veiller à ne pas cannibaliser des produits entre eux, c'est-à-dire que les ventes d'un produit de la marque ne doivent pas provenir d'une diminution des ventes d'un autre produit substituable.

3. La gestion d'une gamme

Tout comme les produits, la gamme a une vie qui s'organise autour de quatre stratégies :
– la consolidation consiste à compléter l'offre par le lancement de nouveaux produits ;
– l'élargissement correspond à une stratégie où l'entreprise s'attaque à des marchés non encore couverts ;
– le rajeunissement permet l'actualisation des produits de la gamme (par exemple, la Clio 4, la Fiat 500X) ;
– l'élagage consiste à retirer certains produits vieillissants ou non rentables.

IV La différenciation des produits

La différenciation a pour objectif de donner au produit une position spécifique dans l'esprit des consommateurs. Le marketing tente, avec la marque, de rendre les produits différenciables, mais d'autres axes permettent de sortir le produit de l'aspect banal.

Axes de différenciation	Modalités
Le produit	La qualité des produits (durabilité), l'innovation, la performance, le design, les caractéristiques (techniques ou commerciales) rendent le produit différent de celui des concurrents.
Le service associé	La formation (les dimanches atelier chez Castorama, par exemple), l'installation (la mise en service avec la box téléphone/Internet/TV), la livraison, les services financiers, l'assurance, le SAV, la garantie… représentent les outils de différenciation.
La communication	La personnalisation des actions de commercialisation (soirée VIP…), le contact avec le personnel (sa compétence, sa courtoisie, son écoute), l'image du produit et de la marque, la notoriété favorisent la différence.

FICHE RESSOURCE

5

LA POLITIQUE DE MARQUE

I Qu'est-ce qu'une marque ?

D'après l'Institut national de la propriété industrielle (INPI), la marque se définit comme un signe distinctif qui sert à identifier, personnaliser un bien ou un service et le distinguer des produits concurrents.

La marque peut être :

– un signe verbal, qui peut s'écrire ou se prononcer (le jingle d'Haribo « C'est beau la vie ! »…) ;
– des chiffres ou des lettres (501, BNP, N° 5…) ;
– un nom patronymique (Renault, Chanel…) ;
– un nom géographique (Évian, Montblanc, Vichy…) ;
– un signe figuratif (la pomme d'Apple, la virgule de Nike, le crocodile de Lacoste…) ;
– une combinaison de couleurs (le carré noir et rouge de la Société Générale, le M jaune sur fond vert de McDonald's…) ;
– la forme du produit ou de son conditionnement (la bouteille de Perrier…) ;
– une combinaison de l'ensemble des éléments précédents.

II Les qualités d'une marque

Les qualités commerciales	Pour être valable, une marque doit être : – évocatrice : elle rappelle une qualité essentielle du produit (Taillefine, Mr Propre…) ; – mémorisable : courte (Seb, Lu, Dim…) ; – euphonique, c'est-à-dire facilement prononçable, audible et lisible (J'adore, Coca-Cola, Zara…) ; – distinctive : elle permet de se démarquer et d'éviter toute confusion avec un produit similaire (Tournesol, Undiz…) ; – déclinable : elle permet d'associer le nom du produit au nom de la marque (Danone → Danette, Danio ; Nestlé → Nesquick, Nescafé, Nespresso …) ; – exportable, c'est-à-dire utilisable à l'international (Danone, Disney, Coca-Cola…).
Les qualités juridiques	Pour être déposable auprès de l'INPI, la marque doit être : – non générique : le vocabulaire ne doit pas être courant (« soft » n'est pas déposable pour un soda) ; – non déceptive : elle ne doit pas tromper sur l'origine et la nature du produit (« Champagne » a été interdit pour un parfum) ; – licite : elle ne doit pas évoquer un caractère illégal ; – disponible : elle ne doit pas être la propriété d'un tiers (marque déposée auprès de INPI) pour des produits similaires.

III Le dépôt de marque

La marque peut faire l'objet d'une protection légale par son dépôt auprès de l'INPI. Trois étapes sont importantes :

– déterminer le(s) bien(s) ou le(s) service(s) couvert(s) par le dépôt et les classes d'enregistrement de la protection ;
– rechercher la disponibilité du nom de marque (recherche d'antériorité) ;
– procéder à l'enregistrement.

Le coût est variable suivant le niveau de protection (nombre de classes) : 250 € pour une à trois classes puis 42 € par classe supplémentaire en France.

La protection est valable 10 ans en France dès la date de dépôt. Si la marque est reproduite ou imitée sans autorisation de son propriétaire, une action en contrefaçon peut être mise en œuvre auprès des juridictions civiles ou pénales.

IV Le rôle de la marque

• **Pour les consommateurs :** la marque permet d'identifier les caractéristiques du produit en le différenciant ; elle représente un gage de qualité et de performance ; elle rassure le consommateur.

• **Pour les producteurs :** la marque représente le patrimoine de l'entreprise et contribue à la communication.

• **Pour les distributeurs :** elle participe à la fidélisation de la clientèle.

V Les stratégies de marque

Une entreprise peut gérer une ou plusieurs marques. Plusieurs stratégies s'offrent à elle.

1. Les stratégies de marque des producteurs

Stratégie	Définition	Exemples
Marque globale ou *global brand*	L'entreprise choisit le même nom de marque pour tous ses produits commercialisés dans le monde entier.	Apple, IKEA, McDonald's, Coca-Cola.
Marque ombrelle	Une même marque est utilisée pour des produits de familles différentes.	Samsung, Canon, Taillefine.
Marque caution (marque mère et fille)	La marque mère complète la marque fille dans une gamme complexe de produits et permet d'authentifier l'origine.	LU est la marque mère de Prince, Granola, Véritable Petit Beurre, La Paille d'Or, Pépito, Tuc, Heudebert…
Marque gamme ou ligne	Un même nom est utilisé pour toute la gamme, pour un univers de produits similaires.	La marque L'Oréal pour les produits capillaires, le maquillage, les soins du visage et du corps…
Marque produit	Une marque est attribuée à chaque produit.	Les lessives Procter &Gamble : Ariel, Dash…

2. Les stratégies de marque de distributeurs

Stratégie	Définition	Exemples
Marque enseigne	Elle reprend le nom de l'enseigne sur tous les produits ou pour les produits « cœur de gamme ».	Les Produits Carrefour, U pour Super U.
Marque propre	Elle permet de décliner une famille d'articles spécifiques.	Le groupe Carrefour a développé plusieurs marques propres : Carrefour Baby, Carrefour Bio, Tex (pour le textile), Reflets de France (produits du terroir), Les Cosmétiques Design Paris (pour les produits de beauté)…
Marque 1er prix	Elle propose des produits de qualité inférieure à des prix plus attractifs.	Éco+ chez Leclerc, Top Budget pour Intermarché.

Applications

Maîtrise

1 Étudier le marché de la location de voitures

Vous êtes stagiaire chez Getaround (ex-Drivy) plateforme de location de voitures et utilitaires entre particuliers. Votre tuteur vous demande de réaliser une analyse du marché de la location en France.

1. Listez les acteurs du marché.
2. Caractérisez les tendances générales du marché de la location de voitures.
3. Décrivez la structure de l'offre (concurrence).
4. Présentez le profil du demandeur (type de clientèle, attentes et motivations).

Document 1 Le marché de la location de voitures

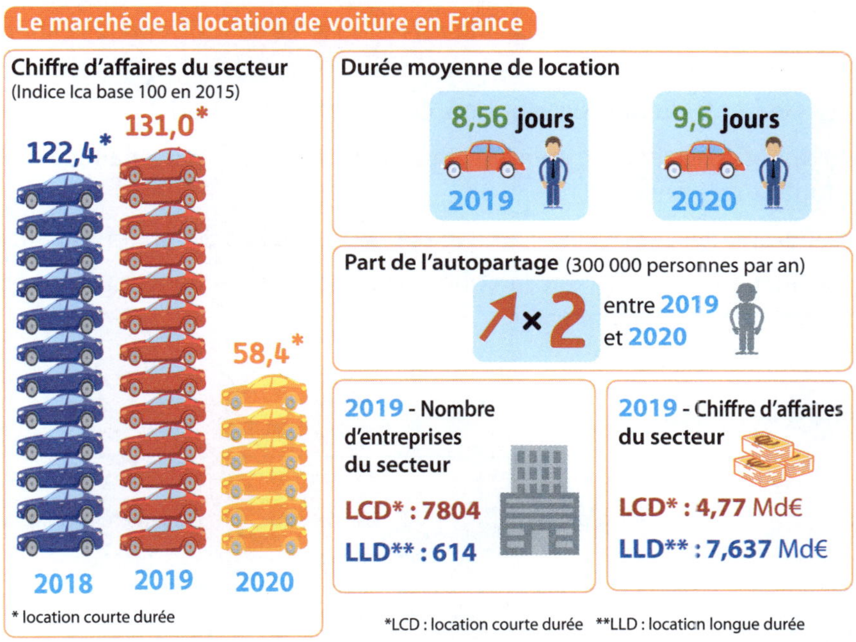

Document 2 Les offreurs de la location

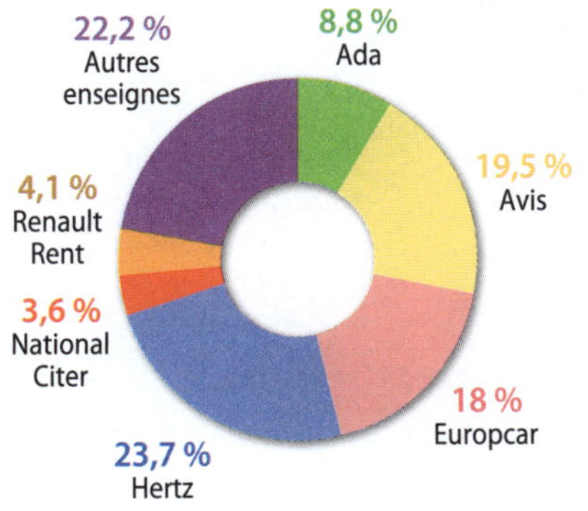

Source : www.journaldunet.com

Document 3 Portrait d'une propriétaire hyperactive

Catherine, mère de cinq enfants, avocate reconvertie, est médiateur et entrepreneur, associée dans une société de linge de table, parfois « traiteur » pour des particuliers ou des entreprises.

« C'est ma voisine qui recherchait une location de voiture entre particuliers pour des déplacements ponctuels. J'ai commencé par mettre ma Clio en location. Rapidement, ma voiture a commencé à être louée de manière très régulière dès qu'elle était en stationnement et inutilisée ! »

Maîtrise

2 Analyser le *business model* de Airbnb

Airbnb est une plateforme de mise en relation entre voyageurs et hôtes particuliers pour de l'hébergement. Les voyageurs profitent d'un hébergement chez l'habitant, vivant une expérience unique, à un prix souvent bien moins cher qu'une nuit à l'hôtel. De leur côté, les hébergeurs reçoivent un revenu supplémentaire.
Son succès est incontournable, avec une présence dans 190 pays et une valorisation au-dessus du milliard d'euros. La plateforme propose également une solution B to B en proposant des voyages d'affaires aux chefs d'entreprise et leurs équipes.
Vous vous intéressez au *business model* de Airbnb concernant son offre B to C.

1. Identifiez les clients de Airbnb et leurs besoins.
2. Quels problèmes résoudront les clients en achetant les services de l'entreprise ? Différenciez les voyageurs et les hébergeurs.
3. Repérez les autres éléments du mix (distribution, communication et prix).
4. Synthétisez les éléments clés de l'entreprise (activités, ressources et partenaires). À quel élément du mix font-ils référence ?
5. Concluez sur les coûts prioritaires pour la mise en œuvre de la stratégie de l'entreprise Airbnb.
6. À l'issue de cette analyse, concluez sur la cohérence entre les éléments du marketing stratégique et du marketing opérationnel.

Document Le *business model* de Airbnb

<table>
<tr><th>Partenaires clés</th><th>Activités clés</th><th>Proposition de valeur</th><th>Relation client</th><th>Segments clients</th></tr>
<tr><td rowspan="3">– Les photographes
– Les hébergeurs
– Le « board » de l'entreprise (investisseurs, mentors…)
– Les voyageurs
– PayPal</td><td>– Le community management
– La gestion de la plateforme
– La gestion des demandes / réclamations clients</td><td rowspan="3">Les hébergeurs :
– gagnent un revenu ;
– font la connaissance de voyageurs.

Les voyageurs :
– vivent une expérience unique ;
– paient moins cher qu'à l'hôtel ;
– peuvent réserver facilement ;
– sont conseillés par les hôtes (bonnes adresses…).</td><td>– Une assistance 24 h/24 et 7 j/7
– Une présence sur les réseaux sociaux</td><td rowspan="3">Les hébergeurs :
– Personnes souhaitant avoir un complément de revenu
– Envie de transmettre le goût de son pays

Les voyageurs :
– Aventuriers
– Envie de voyager autrement, de découvrir des cultures
– Faire des économies sur leur voyage</td></tr>
<tr><th>Ressources clés</th><th>Canaux de distribution</th></tr>
<tr><td>– Plateforme Web technologique
– Une large communauté de voyageurs et d'hôtes regroupés dans plus de 150 pays</td><td>– La plateforme web
– L'application mobile
– Spot TV
– Les réseaux sociaux</td></tr>
<tr><th colspan="3">Structure de coûts</th><th colspan="2">Source de revenus</th></tr>
<tr><td colspan="3">– Le développement de la plateforme et de l'application
– Le budget marketing et communication (spot TV, community management…)
– Les ressources humaines</td><td colspan="2">– Une commission entre 6 % et 12 % sur chaque réservation de voyageur.
– Une commission de 3 % est appliquée aux hôtes pour les frais de service.</td></tr>
</table>

Source : http://1001startups.fr

Maîtrise

3 Identifier les éléments du mix marketing

Vous commencez votre stage au sein de l'entreprise BioSkin, spécialiste de cosmétiques bio. Le marketing stratégique de l'entreprise s'appuie sur une segmentation par sexes (homme et femme) puis par types de peau (jeune, mature...).
À la suite de l'étude du marché et de son potentiel, le cœur de cible reste la femme, aussi bien jeune que plus mûre, avec un attrait pour les produits naturels, à base de plantes... Le positionnement de qualité est un élément différenciant de BioSkin. Vous écoutez les commerciaux en réunion et tentez de regrouper les informations de la politique commerciale.

1. Identifiez à quel élément du mix ces phrases font référence (produit, prix, distribution, communication et personnel).
2. Justifiez leur cohérence dans la politique de BioSkin.

Commentaires des commerciaux	Élément du mix
« Il faut annoncer sur notre page Entreprise Facebook les animations prévues en magasin. »	
« La politique d'écrémage de la gamme "Peau mature" est cohérente avec le positionnement haut de gamme de l'entreprise. »	
« La synergie entre les canaux de vente est importante pour que le client achète où qu'il soit ! »	
« L'aspect fonctionnel de nos produits doit être présent sur les emballages. »	
« Il faut prévoir des formations pour les vendeurs qui travaillent dans les magasins spécialisés. »	
« La pub télé devrait booster nos ventes ! »	
« La gamme "Ados" a été lancée il y a tout juste 3 mois ! »	
« La motivation des vendeurs est primordiale pour le lancement du produit. »	
« La stratégie omnicale mise en place doit favoriser un parcours sans couture pour le consommateur. »	

Maîtrise

4 Étudier la demande

Vous travaillez au sein de Travelprice, spécialiste des voyages en ligne. L'entreprise vient d'acquérir l'étude de la société Promise Consulting sur les postures de consommation actuelle. Elle vend des séjours à la carte ou des séjours *all inclusive* (tout inclus) sur des périodes creuses à des prix attractifs, sur son site Internet ou *via* des places de marché avec des offres permanentes.

1. Identifiez le profil de consommateur qui correspond au cœur de cible de votre entreprise.
2. Pourquoi l'entreprise doit-elle prendre en compte le comportement d'achat ?
3. Nommez les impacts du comportement d'achat sur la politique commerciale de l'entreprise.

Document 1 Les 5 profils de consommateurs

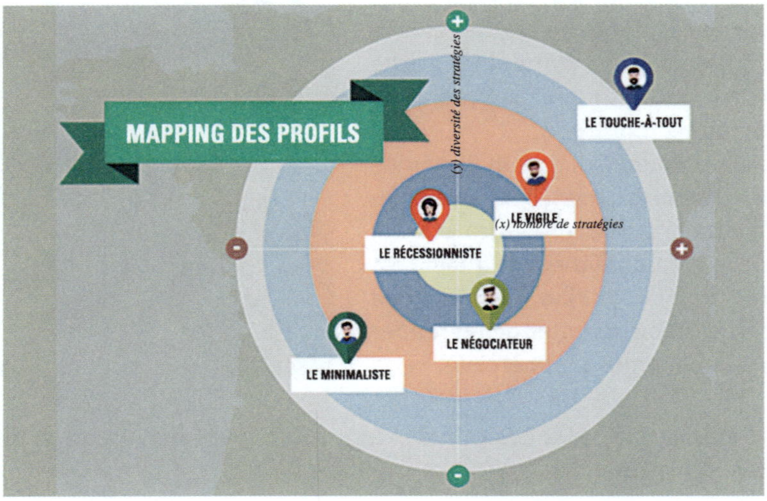

Source : Promise Consulting Inc.

Document 2 Le profil du minimaliste

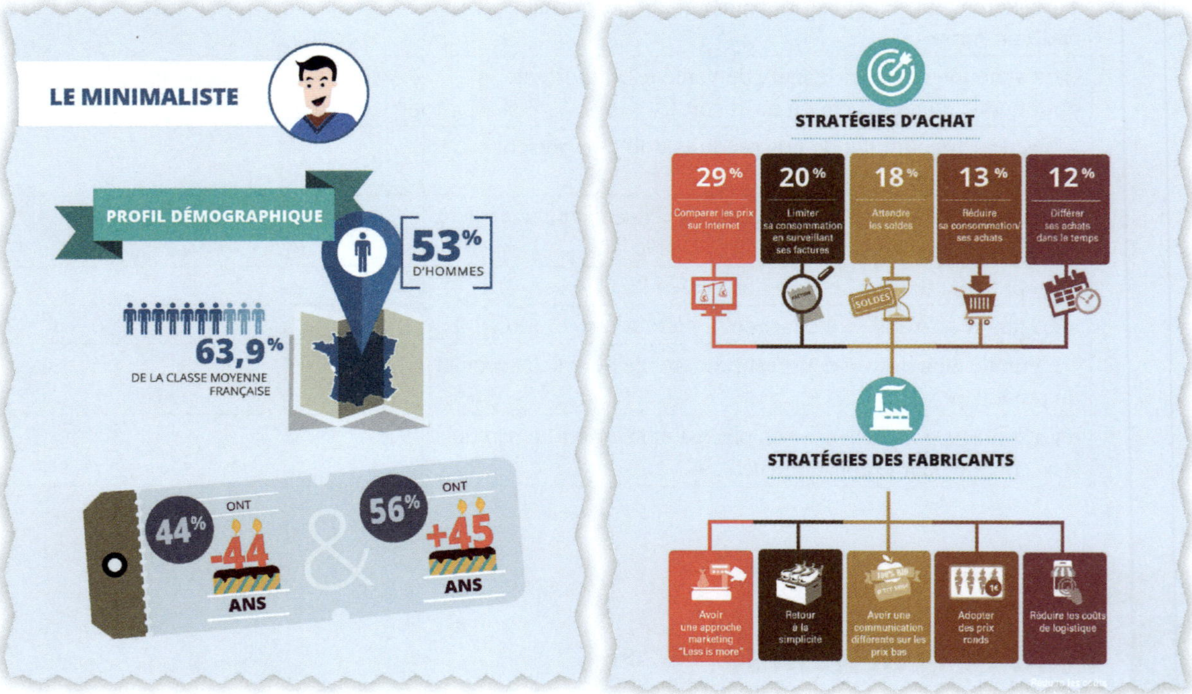

Si le minimaliste ne représente que 21 % de la population, ce profil est dominant dans la classe moyenne (63,9 %).

Il recherche avant tout la simplicité dans ses achats et cherche à faire des économies sans rogner sur la qualité des produits.

Source : Promise Consulting Inc.

Maîtrise

5 Définir une stratégie de marque

Vous travaillez au service commercial de l'entreprise Laroche, spécialiste du vélo de route. La société se diversifie et lance une gamme de vélos à assistance électrique. Elle souhaite protéger sa marque auprès de l'INPI. En recherchant des informations sur les noms de marques déjà déposés, la marque Solex, nominée pour le Trophée de la marque, suscite plus particulièrement votre intérêt.

1. À partir de l'article de l'INPI sur la marque Solex, repérez les qualités commerciales de la marque.
2. Quel est le rôle de la marque Solex pour le groupe Easybike ?
3. Définissez la stratégie de marque du groupe.

Document 1 Le vélo électrique *made in France*

Nominée dans la catégorie marque aux Trophées de l'INPI, Solex, connue pour ses fameux cyclomoteurs d'après-guerre, a été rachetée en 2014 par le groupe Easybike qui a décidé d'en faire le fer de lance du vélo électrique *made in France*. Le point avec Grégory Trebaol, cofondateur et directeur général du groupe.

« […] Le *made in France*, particulièrement pour une marque comme Solex, est un argument auquel les clients sont sensibles, ici comme à l'étranger. […] Nous cherchons avec Solex à faire quelque chose d'original, une marque "lifestyle", avec un design particulier […]. »

Quelle est votre stratégie en la matière ?

« […] Il faut savoir que Solex a été reconnue par la cour d'appel de Versailles comme marque notoire. Historiquement, elle a été déposée à l'international, y compris dans des régions où elle n'est pas (encore) exploitée. Nous avons choisi, depuis le rachat, de continuer à investir fortement dans cette protection mondiale. Non seulement le secteur évolue vite, et nous pouvons être amenés à nous lancer dans de nouvelles régions, mais la valeur d'une marque passe aussi par sa protection. […] »

www.inpi.fr

Document 2 Les produits Solex

Plus que jamais, avec le groupe Easybike, Solex est fidèle à son ADN et à son identité originelle.

Joyeux, il donne du sourire à la ville et à votre vie.

Design, la rationalité et la pureté de ses lignes et de ses pièces restent fidèles à son concept initial, sobre et fonctionnel.

Insolent, il anticipe les besoins et fait un pied de nez aux conventions.

Complice, de la jeunesse, des hommes des femmes, de toutes les générations.

Magique, ou presque ! Il concilie les besoins de chacun et des préoccupations modernes.

➤ Urban

Découvrez la ville autrement avec les modèles de la gamme Urban : Velosolex, Solexity ou Solex by Mobiky.

➤ Solex Sport

Certaines bicyclettes sortent des sentiers battus. C'est le cas de notre gamme SolexSport. Nourrissez-les à coup de bitume, de chemins, de pistes poussiéreuses, voire de côtes sportives. Pour le reste, leur batterie ultra-perfectionnée issue d'un partenariat avec Bosch vous garantit une fiabilité extrême, une maniabilité optimale et une facilité de charge poussée à son maximum.

http://solex.world/fr/

Expertise

6 Analyser le *business model* Canvas de Skype

Vous débutez votre stage au sein de l'entreprise Skype et votre tuteur vous fournit le *business model* Canvas ci-dessous. Ce type de *business model* dresse un état des lieux synthétique du modèle économique d'une entreprise.

1. Identifiez les clients de Skype et leurs besoins.
2. Analysez les éléments du mix marketing de Skype.
3. Synthétisez en quelques lignes le marketing stratégique et le marketing opérationnel de l'entreprise.

Document **Les étapes pour mieux connaître ses clients**

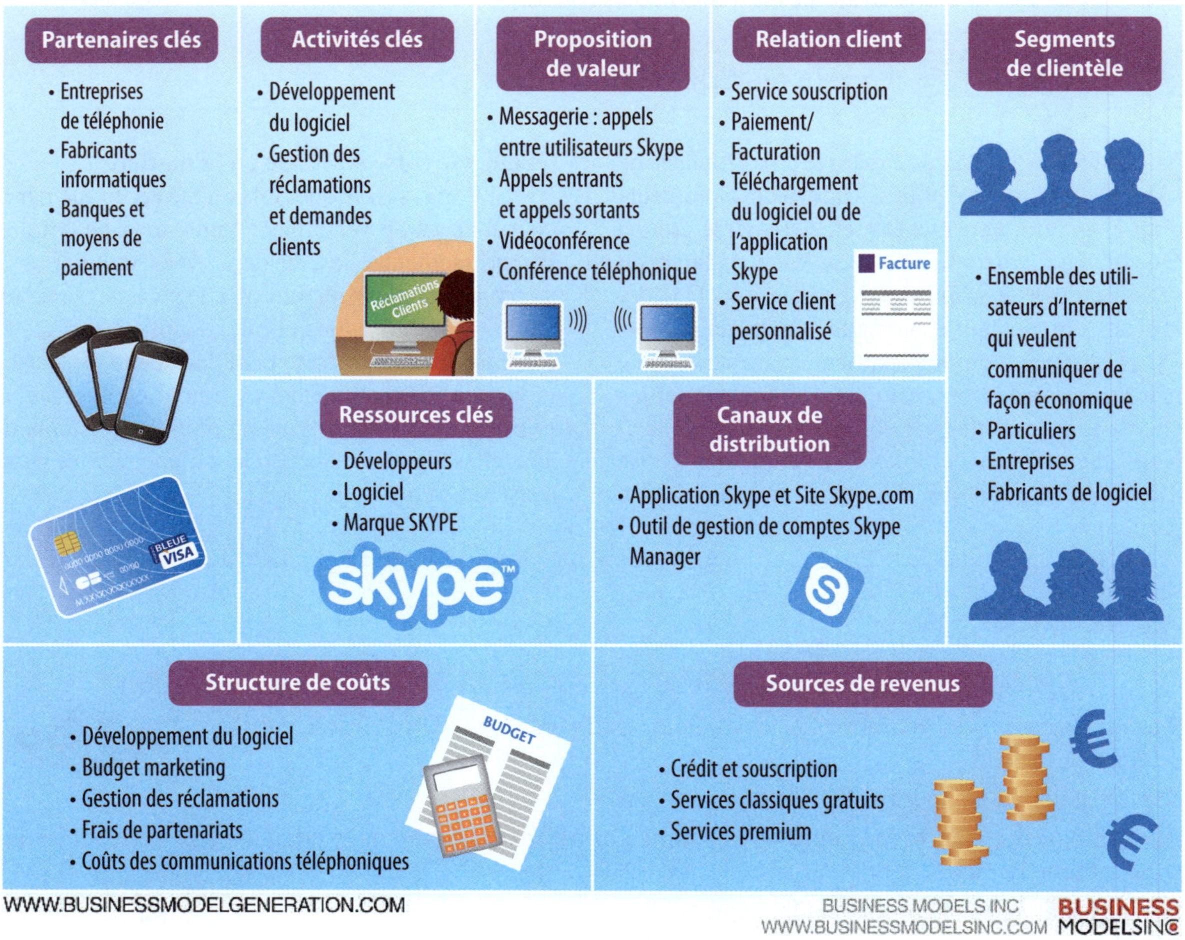

En route vers l'épreuve E4

Voir PRÉSENTATION DE L'ÉPREUVE page 309

A Les compétences évaluées

○ **Cibler et prospecter la clientèle**
Les compétences à acquérir
1 – Analyser un portefeuille client
2 – Identifier des cibles de clientèle
3 – Mettre en œuvre et évaluer une démarche de prospection
4 – Développer des réseaux professionnels

B Travail à faire

1 À partir du cas Répare, complétez l'extrait de la fiche E4 proposé ci-dessous :

CADRE DE L'ACTIVITÉ	
Nom de l'organisation	
Adresse/code postal/ville	
Type de structure	
Offre commerciale [1]	
Type(s) de client(s)	
Méthodes de vente	

[1] Annexe à joindre à la fiche (1 page recto verso).

Complétez le cadre de l'activité à partir du contexte professionnel (p. 9) et de l'annexe 2 (p. 11).

À partir de l'annexe 6, listez succinctement la gamme de produits et services de Répare (question 11)

2 Présentez plus en détail les éléments suivants sur 1 page recto verso en annexe de votre fiche E4.

a. Un paragraphe de présentation sur le marché de la téléphonie reconditionné : la tendance générale, les offreurs et demandeurs (questions 1 à 4).

b. Des informations complémentaires sur l'entreprise Répare : date et origine du lancement ; le marketing stratégique et la politique commerciale mis en œuvre (questions 5 à 8).

c. Un extrait des produits ou services de l'entreprise (et plus spécifiquement ceux que vous avez pu vendre au cours de la négociation vente ou de l'événement commercial décrit dans cette fiche) (question 11).
Vous illustrez cette présentation avec des photos, mais surtout vous compléterez les tarifs et conditions générales de vente (annexes 2 et 9).

3 Commencez à réaliser votre diaporama pour l'épreuve orale.

a. Présentez l'entreprise Répare et son offre commerciale à l'aide de 3 ou 4 diapositives.

b. Analysez le marché sur lequel l'entreprise intervient (tendance générale, offreurs et demandeurs).

Synthèse

Analyser la politique commerciale de l'entreprise

L'étude du marché permet de détecter les opportunités et les menaces pour une entreprise. Elle porte sur trois points.

L'analyse de l'offre
- Étude de la concurrence (directe ou indirecte)
- Étude de la structure du marché (monopole, oligopole, marché atomisé)

L'analyse de la demande
Types de clientèles (particuliers, entreprises, administrations), analyse quantitative (taux d'évolution, PDM relative, PDM absolue)

L'analyse de l'environnement
Étude des facteurs Politique, Économique, Sociologique, Technologique, Écologique, Légal

Définition de la stratégie marketing

Réalisation du diagnostic stratégique (à l'aide de la matrice SWOT) → Segmentation → Ciblage → Positionnement

Élaboration de la politique commerciale (marketing opérationnel)
en cohérence avec le marketing stratégique : définition des 5P (*Product, Price, Place, Promotion, People*)

Mise en oeuvre :
- de l'**offre produit** (dimensions du produit, cycle de vie, politique de gamme, axes de différenciation) ;
- de la **politique de marque** (qualités commerciales et juridiques, rôle et stratégie de marque).

TESTEZ-VOUS

Quiz sur le chapitre 1
liennathan.fr/su7i88

MOTS CLÉS

Marché · Offre · Demande · Environnement · Marketing stratégique · Segmentation · Ciblage · Positionnement · Marketing opérationnel · Mix marketing · Politique de marque

CHAPITRE 2

Analyser la performance commerciale et le portefeuille clients

Contexte professionnel

Activité/Tâche
Gestion de portefeuille clients

Compétence
Analyser un portefeuille clients

Vers PIX
1.2. Gérer des données
1.3. Traiter des données

Créée en 2014 par Léa et Romain Copin, Nice Place to Work est une start-up toulousaine qui propose des locations à la journée d'espaces de coworking (bureaux partagés) à des startuppers, des free-lances (travailleurs indépendants) et des PME.

Aujourd'hui, l'entreprise compte 34 espaces en France et en Europe. Le principe est simple : les fondateurs louent des espaces vides et bien localisés. Une fois le bail signé pour un espace, ils réaménagent celui-ci entièrement pour donner naissance à un open space chaleureux.

Face au succès de leur concept, Léa et Romain Copin ont pour projet d'être présents sur tous les continents d'ici trois ans car leur offre n'est pas uniquement européenne ; il y a bien une demande mondiale ! Ils souhaitent ainsi poursuivre leur développement, dans un premier temps, aux États-Unis, dans des villes comme New York, San Francisco ou Los Angeles.

Ils réfléchissent également à développer leur offre avec des services complémentaires comme des ateliers pour les « Nice Place Workers », des possibilités de se loger et un incubateur, le « Nice Place to Work Lab », dans lequel les entrepreneurs pourraient peu à peu monter leur projet et définir un vrai *business model* pour leur activité.

Votre rôle

Suite à l'obtention de votre BTS, vous venez d'être embauché(e) au sein de Nice Place to Work pour prendre en charge le secteur du sud-est de la France. Vous commencez par faire un état des lieux de l'activité commerciale en analysant un espace de coworking de votre secteur et les ventes de l'entreprise depuis sa création.

Vos objectifs

I Apprécier les indicateurs commerciaux de l'entreprise

Dans un premier temps, Léa Copin vous demande d'analyser l'activité au cours du dernier mois et plus particulièrement celle de l'espace de coworking de Nice.

1 Rappelez la cible de l'entreprise puis identifiez l'objectif recherché par les fondateurs avec l'analyse de ces données.

2 On vous fournit les données de l'annexe 1. Précisez s'il s'agit d'une variable qualitative ou quantitative. Fiche ressource 1 — Annexe 1

3 Analysez la répartition des réservations selon les jours. Fiche ressource 2
a. Calculez la fréquence des réservations par jour de la semaine.
b. Représentez-la graphiquement.
c. Concluez sur la répartition des réservations dans la semaine et le taux d'occupation.

4 Calculez les indicateurs de position et de dispersion (mode, médiane, moyenne, variance et écart-type) avec x le nombre de réservations (la variable) et n le nombre de clients (effectifs) correspondants. Annexe 2

5 Commentez les résultats obtenus.

II Prévoir les ventes futures

Léa Copin vous fournit les chiffres d'affaires depuis la création de l'entreprise et vous demande de prévoir le chiffre d'affaires de N+1.

6 Représentez graphiquement l'évolution du chiffre d'affaires de Nice Place to Work. Annexe 3

7 Calculez les taux de variation annuels des chiffres d'affaires. Fiche ressource 3

8 Commentez les résultats des deux questions précédentes.

9 Utilisez la méthode de Mayer pour prévoir les ventes de N+1.

10 Analysez cette prévision et comparez-la avec la représentation graphique.

11 Concluez sur les résultats de la société et sur l'avenir de ce marché puis envoyez vos commentaires par mail à Léa Copin. Annexe 4

Votre dossier

Annexe 1 Nombre de réservations par jour

Nombre de réservations par jour sur le mois de septembre de l'année N

Jour de réservation	Nombre de réservations
Vendredi 01/09/N	34
Samedi 02/09/N	102
Dimanche 03/09/N	34
Lundi 04/09/N	102
Mardi 05/09/N	340
Mercredi 06/09/N	170
Jeudi 07/09/N	480
Vendredi 08/09/N	480
Samedi 09/09/N	68
Dimanche 10/09/N	18
Lundi 11/09/N	102
Mardi 12/09/N	340
Mercredi 13/09/N	170
Jeudi 14/09/N	480
Vendredi 15/09/N	340
Samedi 16/09/N	204
Dimanche 17/09/N	18
Lundi 18/09/N	34
Mardi 19/09/N	102
Mercredi 20/09/N	170
Jeudi 21/09/N	340
Vendredi 22/09/N	480
Samedi 23/09/N	204
Dimanche 24/09/N	34
Lundi 25/09/N	68
Mardi 26/09/N	340
Mercredi 27/09/N	102
Jeudi 28/09/N	170
Vendredi 29/09/N	480
Samedi 30/09/N	102

Annexe 2 — Nombre de réservations par client à Nice Place to Work

Nombre de réservations	Nombre de clients
18	2
34	4
68	2
102	6
170	4
204	2
340	5
480	5
Total	30

Annexe 3 — Chiffres d'affaires de l'entreprise en millions d'euros

Année	Chiffre d'affaires en millions d'euros
N–3	110
N–2	230
N–1	290
N	595

Annexe 4 — Interview de Léa Copin pour un journal spécialisé

Journaliste : Quelle est la situation du marché du coworking en Europe ?

Léa Copin : Ce marché est très jeune car les premiers espaces ont moins de dix ans. Il est en pleine expansion puisque le nombre d'espaces a doublé en deux ans.

Journaliste : Les espaces sont-ils rentables rapidement après leur ouverture ?

Léa Copin : La taille des espaces est variable, entre 21 et 50 bureaux, et la plupart, 65 %, ont un bon taux de remplissage. L'emplacement est crucial mais 49 % des opérateurs de coworking atteignent l'équilibre budgétaire en moins d'un an. Ce qui est plus que satisfaisant !

Journaliste : Qui sont vos principaux clients ?

Léa Copin : Contrairement aux idées reçues, les free-lances ne sont pas les seuls à utiliser les espaces. On évalue à 49,5 % les coworkers salariés dans des TPE, des PME ou des associations.

Journaliste : Selon vous, pourquoi venir dans un espace de coworking plutôt que louer un bureau ?

Léa Copin : Les espaces organisent régulièrement des événements pour animer et fédérer leur communauté (des ateliers, des apéros entre membres ou encore des déjeuners communs…). Le coworking est une nouvelle philosophie de travail où les coworkers travaillent ensemble dans un cadre chaleureux.

FICHE RESSOURCE

1

L'ANALYSE DES INDICATEURS COMMERCIAUX

L'analyse des indicateurs commerciaux consiste à étudier différents éléments d'une population donnée, comme l'ensemble des clients d'une entreprise. Les éléments ou caractéristiques sur lesquels porte l'étude sont appelés des variables : celles-ci peuvent être qualitatives ou quantitatives.

I Les variables qualitatives

Les variables qualitatives sont **non mesurables** : il s'agit de la nature des produits achetés, du type de client, des activités du client… Elles ne peuvent donc pas être des valeurs numériques. Cependant, on les analyse en calculant leur **fréquence**, c'est-à-dire en divisant le nombre d'individus présentant la modalité étudiée par l'effectif total. Le résultat obtenu est alors un nombre décimal compris entre 0 et 1. L'expression de la fréquence en pourcentage facilite les comparaisons.

$$\text{Fréquence (fi)} = \frac{\text{Nombre d'individus présentant la modalité (ni)}}{\text{Effectif total (N)}}$$

La fréquence permet de comparer plusieurs séries statistiques et de suivre l'évolution de la variable dans le temps et l'espace.

EXEMPLE : l'entreprise Netpro réfléchit à limiter les modalités de règlement de ses clients. Elle analyse les différents moyens de règlement sur une journée type.

Modalités de règlement	Espèces	Chèque	CB	Carte magasin	TOTAL
Nombre de clients	45	36	25	14	**120**
Fréquence (fi) (exprimée en %)	37,5 %*	30 %	21 %	11,5 %	**100 %**

* Fréquence du règlement en espèces : (45 / 120) × 100 = 37,5 %.

La proportion des clients de l'entreprise Netpro qui paient en espèces par rapport à l'ensemble des clients de l'entreprise est de 37,50 %.

II Les variables quantitatives

Les variables quantitatives sont mesurables (ex. : nombre de commandes par client, nombre de clients par tranche de chiffres d'affaires). Une variable quantitative est une valeur numérique. Elle est souvent représentée sous forme graphique.
On complète généralement cette comparaison par une analyse plus approfondie des séries statistiques en calculant les indicateurs de position et de dispersion.

1. Les indicateurs de position

Les indicateurs de position (ou de tendance centrale) ont pour objectif de caractériser l'ordre de grandeur des observations : on distingue le mode, la médiane et la moyenne.

a) Le mode

Le mode est la valeur de la variable correspondant à l'effectif le plus élevé. Il est noté « **Mo** ».

EXEMPLE : l'entreprise de fournitures de bureau Surfluo analyse le nombre de commandes par client sur une période déterminée.

Nombre de commandes	1	2	3	4	5	TOTAL
Nombre de clients	20	45	15	15	5	**100**

L'effectif le plus élevé est 45 et donc Mo = 2.

b) La médiane

La médiane est la valeur de la variable qui coupe la série en deux effectifs égaux. Elle est notée « **Me** ». Pour la déterminer, il faut au préalable calculer les effectifs cumulés croissants, qui s'obtiennent par l'addition successive des effectifs (dans l'ordre croissant ou décroissant).

EXEMPLE (suite) : l'entreprise Surfluo souhaite déterminer le nombre médian de commandes clients, c'est-à-dire combien de commandes réalisent la moitié des clients :

Nombre de commandes	1	2	3	4	5	TOTAL
Nombre de clients	20	45	15	15	5	100
Effectif cumulé croissant	20	65*	80	95	100	

* 45 + 20 = 65.

Médiane = N / 2 = 100 / 2 = 50. Toutefois, dans le tableau, il n'y a pas de valeur partageant la série en deux groupes de même effectif. On ne peut alors déterminer précisément la valeur de la médiane : en effet, si on prend Me = 1 commande, on aura 80 clients au-dessus ; si on prend Me = 2 commandes, on aura 55 clients au-dessus et 45 en dessous. On prend donc l'intervalle médian (1;2) qui comprend la valeur 50. Cela signifie que 20 % des clients réalisent une commande et 45 % deux commandes.

c) La moyenne

La moyenne est le rapport entre la somme des valeurs de la variable étudiée et l'effectif total. Elle permet de calculer un chiffre d'affaires moyen, un nombre de commandes moyen… On la note $\bar{x}$.

$$\text{Moyenne } (\bar{x}) = \frac{\Sigma \text{ xi ni}}{\Sigma \text{ ni}}$$

EXEMPLE (suite) : l'entreprise Surfluo souhaite connaître le nombre de commandes que passe en moyenne un client.

Nombre de commandes (xi)	1	2	3	4	5	TOTAL
Nombre de clients (ni)	20	45	15	15	5	100
ni xi	20	90	45	60	25	240

Calcul de la moyenne : $\bar{x}$ = 240 / 100 = 2,4. Un client passe donc 2,4 commandes en moyenne.

2. Les indicateurs de dispersion

Ils permettent :
- d'évaluer la dispersion de la série autour de la valeur centrale afin de rendre compte de l'étendue de la variation ;
- de compléter les précédentes analyses.

On distingue la variance et l'écart-type.

La **variance** n'a pas de signification en soi mais elle est utilisée pour calculer l'écart-type.

$$\text{Variance} = \frac{\Sigma \text{ni (xi} - \bar{x})^2}{\Sigma \text{ ni}}$$

L'**écart-type** est la racine carrée de la variance. Il informe sur la manière dont les individus se répartissent autour de la moyenne : sont-ils concentrés autour de la moyenne ? Sont-ils, au contraire, dispersés entre des valeurs très basses et des valeurs très hautes ? Plus la valeur de l'écart-type est faible, plus les données sont resserrées autour de la moyenne.

$$\text{Écart-type } (\sigma) = \sqrt{V(x)}$$

EXEMPLE (suite) : calcul de l'écart-type pour la société Surfluo

Nombre de commandes (xi)	1	2	3	4	5	TOTAL
Nombre de clients (ni)	20	45	15	15	5	100
xi – $\bar{x}$	–1,4	–0,4	0,6	1,6	2,6	
(xi – $\bar{x}$)^2	1,96	0,16	0,36	2,56	6,76	
ni (xi – $\bar{x}$)^2	39,2	7,2	5,4	38,4	33,8	124

Calcul de la variance : V (x) = 124 / 100 = 1,24. Calcul de l'écart-type : $\sigma = \sqrt{1,24} = 1,1135$

Ainsi, en moyenne, le nombre de commandes s'écarte de 1,11 par rapport au nombre moyen de commandes (2,4). L'écart-type est assez faible car il n'y a que très peu de disparité dans le nombre de commandes passées par les clients de ce portefeuille.

FICHE RESSOURCE

2

LES REPRÉSENTATIONS GRAPHIQUES DES INDICATEURS COMMERCIAUX

Les variables ou indicateurs commerciaux peuvent être représentés sous forme graphique afin d'en faciliter la lecture et l'exploitation.

I Représenter une variable quantitative ou qualitative

On peut représenter la variable qualitative ou quantitative sous deux formes.

1. Le diagramme circulaire

Aussi appelé « diagramme en secteurs » ou encore « camembert », il représente la répartition des effectifs en pourcentage sous la forme d'un disque. Le disque entier présente un angle de 360° et la répartition se fait proportionnellement au pourcentage.

EXEMPLE

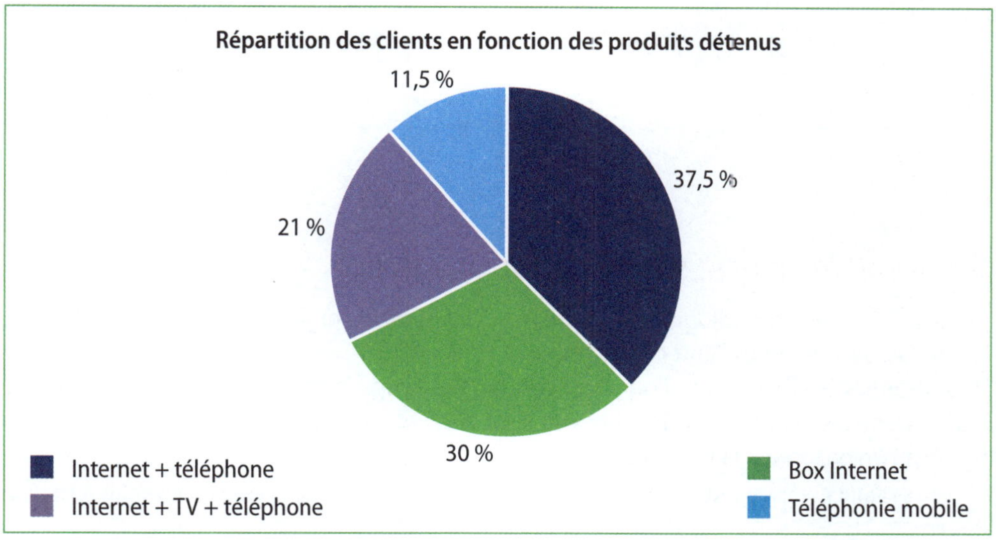

2. Le diagramme en bâtons

Il permet les comparaisons, la hauteur étant proportionnelle à l'effectif.

EXEMPLE

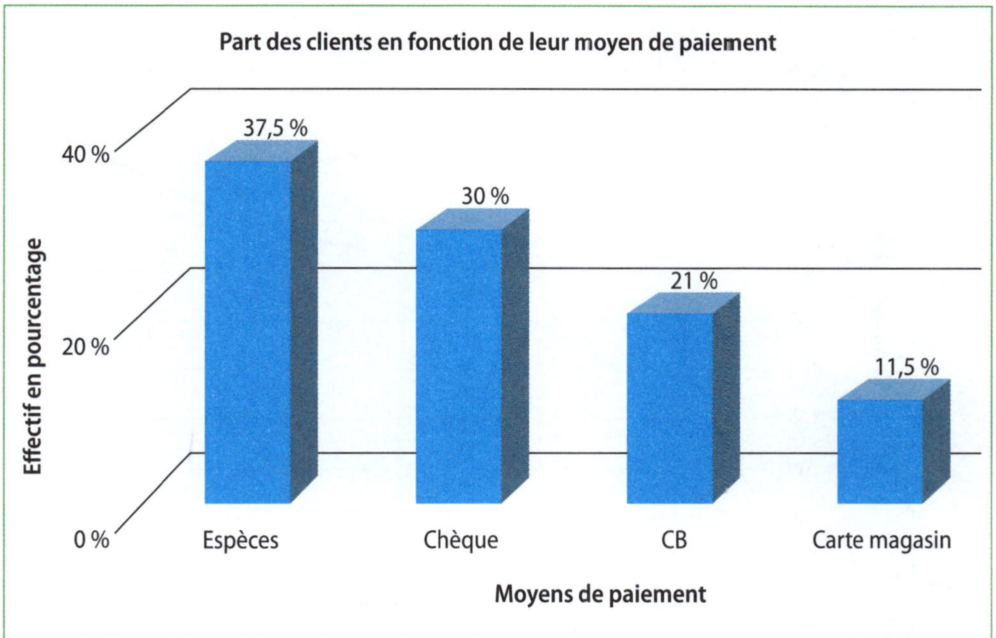

Si les variables ont une infinité de valeurs, on les regroupe par classes ou intervalles. La représentation sous forme d'histogramme permet de visualiser l'effectif par la hauteur des bâtons.

EXEMPLE : de 500 à 1 000 €, l'effectif est de 495.

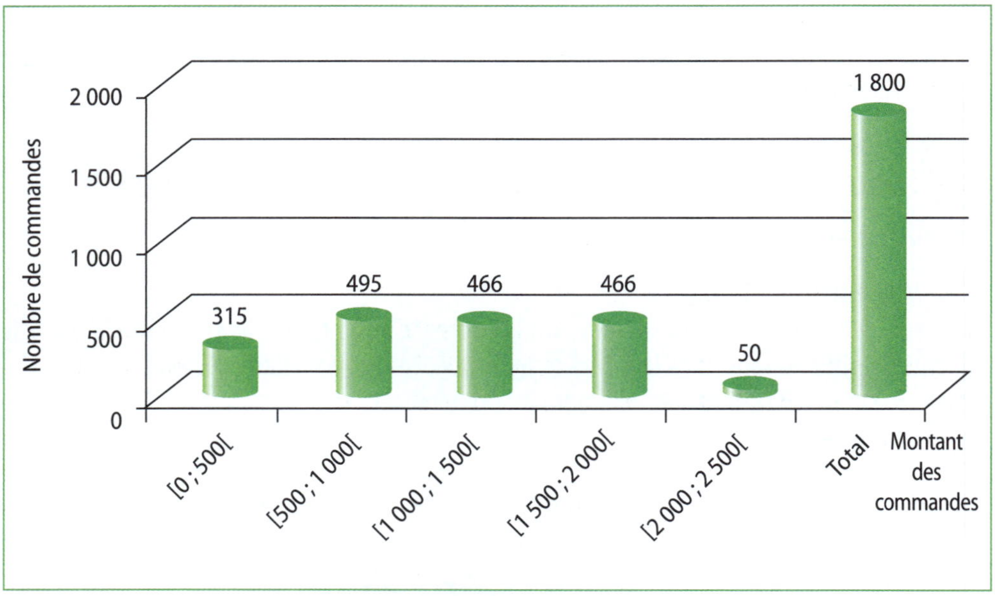

II Représenter une série chronologique

On parle de série chronologique lorsque l'on dispose de données sur une période de temps, avec des mesures effectuées à intervalles réguliers.

Pour représenter l'évolution d'une variable dans le temps (comme le nombre de clients, le chiffre d'affaires ou les ventes), on utilise la courbe qui permet de visualiser l'évolution, avec en abscisse le temps et en ordonnée la variable étudiée.

EXEMPLE : l'entreprise de restauration collective Midi'Rest souhaite visualiser l'évolution de sa clientèle.

Années	N–3	N–2	N–1	N
Nombre de clients	500	1 000	1 250	1 680

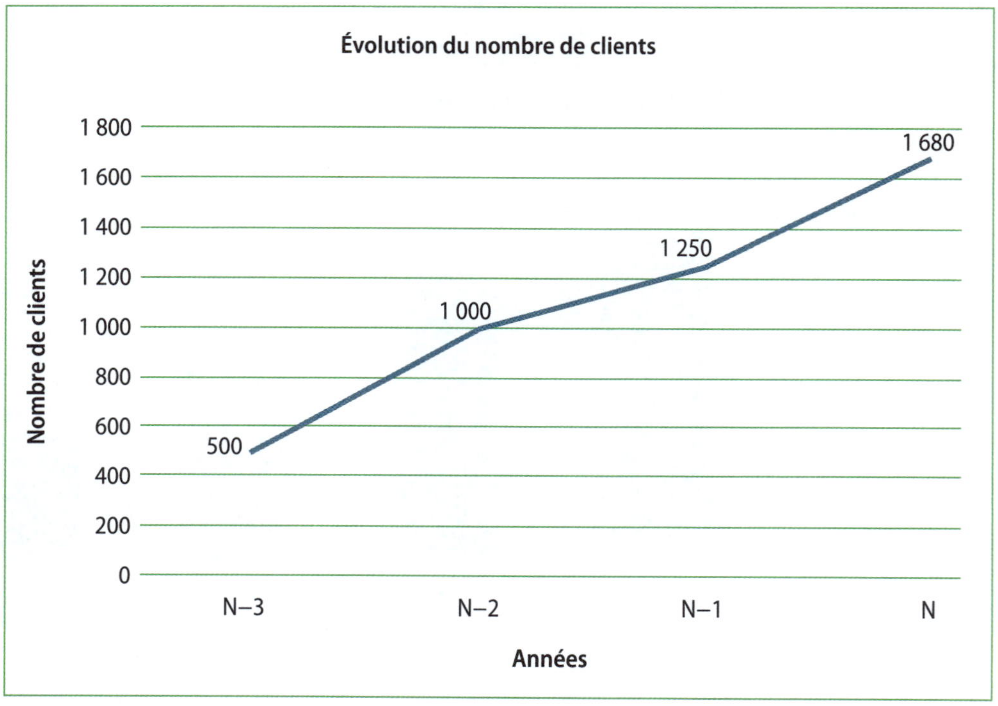

FICHE RESSOURCE 3

LA PRÉVISION DES VENTES

La prévision cherche à anticiper certains phénomènes (changements importants, évolution liée à la saisonnalité, durée de vie…) dans le but de réduire les risques. Le lancement d'un nouveau bien ou service, par exemple, induit des interrogations sur le succès, la rentabilité. De même, si l'on modifie un des 5 P (baisse du prix, nouvelle communication…), cela peut entraîner une réaction de la demande et jouer sur les ventes.

I La prévision par la représentation graphique

L'objectif est de prévoir, par exemple, les ventes futures à partir des ventes passées quand la progression est régulière. Quand la représentation graphique montre une régularité, on dit que la tendance est linéaire. On peut alors établir une prévision dans la continuité de cette évolution.
La tendance est mise en évidence par une droite d'équation : $y = ax + b$.
La recherche de la droite de tendance (qui sert de base à la prévision à court terme) passe par la représentation graphique.

EXEMPLE : on enregistre les ventes suivantes dans une entreprise de VTC.

Années	N–5	N–4	N–3	N–2	N–1	N
Rang	1	2	3	4	5	6
CA	93 250	105 000	110 000	120 000	127 000	131 000

La droite de tendance est de la forme $y = ax + b$ avec y = CA et x = année.

Remarque : les années sont remplacées par le chiffre correspondant à leur rang.

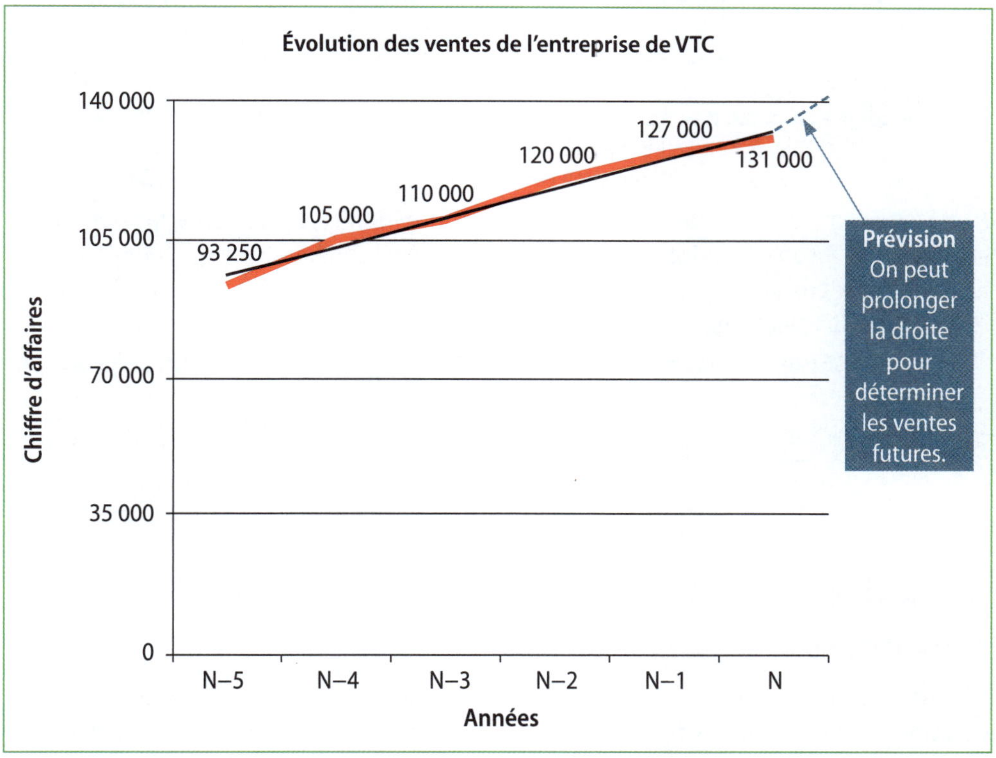

On peut compléter la représentation graphique par le taux de croissance qui caractérise l'évolution entre deux années :

$$\text{Taux de croissance} = \frac{V1 - V0}{V0} \times 100$$

EXEMPLE (suite) : taux de croissance de l'entreprise de VTC entre N–5 et N :

$$\frac{131\,000 - 93\,250}{93\,250} \times 100 = 40{,}48\ \%$$

II La méthode de Mayer ou double moyenne

Cette méthode d'ajustement linéaire prend en compte toute la série en la divisant en deux groupes puis en calculant le point moyen de chaque groupe.
La méthodologie est la suivante :
– **Étape 1** : on divise les données en deux groupes.
– **Étape 2** : pour chaque groupe, on calcule le point moyen.
– **Étape 3** : la droite de tendance est établie à partir de ces deux points.
– **Étape 4** : on soustrait les deux équations pour obtenir a.
– **Étape 5** : on remplace les données de a dans l'une des deux équations précédentes pour trouver b.
– **Étape 6** : on prévoit N+1 en remplaçant a et b dans l'équation y = ax + b, avec x = année recherchée.
On obtient le CA prévisionnel (y).

EXEMPLE (suite) : calcul des coordonnées des points moyens

Groupe 1	
Années	CA
1	93 250
2	105 000
3	110 000
TOTAL = 6	TOTAL = 308 250
MOYENNE = 6 / 3 = 2	MOYENNE = 308 250 / 3 = 102 750
Point moyen 1 de coordonnées (2 ; 102 750)	

Étape 1 (années et CA, jusqu'aux totaux) – Étape 2 (moyennes et point moyen)

Groupe 2	
Années	CA
4	120 000
5	127 000
6	131 000
TOTAL = 15	TOTAL = 378 000
MOYENNE = 15 / 3 = 5	MOYENNE = 378 000 / 3 = 126 000
Point moyen 2 de coordonnées (5 ; 126 000)	

Étape 3 – La droite passe par les deux points moyens déterminés ci-dessus, d'où le système d'équation suivant :
102 750 = 2a + b
126 000 = 5a + b

Étape 4 – **La valeur de a s'obtient par soustraction :** (126 000 – 102 750) = (5 – 2)a + (b – b)
23 250 = 3a, soit a = 7 750

Étape 5 – Pour la valeur b, l'équation est : 102 750 = 2 × 7 750 + b, soit b = 87 250

Remarque : dans le cas d'une série avec un nombre impair, le deuxième groupe doit être plus important de façon à favoriser la tendance des dernières années.
La droite peut ensuite être utilisée pour établir des prévisions. Pour une valeur de x, il est possible de connaître la valeur supposée de y.

EXEMPLE (suite) : l'entreprise de VTC recherche les ventes pour l'année N (= 7e année). Quel CA peut-elle prévoir ?

Étape 6

Droite de tendance	Prévision de CA
y = 7 750x + 87 250	7 750 × 7 + 87 250 = 141 500

III Les autres méthodes

Il existe deux autres méthodes de prévision :

– la **méthode des points extrêmes** est utilisable uniquement pour les séries proches d'une droite ; cela signifie que l'évolution des chiffres d'affaires est identique d'une année sur l'autre (cas très rare dans un contexte concurrentiel). Elle utilise le premier et le dernier point de l'historique ;

– la **méthode des moindres carrés** est aujourd'hui réalisée par des logiciels et permet une plus grande précision mathématique car elle prend en compte la totalité des points de la série. Elle est donc utilisée par les entreprises qui n'ont pas de ventes régulières.

Applications

Maîtrise

1 Analyser un portefeuille clients

Le directeur de l'équipementier sportif Matchpoint est attentif à la régularité des visites chez les clients et souhaite réorganiser la charge de travail de ses commerciaux pour qu'ils consacrent plus de temps à la prospection. Vous débutez votre stage de BTS dans l'entreprise et le directeur vous confie l'analyse de l'évolution du portefeuille clients en vous fournissant les données utiles (document 1).

1. En prenant le centre des classes pour xi, calculez pour l'année N : le mode, la moyenne, la médiane et l'écart-type.
2. Commentez les indicateurs de N et comparez-les à N–2 (document 2).
3. Quelles actions commerciales faut-il mettre en place ?

Document 1 Répartition des clients par tranches de CA en année N

CA en K€	[0;100[	[100;200[	[200;300[	[300;400[	[400;500[	TOTAL
Nombre de clients	45	382	421	143	10	**1 001**

Document 2 Indicateurs année N-2

Mode	Moyenne	Médiane	Écart-type
250	260	[200;300[	93

Expertise

2 Analyser des variables quantitatives

Vous êtes jeune commercial(e) dans l'entreprise Toufeu, qui produit et commercialise des extincteurs. Votre cible est principalement constituée d'entreprises. Afin d'optimiser votre prospection, vous analysez votre portefeuille clients en fonction de l'effectif des salariés des entreprises clientes. En effet, plus le nombre de salariés est important, plus les locaux seront grands et plus les besoins en extincteurs seront nombreux.

1. Représentez graphiquement la série.
2. Déterminez le mode, la moyenne, la médiane et l'écart-type.
3. Concluez sur les entreprises à prospecter en priorité.

Document Répartition des clients de l'entreprise Toufeu en fonction du nombre de salariés

Nombre de salariés	De 0 à 50	De 50 à 100	De 100 à 150	De 150 à 200	De 200 à 250	TOTAL
Effectif	150	80	50	60	70	**410**

Maîtrise

3 Prévoir des ventes

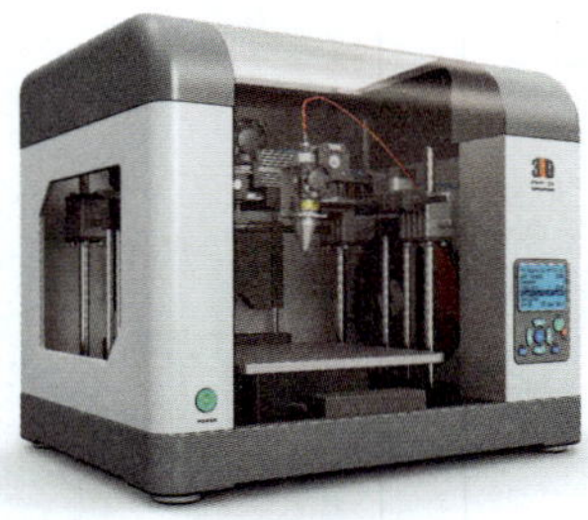

La société 3D Repro, distributeur d'imprimantes 3D à destination de PME, souhaite avoir une meilleure visibilité des perspectives de son marché. Vous êtes chargé(e) d'étudier l'évolution des ventes de ces dernières années et d'établir des prévisions pour l'année à venir.

1 Représentez graphiquement l'évolution des ventes et réalisez la prévision des ventes pour N+1.

2 Calculez la prévision des ventes pour N+1 à l'aide de la méthode de Mayer.

3 Comparez et commentez les résultats obtenus.

Document Le marché de l'imprimante 3D en France en volume

Années	Nombre de ventes
N–5	45 000
N–4	65 000
N–3	145 000

Années	Nombre de ventes
N–2	195 000
N–1	200 000
N	226 000

Maîtrise

4 Prévision à l'aide de la calculatrice

Vous venez d'intégrer l'entreprise Netpro, qui commercialise des produits nettoyants auprès des restaurateurs pour l'hygiène de leur cuisine. Votre tuteur vous demande de réaliser rapidement et précisément une étude de son CA. Il vous fournit les données des sept dernières années.

Calculez la prévision des ventes pour l'année prochaine par la méthode des moindres carrés à l'aide de votre calculatrice.

Document 1 Ventes de l'entreprise Netpro depuis N–1

Années	N–6	N–5	N–4	N–3	N–2	N–1	N
Chiffre d'affaires en K€	87	92	98	103	114	119	122

Document 2 Mode opératoire de la méthode des moindres carrés sur une calculatrice

1. Entrer les données dans la calculatrice :
Appuyer sur la touche STAT puis ENTER en restant sur EDIT.
Puis entrer les données dans L1 pour xi (soit 1, 2, 3…) et L2 pour yi (le CA correspondant).

2. Trouver la droite de tendance y = ax + b.
Taper de nouveau sur la touche STAT, puis se positionner sur CALC.
Puis choisir dans le menu « Ling Reg(ax+b) ». Puis taper sur ENTER.

3. Coordonnées de a et b :
On obtient le résultat et les coordonnées de a et b :
LingReg
y = ax + b
a =
b =

En route vers l'épreuve E4

Voir PRÉSENTATION DE L'ÉPREUVE page 309

A Les compétences évaluées

○ **Cibler et prospecter la clientèle**
Les compétences à acquérir
1 – Analyser un portefeuille client

B Travail à faire

1 À partir du cas Nice Place to Work, complétez cet extrait de la fiche E4 proposé ci-dessous :

CADRE DE L'ACTIVITÉ	
Nom de l'organisation	
Adresse/code postal/ville	
Type de structure	
Offre commerciale	
Type(s) de client(s)	À partir de contexte professionnel, présentez la cible de la *start-up* Nice Place to Work (question 1).
Méthodes de vente	

Complétez le cadre de l'activité à partir du contexte professionnel (p. 31) et de l'annexe 4 (p. 34).

[...]

CIBLAGE ET PROSPECTION		
Démarche		
Objectifs fixés		
Activités réalisées		Outils mobilisés
Résultats obtenus		
BILAN RÉFLEXIF		
Atouts et points d'appui	Solutions mises en œuvre	Propositions d'amélioration

Donnez l'**objectif général des fondateurs suite à l'analyse des réservations de l'espace de Nice Place to Work (questions 2 à 5).**

Listez les éléments positifs de votre analyse de l'activité (questions 3, 5 et 11).

2 Commencez à préparer votre diaporama pour l'épreuve orale :

a. Présentez à l'aide de graphiques l'évolution du CA de Nice Place to Work (questions 6 à 8).

b. Analysez l'activité avec la répartition des réservations, le taux d'occupation (questions 3 à 5) et les opportunités du marché (questions 9 à 11).

Synthèse

Analyser la performance commerciale et le portefeuille clients

L'activité de l'entreprise doit être analysée à l'aide d'indicateurs commerciaux. Les variables étudiées peuvent être :

- Des **variables qualitatives** (activités des clients, nature des biens et services…)
  - Calcul de la **fréquence (fi)** $= \dfrac{\text{Nombre d'individus présentant la modalité (ni)}}{\text{Effectif total (N)}}$
- Des **variables quantitatives** (nombre de clients, de commandes…)
  - Calcul des **indicateurs de position**
    - Mode (Mo) : valeur de la variable correspondant à l'effectif le plus élevé
    - Médiane (Me) : valeur de la variable qui coupe la série en deux effectifs égaux
    - Moyenne : $(\bar{x}) = \dfrac{\sum xi\ ni}{\sum ni}$
  - Calcul des **indicateurs de dispersion**
    - Variance $= \dfrac{\sum ni\ (xi - \bar{x})^2}{\sum ni}$
    - Écart-type $(\sigma) = \sqrt{V(x)}$

Les variables ou indicateurs commerciaux peuvent être représentés sous formes graphiques.

- Pour les variables qualitatives ou quantitatives
  - Diagramme circulaire
  - Diagramme en bâtons
- Pour les séries chronologiques
  - Courbe

L'entreprise peut prévoir ses ventes futures à partir de ses ventes passées.

- Par la représentation graphique si les ventes montrent une régularité.
  La tendance est mise en évidence par une droite d'équation :
  $y = ax + b$
  Pour compléter, calcul du taux de croissance :
  $\dfrac{V1 - V0}{V0} \times 100$
- Par l'utilisation d'une méthode d'ajustement linéaire : la méthode de Mayer

TESTEZ-VOUS

Quiz sur le chapitre 2
liennathan.fr/6ig78u

MOTS CLÉS

Variables qualitatives · Variables quantitatives · Méthode de Mayer · Mode · Médiane · Moyenne · Écart-type · Représentations graphiques · Fréquence

CHAPITRE 3

Segmenter le portefeuille clients et identifier des cibles de clientèle

Contexte professionnel

Activité/Tâche
Gestion de portefeuille clients

Compétence
Analyser un portefeuille clients
Identifier des cibles de clientèle

Vers PIX
1.2. Gérer des données
1.3. Traiter des données

Vous poursuivez votre mission chez Nice Place to Work, start-up toulousaine qui propose des espaces de coworking. Léa et Romain Copin, les fondateurs et dirigeants de la société, vous ont confié le secteur sud-est de la France afin de développer l'activité. Les indicateurs du marché montrent en effet de réelles perspectives de croissance mais, pour eux, ce secteur est sous-exploité au regard de l'évolution du marché. En effet, le chiffre d'affaires du secteur a évolué de 50 % entre N et N+1, contre 105 % pour l'ensemble de l'entreprise. Toutefois, la composition du portefeuille semble identique aux autres secteurs avec des PME, des collectivités et des indépendants (*freelances*) comme clients.

Votre rôle

Avant de démarrer la phase de prospection, vous analysez la composition et la pertinence du portefeuille clients actuel. Vous souhaitez identifier les cibles de clientèles porteuses pour le développement de Nice Place to Work. L'objectif fixé lors de votre recrutement est d'être dans la tendance d'évolution du CA de l'entreprise. Il vous faut trouver les cibles et les démarches appropriées pour atteindre l'objectif dès cette année.

Vos objectifs

I Analyser la composition du portefeuille clients de l'entreprise

Léa Copin vous fournit votre portefeuille clients afin d'étudier la part des différentes catégories et leur participation au CA de l'entreprise.

1 Combien de clients contient le portefeuille que Léa Copin vous a fourni ?

2 Vous démarrez l'analyse de la situation de votre portefeuille. Classez les clients par catégories : PME, collectivités, indépendants.

3 Identifiez le poids de chaque catégorie en nombre de clients et en importance de CA.

4 Analysez les résultats et préconisez la ou les cibles à privilégier.

5 En utilisant la méthode de votre choix (Pareto ou ABC), segmentez votre portefeuille.

6 Concluez sur la démarche commerciale appropriée pour chaque groupe de clients en prenant en compte le volume, la sécurité et la rentabilité qu'ils représentent pour l'entreprise.
Vous pourrez utiliser le modèle de tableau ci-dessous :

Catégories de clients	Volume	Sécurité	Rentabilité	Actions à privilégier

Fiche ressource 1
Annexe 1
Annexe 2

II Identifier la valeur client des différentes catégories

Vous avez maintenant une meilleure vision de votre portefeuille clients mais vous avez un doute sur la pertinence de la valeur de la catégorie « Collectivités » pour l'entreprise Nice Place to Work.

7 En vous aidant de l'annexe 3, calculez la marge commerciale réalisée sur chaque catégorie de clients.

8 Évaluez la valeur globale de chaque catégorie de clients pour l'entreprise.

9 Affinez l'analyse précédente en prenant en compte l'érosion monétaire (taux d'actualisation).

10 Déduisez les efforts de prospection et de fidélisation que doit réaliser l'entreprise Nice Place to Work pour chacune des catégories.

Fiche ressource 2
Annexe 3
Fiche ressource 3

Votre dossier

Annexe 1 Extrait du portefeuille clients de l'entreprise Nice Place to Work

Secteur Sud-Est au 31/12/N

Clients	Catégorie de clients	Chiffre d'affaires N (en K€)
Vit Pospisil SA	PME	810
Michaël et Aude	PME	760
Chouchou&Co	PME	340
Élite Sté	PME	400
Papy et Mamy Chou	PME	120
Éts Bidule	PME	90
Mairie de Pornichet	Collectivités	285
Mister Vol	PME	90
Free Telephone	PME	80
Éts Miami	PME	60
Mairie de La Chapelle-sur-Erdre	Collectivités	78
Armour Lux	PME	190
Chantier naval SA	PME	300
Biscuiterie SA	PME	50
Terre et Sel Sté	PME	40
500 Freelances	Indépendants	210*

* Le CA doit être divisé par le nombre de clients indépendants.

Annexe 2 Les types de clients de Nice Place to Work

▶ Les PME ou start-up

Elles cherchent à développer leur siège actuel, à tester un nouveau marché ou à réunir une équipe répartie dans le monde, sans s'occuper de trouver un bureau, concevoir et fabriquer un espace de travail et, enfin, gérer un bureau au quotidien (informatique, électricité, nettoyage, chauffage et climatisation, et gestion de l'espace).

▶ Les collectivités

Elles ont des attentes similaires avec des budgets plus restreints. Souvent, leurs locaux sont inappropriés pour des réunions, peu ou pas équipés et limités en nombre d'accueil.

▶ Les indépendants

Ils veulent un espace de travail clé en main entièrement meublé, riche en services et somptueusement aménagé, situé au cœur de la ville et proche de leurs clients/fournisseurs à un coût nettement inférieur à un loyer.

Pour l'ensemble des clients de l'entreprise, la solution de bureau partagé permet de réaffecter les dépenses opérationnelles au lieu d'investir en capital et en ressources supplémentaires.

Annexe 3 Catégories de clients et valeur client

Catégories de clients	Entreprises / PME	Collectivités	Indépendants
Prix TTC moyen pour 1 jour de réservation	610 €	420 €	380 €
Ancienneté moyenne de la relation	2,5 ans	10 mois	3 ans
Coût d'acquisition unitaire	12 €	14 €	4 €
Coût de fidélisation unitaire	10 € / an	10 € (tous les 5 ans pour les collectivités)	10 € / an

→ Le coût de revient de 150 € HT est identique pour les trois catégories, auquel s'ajoute le coût de commercialisation de 6 €.
→ Le taux de TVA applicable est un taux normal, soit 20 %.
→ Taux d'actualisation : 6 %.

FICHE RESSOURCE 1

LA SEGMENTATION DU PORTEFEUILLE CLIENTS

Un portefeuille clients désigne l'ensemble des clients dont un commercial a la charge. Pour analyser sa composition, on utilise différents critères : le chiffre d'affaires, les quantités vendues, la marge… Les résultats permettent au commercial de déterminer les actions de prospection et de fidélisation à mener selon les catégories de clients et les objectifs à atteindre.

I Un portefeuille clients équilibré

L'entreprise veille à l'équilibre de son portefeuille entre :
– les gros clients et les clients moyens, qui assurent sa rentabilité actuelle ;
– les nouveaux clients ou petits clients à fort potentiel, qui devront remplacer les clients qui quittent l'entreprise.
L'effort commercial doit être plus important sur les gros clients (visites régulières en face-à-face, offres personnalisées…) sans pour autant négliger les petits clients (privilégier les contacts par téléphone et mail).

II La loi de Pareto ou méthode des 20/80

Selon la loi de Pareto, 20 % des causes produisent 80 % des effets.
La loi de Pareto ou méthode des 20/80 classe les clients en deux catégories ou groupes :
– les 20/80 (gros clients) : 20 % des clients assurent 80 % des ventes ou du CA ;
– les 80/20 (petits clients ou autres clients) : 80 % des clients correspondent à 20 % des ventes.
Cette méthode se décompose en 3 étapes :
• **étape 1 :** on classe les clients par ordre d'importance du CA décroissant ;
• **étape 2 :** on calcule le chiffre d'affaires cumulé :
  a) en calculant la part de chaque client dans le CA total du portefeuille,
  b) en calculant le pourcentage cumulé croissant ;
• **étape 3 :** à partir du pourcentage cumulé croissant, on repère et on crée les deux groupes (20/80 et 80/20).

EXEMPLE : au début de votre stage chez ProctecVet, spécialisée dans les chaussures de sécurité, votre tuteur vous transmet un portefeuille clients. Vous l'analysez avant de mettre en place une action commerciale.

		Étape 1	Étape 2a		Étape 2b	Étape 3
Clients	**% client**	**Chiffre d'affaires (en milliers d'euros)**	**% CA**	**% cumul client**	**% cumul CA**	**Type de client**
Aéroport SA	10 %[1]	9 000	42,05 %[2]	10 %	42,05 %	Gros
Carrefour&Co	10 %	8 125	37,96 %	20 %	80,01 %[3]	Gros
Éts Garden	10 %	900	4,20 %	30 %	84,21 %	Petit
ID Transport	10 %	900	4,20 %	40 %	88,41 %	Petit
Kaliko	10 %	800	3,73 %	50 %	92,14 %	Petit
Éts Mecano	10 %	600	2,80 %	60 %	94,94 %	Petit
Outilplus SA	10 %	500	2,33 %	70 %	97,27 %	Petit
Routatou Sté	10 %	375	1,75 %	80 %	99,02 %	Petit
Touterrain	10 %	200	0,93 %	90 %	99,95 %	Petit
Entrepôt Sté	10 %	10	0,05 %	100 %	100 %	Petit
Total	**100 %**	**21 400**	**100 %**			

1. (1 / 10 clients) × 100 = 10 %   2. (9 000 / 21 400) × 100 = 42,05 %   3. (0,4205 + 0,3796) × 100 = 80,01 %

III La méthode ABC

Cette méthode est plus précise que celle des 20/80 car elle crée trois groupes (nommés A, B, C).
À partir du même tableau de classement, on distingue :
– le groupe A (gros clients) : 20 % des clients réalisent 80 % des ventes ou du CA ;
– le groupe B (clients moyens) : 30 % des clients suivants représentent 15 % du CA ;
– le groupe C (petits clients) : 50 % des clients restants réalisent 5 % du CA.

EXEMPLE (suite)
– Le groupe A correspond aux 2 gros clients (comme dans la méthode 20/80).
– Le groupe B comprend les clients réalisant : 80 + 15 = 95 % du CA, soit les 4 clients moyens : Éts Garden, ID Transport, Kaliko et Éts Mécano.
– Le groupe C comprend les 4 clients restants réalisant : 100 – 95 = 5 % du CA.

Clients	% client	Chiffre d'affaires (en milliers d'euros)	% CA	% cumul CA	Type de client
Aéroport SA	10 %	9 000	42,05 %	42,05 %	A
Carrefour&Co	10 %	8 125	37,96 %	80,01 %	A
Éts Garden	10 %	900	4,20 %	84,21 %	B
ID Transport	10 %	900	4,20 %	88,41 %	B
Kaliko	10 %	800	3,73 %	92,14 %	B
Éts Mecano	10 %	600	2,80 %	94,94 %	B
Outilplus SA	10 %	500	2,33 %	97,27 %	C
Routatou Sté	10 %	375	1,75 %	99,02 %	C
Touterrain	10 %	200	0,93 %	99,95 %	C
Entrepôt Sté	10 %	10	0,05 %	100 %	C
Total	**100 %**	**21 400**	**100 %**		

IV Le scorage

Cette technique permet d'attribuer une note (ou un score) à chaque client du portefeuille en fonction de critères choisis selon l'activité de l'entreprise. Les clients qui obtiennent les notes les plus élevées constituent une cible privilégiée pour les actions commerciales.
Le score est obtenu en faisant la somme des notes obtenues pour chaque critère. Les critères peuvent avoir un poids différent dans la note globale. Dans ce cas, on procède au calcul d'une moyenne pondérée. De nombreux critères peuvent être utilisés (âge, sexe, revenu, fréquence d'achat…).
Le score RFM (récence, fréquence, montant) classe les clients en fonction de la date de leur dernier achat, de leur fréquence d'achat et du montant de leurs achats.

EXEMPLE : une entreprise veut lancer un nouveau service auprès d'une cible composée de clients actuels. Pour sélectionner les clients potentiels de ce nouveau service, elle opte pour la méthode RFM :
– la **récence** ou **date du dernier achat** : 10 points si le dernier achat date de moins de 3 mois ; 5 points entre 3 et 6 mois ; 0 point s'il date de plus de 6 mois ;
– la **fréquence** ou **nombre d'achats effectués sur la période** : 3 points par commande au cours des 6 derniers mois ;
– le **montant des achats** : 3 points par tranche de 1 000 € d'achat.
En analysant l'historique de la relation client sur les 6 derniers mois, on obtient les informations suivantes :

	Client Romy		Client Lulu		Client Sebastian	
	RFM	Points	RFM	Points	RFM	Points
Date de la dernière commande	2 mois	**10**	4 mois	**5**	8 mois	**0**
Fréquence d'achats	2	$2 \times 3 =$ **6**	3	$3 \times 3 =$ **9**	1	$1 \times 3 =$ **3**
Montant des achats	20 000 €	20×3 = **60**	4 000 €	4×3 = **12**	11 000 €	11×3 = **33**
SCORE		**76**		**26**		**36**

Le client Romy représente la plus forte propension à l'achat de ce nouveau service ; on lui fera par conséquent la proposition en priorité.

FICHE RESSOURCE 2

LES INDICATEURS DE LA VALEUR CLIENT

Tous les clients n'ont pas la même valeur pour l'entreprise. Cette donnée est importante car la valeur client détermine les efforts à faire pour acquérir ou conserver un client.

I Le chiffre d'affaires (CA)

Le CA généré par un client est le premier indicateur de sa valeur. Il faut prendre en compte le CA réel mais également le CA potentiel, qui correspond au volume d'achat prévisionnel du bien ou du service vendu par l'entreprise. Il est possible de développer le CA de deux façons :
– par la **fidélisation**, en optimisant la consommation ou le nombre de biens/services détenus par le client ;
– par la **conquête**, en développant le CA vers une nouvelle cible ou en prenant des parts de marché à la concurrence.

II La marge

1. La marge commerciale

Le second indicateur de la valeur client est la marge commerciale, qui correspond au gain brut réalisé par l'entreprise par rapport à ses achats.

Marge commerciale = Prix de vente HT – Coût d'achat HT

PV HT = Prix TTC / (1 + Taux de TVA) **Coût d'achat HT = Prix d'achat HT + Frais accessoires sur achat**

Les frais accessoires correspondent à la somme de toutes les charges (directes et indirectes) occasionnées par l'acquisition d'un bien jusqu'à sa mise en stock : frais de transport, frais de stockage, salaire du personnel de manutention…
Remarque : s'il s'agit d'une entreprise industrielle ou de services, le coût d'achat correspond au coût de revient.

EXEMPLE : l'entreprise Sport Trail achète des chaussures de trail 100 € la paire, qu'elle revend à des clubs de running et de randonnées 149,50 € TTC la paire. Le coût de commercialisation est de 10 €. Le taux de TVA est de 20 %.
Pour préparer ses négociations, le commercial doit calculer la marge commerciale. Dans un premier temps, il recherche le prix de vente hors taxes : PV HT = 149,50 / 1,20 = 124,58 €.
Puis il calcule la marge commerciale : 124,58 – (100 – 10) = 14,58 €.
Ainsi, le commercial pourra maîtriser sa marge de manœuvre lors de la négociation et ne pourra pas proposer une remise trop importante.

2. Le taux de marge

Il correspond à la marge commerciale exprimée en pourcentage du coût d'achat.

Taux de marge = (Marge commerciale / Coût d'achat HT) × 100

EXEMPLE : un magasin de matériel de sports d'hiver revend 300 € TTC une paire de chaussures de ski qu'il a achetée 200 € à un commerçant. Le taux de TVA est de 20 %.
PV HT = 300 / 1,20 = 250 €. Marge commerciale = 250 – 200 = 50 €
Taux de marge = (50 / 200) × 100 = 25 %. La marge est donc de 25 % du coût d'achat.

3. Le taux de marque

Il correspond à la marge exprimée en pourcentage du prix de vente HT.

Taux de marque = (Marge commerciale / Prix de vente HT) × 100

EXEMPLE (suite) : taux de marque = (50 / 250) × 100 = 20 %. La marge est de 20 % du prix de vente.

4. Le coefficient multiplicateur

Il permet le calcul rapide du prix de vente TTC (prix indiqué sur l'étiquette dans le point de vente) à partir du coût d'achat HT : **Coefficient multiplicateur = PV TTC / Coût d'achat HT**

EXEMPLE (suite) : PV TTC = 250 × 1,20 = 300
Coefficient multiplicateur = PV TTC / PA HT = 300 / 200 = 1,5

FICHE RESSOURCE

3

LE CALCUL DE LA VALEUR CLIENT

I La notion de valeur client

Pour déterminer l'intensité de la relation commerciale à établir avec un client, on calcule sa valeur client. La valeur client (aussi appelée « valeur de la durée de vie du client » ou « *life time value* », LTV) est la somme des CA ou de la marge espérée sur ce client tout au long de la relation commerciale, de laquelle sont soustraits les coûts occasionnés par cette relation ainsi que les coûts d'acquisition du client.

Valeur client = CA HT – Coût des produits – Coûts de la relation commerciale

II Les coûts de la relation commerciale

Coûts de la relation commerciale	Définitions
Coût d'acquisition du client	C'est la somme dépensée par l'entreprise pour acquérir un nouveau client (coût du contact ou de la prospection) ou pour réactiver un ancien client.
Coût d'accroissement ou de développement	Une fois le prospect devenu client, l'entreprise supporte des coûts pour entretenir la relation et la développer, surtout dans le cas où le client achète des produits pendant plusieurs années consécutives (ex. : produits consommables) : – des coûts des contacts ; – des coûts de gestion commerciale comme la facturation ; – des coûts financiers comme une réduction accordée ou un crédit.
Coût de fidélisation du client	– Les coûts d'actions de fidélisation sont forcément moins chers que ceux de la prospection (ex. : cadeaux, cartes de fidélité, offres VIP). – Les coûts de rétention comprennent les dépenses engagées pour satisfaire et retenir les clients (ex. : SAV, facilités de paiement). – Les coûts d'attrition représentent les coûts administratifs ou le manque à gagner liés au départ d'un client.

EXEMPLE : la société AB Conseil commercialise des cartes cadeaux prépayées par un canal unique : la téléprospection. Sa marge dégagée est de 225 € par an. Les coûts sont les suivants :
– coût d'un appel de prospection : 1,50 € ;
– nombre d'appels moyen pour conquérir un nouveau client : 90 ;
– coût annuel de réalisation et envoi des factures clients : 10 € ;
– coût annuel des actions anti-attrition : 2 € ;
– temps moyen de la relation pour un client : 3 ans.

Coût d'acquisition : 1,50 × 90 = 135 € Coût de fidélisation : 2 € Coût d'accroissement : 10 €

Années	1	2	3
Marge annuelle	225	225	225
Coût d'acquisition	– 135		
Coûts d'accroissement et de fidélisation		– 12	– 12
= Valeur client	**90**	**213**	**213**

III L'actualisation

Pour évaluer une valeur du client prévisionnelle, on doit prendre en compte l'actualisation. Ce calcul permet de tenir compte de l'inflation au cours des périodes de la relation.

Coefficient d'actualisation = $(1 + t)^{-n}$

Avec t = taux d'actualisation et n = nombre de périodes retenues
Remarque : l'année de référence n'est pas actualisée (n = 0) et en année 2, n = 1.

EXEMPLE (suite) : le taux d'actualisation est de 2 %.

Années	1	2	3
Marge annuelle	90	213	213
Coefficient d'actualisation		$(1{,}02)^{-1}$	$(1{,}02)^{-2}$
Marge actualisée*	**90**	**208,82**	**204,72**

* Marge actualisée = Marge annuelle × Coefficient d'actualisation
Valeur client = Somme des marges actualisées = 90 + 208,82 + 204,72 = 503,54 €

Applications

Maîtrise

1 Analyser un portefeuille clients

Au cours de votre stage chez Phone Équipement, votre tuteur vous demande de mettre en place des actions commerciales différentes suivant la cible et le CA des clients. Il vous transmet un portefeuille clients (document 1).

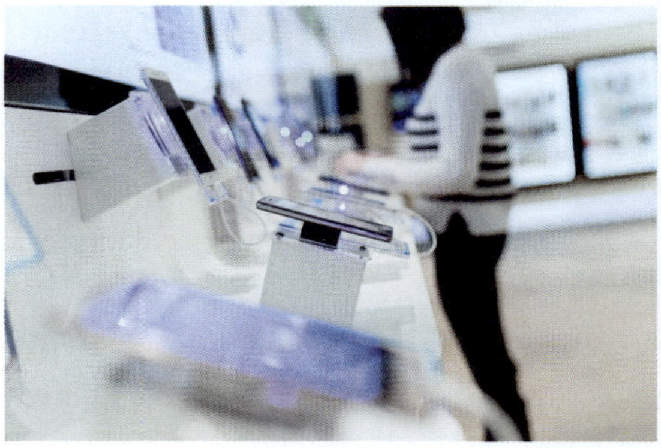

1. Segmentez le portefeuille à l'aide de la méthode Pareto puis affinez votre analyse avec la méthode ABC.
2. Identifiez les groupes de clients et leurs poids dans le CA de l'entreprise.
3. En vous aidant du document 2, proposez un mode de contact différent suivant la catégorie de clients.

Document 1

Clients	Chiffre d'affaires (en milliers d'euros)
Seems SA	1 200
NesFrance Éts	4 200
Ricoré SA	9 000
M. et Mme Thibault	900
Cabinet médical du Patis	2 150
M. Zut	800
Déménagemoi.com	5 600
M. Sharapov	500
Mme Mignon	400
Win Éts	3 300

Document 2 Les cibles de l'entreprise Phone Équipement

• Les **particuliers** s'équipent chez Phone Équipement pour un usage personnel. Il s'agit de leur propre équipement et de celui de leur famille (smartphones, tablettes, montres connectées, accessoires...). Ils sont sensibles aux offres « privilège » comme des ventes privées ou la gratuité d'un accessoire pour l'achat d'un produit et répondent rapidement à vos offres par téléphone ou mail.

• Les **entreprises** recherchent une solution complète pour leur force de vente ou des salariés itinérants (techniciens, livreurs...). Les produits nomades recherchés doivent répondre à des motivations de durabilité, d'ergonomie, de compatibilité (smartphones, tablettes, notebook...). Il n'est pas facile de contacter les entreprises sans rendez-vous ; elles attendent de leurs fournisseurs un suivi régulier avec des offres personnalisées.

• Les **artisans/commerçants et professions libérales** privilégient un équipement « Premium » en location afin d'être renouvelé régulièrement (la location permet de maintenir sa trésorerie et d'obtenir des avantages fiscaux sous certaines conditions). Ils recherchent des produits performants, qui ne nécessitent pas de SAV (smartphones, tablettes, montres...). Ils suivent précisément leur contrat/engagement et répondent facilement à vos sollicitations pour un renouvellement ou une montée en gamme de leur solution.

Maîtrise

2 Scorer

Jeune commercial(e) dans l'entreprise ConfiMaison, vous devez présenter la nouvelle gamme aux clients de l'entreprise (document 1). Vous contactez en priorité 20 % des clients.

1 À l'aide des critères fournis dans le document 2, calculez le score de chaque client.

2 À partir des scores obtenus, quels sont les clients que vous allez contacter en priorité ?

3 Quels sont les autres critères que vous auriez pu utiliser ?

Document 1 Extrait du fichier clients

Nom	Nombre de commandes	Durée de la relation (en mois)	Chiffre d'affaires (en milliers d'euros)
Supermarket	2	12	30
Distri bio	3	2	90
Chez Momo	1	24	60
Marie Confiture	1	6	80
Campion	1	3	50
Monop	2	36	90
Comme chez moi	4	8	95
Bio store	6	2	180
Les Petits Paniers	8	1	80
Confipot	2	6	70
Fraise&Co	3	12	350
Mes bons fruits	1	18	220
Grandchamp	5	20	180
Marché bio	7	9	60
Les Vergers	6	12	110
Le Potager	4	13	85
Toutcuit	6	4	20
Vivrebio	5	6	150
Simplestore	2	24	310

Document 2 Pondération des notes attribuées par ConfiMaison

Critères de notes	
Critères	**Notes**
Nombre de commandes	1 point pour 1 à 3 commandes 2 points au-delà de 3 commandes
Durée de la relation	1 point pour une relation inférieure à 12 mois 2 points pour une relation de 12 mois et plus
Chiffre d'affaires	1 point pour moins de 100 K€ 2 points pour plus de 100 K€

Critères et pondération	
Critères	**Poids**
Nombre de commandes	4
Durée de la relation	1
Chiffre d'affaires	3

Maîtrise

3 Identifier la marge

Vous travaillez pour le gérant d'un magasin de fins de série à Cabourg, qui vend en gros aux professionnels. Celui-ci cherche à analyser sa rentabilité. Il dispose d'un fichier de clients fidèles et vous demande d'analyser sa marge.

1. Calculez le CA et la marge commerciale de chaque client fidèle du magasin.
2. Identifiez les clients les plus rentables.
3. Déduisez-en le taux de marge, le taux de marque et le coefficient multiplicateur des clients précédents.

Document

Clients	Quantité achetée	Prix d'achat HT	Prix de vente HT
Magasin Shoes & Cie	10	100	125
Mon beau soulier	25	250	275
Cendrillon SA	5	300	400
Les Pieds dans l'eau	18	80	100
Petits Petons	42	50	75
Tout Cuir	8	200	250
Chauss' Act	36	150	180

Expertise

4 Calculer le coût d'acquisition d'un client

MagVendée est un magazine régional mensuel (numérique et papier) qui regroupe les actualités, l'économie, les événements et les manifestations passés et à venir de la région vendéenne. Pour être rentable, des encarts publicitaires ou des partenariats sont nécessaires. Une stratégie intégrative avec les hôtels vendéens est mise en place pour un partenariat « gagnant-gagnant ». Dans le cadre d'un projet pour l'entreprise MagVendée, vous avez mené une prospection physique auprès des hôtels de la région (document 1).

1. À partir des résultats de l'opération fournis (document 1), identifiez la marge dégagée pour une vente.
2. À partir du résultat obtenu, évaluez le nombre de prospects transformés en clients.
3. Déduisez le coût d'acquisition d'un client et la valeur d'acquisition.

Document Résultats de l'opération

- Coût de l'opération : 1 100 €
- Nombre de prospects contactés : 1 000
- Taux de transformation : 5 %
- CA moyen par vente : 80 €
- Taux de marque : 40 %

Expertise

5 Déterminer la valeur globale d'un client

La société Bois & Granulés commercialise des poêles à bois avec une force de vente de quatre commerciaux dont la démarche de prospection est principalement en face-à-face sur rendez-vous.
- Coût moyen d'une prospection : 15 €
- Nombre moyen de visites de prospection pour conquérir un nouveau client : 70
- Coût annuel de réalisation et envoi des factures clients : 8 €
- Coût annuel des actions anti-attrition : 2 €
- Marge annuelle par an par client : 2 000 €

1 Calculez le coût d'acquisition d'un client pour la société Bois & Granulés.

2 Évaluez les coûts d'accroissement et de fidélisation.

3 Concluez sur la valeur globale du client dans cette société.

4 Face à la demande accrue, vous réfléchissez à développer d'autres démarches de prospection (document 1). Comparez la valeur client obtenue avec ces nouvelles approches.

Document

Démarche de prospection	Téléphonique	Mailing
Coût d'acquisition	150 €	110 €

La marge et les autres coûts restent identiques.

Expertise

6 Analyser la valeur client

Votre entreprise, LM Déco, spécialisée dans la décoration végétale, a participé au salon professionnel « Maison & Objet » au cours duquel elle a rencontré 5 prospects chauds qui sont susceptibles de devenir des clients réguliers de l'entreprise. Malgré tout, leur dispersion géographique entraîne des coûts importants pour l'entreprise et vous vous interrogez sur l'intérêt d'une relation à long terme.

1 Calculez la valeur client prévisionnelle sur 4 ans pour ces prospects.

2 Justifiez l'opportunité de travailler avec ces nouveaux clients sachant que votre directeur estime que ce segment est intéressant si la marge actualisée est de 20 000 €.

Document 1 Extrait du fichier clients

Nom	Lieu	Catégorie
Hôtel Royal	Antibes (06)	Hôtel 4 étoiles
Restaurant Le Fouquets	Enghien-les-Bains (95)	Brasserie Premium
Centre commercial Beaugrenelle	Paris 15e	Nouveau centre tendance
Hôtel du Casino	La Baule (44)	Hôtel 5 étoiles
Thalasso Thalmar	Biarritz (64)	Centre de remise en forme & Spa

Document 2 Éléments du coût d'acquisition des nouveaux clients

- Coût d'acquisition : 220 €
- Coût de fidélisation : 185 € par an et par client à partir de N+1
- CA moyen annuel : 4 250 € par client
- Marge brute : 15 % du CA HT
- Augmentation prévisionnelle du CA moyen : 5 % par an
- Taux d'actualisation pour le calcul de la marge : 2 %

En route vers l'épreuve E4

Voir PRÉSENTATION DE L'ÉPREUVE page 309

A Les compétences évaluées

○ **Cibler et prospecter la clientèle**
Les compétences à acquérir
1 – Analyser un portefeuille client
2 – Identifier des cibles de clientèle

B Travail à faire

1 Vous avez complété le cadre de l'activité à partir du cas Nice Place to Work dans le chapitre précédent, enrichissez certains extraits de la fiche E4 proposés ci-dessous :

CADRE DE L'ACTIVITÉ	
Nom de l'organisation	
Adresse/code postal/ville	
Type de Structure	
Offre commerciale	
Type(s) de client(s)	
Méthodes de vente	

Complétez le nombre de clients et leurs types (catégories, poids…) à partir des réponses aux questions 1 à 3 (p. 46) et des annexes 1 et 2 (p. 47).

[…]

CIBLAGE ET PROSPECTION		
Démarche		
Objectifs fixés		
Activités réalisées		Outils mobilisés
Résultats obtenus		
BILAN RÉFLEXIF		
Atouts et points d'appui	Solutions mises en œuvre	Propositions d'amélioration

Mentionnez la cible à privilégier pour aboutir à la réalisation de négociations vente ou à l'organisation d'un événement commercial (question 4 p. 46).

Listez les éléments positifs de votre analyse du portefeuille clients en vous aidant de vos réponses aux questions 6 à 9 (p. 46).

Expliquez la méthode de segmentation qui vous a permis de réussir, de dégager la cible de votre prospection (question 5) et si vous réitérerez la prospection avec ce portefeuille clients.

2 Commencez à préparer votre diaporama pour l'épreuve orale :

a. Présentez, à l'aide de graphiques, le portefeuille clients de Nice Place to Work (questions 3 et 5) et la répartition de la valeur par catégorie (questions 7, 8 et 9).

b. Analysez cette segmentation et concluez sur la démarche commerciale appropriée pour chaque catégorie de clients (questions 6 et 10).

Synthèse

Segmenter le portefeuille clients et identifier des cibles de clientèle

Pour analyser la composition du portefeuille clients de l'entreprise, on utilise des techniques de segmentation.

- **Loi de Pareto ou méthode des 20/80**
  Classement des clients en deux catégories :
  – gros clients (20/80)
  – petits clients (80/20)

- **Méthode ABC**
  Classement des clients en trois catégories :
  – A (20 % des clients réalisent 80 % du CA)
  – B (30 % réalisent 15 % du CA)
  – C (50 % réalisent 5 % du CA)

- **Scorage**
  Attribution d'un score à partir de critères
  Ex. : score RFM (récence, fréquence, montant)

Afin de cibler les efforts commerciaux et les actions de fidélisation sur les clients les plus rentables, on calcule les indicateurs de la valeur client.

- Chiffre d'affaires
- Marge commerciale = Prix de vente HT – Coût d'achat HT
  Taux de marge = (Marge commerciale / Coût d'achat HT) × 100
  Taux de marque = (Marge commerciale / Prix de vente HT) × 100

Calcul de la valeur client
= CA HT – Coût des produits – Coûts de la relation commerciale
Ou
Marge commerciale – Coûts de la relation commerciale

Coûts de la relation commerciale
= Coût d'acquisition + Coût d'accroissement + Coût de fidélisation

L'**actualisation de la valeur client** permet de tenir compte de l'inflation tout au long de la relation commerciale :

Coefficient d'actualisation = $(1 + t)^{-n}$

Avec t = taux d'actualisation et n = nombre de périodes retenues

TESTEZ-VOUS

Quiz sur le chapitre 3
liennathan.fr/wz34z7

MOTS CLÉS : Segmentation · Méthode des 20/80 · Méthode ABC · Scoring · Valeur client · Marge · Actualisation

CHAPITRE

4

Mettre en œuvre une démarche de prospection

Contexte professionnel

Activité/Tâche
Animation d'opérations de prospection

Compétence
Mettre en œuvre une démarche de prospection.

Vers PIX
1.2. Gérer des données
2.2. Partager et publier
1.3. Développer des documents textuels

Située à Toulon, dans le Var (83), la société AlphaPrint commercialise depuis 2010 des imprimantes et des photocopieurs destinés à des professionnels de la région PACA.
En 2020, Stéphane Thys, dirigeant et créateur de l'entreprise, a décidé de proposer une nouvelle activité innovante : l'impression 3D.
AlphaPrint est la seule entreprise du Var à proposer des prestations d'impression 3D, qui vont de la conception à la fabrication de prototypes ou d'objets 3D en petites séries destinés à des professionnels de nombreux secteurs : bâtiment, médecine, cosmétique, nautisme, marketing, goodies…
Depuis début 2022, AlphaPrint est le distributeur agréé de la marque d'imprimantes 3D Systems, un des leaders mondiaux sur ce marché.

Votre rôle

Titulaire d'un BTS NDRC, vous venez d'être recruté(e) en tant qu'attaché(e) commercial(e) au sein de la société AlphaPrint. Vous êtes chargé(e) de développer la vente d'imprimantes 3D auprès d'une clientèle de professionnels sur le département du Var.

Pour réaliser votre mission, vous devrez :
– créer un fichier prospects ;
– concevoir et mettre en œuvre des outils de prospection.

Vos objectifs

I Élaborer un plan de prospection

Lors de votre entrée dans l'entreprise, Stéphane Thys vous a reçu pour vous présenter la mission qu'il souhaite vous confier.

1 Définissez les objectifs de votre mission. Justifiez le choix de la cible visée.

Fiche ressource 1
Annexes 1 et 2

2 Quelles sont les méthodes de prospection proposées par M. Thys ? Présentez leurs avantages et leurs inconvénients.

3 Proposez des exemples de contenus qui pourraient être publiés sur le site d'AlphaPrint dans le cadre d'une approche d'*Inbound marketing*.

Annexe 3

II Créer un fichier prospects

Vous démarrez la première mission que vous a confiée M. Thys.

4 À l'aide d'une recherche sur Internet (*via* le moteur de recherche ou l'annuaire de votre choix), sélectionnez 20 imprimeurs dans le département du Var.

Fiche ressource 1

5 Quelles rubriques devez-vous faire figurer dans votre fichier prospects ?

6 Élaborez le fichier prospects avec le tableur Excel.

III Préparer les outils d'aide à la prospection commerciale

7 Élaborez le mail qui sera adressé aux 20 imprimeurs sélectionnés dans le département du Var. L'objectif de cet e-mailing est de présenter la société et les imprimantes 3D nouvellement commercialisées afin de déclencher des prises de rendez-vous.

Fiche ressource 2
Annexe 1

8 Préparez les relances téléphoniques en construisant sous Word le guide d'entretien téléphonique formalisé.

Fiche ressource 3

9 Préparez le plan de réponse aux objections permettant d'être plus efficace sous forme de tableau à l'aide du logiciel Word.

Fiche ressource 4

10 Avant de passer vos premiers appels, effectuez une simulation par groupes de trois : un appelant, un prospect, un observateur. Chaque membre du groupe jouera alternativement l'un des trois rôles. L'observateur évaluera la prestation de l'appelant en complétant la grille d'analyse fournie.

Grille-analyse.docx

IV Organiser un plan de tournée

Suite à votre première campagne de prospection, Stéphane Thys vous demande de mettre en place une prospection terrain auprès de vingt prospects situés dans le Var et ayant laissé leurs coordonnées sur le site Web d'AlphaPrint.

11 En fonction des contraintes temporelles, déterminez le nombre de visites de prospection que vous pouvez réaliser par jour et le nombre de jours nécessaires pour visiter l'ensemble des prospects sélectionnés par M. Thys.

Fiche ressource 5
Annexe 4

12 À partir des repères sur la carte, choisissez la méthode qui vous semble la plus appropriée pour réaliser votre tournée. Annexe 5

13 Présentez votre plan de tournée dans un tableau, journée par journée.

Votre dossier

Annexe 1 Présentation de l'entreprise

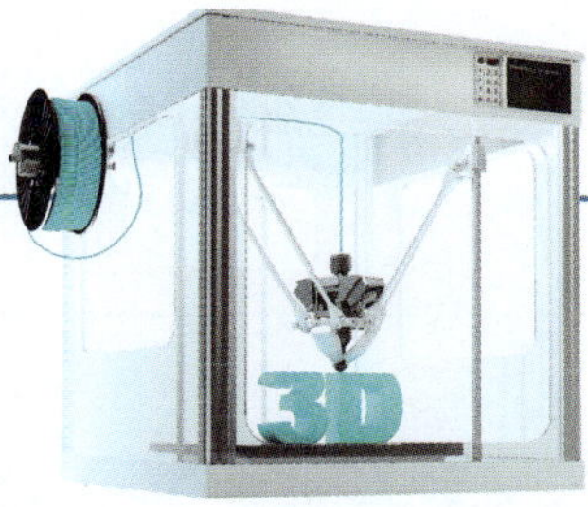

AlphaPrint a été créée en 2010 par Stéphane Thys. L'entreprise est organisée autour de trois pôles : « Bureautique », « Impression 3D » et « Solutions 3D ».

Le pôle « Bureautique »

L'entreprise commercialise des photocopieurs et des imprimantes classiques de la marque Kyocera auprès d'une clientèle de professionnels composés d'entreprises et de collectivités.

Trois commerciaux sont chargés de conseiller les entreprises et de vendre les produits dans la région PACA. AlphaPrint propose également à ses clients des formations pour leur permettre d'acquérir une parfaite connaissance des produits.

Le pôle « Impression 3D »

En 2020, après avoir suivi une formation, M. Thys a lancé une nouvelle activité : l'impression 3D. Sa cible est constituée de professionnels issus de secteurs très variés : bâtiment, médecine, cosmétique, automobile, mécanique, électronique, modélisme, marketing, aéronautique, nautisme…

L'entreprise est capable de fabriquer des prototypes ou des petites séries d'objets en 3D en fonction des demandes de ses clients. Le développement du pôle « Impression 3D » est assuré par M. Thys lui-même.

Le pôle « Solutions 3D »

Depuis 2022, AlphaPrint distribue des outils fabriqués par 3D Systems, leader mondial de l'imprimante 3D. L'entreprise propose un large choix d'outils et de consommables – imprimantes, scanners, stylos et logiciels – destinés à optimiser l'impression 3D.

AlphaPrint vient d'embaucher un nouveau commercial chargé de commercialiser cette gamme de produits.

L'entreprise dispose d'un site Internet non marchand en cours de construction. Dans l'avenir, M. Thys souhaite développer sa présence sur les réseaux sociaux.

Annexe 2 Entretien avec M. Thys

Stéphane Thys : Bonjour et bienvenue dans notre société ! J'ai souhaité vous recruter pour vous confier une mission. Cette année est marquée par un événement important pour AlphaPrint. En effet, nous nous lançons dans la commercialisation d'imprimantes 3D de la marque 3D Systems.

Vous : Quelles sont vos ambitions pour ce nouveau marché ?

S. T. : Actuellement, 80 % de notre chiffre d'affaires proviennent du marché des photocopieurs et imprimantes classiques. 20 % du CA sont réalisés par notre pôle « Impression 3D ». Je souhaite inverser la tendance et développer notre société dans ce secteur, qui n'en est qu'à ses balbutiements. Pour réussir, il est impératif que nos pôles « Impression 3D » et « Solutions 3D » décollent rapidement.

Vous : Quelle sera ma mission dans l'entreprise ?

S. T. : Dans un premier temps, je vous demande de réaliser une campagne de prospection par e-mailing suivie d'une relance téléphonique auprès d'un échantillon de 20 imprimeurs implantés dans le département du Var. Je souhaite également que vous testiez la prospection terrain auprès d'une liste d'imprimeurs que j'ai moi-même sélectionnés. Cette campagne permettra de vérifier si la prospection auprès de cette nouvelle cible doit être développée au niveau régional et si les outils de prospection mis en œuvre sont efficaces.

Annexe 3 — Vidéo : L'Inbound marketing en 2 minutes

L'Inbound marketing en 2 minutes
Durée : 2'36
liennathan.fr/t5q5d2

Annexe 4 — Emploi du temps des commerciaux

- Chez AlphaPrint, les commerciaux consacrent leur journée du lundi à la prise de rendez-vous téléphoniques et à la gestion des tâches administratives.
- Les commerciaux effectuent leurs visites du mardi au vendredi de 9 h à 12 h et de 14 h à 17 h.
- En moyenne, il faut compter une demi-heure de route entre deux rendez-vous.
- M. Thys estime qu'un premier rendez-vous chez un prospect dure une heure.

Annexe 5 — Géolocalisation des prospects à visiter

Siège d'AlphaPrint

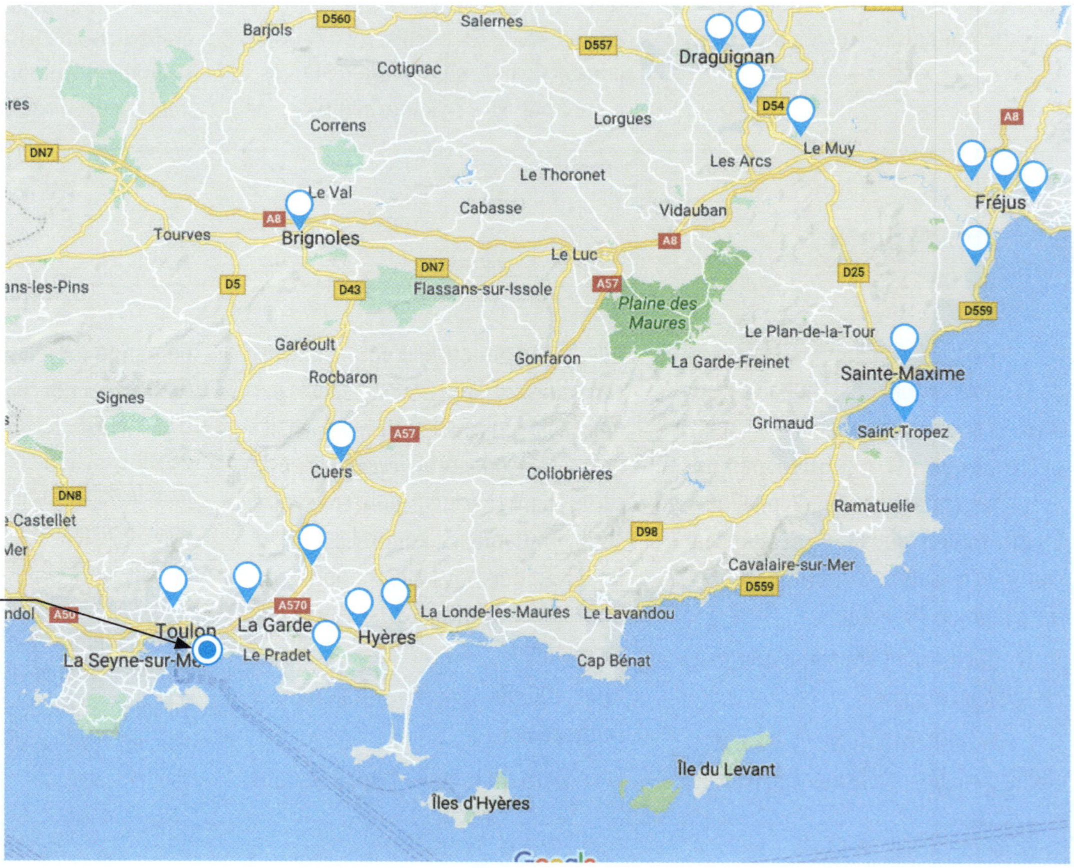

Prospects à visiter

FICHE RESSOURCE 1

ÉLABORER UN PLAN DE PROSPECTION

La prospection regroupe l'ensemble des actions qui permettent à une entreprise de transformer des clients potentiels (appelés « prospects ») en clients effectifs.

I Définir les objectifs de la prospection

L'objectif principal de la prospection est de conquérir de nouveaux clients. En fonction de sa stratégie, l'entreprise peut avoir comme objectif de combler la perte de clients, de diversifier sa clientèle ou de développer un secteur géographique inexploité.

Pour le commercial, les objectifs de la prospection se déclinent en termes quantitatifs (chiffre d'affaires à réaliser, nombre de nouveaux clients à conquérir, nombre de prospects à contacter, nombre de rendez-vous à obtenir…) et/ou qualitatifs (développer la notoriété de l'entreprise, enrichir la base de données prospects avec des informations de qualité…).

II Identifier les cibles

Le ciblage consiste à identifier les clients potentiels que l'entreprise souhaite atteindre à travers ses actions de prospection. Pour mener cette réflexion, le commercial doit déterminer qui sont les prospects pouvant avoir besoin des produits ou services de l'entreprise.

Pour sélectionner une cible à prospecter, différents critères peuvent être utilisés.

EXEMPLES

Critères de ciblage en B to C	Critères de ciblage en B to B
– Critères démographiques : sexe, âge, situation matrimoniale – Critères géographiques : région, département, ville, quartier… – Critères socio-économiques : revenu, profession et catégorie socioprofessionnelle (PCS), niveau scolaire… – Centres d'intérêt : loisirs, sports…	– Zone géographique – Secteur d'activité, code NAF, code APE… – Effectif de l'entreprise – Chiffre d'affaires

III Trouver des prospects

Le commercial dispose de plusieurs solutions pour alimenter un fichier prospects.

Solutions	Principes
Acheter ou louer un fichier	
Acheter un fichier prospects	L'entreprise qui souhaite disposer d'un fichier prospects peut l'acheter, pour un coût élevé, auprès de sociétés spécialisées (Kompass…) ou d'organismes consulaires (CCI…). Suivant le prestataire, la qualité du fichier est variable. Une mise à jour et une qualification du fichier sont parfois nécessaires pour le rendre exploitable.
Louer un fichier prospects	L'entreprise fait appel à une société spécialisée dans la location de fichiers prospects. Grâce à un ciblage précis, elle réalise l'opération de prospection sur un ou plusieurs supports définis dans le contrat (envoi de SMS, mails, courriers…). Cette solution est moins coûteuse que l'achat d'un fichier, mais l'opération est limitée dans le temps et l'accès au contenu du fichier est très restreint.
Créer un fichier	
Susciter des contacts sur le Web	Le site Internet de l'entreprise peut être un moyen de récupérer des prospects en incitant les visiteurs à entrer en contact avec l'entreprise (inscription à une newsletter, formulaire de contact, contenu à télécharger, bouton de rappel immédiat…).
Utiliser les réseaux sociaux	Les réseaux sociaux (ex. : Facebook, LinkedIn) peuvent être utilisés pour sélectionner des prospects *via* leur moteur de recherche. Ils servent également à apporter du contenu et à susciter des prises de contact de la part des visiteurs.
Utiliser les moteurs ou annuaires de recherche	Les moteurs de recherche (ex. : Google) et les annuaires (ex. : PagesJaunes) sont des outils simples et gratuits pour trouver des prospects dans une zone géographique précise. Certains outils permettent de géolocaliser les prospects sur une carte (ex. : Google Maps).
Obtenir des recommandations	Le commercial peut solliciter ses clients afin qu'ils lui recommandent des clients potentiels. Il peut alors être opportun de leur proposer un parrainage en contrepartie d'une récompense.

IV Organiser et qualifier le fichier prospects

Il est possible de créer un fichier prospects sur Excel, Access ou sur un logiciel de GRC (CRM).
La qualification du fichier consiste à recueillir des informations pertinentes sur les prospects. Elle est réalisée au moment de la création du fichier, à partir des données obtenues, qu'il convient de vérifier. Elle sera enrichie et actualisée au fur et à mesure des contacts avec les prospects (historique des appels et des rencontres). Plusieurs rubriques doivent être créées pour organiser les informations.

EXEMPLES

- Dans un fichier prospects en B to C : civilité, nom, prénom(s), adresse, code postal, ville, n° de téléphone, mail, âge, situation matrimoniale, profession…
- Dans un fichier prospects en B to B : dénomination sociale, activité, code NAF, adresse, code postal, ville, nom du contact, fonction du contact, n° de téléphone, mail, chiffre d'affaires, effectif…

V Choisir les méthodes d'approche

Plusieurs techniques peuvent être utilisées pour entrer en contact avec les prospects et susciter des rendez-vous. Leur choix se fait en fonction des cibles visées et du budget de l'entreprise.

Techniques de prospection	Principes
L'e-mailing	Il permet de contacter un grand nombre de prospects à moindre coût. Le taux de retour étant très faible, il convient de compléter l'opération par des relances téléphoniques.
La prospection téléphonique	Elle consiste à contacter directement le prospect par téléphone. Cette technique est utilisée essentiellement pour obtenir des rendez-vous.
La prospection terrain	Le commercial se rend directement chez le prospect. Cette technique est de moins en moins utilisée car le prospect peut l'assimiler à du « forcing ». Elle permet cependant de créer un premier contact physique et de recueillir des informations par l'observation et le recueil de documents (catalogue, plaquette de présentation…).
La participation à des salons professionnels	Les salons professionnels regroupent des exposants d'un même secteur d'activité. L'intérêt d'y participer est d'établir des contacts avec des prospects qui sont venus sur le stand.
Marketing entrant (*inbound marketing*)	L'*inbound marketing* utilise les outils digitaux pour transformer les visiteurs de sites Web en prospects puis en clients, en quatre étapes. **1. Attirer les visiteurs :** le but est de diffuser des informations susceptibles d'intéresser les visiteurs et de répondre à leur problématique (informations pédagogiques, vidéos, guide, conseils, informations sectorielles). Le référencement est très important pour guider les internautes vers le site de l'entreprise, son blog, ses pages sur les réseaux sociaux. **2. Convertir les visiteurs en prospects en les incitant à communiquer leur adresse mail :** inscription à une newsletter, essai gratuit, téléchargement d'un livre blanc, formulaire de demande de renseignements… **3. Apporter du contenu aux prospects :** cette étape a pour vocation de transmettre régulièrement aux prospects des informations par mail ou via les réseaux sociaux afin de les aider à faire mûrir leur décision d'achat. **4. Conclure :** lorsque les prospects sont régulièrement en contact avec l'entreprise et qu'ils s'intéressent aux contenus proposés, il faut leur proposer un rendez-vous afin de les transformer en clients.
Les réseaux sociaux professionnels	Le *social selling* consiste à utiliser les réseaux sociaux professionnels (LinkedIn, Viadeo…) pour entrer en contact avec des acheteurs potentiels.

VI Classifier les prospects

En fonction de l'avancement de la prospection, il sera possible d'établir une typologie des prospects.

Suspects	Prospects froids	Prospects tièdes	Prospects chauds	Prospects stratégiques
Personnes ciblées qui n'ont pas encore été contactées.	Prospects contactés n'ayant pas réagi à la sollicitation.	Prospects ayant réagi favorablement mais qui n'ont pas de projet d'achat immédiat.	Prospects ayant réagi favorablement à l'offre et qui ont un projet d'achat immédiat.	Personnes qui ne vont pas acheter les produits mais qui peuvent exercer une influence sur les achats.

FICHE RESSOURCE

2

CONCEVOIR UN E-MAILING DE PROSPECTION COMMERCIALE

L'e-mailing est une technique très utilisée lors des campagnes de prospection. Il consiste à envoyer des mails personnalisés à un certain nombre de destinataires ciblés, issus d'une base de données. Cependant, le grand nombre de mails reçus par les internautes tend à réduire son efficacité.
La réussite d'une prospection par e-mailing nécessite de respecter certaines consignes.

I Cibler les destinataires

Une campagne de prospection par e-mailing commence par un bon ciblage. Il convient d'identifier les prospects qui seront sensibles à l'offre proposée afin d'éviter de les importuner inutilement.
Une base de données prospects contenant de nombreuses informations (nom/prénom, civilité, fonction, secteur d'activité, entreprise…) permet de mettre en œuvre une segmentation et un ciblage efficaces.
Le fichier prospects doit être actualisé et contenir des adresses mails exactes.

II Définir l'objet du message

Parce qu'il est lu en premier, l'objet du message doit inciter le destinataire à ouvrir le mail. En un coup d'œil, l'internaute doit savoir pourquoi il est sollicité.
L'objet doit donc être clair et concis. Il est possible de le personnaliser en incluant le nom du destinataire. Pour susciter l'intérêt, l'objet du mail peut se présenter sous la forme d'une question ou commencer par un verbe d'action : « Découvrez », « Profitez »…
Il est déconseillé d'utiliser des termes comme « gratuit », « cadeau », « urgent » afin d'éviter que le mail soit relégué dans les spams. Les objets formulés en majuscules sont également proscrits.

III Rédiger le contenu du message

1. Sur le fond

a) ***Personnaliser le message***

Le message doit être personnalisé pour donner le sentiment au lecteur d'en être l'unique destinataire. Il convient ainsi de commencer par ses nom et prénom (précédés du titre de civilité). L'expéditeur doit se présenter et énoncer la raison de la prise de contact. Il peut interpeller son contact sur un besoin ou un problème.

b) ***Proposer une offre claire***

Le mail doit proposer un produit ou un service susceptible d'intéresser le destinataire. L'offre doit être décrite de manière claire et crédible. Elle doit proposer deux ou trois avantages commerciaux.

c) ***Inciter à l'action***

En fonction de l'objectif de la campagne, le mail peut, par exemple :
– proposer un rendez-vous téléphonique ou physique ;
– inciter le lecteur à cliquer sur un lien (blog, site Internet…) ;
– susciter une réponse à une question posée.
Il doit obligatoirement se conclure par une formule de politesse et mentionner les coordonnées de l'expéditeur (numéro de téléphone, adresse mail, adresse postale…).

2. Sur la forme

Le mail doit être court (moins d'une dizaine de lignes) et adapté à la lecture sur portable et smartphone.
Il faut éviter le vocabulaire technique et ne faire aucune faute d'orthographe.
Il est inutile de surcharger le message d'illustrations.

FICHE RESSOURCE 3

CONSTRUIRE UN GUIDE D'ENTRETIEN TÉLÉPHONIQUE DE PROSPECTION

La réussite d'une prospection téléphonique (phoning) ne s'improvise pas. Elle nécessite d'élaborer un guide d'entretien téléphonique qui servira de fil conducteur au commercial lors de son appel.

	Description des étapes
Contact	**Se présenter** La première étape consiste à se présenter (prénom, nom, entreprise) et à demander l'interlocuteur souhaité. **Passer les barrages** Les responsables d'entreprise demandent souvent à ne pas être dérangés. Pour ne pas être pris au dépourvu, il faut anticiper les barrages et les traiter en adoptant une attitude courtoise.
Raison de l'appel	**Se présenter** Il convient de vérifier l'identité de l'interlocuteur pour éviter les erreurs, de se présenter et de présenter rapidement son entreprise. **Susciter l'intérêt** Il faut mettre l'interlocuteur en confiance en suscitant son intérêt par une accroche (recommandations d'un tiers, rappel de l'historique de la relation, interrogation sur un besoin, solution innovante…).
Objet de l'appel	**Présenter l'objet de l'appel** Si l'interlocuteur est intéressé, l'objet de l'appel est présenté : rendez-vous, devis… **Répondre aux objections** L'interlocuteur émet très souvent des objections. Il faut y répondre de manière compréhensive avant de réitérer la proposition.
Conclusion	**Conclure** À la fin de l'entretien téléphonique, il est utile de résumer les points importants de l'appel. En cas de réussite ou d'échec, il convient de remercier l'interlocuteur et de le saluer de manière courtoise.

Schéma du guide d'entretien téléphonique

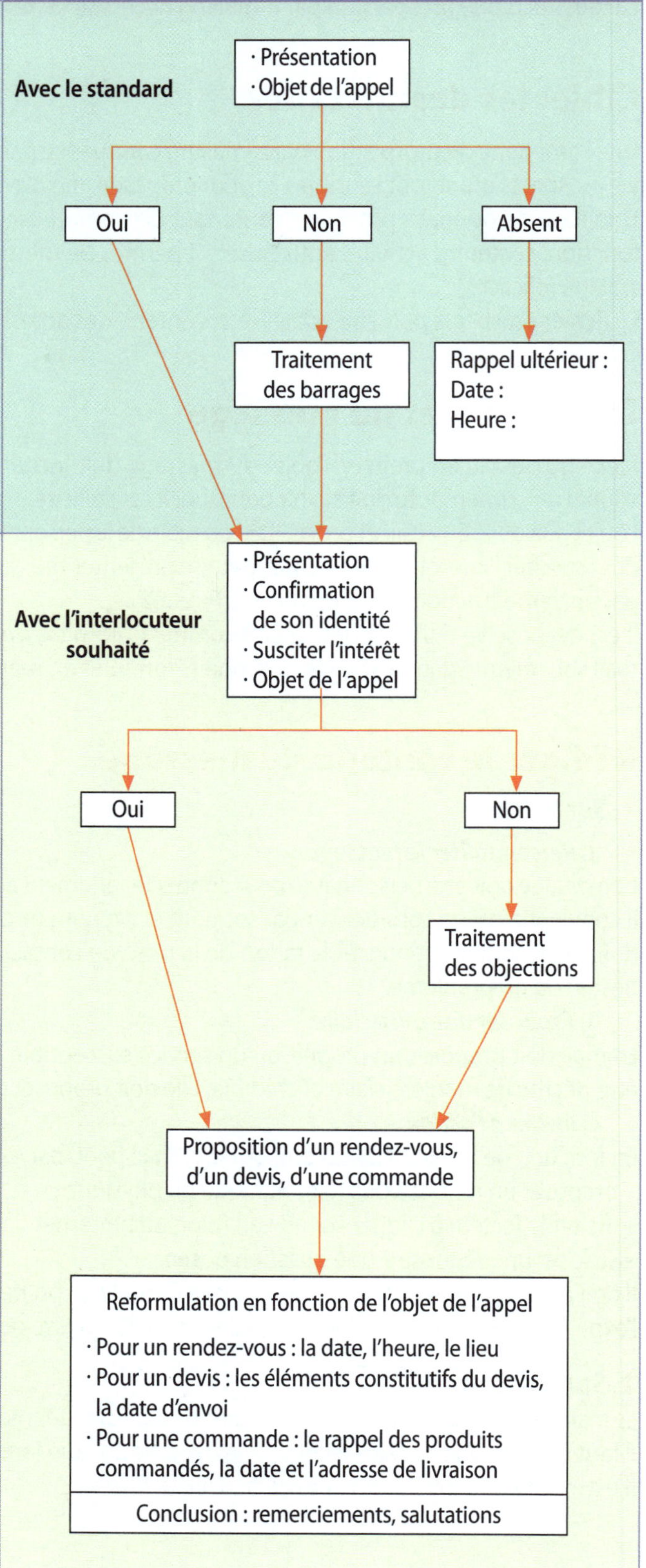

FICHE RESSOURCE

4

PRÉPARER UN PLAN DE RÉPONSE AUX OBJECTIONS

Lors de la prospection téléphonique, l'interlocuteur se met très souvent en position de défense et émet des objections. Le commercial doit traiter les objections et s'en servir pour réussir l'appel.

I Anticiper les barrages et les objections

Avant de commencer la prospection, le commercial prépare un plan de réponse aux objections. Il lui permet d'anticiper les barrages lors de l'accueil téléphonique et les objections émises par l'interlocuteur pendant la conversation. Le but est de lui apporter des réponses sans être pris au dépourvu.

EXEMPLES

- Barrages : « elle n'est pas là », « il est en réunion ».
- Objections les plus courantes : « je n'ai besoin de rien », « j'ai déjà un fournisseur », « ça ne m'intéresse pas », « envoyez-moi une documentation », « je n'ai pas le temps ».

Le plan de réponse aux objections peut être présenté sous forme de tableau.

Barrages	Réponses
Elle n'est pas là.	
…	
Objections	**Réponses**
Ça ne m'intéresse pas.	
…	

II Passer les barrages

Lors d'un appel téléphonique, il est très rare d'entrer directement en contact avec l'interlocuteur souhaité. La personne qui décroche – standardiste, secrétaire, assistant(e) – a très souvent pour mission de filtrer les appels. Quelle que soit la raison invoquée, il faut rester courtois et souriant.
– En cas d'indisponibilité ou d'absence de la personne souhaitée, il faut s'informer sur sa disponibilité ;
– Si cette personne a quitté l'entreprise, il faut demander le nom de son remplaçant et comment le joindre. Après l'appel, il convient de mettre à jour le fichier prospects avec les informations obtenues.

III Répondre aux objections

Le traitement d'une objection nécessite, dans un premier temps, d'approuver l'interlocuteur en faisant preuve de compréhension. Il ne faut jamais dévaloriser le prospect en le contredisant. Le commercial doit éviter les phrases du type « vous avez tort » ou « c'est faux ! ». Au contraire, il est recommandé de répondre par une phrase du type « je vous comprends », « vous avez raison ».
Pour traiter une objection, les techniques les plus courantes consistent :
– à répondre par une question afin de faire préciser le contenu et le fondement de l'objection ;

EXEMPLE : « Qu'entendez-vous par… ? »

– à abonder dans le sens du prospect pour transformer l'objection en opportunité.

EXEMPLE : « C'est la raison pour laquelle je souhaite vous rencontrer. »

IV Vérifier l'adhésion du prospect

Après avoir répondu à une objection, le commercial doit vérifier que le prospect adhère à sa réponse par une question de contrôle du type « ai-je bien répondu à votre question ? », « êtes-vous rassuré ? ». Lorsque toutes les objections ont été traitées, il peut réitérer sa demande de rendez-vous.

V Adapter son comportement

Le traitement des objections nécessite d'adopter une attitude courtoise et calme (même avec un prospect agressif). Pour cela, il faut laisser le prospect s'exprimer sans lui couper la parole et lui répondre de manière polie en faisant preuve de compréhension.

FICHE RESSOURCE

5

ÉLABORER UN PLAN DE TOURNÉE

La prospection terrain consiste à se rendre directement sur le lieu de travail ou au domicile des prospects sans les avoir préalablement sollicités.

I Estimer le potentiel de visites

Avant d'entreprendre une prospection terrain, le commercial doit déterminer le nombre de visites par an ou par jour qu'il peut réaliser. Pour cela, il doit connaître la durée moyenne d'une visite et déterminer le temps disponible consacré aux visites sur l'année ou sur une journée.

Estimer la durée moyenne d'une visite	Il faut prendre en compte : – le type de rendez-vous (prospection, suivi, formation…) ; – le potentiel des clients ou prospects. La localisation géographique des clients et prospects (temps de déplacement).		
Déterminer le temps disponible consacré aux visites par an	On part de la durée de l'année (365 jours ou 52 semaines), à laquelle on retire le temps non travaillé (jours de repos, congés payés, jours fériés, congés maladie) et le temps consacré aux autres tâches que les visites (salon, formation, réunions, tâches administratives…).	Temps consacré aux visites par an = Durée de l'année – Temps non travaillé – Temps consacré aux autres tâches sur les visites	**Nombre de visites possibles sur l'année = Temps consacré aux visites sur l'année / Durée moyenne d'une visite**
Déterminer le temps disponible consacré aux visites par jour	On part de la durée d'une journée de travail à laquelle on retire le temps non travaillé (pause, déjeuner…), et la durée des déplacements.	Temps consacré aux visites par jour = Durée d'une journée – Temps non travaillé – Durée des déplacements	**Nombre de visites possibles par jour = Temps consacré aux visites par jour / Durée moyenne d'une visite**

II Établir un itinéraire

Un plan de tournée permet de prévoir les déplacements en fonction des visites à réaliser.
Il a pour but de limiter les temps de déplacement et de réduire le coût des visites.
Certains systèmes de géolocalisation permettent aux commerciaux d'optimiser leur temps et leurs déplacements. La plupart des solutions CRM proposent des fonctions de géolocalisation aidant les commerciaux à planifier et gérer leurs plans de tournée.
Plusieurs méthodes permettent aux commerciaux d'élaborer leurs tournées :

Méthode	Principe	Schéma
Tournée en marguerite	Le secteur géographique est découpé en sous-secteurs centrés autour du bureau du commercial. Chaque semaine ou chaque jour (suivant l'importance des sous-secteurs), le commercial planifie ses visites dans un sous-secteur.	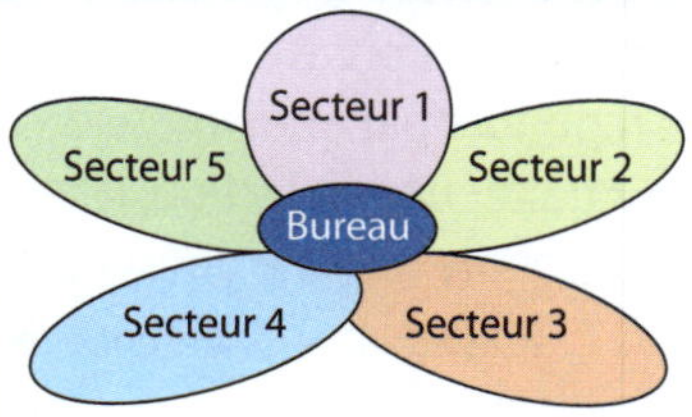
Tournée en spirale (ou escargot)	Le commercial construit sa tournée en s'éloignant de son bureau suivant une spirale.	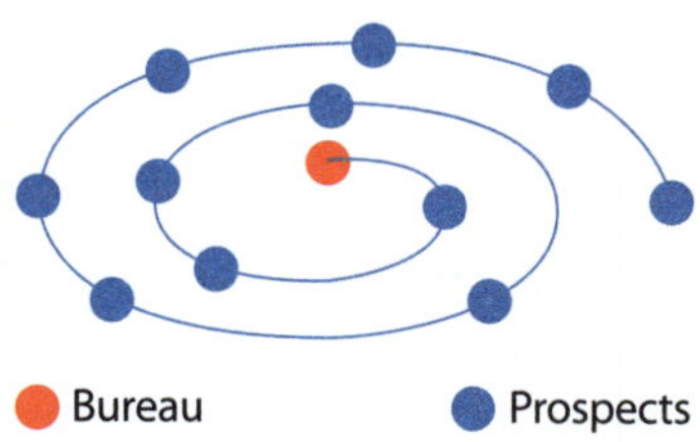
Tournée en zigzag	Le commercial organise sa tournée en partant du client le plus éloigné. Il construit son itinéraire de retour en visitant les prospects ou clients situés de part et d'autre d'un axe central (une autoroute, par exemple).	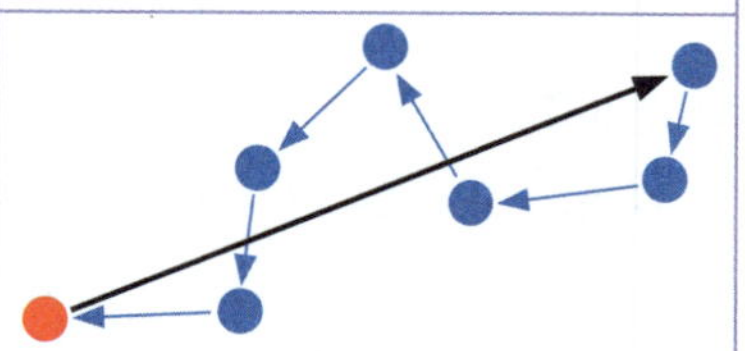

Applications

Maîtrise

1 Préparer les outils de la prospection téléphonique

Normandie Automobile est un concessionnaire de la marque Peugeot situé à Caen, dans le Calvados (14).
L'activité de cette entreprise renommée dans la région est la distribution de véhicules neufs et d'occasion auprès d'une clientèle de particuliers et de professionnels.
Étudiant(e) en BTS NDRC, vous effectuez un stage au sein de la concession. Le directeur vous a chargé(e) d'épauler les commerciaux pour le lancement du nouveau fourgon utilitaire Peugeot Expert, destiné à des professionnels à la recherche de solutions pour transporter leurs marchandises ou leur matériel.
Une de vos missions consiste à prendre des rendez-vous auprès des artisans de l'agglomération caennaise pour les inciter à venir essayer le véhicule en concession.
Pour réussir cette opération, vous avez décidé de préparer des outils de prospection téléphonique efficaces.

1. Élaborez le guide d'entretien téléphonique et le plan de réponse aux objections. Pour vous aider, les commerciaux vous ont communiqué les principales objections qu'ils rencontrent le plus souvent lorsqu'ils prennent des rendez-vous.
2. Avant d'effectuer vos premiers appels, un des commerciaux vous propose de tester votre guide d'entretien et d'effectuer un jeu de rôle dans lequel vous jouerez l'appelant et lui le prospect appelé.

Document 1 Le nouvel utilitaire Peugeot Expert

Le nouveau fourgon utilitaire Peugeot Expert a de nombreux atouts grâce à sa nouvelle plateforme pour faciliter l'activité et répondre à toutes les exigences des professionnels.
Le véhicule a remporté le Trophée VU (véhicule utilitaire) Argus qui récompense le meilleur utilitaire de l'année.

Principales caractéristiques :
- Confort, agrément de conduite
- Silencieux
- Volume de chargement (5,80 m^3)
- Adapté aux déplacements urbains, avec une hauteur limitée à 1,90 m
- Plus haut niveau de sécurité de sa catégorie avec 5 étoiles aux tests Euro NCAP
- Nombreux équipements innovants : portes latérales coulissantes mains libres, modularité de la cabine, caméra de recul, navigation 3D connectée

Document 2 Liste des principales objections

- Je n'ai pas le temps de me déplacer à la concession.
- Je suis satisfait de mon véhicule actuel.
- Envoyez-moi une plaquette.
- Je vais y réfléchir.
- Votre concession n'a pas bonne réputation.
- La conjoncture est difficile en ce moment.

Maîtrise

2 Exploiter un fichier prospects

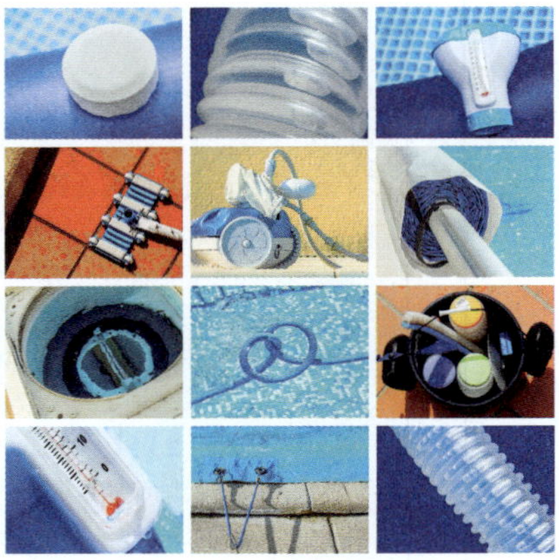

La société Aquapiscine, implantée dans le département des Pyrénées-Orientales (66), propose des prestations de qualité pour un entretien complet des piscines et des spas auprès d'une clientèle constituée d'hôtels, de campings et de particuliers.
Depuis plus de 25 ans, la société assure l'entretien de plus de 300 piscines dans l'ensemble du département. Aquapiscine dispose d'un site Internet sur lequel elle présente ses services. Le site propose également une rubrique « Contact » qui permet aux internautes de déposer une demande de renseignements.
Étudiant(e) en BTS NDRC, vous effectuez un stage chez Aquapiscine. Mme Bonna, directrice commerciale, vous a chargé(e) d'exploiter les contacts récupérés sur le site Internet.

1 Analysez le fichier « Contacts Internet » transmis. Quelles sont les informations manquantes qui vous permettraient de bien l'exploiter ? Justifiez votre réponse.

2 Proposez des solutions pour qualifier le fichier prospects.

3 Construisez un fichier prospects à l'aide du tableur Excel en y incluant les rubriques qui vous semblent pertinentes.

4 Élaborez le mail type de réponse aux demandes de renseignements des internautes.

Document Extrait du fichier « Contacts Internet »

Demandes de renseignement - Semaine 12

Nom	Prénom	Email	Ville
Dupont	Henri	hdupont@sfr.fr	Perpignan
Wanieski	Inga	Inga.w@hotelblue.com	Collioure
Jasper	Louis	Louis-jasper@free.fr	
Benhafa	Wallid	benhafa@camping-delamer.com	Saint-Cyprien

Maîtrise

3 Préparer une campagne de prospection

La Maison du chauffage, située à Aurillac, dans le Cantal (15), est une société spécialisée dans l'équipement électrique de la maison. Tous les ans, à l'automne, elle organise la « Quinzaine du chauffage électrique ». Cette année, en raison de la forte augmentation du prix du fioul domestique, elle espère conquérir un nombre important de clients.
Titulaire d'un BTS NDRC, vous êtes attaché(e) commercial(e) au sein de La Maison du chauffage. M. Dupuis, le directeur de la société, vous a chargé(e) de mettre en place une campagne de prospection auprès des habitants du département propriétaires de leur logement.
Pour mettre en œuvre cette campagne, vous hésitez entre deux solutions : acheter ou louer un fichier prospects.

1 Comparez les deux solutions en présentant dans un tableau leurs caractéristiques, leurs points forts et leurs points faibles.

2 Quelle solution choisissez-vous ? Justifiez votre réponse.

Document 1 — Proposition d'achat d'un fichier prospects

Mon ciblage

5 999 contacts

Prix unitaire	*0,15 € HT*
Montant total	*899,85 € HT*

Aperçu du fichier Propriétaires immobiliers

Civilité	Nom	Prénom	1re ligne adresse	[...]	Code postal	Ville	Téléphone	Âge (tranche)	Habitat
M.	*****X	*****P	*****RO*X*****PP	[...]	15000	AURILLAC	** ** ** *9 *1	Entre 50 et 64 ans	Individuel
Mme	*****E	*****N	*****OC*LY***NE*TE	[...]	15130	ARPAJON SUR CERE	** ** ** *9 *9	Entre 50 et 64 ans	Individuel
M.	*****R	*****E	*****LI*R*****D	[...]	15400	RIOM ES MONTAGNES	** ** ** *1 *3	65 ans et +	Individuel
M.	*****L	*****D	*****NA*D*****LL*	[...]	15100	ST FLOUR	** ** ** *2 *4	65 ans et +	Individuel
M.	*****P	*****T	*****RE*T*****	[...]	15100	ST FLOUR	** ** ** *2 *3	Entre 35 et 49 ans	Individuel

Document 2 — Proposition de location d'un fichier prospects

Geomail

Location et routage d'adresses e-mails de particuliers géolocalisés pour vos actions de prospection

Offre disponible pour les envois à destination de la France (y compris l'outre-mer) et de Monaco

8/10

Français disposent d'un smartphone en 2020.

(Source ARCEP 2021)

Location et routage d'adresses mails de particuliers géolocalisées pour vos actions de prospection.

Prestation de base	Tarif HT au mille
Location d'adresses/ciblage/routage/repasse totale/bilan	150,00 €

Minimum de facturation : 70 € HT – Remise dégressive selon volume.

- **Bénéfice :** recrutez de nouveaux clients sur Internet
- **Avantage :** communication ciblée par e-mailing sur votre zone de chalandise
- **Caractéristique :** base d'environ 14 millions d'adresses mails géolocalisées et qualifiées

Descriptif

Vous souhaitez renforcer l'efficacité de vos communications avec l'e-mailing en touchant précisément les internautes d'une zone géographique délimitée ?
L'e-mailing est un média de surpression idéal pour compléter et renforcer l'impact de votre communication commerciale.
À la fois réactif et interactif, il crée une relation personnalisée de proximité avec votre prospect. Pour la mise en place de vos opérations de recrutement, La Poste vous propose une base inédite pour toucher directement par mails vos futurs clients : Geomail.

www.laposte.fr

Expertise

4 Organiser une campagne de prospection

Depuis plus de 30 ans, FORMAPRO met à la disposition des entreprises de la région alsacienne son expérience et son savoir-faire en matière de formation continue dans les domaines de l'informatique, de la gestion et de la comptabilité, du management, du marketing, du développement commercial, du développement personnel et des langues étrangères.
En tant qu'attaché(e) commercial(e), vous êtes chargé(e) de fidéliser et de développer la clientèle de la société.
Dans le cadre d'une vaste opération de prospection sur le département du Bas-Rhin (67), auprès d'entreprises comptant entre 10 et 100 salariés dans les secteurs du commerce et des services, vous envisagez d'acquérir un fichier prospects auprès de l'Annuaire des entreprises de France (fichier national qui comprend plus de 2,5 millions d'entreprises recensées par les chambres de commerce et d'industrie de France).
Votre démarche consiste à réaliser une campagne d'e-mailing suivie de relances téléphoniques afin d'obtenir des rendez-vous chez les prospects.

1 Choisissez les critères de sélection qui vous permettront de créer votre liste de prospects. Estimez le nombre d'entreprises correspondant à vos critères de sélection en utilisant le moteur de recherche de l'AEF : http://www.aef.cci.fr/rechercheMulticritere.

2 Concevez le mail type qui sera adressé aux prospects.

3 Élaborez le guide d'entretien téléphonique et le plan de réponse aux objections qui vous serviront pour les relances téléphoniques.

4 Estimez le temps nécessaire pour réaliser votre opération de prospection.

Document 1 L'Annuaire des entreprises de France (AEF)

Bien plus qu'un simple annuaire d'entreprises, l'Annuaire des entreprises de France (AEF) vous donne accès à toutes les données économiques et juridiques collectées par les CCI sur les 2,6 millions d'établissements consolidés dans leur base nationale. Le moteur vous permet de combiner jusqu'à **30 critères de sélection** pour accéder en deux clics à votre liste d'entreprises.

- Localisation (région, département, canton, commune, EPCI)
- Activité de l'entreprise ou ses produits et services (nomenclatures de l'INSEE)
- Chiffres clés (effectif, capital social)
- Profil (forme juridique, statut, date de création)
- Présence du dirigeant, des numéros de téléphone ou de télécopie

Chiffres clés	2 500 000 établissements, 2 300 000 responsables légaux, 1 600 000 téléphones, 650 000 télécopies
Critères	30 critères disponibles : localisation (région, département, cantons, communes, EPCI), activité exercée et produits et services (nomenclatures de l'INSEE), effectif à l'adresse de l'établissement, date de création, capital social, forme juridique, présence du dirigeant, des numéros de téléphone ou de télécopie…
Supports	Votre fichier en téléchargement par mail, sur CD-Rom, étiquettes autocollantes, liste papier et en produits combinés

Source : www.aef.cci.fr

Document 2 Votre emploi du temps

- Vous bénéficiez de 5 semaines de congés payés par an.
- 3 semaines par an sont consacrées aux salons, séminaires et formations.
- Le lundi est consacré à la prise de rendez-vous et aux tâches administratives.
- 2 journées par semaine sont réservées au suivi de vos clients.
- Un rendez-vous de prospection dure 1 h 30 (déplacement inclus).
- Vous travaillez 8 heures par jour avec 1 heure de pause déjeuner.
- En moyenne, vous estimez qu'un appel sur 10 aboutit à un rendez-vous lors de la prospection téléphonique.

Expertise

5 Élaborer un plan de tournée

Installée à Marseille la marque G&G est spécialisée dans la fabrication de doudounes haut de gamme. Constatant un déficit de clients dans l'ouest de la France, M. Gaston, directeur commercial, souhaite mener une campagne de prospection terrain auprès d'une vingtaine de boutiques préalablement sélectionnées en fonction des marques de vêtements qu'elles proposent.
Vous êtes chargé(e) du développement de la clientèle au sein de cette entreprise. M. Gaston vous a confié la réalisation d'une prospection terrain sur la Région Bretagne.

1. À partir du document 1, créez un fichier suspects à l'aide d'un tableau Excel.
2. Utilisez l'application MyMaps (https://www.google.com/maps/d/) pour localiser les suspects sur une carte à l'aide du fichier fourni.
3. Élaborez votre plan de tournée.

Document 1 Liste des suspects sélectionnés

Boutique	Adresse	Ville
California	42 rue de Siam	Brest
Élégance	59 rue Jean Jaurès	Brest
Tendance	11 avenue Miln	Carnac
Breizh Fashion	12 avenue Pierre Gueguin	Concarneau
Valentino	21 Grand-Rue	Dinan
Attitude	13 rue de la Fontaine blanche	Landerneau
Armor Shop	8 place du Général Leclerc	Lannion
Lily Rose	31 rue du Port	Lorient
Style Boutique	20 rue de Moncontour	Loudéac
Vêtements Lagadec	2 rue d'Aiguillon	Morlaix
Boutique du Port	20 rue de l'Église	Paimpol
Fashion Victim	3 rue Kéréon	Quimper
La Boutique d'Églantine	1 rue Nationale	Rennes
Jeans Rennes	29 rue de Redon	Rennes
Horizon	4 rue Saint-Guillaume	Saint-Brieuc
Uniq	6 rue Broussais	Saint-Malo
Black Stone	38 rue de Mené	Vannes

Document 2 Comment utiliser MyMaps ?

1. Sur votre ordinateur, connectez-vous à My Maps (https://mymaps.google.com).
2. Ouvrez ou créez une carte.
3. Dans la légende de la carte, cliquez sur *Ajouter un calque*.
4. Donnez un nom au nouveau calque.
5. Sous le nouveau calque, cliquez sur *Importer*.
6. Choisissez ou importez le fichier contenant vos informations, puis cliquez sur *Sélectionner*.
7. Les éléments géographiques sont automatiquement ajoutés.

Pour créer votre carte, aidez-vous si besoin du centre d'aide MyMaps : https://support.google.com/mymaps/?hl=fr#topic=3024924.

Document 3 Vos contraintes

- Vous arriverez le lundi matin à 8 h à l'aéroport de Rennes.
- Votre départ est prévu le vendredi à 18 h.
- Vous avez réservé un véhicule de location pour effectuer vos déplacements.
- Une visite de prospection dure 1 heure.
- Vous utilisez My Maps pour estimer les durées de déplacement.

Applications CRM

Expertise

6 Découvrir un logiciel de CRM

En stage dans une PME de 150 salariés, vous devez vous familiariser avec le module CRM (*Customer Relationship Management*, ou GRC, gestion de la relation client) utilisé par l'équipe de commerciaux. Le responsable commercial vous donne des informations lors d'un entretien (document 1) ainsi que des documents présentant les principales fonctionnalités d'un module CRM (document 2).

1. Quelle est la finalité d'un CRM ?
2. Distinguez les termes « piste » (ou « prospect »), « contact » et « compte » généralement utilisés dans un CRM.
3. Donnez des exemples d'activités qui peuvent être saisies dans le CRM. Pour cela, vous pouvez éventuellement consulter les activités dans la base de démonstration de votre CRM ou circuler dans les menus.
4. Retrouvez la page « Campagnes » dans votre CRM. De quoi s'agit-il ? D'après vous, quel lien peut-il y avoir entre les campagnes et les activités ?
5. Retrouvez la page « Affaires » (ou « Opportunités ») dans votre CRM. Quelle différence faites-vous entre une affaire et une campagne ?

Document 1 — Extrait de l'entretien avec le responsable commercial

Vous : Qui utilise le module CRM dans votre entreprise ?

Le responsable commercial : Tous nos commerciaux ainsi que le dirigeant renseignent ce module de notre PGI. La responsable administrative et financière peut être amenée à le consulter afin d'évaluer la situation à un moment donné.

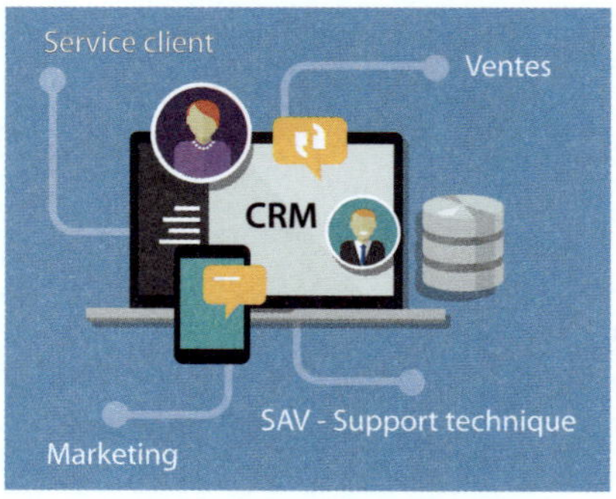

Le SAV, qui gère les problèmes techniques que rencontrent les clients, et le service client, qui s'occupe des réclamations, consultent et renseignent également le CRM.

Vous : Quelles sont les manipulations les plus fréquentes pour un commercial ?

Le responsable commercial : Nous saisissons au quotidien toutes les activités en relation avec la clientèle : les appels reçus ou émis, les mails, les rendez-vous, les suivis, les relances…

Vous : Quelle est l'utilité de saisir tout cela ?

Le responsable commercial : C'est une mine d'informations pour nous. À tout moment, nous pouvons savoir combien de fois nous avons pris contact avec une personne et ce qu'elle voulait. Nous avons un historique complet qui nous permet de personnaliser notre offre et de fidéliser le client. De plus, des tableaux de bord sont disponibles afin d'évaluer les actions menées.

Vous : Je ne comprends pas bien la différence entre une piste, un contact et un compte. Pouvez-vous m'expliquer ?

Le responsable commercial : Pour le CRM EBP, une « piste » rassemble toutes les informations d'un particulier ou d'une entreprise qui pourrait nous intéresser. Pour ne pas oublier d'agir auprès de cette cible, nous l'enregistrons en tant que piste. D'autres CRM parlent de « prospects ». Le principe reste le même. Dès que nous considérons que cette piste peut effectivement avoir un intérêt, nous la convertissons en « contact » et en « compte ».
Prenons un exemple simple : si nous achetons une base de données prospects, toute la base sera enregistrée en tant que « piste prospects ». Nous pouvons ainsi réaliser une campagne de prospection par e-mailing auprès de toutes ces pistes. Seules les personnes ayant répondu ou manifesté de l'intérêt seront par la suite recontactées. À ce moment-là, nous choisissons de les convertir en « contacts » et en « comptes » : un contact permet l'identification d'une personne physique seule et un compte l'identification d'une société ou d'un ménage.

Un compte peut ainsi regrouper plusieurs contacts. Pour un compte « entreprise », les contacts peuvent être le dirigeant, le commercial… Pour un compte « particulier », les contacts peuvent être plusieurs membres d'une même famille (le mari, la femme…).

Document 2 Les principales fonctionnalités de SuiteCRM

Ventes : les niveaux de contact clients

Les activités

Le marketing

Les affaires

7 Créer et transformer des pistes (ou prospects) dans le CRM

Afin de découvrir le fonctionnement de votre CRM, votre tuteur vous demande d'ouvrir le dossier de démonstration du module CRM et de procéder aux manipulations vous permettant de répondre aux questions ou instructions suivantes.

1. Combien de pistes (ou prospects) différentes sont saisies dans la base de démonstration ?
2. Quelles sont les principales informations contenues sur une fiche « piste » (ou « prospect ») ?
3. Créez les pistes (ou prospects) du document 2.
4. Transformez les pistes (ou prospects) créées en contacts et/ou comptes.
5. Quelle incidence aura cette transformation sur le logiciel ?

Document 1 Comment naviguer dans SuiteCRM ?

Plusieurs entrées sont possibles pour accéder à la page « Prospects » sur SuiteCRM.
Voici un exemple :
À partir du menu, ouvrir la fenêtre « Ventes » puis cliquer sur l'onglet « Prospects ».
La liste des prospects s'affiche automatiquement.
On peut alors créer ou importer des prospects.

Document 2 — Données à enregistrer en tant que « pistes »

Les pistes suivantes ont été trouvées par l'intermédiaire d'un client actuel. Voici les informations dont on dispose pour chaque piste :

- **Piste 1 :** M. Dubois Robert, commercial dans l'entreprise Groupe Vela, 5 rue Grande 83980 Le Lavandou, n° de téléphone portable : 06 12 12 45 45
- **Piste 2 :** Mme Bernard Ghislaine, 450 place de La Garde 84130 Le Pontet, n° de téléphone portable : 07 45 46 78 98. Prospect non professionnel.
- **Piste 3 :** Entreprise NetPro, Avenue des Alpilles 84000 Avignon, n° de téléphone : 04 90 60 06 00

Document 3 — Mode opératoire pour créer une piste sur SuiteCRM

À partir du menu, ouvrir la fenêtre « Ventes », cliquer sur l'onglet « Prospects » puis sur « Créer un prospect ».

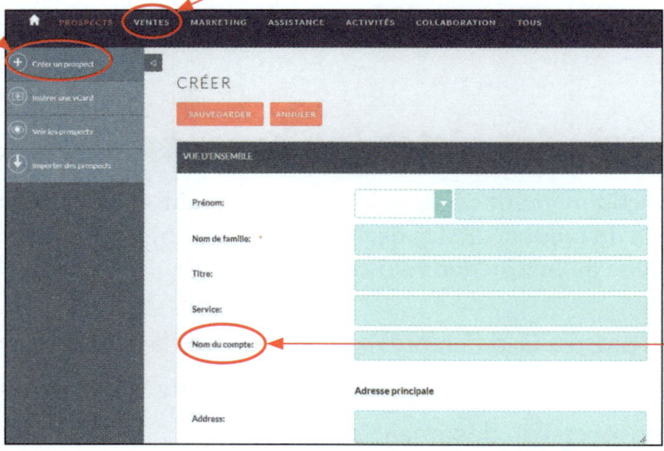

Compte de l'entreprise ou du foyer auquel ce prospect appartient

Document 4 — Mode opératoire pour convertir un prospect sur SuiteCRM

Un prospect qui vient d'être créé a le statut « Nouveau ». Pour transformer une piste en contact et/ou en compte :
- ouvrir la fiche prospect en cliquant sur le nom ;
- dans l'onglet « Actions », sélectionner « Convertir le prospect » puis « Sauvegarder » en bas de la page qui s'ouvre ;
- un message s'affiche, confirmant la création du contact et du compte.

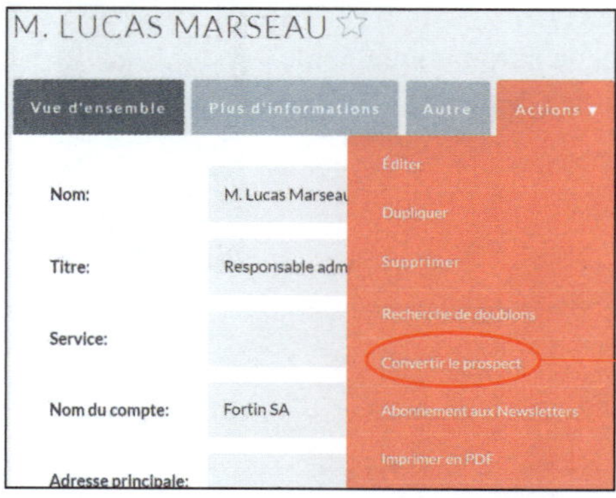

Expertise

8 Suivre les activités et les opportunités sur le CRM

Vous travaillez dans l'entreprise Jupiter Média (base à restaurer disponible sur le site compagnon) et vous devez mettre à jour les activités du commercial André Fremont. Pour cela, vous disposez des documents 1 et 2.

1. Si vous utilisez le CRM EBP, consultez la fiche du commercial André Fremont et imprimez son graphique d'opportunités actuel.
2. Quel que soit votre CRM, enregistrez les activités prévues (pour vous sur SuiteCRM ou pour André Fremont sur EBP) (document 1).
3. Si vous disposez d'un agenda dans votre CRM, observez les incidences de ces activités sur votre agenda ou sur celui de M. Fremont.
4. Mettez à jour les activités effectivement réalisées (document 2) et les opportunités engendrées.
5. Si vous utilisez le CRM EBP, consultez le nouveau graphique d'opportunités de M. Fremont.

Document 1 Liste des activités à prévoir

- Appeler dans la journée les pistes (prospects) suivantes pour un complément d'informations : Denis Ledogar, Jacques Lefranc, Henri Lutz.
- Envoyer un mail à Georges Kleinberg avec une documentation en PDF.
- Fixer un rendez-vous pour une démonstration avec Robert Dubois, du groupe Vela, pour demain à 15 h.

Document 2 Avancement des actions auprès des pistes

Les appels téléphoniques ont été passés et le mail envoyé :
– Jacques Lefranc n'a pas répondu. Il faut le rappeler demain ;
– Denis Ledogar n'est pas intéressé par nos offres ;
– Henri Lutz souhaite recevoir de la documentation complémentaire. Il est intéressé par un produit estimé à 560 €. On choisit de transformer sa fiche en contact et compte, et de créer une opportunité en phase de prospection ;
– Robert Dubois a appelé pour confirmer son rendez-vous. Il souhaite un devis pour une offre estimée à 1 500 € → créer également une opportunité pour ce prospect, mais en phase de devis. Le rendez-vous de Robert Dubois a duré deux heures. Le devis a été accepté.

Document 3 — Mode opératoire pour créer et suivre des activités sur SuiteCRM

Dans le menu général, ouvrir la fenêtre « Activités ». Afin de planifier une activité, cliquer sur le menu « Calendrier » pour accéder à la planification d'une réunion, d'un appel ou de toute autre tâche…
Pour suivre l'activité, cocher l'activité à suivre, dans ce même menu. Une liste des différentes activités (avec leur statut) est alors disponible.

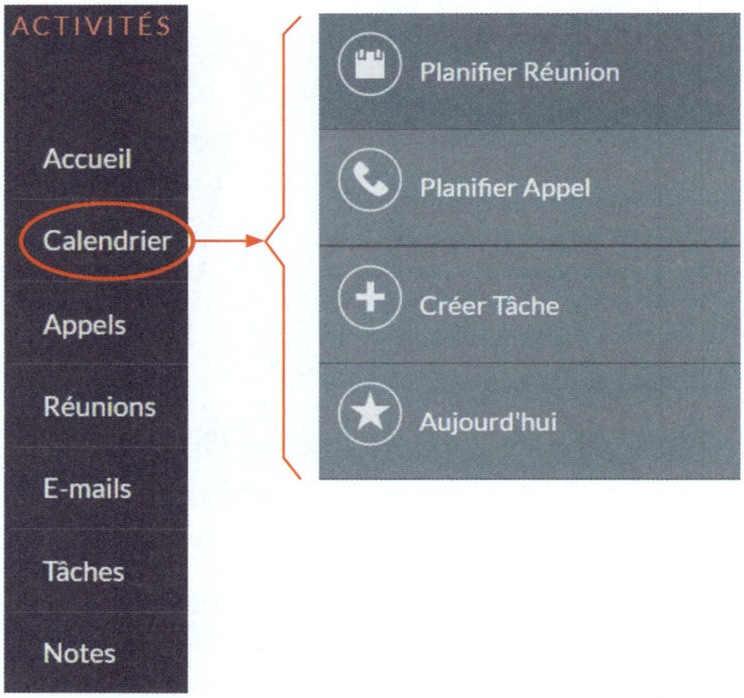

Document 4 — Mode opératoire pour créer une affaire sur SuiteCRM

Pour accéder aux pages liées aux « Affaires », ouvrir la fenêtre « Ventes » dans le menu général puis cliquer sur « Affaires ». Une affaire peut être créée en renseignant une fiche dédiée :

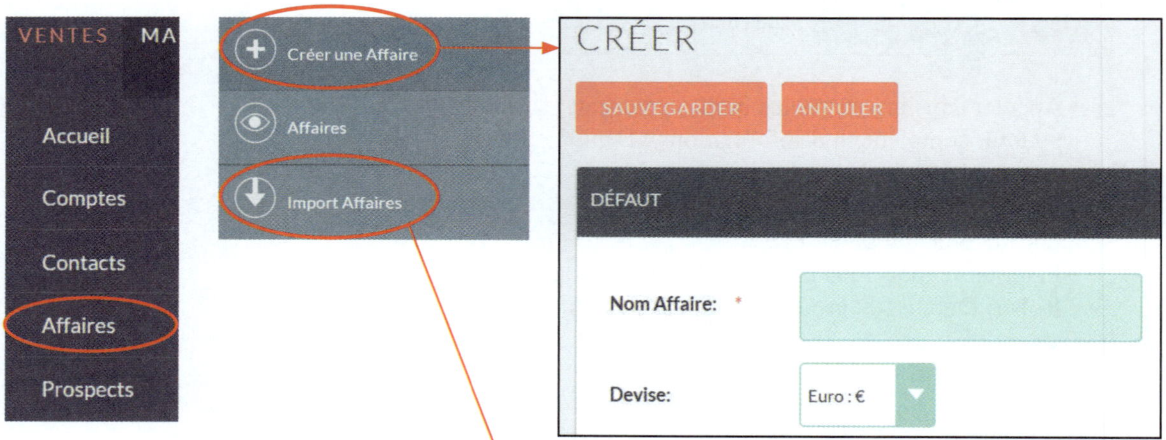

Remarque : cette fiche est aussi accessible depuis le compte d'un contact. L'intérêt est de trouver quelques zones préremplies.

Une affaire peut aussi être importée depuis un fichier externe.

En route vers l'épreuve E4

Voir PRÉSENTATION DE L'ÉPREUVE page 309

A Les compétences évaluées

○ **Cibler et prospecter la clientèle**	
Les compétences à acquérir	
1 – Analyser un portefeuille client	**3 –** Mettre en œuvre et évaluer une démarche de prospection
2 – Identifier des cibles de clientèle	**4 –** Développer des réseaux professionnels

B Travail à faire

1 À partir du cas AlphaPrint, complétez cet extrait de la fiche E4 proposé ci-dessous :

CADRE DE L'ACTIVITÉ	
Nom de l'organisation	
Adresse/code postal/ville	
Type de structure	
Offre commerciale	
Type(s) de client(s)	
Méthodes de vente	

Complétez le cadre de l'activité à partir du contexte professionnel (p. 59) et de l'annexe 1 (p. 61).

[...]

CIBLAGE ET PROSPECTION		
Démarche		
Objectifs fixés		
Activités réalisées		Outils mobilisés
Résultats obtenus		
BILAN RÉFLEXIF		
Atouts et points d'appui	Solutions mises en œuvre	Propositions d'amélioration

Recensez les méthodes de prospection utilisées (question 3).

Indiquez les objectifs de la mission (question 1) et la cible visée (question 2).

Recensez les outils de prospections créés ou utilisés (questions 7, 8, 9, 10, 14).

À partir des questions 5 à 14, présentez les activités réalisées.

Listez les points positifs de cette mission à travers ce que vous avez appris.

Présentez ce que vous avez apporté à l'entreprise à travers ces différentes activités de ciblage et de prospection.

Proposez des pistes pour améliorer l'efficacité de la prospection.

Présentez les résultats : au niveau quantitatif (nombre de prospects contactés, nombre de rendez-vous obtenus...) et au niveau qualitatif (notoriété, image...).

2 Complétez votre fiche E4 à partir des activités de ciblage et de prospection que vous avez réellement effectuées pendant vos périodes en entreprise.

3 Préparez une présentation orale de votre travail à l'aide d'un diaporama.

Synthèse

Mettre en œuvre une démarche de prospection

Définir les objectifs de la prospection
- Combler la perte de clients.
- Diversifier sa clientèle.
- Développer un secteur géographique inexploité.

Identifier les cibles
- Critères de ciblage en B to C : critères démographiques, géographiques, socio-économiques, professionnels, centres d'intérêt …
- Critères de ciblage en B to B : zone géographique, secteur d'activité, effectif, chiffre d'affaires

Créer un fichier prospects
- Acheter ou louer un fichier prospects.
- Susciter des contacts sur le Web.
- Utiliser les réseaux sociaux.
- Participer à des salons professionnels.
- Utiliser les moteurs ou annuaires de recherche.
- Obtenir des recommandations.

Choisir les méthodes de prospection
- E-mailing
- Prospection téléphonique
- Prospection terrain
- *Inbound marketing*
- Réseaux sociaux

Organiser une tournée
- Tournée en marguerite
- Tournée en spirale
- Tournée en zigzag

TESTEZ-VOUS

Quiz sur le chapitre 4
liennathan.fr/6ny32s

MOTS CLÉS

Suspect · Prospect · Fichier prospects · Qualification · E-mailing · Guide d'entretien téléphonique · Plan de réponse aux objections · Tournée

CHAPITRE 5

Développer des réseaux professionnels

Contexte professionnel

Activité/Tâche
Animation d'opérations de prospection

Compétence
Développer des réseaux professionnels.

Vers PIX
1.1. Mener une recherche et une veille d'information
2.2. Partager et publier

Créée en 1988, la SBV (Société Balnéaire Varoise) exploite un vaste complexe hôtelier situé sur l'île des Embiez, dans le Var.
Réputée pour sa nature verdoyante, ses criques et ses calanques sauvages, l'île des Embiez accueille une clientèle familiale dans les hôtels et les villas de la SBV. La société propose également aux entreprises d'organiser des séminaires et aux particuliers de fêter des événements familiaux.
Jusqu'à présent, les structures ne permettaient pas d'accueillir des groupes de plus de 100 personnes. En 2021, la SBV inaugure un nouveau lieu de réception : la salle Pescadou. Entièrement rénové, cet espace de 700 m² affiche une capacité d'accueil de 500 personnes. Ses occupants peuvent y profiter d'une vue à 360° sur la mer et le port des Embiez. Cette salle est destinée à accueillir des séminaires d'entreprise et des événements privés. Elle propulse l'île des Embiez première destination MICE du Var en termes de capacité d'accueil.
MICE est l'acronyme de « *Meetings, Incentives, Conferencing, Exhibitions* », qui peut se traduire par « Réunions, Congrès, Conventions et Voyages de gratification ». C'est un type de tourisme dans lequel les entreprises organisent des événements pour leurs employés et/ou leurs clients.

Votre rôle

Titulaire d'un BTS NDRC, vous venez d'être recruté(e) en tant qu'attaché(e) commercial(e) au sein de la Société Balnéaire Varoise. Chloé Lambert, la directrice commerciale, souhaite que vous l'assistiez pour développer la présence de l'entreprise sur les réseaux dans le but de la faire connaître et de commercialiser la nouvelle salle de réception.

Vos objectifs

I Définir une stratégie de *social selling*

Pour réaliser votre mission, vous devez, dans un premier temps, proposer une stratégie de prospection sur les réseaux sociaux et convaincre votre manager.

1 Présentez à Chloé Lambert l'intérêt pour la SBV d'être présente sur les réseaux sociaux. *Fiche ressource 1* *Annexes 1 et 2*

2 Identifiez les cibles de la Société Balnéaire Varoise sur les réseaux sociaux.

3 Après avoir comparé les différents réseaux sociaux, proposez trois réseaux qui vous permettront de créer une page Entreprise. Justifiez votre choix.

4 Définissez les objectifs de votre stratégie de *social selling* et recensez les indicateurs qui vous permettront de mesurer l'efficacité de vos démarches sur les réseaux sociaux.

II Prospecter sur LinkedIn

5 Créez votre profil sur LinkedIn. *Fiche ressource 2*

6 Rédigez le résumé de présentation pour votre profil de commercial au sein de la SBV. *Annexe 3*

7 En vous inspirant d'exemples de pages d'entreprise sur LinkedIn, complétez la page Entreprise de la SBV et rédigez la rubrique « À propos ». *Annexe 4*

8 Identifiez les profils types des prospects que vous allez rechercher sur LinkedIn. Justifiez votre réponse.

9 Proposez des publications pour développer les contacts de la SBV sur LinkedIn.

10 Un de vos nouveaux contacts sur LinkedIn, Antoine Janin, dirigeant d'une PME en Île-de-France, se montre particulièrement intéressé par vos publications (nombreux « J'aime » sur les nouvelles tendances des séminaires d'entreprise). Rédigez un message à son attention pour lui proposer un rendez-vous en face-à-face.

III Animer une page Facebook d'entreprise

11 Créez la page Facebook de l'entreprise et proposez des idées pour l'alimenter (articles, illustrations, vidéos…). *Fiche ressource 4*

12 Dressez le profil des utilisateurs Facebook que vous ciblerez pour diffuser la publicité.

13 Proposez un concours sur la page Entreprise de la SBV (type de concours, lots…).

IV Développer un réseau d'affaires

14 Préparez le pitch qui vous permettra de vous présenter rapidement lors d'un événement de *networking*. *Fiche ressource 5*

15 Vous souhaitez proposer à Mme Lambert d'intégrer un club d'affaires BNI. Préparez une présentation expliquant les principes du BNI et l'intérêt pour elle, en tant que dirigeante d'entreprise, d'y participer. *Annexe 5*

Votre dossier

Annexe 1 — Politique commerciale de la Société Balnéaire Varoise

La SBV regroupe trois pôles d'activité : Hébergements (4 hôtels et villas), Restauration (3 restaurants) et MICE & Groupes.

	Hébergements	Restauration	MICE & Groupes
Cibles	Clientèle familiale	Clientèle familiale	Entreprises (séminaires d'entreprise, *team building*) Particuliers (événements familiaux, mariages)
Méthodes de vente	Internet Tour-opérateurs	Presse Bouche-à-oreille	Salons spécialisés Prospection téléphonique

Le pôle MICE & Groupes est constitué d'une équipe de 4 commerciaux chargés de développer les ventes auprès d'une clientèle de professionnels et de particuliers. Les commerciaux participent à des salons et utilisent la prospection téléphonique.

Annexe 2 — Vidéo : Qu'est-ce que c'est le social *selling* ?

Qu'est-ce que c'est le *social selling* ?
Durée : 1'53
liennathan.fr/2fpz82

Annexe 3 — Vidéo : Expliquez-nous…LinkedIn

Expliquez-nous…LinkedIn
Durée : 2'16
liennathan.fr/77aew4

Annexe 4 Page LinkedIn de la SBV

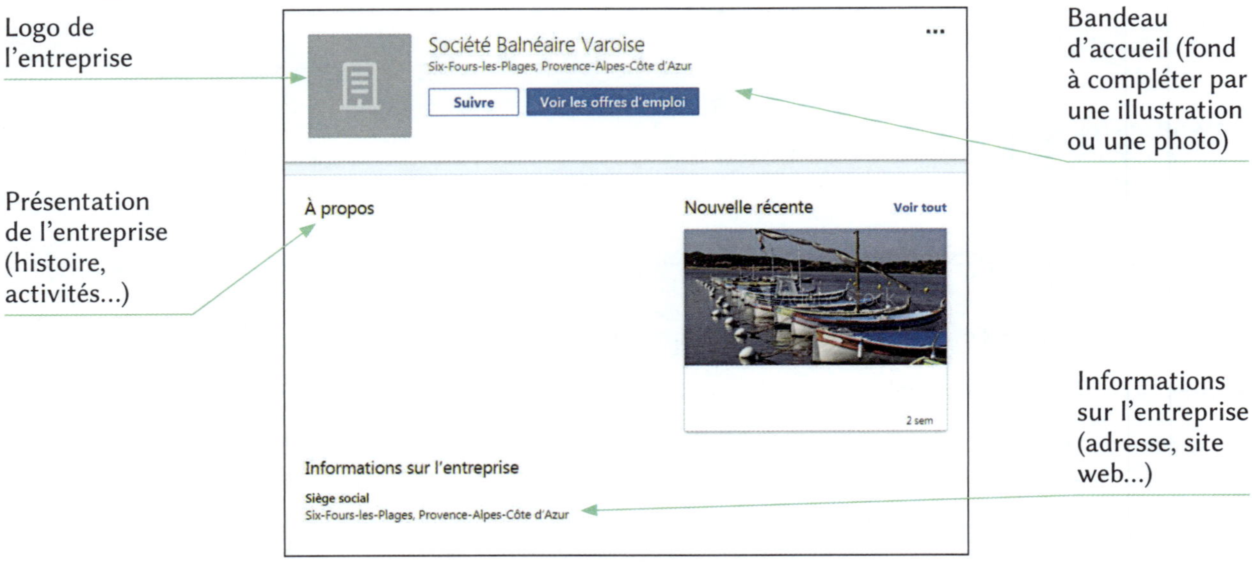

Annexe 5 BNI France

Participer à un Groupe BNI
Durée : 3'21
liennathan.fr/h2v84a

BNI (Business Network International) est un réseau d'affaires professionnel basé sur la recommandation mutuelle. Il est organisé en groupes de travail avec un seul représentant par profession, pour éviter les conflits d'intérêts. Participer activement à un groupe BNI permet d'avoir des professionnels prêts à vous recommander.

Qui sommes-nous ?

Avec plus de 200 000 membres répartis dans plus de 8 000 groupes à travers le monde, BNI est leader mondial de la recommandation d'affaires.

Pourquoi adhérer à BNI ?

BNI est le premier réseau d'affaires en France, en Europe et dans le monde. Nos membres bénéficient d'une croissance sans équivalent de leurs affaires. L'année passée, BNI a franchi le cap des 8 millions de recommandations, représentant plus de 11 milliards d'euros.

En intégrant un groupe BNI, vous augmenterez votre visibilité auprès des professionnels partageant votre vision, bénéficierez de recommandations au sein d'un réseau mondial et affinerez vos compétences en matière de réseaux d'affaires.

Que fait BNI ?

Grâce à notre méthode structurée, BNI vous aide à bâtir un solide réseau professionnel favorisant le développement de vos activités.

Les valeurs : Givers Gain®

« Givers Gain » (qui donne reçoit) est la philosophie fondamentale de BNI. Nous illustrons parfaitement l'idée qu'en offrant des opportunités d'affaires, vous en recevrez en retour.

Des relations significatives

Les réseaux professionnels consistent davantage à développer des connexions avec de nouveaux contacts qu'à les traquer sans répit. Les gens veulent faire des affaires avec ceux qu'ils connaissent et en qui ils ont confiance. Il s'agit de cultiver ces relations.

www.bnifrance.fr

FICHE RESSOURCE

1

COMPRENDRE L'INTÉRÊT DU *SOCIAL SELLING* POUR LES ENTREPRISES

I Qu'est-ce que le *social selling* ?

Le *social selling* consiste à utiliser les réseaux sociaux pour développer une crédibilité afin d'obtenir des rendez-vous avec des prospects pour aboutir à une vente.

II La typologie des réseaux sociaux

Un réseau social est constitué par une communauté de personnes réunies par un lien social ou des centres d'intérêt communs. Sur Internet, on distingue : les réseaux sociaux généralistes et les réseaux sociaux professionnels.

Réseaux sociaux généralistes	
Facebook	Premier réseau social au monde. Une entreprise a la possibilité de créer gratuitement une page pour promouvoir son activité.
Twitter	Réseau social qui permet à ses utilisateurs d'envoyer de courts messages (*tweets*). Pour les entreprises, Twitter permet d'envoyer des informations et d'interagir avec leurs abonnés.
Snapchat	Snapchat permet la diffusion de messages, de photos ou de vidéos qui sont visibles par les destinataires pendant un temps défini. 40 % des utilisateurs ont moins de 25 ans.
Instagram	Réseau social qui permet le partage de photos et de vidéos.
Réseaux sociaux professionnels	
LinkedIn	Réseau social professionnel. LinkedIn constitue un moyen pour construire et développer un réseau de professionnels. Il permet de diffuser du contenu et de détecter des opportunités d'embauches ou d'affaires.
JDN – Viadeo	Réseau social professionnel français. Challenger de LinkedIn, il permet de constituer un réseau de connaissances en facilitant les contacts entre le professionnels.

III La définition d'une stratégie de *social selling*

Pour exploiter les réseaux sociaux, l'entreprise doit définir une stratégie. La méthode PEPSI, mise au point par la consultante Sophie Atia, propose 5 actions qui permettent d'améliorer sa présence sur les réseaux sociaux afin de développer des contacts (*leads*) et de vendre.

Actions	Objectifs	Caractéristiques
1. Créer un Profil	Se faire connaître	Le profil (ou compte personnel) a pour but de séduire les contacts. Il est possible de créer une page Entreprise.
2. Étendre son réseau	Développer des contacts ciblés	Cette étape développer un réseau de contacts en invitant ses clients, des prospects, des partenaires professionnels…
3. Publier	Susciter l'intérêt Développer une image d'expert	Il s'agit de proposer des informations pertinentes regulières et variées qui vont intéresser les contacts.
4. Stimuler le réseau	Construire des relations durables Obtenir des rendez-vous	Stimuler son réseau consiste à être actif auprès de ses contacts en répondant à leurs commentaires, en réagissant à leurs publications. Le commercial peut alors entrer en contact direct avec les prospects et leur proposer un rendez-vous.
5. Utiliser des indicateurs	Mesurer l'efficacité de la stratégie de *social selling* mise en œuvre	L'efficacité de la prospection se mesure avec des indicateurs : nombre de contacts, nombre de visites, nombre de « likes », nombre de commentaires, nombre de rendez-vous obtenus, chiffre d'affaires réalisé…

FICHE RESSOURCE 2

PROSPECTER SUR LINKEDIN

Pour le commercial, LinkedIn représente un énorme vivier de prospects professionnels qu'il pourra approcher par la prospection directe ou indirecte.

I La prospection directe

L'approche directe consiste à envoyer un courriel aux prospects sélectionnés grâce au moteur de recherche LinkedIn (attention, le compte gratuit ne permet pas d'accéder à toutes les fonctionnalités). La prospection commerciale directe sur LinkedIn peut être perçue comme intrusive et risque de nuire à la crédibilité de l'expéditeur. Il est conseillé, dans un premier temps, d'inviter le prospect ou de se faire recommander par une connaissance commune avant de lui envoyer un premier message.

II La prospection indirecte

L'approche indirecte a pour but d'attirer les prospects en suscitant leur intérêt.

Créer un profil	Sur LinkedIn, il est préférable d'avoir un compte personnel. Les pages Entreprise n'ont pas une bonne image, les internautes utilisant ce réseau pour développer des relations professionnelles avec d'autres professionnels. Une page Entreprise pourra cependant permettre de diffuser des informations que les collaborateurs de l'entreprise pourront partager.
Étendre son réseau	En fonction des informations mentionnées dans le compte personnel (écoles, universités, anciens employeurs…), LinkedIn propose des suggestions de contacts ciblés. Sur son profil, il est également possible de solliciter des recommandations. Pour cibler efficacement, il convient d'identifier les profils types des prospects recherchés en répondant aux questions suivantes : dans quels secteurs sont-ils ? Où sont-ils situés ? Quelles sont leurs fonctions ? Le moteur de recherche permettra de trouver les contacts répondant aux critères de ciblage sélectionnés.
Publier	Dans un contexte B to B, les acheteurs professionnels sont à la recherche d'informations, de conseils qui vont leur permettre de répondre à leurs besoins et d'améliorer la performance de leur entreprise. En publiant régulièrement du contenu pertinent, le commercial accroît sa crédibilité et suscite l'intérêt des prospects. Les publications doivent être variées : articles de blog, avis d'experts, vidéos éducatives, articles de presse, témoignages clients… Il ne s'agit pas de publier des messages promotionnels sur son entreprise mais de proposer des informations qui vont aider et conseiller le professionnel dans son processus d'achat.
Stimuler le réseau	Cette étape consiste à identifier les contacts intéressants, à continuer à les « nourrir » d'informations pertinentes et à leur envoyer un message direct pour leur proposer un rendez-vous.

EXEMPLE : Message envoyé *via* LinkedIn :

> Bonjour François,
>
> J'ai apprécié votre dernière publication sur LinkedIn qui traitait du *social selling*. Cela m'a incité à vous contacter en tant que commercial chez Social Master.
> Je souhaite vous présenter rapidement Social Master et les solutions qui vous permettront d'optimiser votre présence sur les réseaux sociaux professionnels.
> Nous travaillons avec des entreprises du CAC 40 pour qu'elles tirent le meilleur parti des réseaux sociaux afin de renforcer leurs relations avec leurs clients, de développer la génération de *leads* et d'accélérer leurs cycles de vente.
> Quel moment vous conviendrait le mieux pour un entretien téléphonique ?
>
> Cordialement,
> Julie, Sales Consultant

Contacter le prospect de manière personnalisée en utilisant son nom ou son prénom.

Expliquer la raison du message.

Présenter l'objectif du message.

Argumenter rapidement sur l'entreprise.

Proposer un rendez-vous.

FICHE RESSOURCE

3

PROSPECTER SUR FACEBOOK

Avec plus de 2 milliards d'utilisateurs, Facebook est devenu un outil de promotion pour de nombreuses grandes marques.

I Créer un profil

Après avoir créé un compte personnel, il est possible de créer une page Entreprise. La création d'une page Facebook étant gratuite, les entreprises peuvent facilement utiliser le réseau social pour communiquer.

Sur Facebook, seule une page Entreprise permet d'obtenir des statistiques sur la visibilité de la page et de diffuser de la publicité.

II Étendre son réseau

Une fois la page créée, il faut recruter des « fans ». Pour cela, plusieurs possibilités sont offertes :
– proposer à ses clients et amis de devenir « fans » de la page ;
– partager les diffusions proposées sur la page ;
– ajouter un bouton « J'aime » sur le site Internet de l'entreprise ;
– insérer un lien Facebook dans les courriels.

III Publier

Pour animer et dynamiser la page Facebook, il faut régulièrement y apporter du contenu :
– des actualités sur l'entreprise, le secteur d'activité ;
– des publications d'articles sur l'entreprise, le secteur d'activité ;
– des liens vers le site de l'entreprise ;
– des photos et des vidéos ;
– la mise en avant des promotions.

Pour susciter des « Like » et des partages, la manière d'écrire ne doit pas être formelle mais, au contraire, naturelle et décontractée. Il s'agit de susciter et d'interpeller les internautes en leur donnant envie de réagir et de prendre position (en posant des questions ou en publiant des citations, par exemple). Le post doit être bref, inviter à l'échange et provoquer une réaction chez les « fans ».

IV Stimuler le réseau

La prospection directe est malvenue sur Facebook. Pour animer son réseau, il faut intéresser et distraire les « fans » de la page avec des informations, des images et des vidéos divertissantes, répondre aux commentaires, avis et questions.

Il est également possible d'organiser des concours (campagnes de tirages au sort, concours photos, votes pour un nouveau logo…), ce qui permet de récupérer facilement de nombreuses adresses courriels. Les prix ou lots à gagner doivent rester reliés au secteur d'activité de l'entreprise de façon à attirer une audience qui puisse être véritablement intéressée par ses produits.

Il est alors possible d'identifier les « fans » les plus actifs et de leur proposer un rendez-vous ou de les inviter à des événements (soirées de lancement, journées « portes ouvertes »…).

V Utiliser les publicités Facebook

Les publicités Facebook sont une manière très rapide pour obtenir des « fans », mais ce n'est pas gratuit. Meta for Business permet d'adresser des publicités de façon ciblée, en fonction des caractéristiques sociodémographiques qui intéressent l'entreprise (tranches d'âge, niveaux d'études, centres d'intérêt, situations géographiques…).

FICHE RESSOURCE

4

DÉVELOPPER UN RÉSEAU D'AFFAIRES (*NETWORKING*)

Le *networking*, également appelé « réseautage », est une technique qui a pour but de rentrer en contact avec un grand nombre de personnes afin de se constituer un réseau relationnel. Il devient ainsi possible de profiter des connaissances de chacun de ses contacts au sein du réseau afin de déclencher des opportunités d'affaires.

I Les objectifs du *networking*

Développer son réseau d'affaires permet au commercial :
– de se faire connaître ;
– d'obtenir de nouveaux contacts ;
– d'obtenir des recommandations ;
– de partager des carnets d'adresses ;
– de saisir de nouvelles opportunités d'affaires ;
– de partager des expériences, des conseils ;
– de découvrir le tissu économique local.

II Comment se constituer un réseau relationnel professionnel

Le réseautage se construit dans le temps en suivant trois étapes essentielles :

1. Rencontrer	Pour construire un réseau, il faut faire des rencontres. De nombreux événements vont permettre de se créer un réseau (conférences, salons, remises de prix…).
2. Communiquer	• Se présenter (le pitch commercial) : lors des événements, il faut être avenant, aller à la rencontre des participants pour : – décliner son prénom et son nom ; – mentionner le nom de sa société et sa fonction ; – présenter succinctement l'activité de son entreprise. Avant de participer à un événement, il convient de s'entraîner en se filmant ou de se faire aider par une personne de son entourage afin de réaliser une analyse critique de sa prestation. • Écouter : lorsque l'on se présente à un contact potentiel, il faut créer un climat de confiance et s'intéresser à son interlocuteur en lui posant des questions (que pense-t-il de l'événement ? du lieu ? Quels sont ses centres d'intérêt ? Quelle est sa profession ?…). Lors de ces échanges, la carte de visite est un outil indispensable qui sera échangé entre les participants.
3. Suivre	La réussite du *networking* s'apprécie à travers la qualité des relations qui perdurent dans le temps. Pour que ces rencontres soient profitables, il est important d'entretenir son réseau et d'apporter un suivi régulier avec les personnes rencontrées (courriel, proposition de rendez-vous, déjeuner…).

III Intégrer un club d'affaires

Les clubs d'affaires ont pour but de mettre en relation des professionnels d'une même zone géographique mais appartenant à des secteurs d'activité différents. Faire partie d'un club d'affaires permet de partager des carnets d'adresses et de bénéficier de recommandations de la part des membres.
Pour trouver les clubs d'affaires dans une région, il est recommandé :
– de s'adresser aux chambres de commerce et d'industrie, qui en recensent de nombreux ;
– de consulter le site spécialisé Place des réseaux, qui propose un annuaire des réseaux et clubs d'affaires ;
– de se rapprocher des réseaux BNI France et OptimRezo, implantés sur toute la France.
L'intégration dans un club d'affaires se fait par cooptation, c'est-à-dire qu'il faut être recommandé par un membre du club. Le droit d'entrée peut varier de quelques dizaines à quelques centaines d'euros.
Dans un club d'affaires, il n'y a qu'un seul représentant par métier ; il ne peut donc pas y avoir de concurrence au sein d'un même club.
Une fois le club intégré, une présence régulière est indispensable pour participer aux réunions une fois par semaine ou deux fois par mois.

Applications

Maîtrise

1 Développer sa présence sur les réseaux sociaux

L'Usina est un espace de *coworking* qui ouvrira ses portes dans deux mois à Bourges, dans le Cher. L'Usina a pour ambition de proposer aux jeunes entrepreneurs un espace convivial propice aux échanges et à la créativité, un lieu de travail partagé pour lancer leur activité. Situé en plein centre-ville de Bourges, cet espace disposera d'une grande salle pouvant accueillir plus de 30 personnes, de 4 salles de réunion pour les conversations privées et de 2 salles de détente.
Alain Dupain, créateur et dirigeant de L'Usina, vous a recruté(e) en tant que stagiaire pour développer la présence de son entreprise sur les réseaux sociaux afin de prospecter et d'attirer des clients potentiels.

1. Définissez les objectifs de L'Usina sur les réseaux sociaux.
2. Quelles sont les cibles visées par L'Usina sur les réseaux sociaux ?
3. Sur quels réseaux sociaux devez-vous créer une page Entreprise pour L'Usina ? Justifiez vos choix.
4. Conseillez à M. Dupain des idées de contenus à diffuser sur les réseaux sociaux sélectionnés.
5. Sur le réseau social de votre choix, créez une maquette et les textes pour la page d'accueil.
6. Préparez un message destiné à proposer les services de L'Usina aux professionnels qui laisseraient des marques d'intérêt sur la page Entreprise.
7. Proposez des indicateurs qui vous permettront de mesurer l'efficacité de la présence de l'entreprise sur les réseaux sociaux.

Document Les tarifs de L'Usina

150 € *le mois pour 2 jours/semaine*	**200 €** *le mois pour 3 jours/semaine*	**250 €** *le mois pour 5 jours/semaine*
Wifi	Wifi	Wifi
Boissons (thé, café ou jus de fruits)	Boissons (thé, café ou jus de fruits)	Boissons (thé, café ou jus de fruits)
Gourmandises (gâteaux et fruits selon arrivage)	Gourmandises (gâteaux et fruits selon arrivage)	Gourmandises (gâteaux et fruits selon arrivage)
Un bureau réservé	Un bureau réservé	Un bureau réservé
Imprimante, photocopieur, scanner partagé	Imprimante, photocopieur, scanner partagé	Imprimante, photocopieur, scanner partagé

Expertise

2 Analyser un cas d'entreprise

Edenred est un groupe français proposant des solutions transactionnelles et des services pour les entreprises, les salariés et les commerçants. Il est présent dans 46 pays et emploie plus de 10 000 collaborateurs.
En 2021, Edenred avait un portefeuille de 880 000 entreprises clientes et 2 millions de commerçants partenaires. Ses titres de services sont utilisés par 50 millions de salariés.
Edenred propose trois lignes de produits :
– des avantages aux salariés (Ticket Restaurant®...) ;
– des solutions de mobilité professionnelle (Ticket Log, Ticket Car, UTA, Ticket Empresarial...) ;
– des solutions complémentaires : paiement inter-entreprises (Edenred Corporate Payment), motivation et récompenses pour les salariés (Ticket Compliments, Ticket Kadéos) et programmes sociaux publics.
Le groupe a lancé un vaste programme de *social selling* et implique ses commerciaux dans cette stratégie. Un dispositif destiné à accompagner et former l'ensemble des forces de vente aux techniques du *social selling* a été mis en place.

1. Identifiez les objectifs de la stratégie de *social selling* du groupe Edenred.
2. Quels contenus le groupe diffuse-t-il sur les réseaux sociaux ?
3. Présentez l'intérêt pour le groupe de diffuser ces contenus sur les réseaux sociaux.
4. Présentez le rôle des commerciaux dans la démarche de *social selling* du groupe.
5. Montrez en quoi le *social selling* facilite le travail de prospection des commerciaux.

Document — Les bonnes pratiques d'Edenred sur LinkedIn

Edenred, spécialiste des titres restaurants, a converti ses commerciaux à l'usage de LinkedIn comme outil de vente. Des contenus ciblés aident à établir le lien avec les prospects. Les commerciaux contribuent à la définition des contenus.

Le réseau social le plus efficace pour la vente en « B to B » est LinkedIn, explique Caroline Sautereau, responsable Web et médias sociaux chez Edenred France. LinkedIn permet d'entrer en communication avec ses prospects, de trier les contacts et de partager du contenu *ad hoc* afin d'engager sa communauté. Ces dernières années, les commerciaux d'Edenred ont peu à peu abandonné leurs réticences face à LinkedIn. Il n'aura pas été facile de les convaincre de l'intérêt d'utiliser ce réseau social. « Pour eux, il s'agissait d'un outil de plus, qui allait leur prendre du temps et interférer avec leur vie personnelle » se souvient Caroline Sautereau. L'usage est devenu possible dès qu'ils y ont vu leur intérêt. [...] En quelques années, les commerciaux ont évolué. « Vis à vis de leurs clients, ils sont passés de la posture de commercial à celle d'un expert qui propose des conseils, » présente-t-elle. Les clients d'Edenred France sont de grandes entreprises pour des produits tels que les chèques restaurant et les chèques cadeau sous la marque Kadeos à destination de leurs employés. Les contacts qui intéressent les commerciaux sur LinkedIn sont alors les DRH, les DAF, les directeurs commerciaux, les directeurs marketing, ainsi que les représentants des collectivités. Le changement de posture des commerciaux vers le conseil est devenu indispensable pour asseoir la différenciation d'Edenred face à sa concurrence. « Aujourd'hui, nous proposons à peu près les mêmes produits que nos concurrents, la différence se fait sur le conseil et le service » affirme Caroline Sautereau. Dans cette démarche, Edenred a convaincu les commerciaux qu'ils sont les mieux placés pour créer du contenu pertinent aux yeux des clients. Les commerciaux ont été associés dès le début aux magazines métiers. « Le premier pilier c'est d'inclure les commerciaux au sein des comités éditoriaux » conseille en effet Caroline Sautereau. L'objectif est d'éditer des conseils sous forme d'articles pertinents répondant à de réelles problématiques afin d'établir une relation de confiance avec les prospects. Edenred se fait quand même accompagner par un éditeur de contenus qui lui fournit 5 articles par semaine et 20 livres blancs par an [...]. Les sujets abordés concernent par exemple la fiscalité des chèques cadeau, le bien-manger au travail ou encore le télétravail. Ces contenus aident les commerciaux à amorcer la relation avec leurs clients potentiels et facilitent la vente. Le plus difficile a été d'ancrer les nouvelles pratiques dans le quotidien des commerciaux. Pour y parvenir ; Edenred a pratiqué une politique d'infusion plutôt que de Big Bang. Des formations courtes de 30 minutes maximum sont proposées à intervalles réguliers sur 6 mois auprès des 250 commerciaux.

https://www.larevuedudigital.com

Maîtrise

3 Animer une page Facebook Entreprise et un compte Twitter

Créée par Virginie Lanein, la société Saint-Cyr Parachute Ascensionnel propose à une clientèle de vacanciers de découvrir les sensations fortes en montant à bord d'un bateau parachute ascensionnel et de prendre le large. À 100 mètres d'altitude, les clients ont le plaisir d'admirer un panorama à 360° entre ciel et mer, seul(e), à deux ou trois personnes.
Pour développer sa société, Virginie a créé une page Entreprise Facebook qu'elle alimente de photos prises pendant les vols.
Étudiant(e) en BTS NDRC, vous réalisez un stage au sein de la société Saint-Cyr Parachute Ascensionnel. Virginie souhaite que vous l'aidiez à mettre en œuvre une stratégie de *social selling* afin de développer la clientèle de son entreprise.

1. Présentez l'intérêt pour l'entreprise d'être présente sur Facebook.
2. Quelle est la cible visée par l'entreprise Saint-Cyr Parachute Ascensionnel ? Définissez le profil de client à qui vous pourriez envoyer de la publicité par Meta for Business.
3. Proposez au minimum trois moyens pour développer le nombre de « fans » et trouver des prospects.
4. Proposez des publications pour animer et dynamiser la page Entreprise.
5. Virginie Lanein souhaite animer davantage son compte Twitter. Proposez un tweet qui permettrait de présenter la dernière nouveauté (document).

Document Dernière nouveauté

- une sortie à la demi-journée avec parachute ascensionnel ;
- une sortie plongée dans la calanque de Port d'Alon ;
- un pique-nique dans une crique accessible seulement en bateau.

Expertise

4 Intégrer un réseau professionnel

La société SpaceStar est spécialisée dans l'aménagement d'espaces professionnels pour les entreprises dans la Région Rhône-Alpes. SpaceStar propose des solutions étudiées et personnalisées pour toute sorte de projets. Elle met son savoir-faire et son expertise dans l'aménagement de bureaux et le design d'open spaces pour améliorer le bien-être des collaborateurs de leurs clients.
Titulaire d'un BTS NDRC, vous venez d'être embauché(e) comme attaché(e) commercial(e) dans cette société. Vous avez pour mission de développer un portefeuille clients et de prospecter les entreprises de la région lyonnaise.
Christian Joncour, le directeur commercial de SpaceStar, est membre actif des Dirigeants Commerciaux de France (DCF) sur Lyon depuis 15 ans. Il vous a conseillé(e) d'intégrer DCF Juniors afin de développer votre réseau professionnel.
Suivant ses conseils, vous avez adhéré à ce réseau et allez participer à votre première réunion, au cours de laquelle vous devez vous présenter en deux minutes aux autres membres.

1. Présentez l'intérêt pour un(e) jeune commercial(e) d'adhérer au réseau des Dirigeants Commerciaux de France.
2. Quels sont les objectifs de votre première présentation ?
3. Préparez le pitch de présentation que vous allez réaliser lors de votre première réunion des DCF Juniors.
4. Avec un(e) collègue, entraînez-vous à votre présentation en utilisant la grille d'analyse *via* le mini-lien ci-contre.

Fichier Word
liennathan.fr/sq36e8

Document 1 Présentation des DCF

Le réseau des managers de la performance commerciale est ouvert à toutes celles et tous ceux qui occupent un poste d'encadrement dans la fonction commerciale ainsi qu'à ceux qui s'y destinent.

Les membres DCF partagent le point commun d'appartenir à la sphère commerciale. Responsables de service commercial, patron de PME/PMI qui, de fait, sont les premiers commerciaux de leur entreprise, enseignants de la fonction, etc. : le panel des DCF permet au réseau d'affirmer qu'il est le premier réseau des managers de la fonction commerciale.

Le réseau DCF compte plus de 2 000 chefs d'entreprise et responsables commerciaux répartis autour de 80 associations locales. Ce sont autant d'opportunités de collaborations privilégiées pour chacune des entreprises membres du mouvement. Fort de sa diversité et de sa qualité des profils, le réseau DCF à fait de l'entraide professionnelle l'une de ses valeurs fondamentales. De nombreuses réussites nées d'une collaboration entre membres DCF ont déjà vu le jour.

www.reseau-dcf.fr

Document 2 LES DCF Juniors

Né d'une volonté de créer une passerelle intergénérationnelle entre les dirigeants et managers commerciaux, le statut de DCF Junior permet à tout jeune actif de moins de 30 ans exerçant une activité liée à la fonction commerciale et se destinant à des postes de management d'adhérer au réseau DCF à des conditions préférentielles. Ce statut a pour objectif de leur faire intégrer progressivement le mouvement. En ce sens, il a son propre cycle de vie sur trois années :
– une première année de **découverte** ;
– une seconde année de **participation active** ;
– une troisième année de **maturité**, en vue de l'intégration du DCF Junior au mouvement en tant que membre DCF à part entière.

En participant aux manifestations du réseau, le DCF Junior est amené à saisir des opportunités de développement de son réseau professionnel, à gagner en efficacité commerciale en bénéficiant d'expertises et de conseils avisés, et à profiter de l'expérience d'un réseau national riche de 85 ans d'histoire.

www.reseau-dcf.fr

En route vers l'épreuve E4

Voir PRÉSENTATION DE L'ÉPREUVE page 309

A Les compétences évaluées

○ Cibler et prospecter la clientèle	
Les compétences à acquérir	
1 – Analyser un portefeuille client	3 – Mettre en œuvre et évaluer une démarche de prospection
2 – Identifier des cibles de clientèle	4 – Développer des réseaux professionnels

B Travail à faire

1 À partir du cas SBV, complétez cet extrait de la fiche E4 proposé ci-dessous :

CADRE DE L'ACTIVITÉ	
Nom de l'organisation	
Adresse/code postal/ville	
Type de structure	
Offre commerciale	
Type(s) de client(s)	
Méthodes de vente	

Complétez le cadre de l'activité à partir du contexte professionnel (p. 81) et de l'annexe 1 (p. 83).

[…]

CIBLAGE ET PROSPECTION		
Démarche		
Objectifs fixés		
Activités réalisées		Outils mobilisés
Résultats obtenus		
BILAN RÉFLEXIF		
Atouts et points d'appui	Solutions mises en œuvre	Propositions d'amélioration

Recensez les méthodes de prospection utilisées.

Indiquez les objectifs de la mission (questions 1 et 4) et la cible visée (question 2).

Recensez les outils créés ou utilisés.

Proposez des pistes pour améliorer l'efficacité de la prospection.

À partir de la question 5, présentez les activités réalisées.

Présentez les résultats : au niveau quantitatif (nombre de contacts, nombre de rendez-vous obtenus…) et au niveau qualitatif (notoriété, image…).

Listez les points positifs de cette mission à travers ce que vous avez appris.

Présentez ce que vous avez apporté à l'entreprise à travers ces différentes activités de ciblage et de prospection.

2 Complétez votre fiche E4 à partir des activités de ciblage et de prospection que vous avez réellement effectuées pendant vos périodes en entreprise.

3 Préparez un diaporama en 3 ou 4 diapositives, vous permettant de présenter votre entreprise ainsi que son offre et ses cibles à un jury (ou vos camarades).

Synthèse

Développer des réseaux professionnels

Le *social selling* consiste à utiliser les réseaux sociaux pour entrer en contact avec des prospects.

- Réseaux sociaux généralistes (plutôt pour une cible B to C) : Facebook, Twitter, Snapchat
- Réseaux sociaux professionnels (plutôt pour une cible B to B) : LinkedIn, Viadeo…

Les étapes pour prospecter sur les réseaux sociaux

1. Créer un profil et/ou une page Entreprise pour se faire connaître.
2. Étendre son réseau pour développer des contacts ciblés.
3. Publier du contenu pour susciter l'intérêt, développer une image d'expert.
4. Stimuler son réseau pour obtenir des rendez-vous.
5. Utiliser des indicateurs pour mesurer l'efficacité de sa stratégie.

Le *networking* permet de rentrer en contact avec un grand nombre de personnes afin de se constituer un réseau professionnel.

Les objectifs

- Se faire connaître.
- Se créer un réseau de connaissances.
- Développer des contacts (*leads*).
- Obtenir des recommandations.
- Attirer des prospects.

Les étapes

1. Faire des rencontres.
2. Communiquer : se présenter en ayant préparé à l'avance son pitch, être à l'écoute de ses interlocuteurs.
3. Entretenir son réseau en échangeant régulièrement avec les membres de son cercle.

Les moyens de développer son réseau

- Participer à des événements de *networking*.
- Intégrer un club d'affaires.

TESTEZ-VOUS

Quiz sur le chapitre 5
liennathan.fr/9k2q7f

MOTS CLÉS

Social selling · Réseau social · Réseau d'affaires · *Networking*

CHAPITRE
6 Évaluer une démarche de prospection

Contexte professionnel

Activité/Tâche
Animation d'opérations de prospection

Compétence
Évaluer une démarche de prospection

Vers PIX
3.1. Traiter des données
2.2. Partager et publier

So Connect est une société spécialisée dans la distribution de smartphones, objets connectés et accessoires mobiles pour le compte de grandes marques constructeurs tels que Apple, Samsung, Microsoft, LG, Sony, Huawei, Wiko...
Sa clientèle est constituée de spécialistes des télécoms (boutiques SFR, Bouygues), de grandes surfaces spécialisées (Boulanger, FNAC) et de revendeurs indépendants.

So Connect met à la disposition de ses clients une force de vente expérimentée en téléphonie mobile et accessoires, qui couvre l'ensemble du territoire français.
La force de vente est constituée de six commerciaux chargés de gérer et développer un portefeuille clients sur les secteurs Île-de-France, Nord, Ouest, Centre, Sud-Ouest et Sud-Est.

Votre rôle

Titulaire d'un BTS NDRC, vous venez d'être recruté(e) au sein de cette entreprise en tant que chef des ventes. Votre mission consiste à manager l'équipe commerciale. Ces derniers mois, vos commerciaux ont pour objectif principal de prospecter de nouveaux clients. Vous préparez le bilan du mois de mars.

Vos objectifs

I Évaluer la campagne d'e-mailing, de prospection téléphonique et de prospection terrain

Chaque mois, vous analysez les résultats des actions de prospection menées par vos commerciaux, en vous basant sur les résultats :
– de la campagne d'e-mailing réalisée mensuellement par le service Marketing ;
– des actions de prospection téléphonique et de prospection terrain menées par les commerciaux.

1 Identifiez les indicateurs qui vous semblent pertinents pour analyser la campagne d'e-mailing.

Fiche ressource 1
Annexes 1 et 2

2 Calculez les ratios sélectionnés et analysez les résultats obtenus.

3 En suivant la même méthode, analysez les résultats des actions de prospection téléphonique et de prospection terrain de vos commerciaux.

Fiche ressource 2
Annexes 1, 3 et 4

4 Construisez un tableau qui recense l'ensemble des indicateurs utilisés pour apprécier chacune des actions menées.

Fiche ressource 3

5 Sur un tableur, élaborez un tableau de bord qui permettra de comparer l'efficacité commerciale des membres de la force de vente et la progression par rapport au mois précédent.

Annexe 5

6 Analysez les résultats obtenus et proposez des actions pour améliorer l'efficacité des moyens de prospection utilisés.

II Évaluer la campagne de prospection digitale

Vous accordez une attention particulière à la stratégie de prospection digitale mise en œuvre depuis deux mois sur les réseaux sociaux.

7 Est-il possible de distinguer les MQL et les SQL dans les résultats obtenus ? Justifiez votre réponse.

Fiche ressource 4
Annexe 6

8 Quelles actions l'entreprise aurait-elle pu mettre en œuvre pour transformer des visiteurs en MQL ?

9 Sélectionnez les indicateurs et les ratios qui vous permettront d'évaluer l'efficacité de la présence de l'entreprise sur les réseaux sociaux.

10 Améliorez votre tableau de bord en ajoutant un onglet pour la prospection digitale et présentez l'ensemble des résultats obtenus.

11 Analysez les résultats et proposez des actions pour améliorer la prospection digitale.

III Dresser un bilan de la campagne de prospection

12 Dans un rapport, présentez le bilan de l'opération en préconisant les modes de prospection à développer au sein de l'entreprise.

Votre dossier

Annexe 1 — Les objectifs de la campagne de prospection

Chaque commercial doit obtenir 20 rendez-vous par mois avec des prospects.
Pour obtenir des rendez-vous, différentes actions de prospection sont menées :
– une campagne d'e-mailing réalisée par le service Marketing ;
– des campagnes de prospection téléphonique et terrain réalisées par les commerciaux.
Depuis deux mois, So Connect a mis en place une stratégie de *social selling* qui consiste à utiliser les réseaux sociaux pour prospecter.

Annexe 2 — Résultats de la campagne d'e-mailing

Chaque mois, le service Marketing réalise une campagne d'e-mailing auprès d'une cible de prospects dans le but de les inciter à prendre un rendez-vous avec l'attaché(e) commercial(e) de leur secteur.

Résultats de la campagne d'e-mailing – Mars N

Nombre de mails envoyés	612
Nombre de mails ouverts	141
Nombre de réponses obtenues	7
Nombre de rendez-vous obtenus	7 (Île-de-France : 3, Ouest : 2, Centre : 1, Sud-Est : 1)
Nombre de mails non délivrés	33

Annexe 3 — Résultats de la campagne de prospection téléphonique – Mars N

Secteurs	Île-de-France	Nord	Ouest	Centre	Sud-Ouest	Sud-Est	Total
Commerciaux	Philippe	Samia	Léa	Marion	Gaétan	Myriam	
Nombre de contacts dans le fichier	152	154	152	158	162	151	**929**
Nombre d'appels réalisés	144	152	147	154	162	138	**897**
Nombre d'appels aboutis	121	148	144	146	158	132	**849**
Nombre d'appels argumentés	100	112	121	98	109	105	**645**
Nombre de rendez-vous obtenus	14	11	8	10	22	9	**74**

Annexe 4 Résultats de la campagne de prospection terrain – Mars N

Secteurs	Île-de-France	Nord	Ouest	Centre	Sud-Ouest	Sud-Est
Commerciaux	Philippe	Samia	Léa	Marion	Gaétan	Myriam
Nombre de prospects visités	16	10	18	12	20	8
Nombre de rendez-vous obtenus	6	1	5	3	5	1

Annexe 5 Résultats de la campagne de prospection terrain – Février N

Secteurs	Île-de-France	Nord	Ouest	Centre	Sud-Ouest	Sud-Est
Commerciaux	Philippe	Samia	Léa	Marion	Gaétan	Myriam
Nombre de rendez-vous de prospection réalisés	20	16	10	18	25	12

Annexe 6 Résultats de la campagne de prospection digitale

La stratégie mise en place sur les réseaux sociaux a consisté à créer une page Entreprise sur Facebook et LinkedIn, à publier régulièrement du contenu et à envoyer un message aux suiveurs qui interagissaient fréquemment sur les publications pour leur proposer un premier rendez-vous en face-à-face.
Après deux mois de présence sur les réseaux sociaux, l'entreprise a obtenu les résultats suivants :

Page Facebook Entreprise So Connect

Nombre de visiteurs	504
Nombre de « fans »	35
Nombre d'engagements	124
Nombre de prospects contactés	12
Nombre de rendez-vous obtenus	2

Page Entreprise LinkedIn So Connect

Nombre de visiteurs	93
Nombre de suiveurs	24
Nombre d'engagements	56
Nombre de prospects contactés	24
Nombre de rendez-vous obtenus	9

FICHE RESSOURCE

1

ÉVALUER L'EFFICACITÉ D'UNE CAMPAGNE D'E-MAILING

I Les types d'indicateurs de performance

L'analyse de l'efficacité d'une campagne commerciale se réalise à travers des indicateurs de performance constitués :

– de valeurs qui correspondent aux résultats obtenus, comme le nombre de mails ouverts, le nombre de clics. Les résultats peuvent être présentés étape par étape dans un entonnoir de prospection ;

– de ratios qui correspondent à un rapport entre deux valeurs issues des résultats.

De nombreux éditeurs (Sarbacane, Sendinblue, Digitaleo…) proposent des logiciels d'e-mailing qui optimisent les campagnes de prospection et mesurent leur efficacité à travers le calcul automatique d'indicateurs de performance.

II Le calcul des indicateurs

Résultats	Ratios	Calculs	Interprétations
Nombre de mails envoyés **Nombre de mails délivrés**	**• Taux de délivrabilité** **• Taux de rebond**	• La délivrabilité fait référence au nombre de mails réellement délivrés. Elle se mesure à travers le taux de délivrabilité. • Le taux de rebond prend en compte les mails qui n'ont pas été délivrés (messages d'erreur). **Formules :** Taux de délivrabilité $= \frac{\text{Nombre de mails délivrés}}{\text{Nombre de mails envoyé}}$ Taux de rebond $= \frac{\text{Nombre de mails non délivrés}}{\text{Nombre de mails envoyés}}$	Le taux de délivrabilité est en moyenne de 95 %, ce qui correspond à un taux de rebond de 5 %. Ces taux permettent de vérifier la qualité du fichier. Si le taux de délivrabilité est faible (donc le taux de rebond élevé), cela signifie qu'un grand nombre d'adresses ne sont plus valables et qu'il faut actualiser le fichier.
Nombre de mails ouverts	**Taux d'ouverture**	Le taux d'ouverture mesure le nombre de mails ouverts par rapport au nombre de mails envoyés. **Formule :** Taux d'ouverture $= \frac{\text{Nombre de mails onverts}}{\text{Nombre de mails envoyés}}$	En moyenne, les taux d'ouverture se situent entre 20 et 30 %. Le taux d'ouverture est influencé par l'objet du mail et par le nom de l'expéditeur, qui doit inspirer confiance aux destinataires.
Nombre de clics	**Taux de clics**	Le taux de clics correspond à la part des destinataires qui ont cliqué sur un lien contenu dans le mail. **Formule :** Taux de clics $= \frac{\text{Nombre de clics}}{\text{Nombre de mails envoyés}}$	Le taux de clics se situe en moyenne autour de 3 %. Un bon taux de clics prouve la pertinence du contenu du mail par rapport à la cible visée.
Nombre de destinataires ayant réalisé l'action	**Taux de conversion**	Le taux de conversion correspond au nombre de destinataires du message qui ont effectivement réalisé l'action souhaitée par rapport à l'ensemble des destinataires du mail. **Formule :** Taux de conversion $= \frac{\text{Nombre de destinataires ayant réalisé l'action}}{\text{Nombre de mails envoyés}}$	Lors d'une campagne de prospection par e-mailing, si l'action souhaitée est une prise de rendez-vous, le taux de conversion sera le rapport entre le nombre de rendez-vous obtenus et le nombre de mails envoyés. Généralement, les campagnes de prospection par e-mailing ont un taux de conversion très faible (inférieur à 3 %) et doivent être complétées par une relance téléphonique.

FICHE RESSOURCE 2

ÉVALUER LA PROSPECTION TÉLÉPHONIQUE ET LA PROSPECTION TERRAIN

Les données issues des campagnes de prospection téléphonique et terrain peuvent être évaluées à partir d'indicateurs et ratios.

I Évaluer la prospection téléphonique

Résultats	Ratios	Interprétations
Nombre d'appels réalisés	**Taux de validité du fichier** $= \frac{\text{Nombre d'appels aboutis}}{\text{Nombre d'appels réalisés}}$	Le taux de validité du fichier reflète la qualité du fichier. Si le taux est élevé, cela signifie que la majorité des coordonnées téléphoniques sont à jour.
Nombre d'appels aboutis	**Taux d'appels argumentés** $= \frac{\text{Nombre d'appels argumentés}}{\text{Nombre d'appels aboutis}}$	Le taux d'appels argumentés reflète la capacité du commercial à susciter de l'intérêt auprès de son interlocuteur lors des premières secondes de l'appel.
Nombre d'appels argumentés	**Taux de conversion brut** $= \frac{\text{Nombre de rendez-vous obtenus}}{\text{Nombre d'appels réalisés}}$	Le taux de conversion mesure la force de persuasion du commercial pour obtenir des rendez-vous.
	Taux de conversion net $= \frac{\text{Nombre de rendez-vous obtenus}}{\text{Nombre d'appels argumentés}}$	Le taux de conversion dépend : – de l'aisance du commercial au téléphone ; – de la pertinence de la cible visée ; – de la qualité des outils utilisés (guide d'entretien téléphonique, plan de réponse aux objections).

II Évaluer la prospection terrain

Résultats	Ratios	Interprétation
Nombre de visites réalisées **Nombre de prospects visités**	**Effort de prospection** $= \frac{\text{Nombre de prospects visités}}{\text{Nombre de visites réalisées}}$	L'effort de prospection mesure la proportion de prospects visités par rapport au nombre total de visites réalisées (prospects + clients).
Nombre de rendez-vous obtenus	**Taux de transformation** $= \frac{\text{Nombre de rendez-vous obtenus}}{\text{Nombre de prospects visités}}$	Le taux de transformation permet de vérifier la capacité du commercial à obtenir des rendez-vous directement sur le terrain.

FICHE RESSOURCE 3

ÉLABORER UN TABLEAU DE BORD

Le tableau de bord est un outil d'évaluation de la performance commerciale. À l'aide d'indicateurs de performance, il a pour but de présenter de manière synthétique les résultats obtenus afin de prendre les décisions nécessaires.

I La construction d'un tableau de bord

Choix des activités à évaluer → Choix des indicateurs → Décisions → Construction du tableau de bord

II Les types de tableau de bord

1. Le tableau de bord de résultat

Un tableau de bord peut être élaboré pour présenter les résultats globaux d'une équipe ou les résultats individuels d'un commercial.

Indicateurs de performance sélectionnés → Indicateur 1

Taux de réalisation = (Résultat / Objectif) × 100

Activités	Objectifs	Résultats	Taux de réalisation	Appréciations/Commentaires
Activité 1				
Indicateur 1				
Indicateur 2				
Indicateur 3				
Activité 2				
Indicateur 1				
Indicateur 2				
Indicateur 3				

L'atteinte des objectifs peut être mise en évidence par un code couleur.

2. Le tableau de bord de l'équipe commerciale

Mois	Janvier					
Commerciaux	**Yves**			**Laurie**		
	Objectif	**Résultat**	**Taux de réalisation**	**Objectif**	**Résultat**	**Taux de réalisation**
Indicateur 1						
Indicateur 2						
Indicateur 3						
Mois	**Février**					
Commerciaux	**Yves**			**Laurie**		
	Objectif	**Résultat**	**Taux de réalisation**	**Objectif**	**Résultat**	**Taux de réalisation**
Indicateur 1						
Indicateur 2						
Indicateur 3						
Taux d'évolution						

$$\text{Taux d'évolution en \%} = \frac{\text{Résultat février} - \text{Résultat janvier}}{\text{Résultat janvier}} \times 100$$

En fonction des résultats obtenus, un plan d'actions sera mis en place au niveau collectif ou individuel afin d'améliorer la performance commerciale : formation, accompagnement des commerciaux, motivation, stimulation, redéfinition des objectifs, maintien, renforcement ou abandon de certaines actions…

FICHE RESSOURCE

4

ÉVALUER LA PROSPECTION DIGITALE

La prospection sur les réseaux sociaux vise à développer des contacts afin d'obtenir des rendez-vous. L'efficacité de cette stratégie est vérifiée et analysée grâce à des indicateurs de performance.

I Les résultats à analyser

Nombre de visiteurs (portée)	Le nombre de visiteurs (appelé « portée ») mesure le nombre de personnes qui ont visité un profil, une page Entreprise ou vu une publication sur un réseau social.
Nombre d'engagements	Les engagements mesurent le nombre d'interactions générées par la diffusion d'un contenu sur un réseau social (« Like », commentaires, partages, clics…).
Nombre de suiveurs	Les suiveurs sont les personnes qui suivent une page sur un réseau social. Ils sont appelés « fans » sur Facebook, « followers » sur Twitter, Instagram et LinkedIn.
Nombre de MQL	Les MQL (*Marketing Qualified Leads*) représentent le nombre de contacts qui ont laissé leurs coordonnées à la suite d'une action proposée en ligne (téléchargement d'un catalogue, abonnement à une newsletter, demande de devis…).
Nombre de SQL	Les SQL (*Sales Qualified Leads*) correspondent aux MQL qui ont été contactés par la force de vente (envoi de mails, appels téléphoniques) et qui sont donc qualifiés.
Nombre de rendez-vous obtenus	Le nombre de rendez-vous obtenus traduit la capacité de la force de vente à convaincre les SQL d'accepter un rendez-vous.

II Les ratios à calculer

Taux d'engagement	$\frac{\text{Nombre d'interactions}}{\text{Nombre de visiteurs}}$	Le taux d'engagement évalue le succès d'une publication auprès du public.
Taux de conversation	$\frac{\text{Nombre d'interactions}}{\text{Nombre de suiveurs}}$	Ce ratio permet de déterminer la part de suiveurs qui contribue au contenu diffusé.
Taux de conversion des visiteurs en MQL	$\frac{\text{Nombre de MQL}}{\text{Nombre de visiteurs}}$	Ce taux mesure l'efficacité des moyens utilisés pour inciter les visiteurs à laisser leurs coordonnées.
Taux de conversion des MQL en SQL	$\frac{\text{Nombre de SQL}}{\text{Nombre de MQL}}$	Ce taux permet d'estimer la proportion de MQL qui sont suffisamment « mûrs » pour être contactés par la force de vente. Il n'y a pas de formule magique pour déterminer quand un MQL peut être qualifié de SQL. Ce sera différent pour chaque entreprise et chaque produit. Il peut s'agir d'un prospect qui interagit régulièrement, qui pose des questions…
Taux de conversion des SQL en rendez-vous	$\frac{\text{Nombre de rendez-vous obtenus}}{\text{Nombre de SQL}}$	Ce ratio évalue la capacité de la force de vente à obtenir des rendez-vous. Son succès dépend de la performance des commerciaux mais également de la pertinence des critères utilisés pour identifier les SQL.

Applications

Maîtrise

1 Analyser une campagne de prospection téléphonique

La société Empereur est spécialisée dans la vente de consommables de bureau pour les entreprises.
L'équipe de vente est constituée de cinq commerciaux qui gèrent chacun un secteur géographique.
Ils utilisent la prospection téléphonique pour prendre des rendez-vous auprès des prospects recensés dans un fichier créé par le service Marketing.
Leur objectif est d'obtenir 5 rendez-vous prospects par semaine, soit 20 rendez-vous par mois.
Étudiant(e) en BTS NDRC, vous effectuez un stage au sein du service commercial de la société. Mme Gaillard, chef des ventes, vous demande de l'aider à préparer la réunion de bilan mensuel des résultats de l'équipe.

1. À partir du document, recensez les ratios qui vous permettront de mesurer la prospection téléphonique sur le mois de mars.
2. Présentez dans un tableau les ratios sélectionnés et calculez leur valeur pour chacun des commerciaux.
3. Analysez les résultats et proposez des actions pour améliorer la performance des commerciaux.

Document Résultats de la prospection téléphonique du mois de mars

Commerciaux	Charlotte	Ahmed	Augustine	David	Erwann
Nombre d'appels réalisés	201	215	321	154	198
Nombre d'appels aboutis	198	197	296	145	184
Nombre d'appels argumentés	156	85	145	111	125
Nombre de rendez-vous obtenus	26	14	20	17	12

Applications

Maîtrise

2 Évaluer une campagne d'e-mailing et de prospection téléphonique

Vous réalisez un stage au sein de la société Pacific Boat, qui commercialise des bateaux à moteur sur la Côte d'Azur.
Souhaitant étendre sa clientèle et attirer des néophytes, la société a conçu un nouveau bateau, le EasyBoat, simple à piloter, avec plus d'espace et des tableaux arrière ouverts pour faciliter la baignade.
Après l'achat d'un fichier prospects constitués d'hommes âgés de 45 à 60 ans ayant un pouvoir d'achat élevé, une première campagne d'e-mailing a été réalisée pour inciter les destinataires à télécharger la plaquette de présentation du EasyBoat sur le site Web de la société.
Cette campagne a été suivie d'une relance téléphonique par les commerciaux de l'entreprise dans le but de décrocher des rendez-vous. Le directeur commercial de Pacific Boat vous demande d'analyser les résultats de la campagne de prospection.

1 Analysez les résultats de la campagne de prospection en complétant le tableau (document).

2 Proposez des actions afin d'améliorer l'efficacité des actions mises en œuvre.

Document **Résultats de la campagne de prospection**

Campagne d'e-mailing		Ratios	Commentaires
Nombre de contacts dans le fichier	301	Taux de délivrabilité :	
Nombre de mails envoyés	301		
Nombre de mails non délivrés	42	Taux d'ouverture :	
Nombre de mails ouverts	94		
Nombre de clics vers la page Web	35	Taux de clics :	
Nombre de téléchargements de la plaquette	4	Taux de conversion :	
Prospection téléphonique		**Ratios**	**Commentaires**
Nombre d'appels réalisés	301	Taux de validité du fichier :	
Nombre d'appels aboutis	214		
Nombre d'appels argumentés	28	Taux d'appels argumentés :	
Nombre de rendez-vous obtenus	2	Taux de conversion net :	

Expertise

3 Évaluer une campagne de prospection digitale

Située au Havre, la société eSupply est spécialisée dans la logistique, offrant des solutions complètes aux e-commerçants.
Titulaire d'un BTS NDRC, vous venez d'être recruté(e) par eSupply afin de mettre en œuvre une stratégie de développement digital.
Votre première mission a consisté à mettre en œuvre une campagne d'e-mailing et une campagne de prospection digitale sur les réseaux sociaux (Facebook et LinkedIn).
Un mois après le lancement de la campagne, vous analysez les premiers résultats obtenus.

1. Sélectionnez les ratios qui vous permettront d'analyser les résultats des campagnes d'e-mailing et de prospection digitale sur les réseaux sociaux.
2. Concevez un tableau de bord à l'aide du tableur Excel qui recensera les résultats des deux campagnes de prospection.
3. Analysez les résultats obtenus et proposez des solutions pour optimiser les actions mises en œuvre.

Document 1 Résultats de la campagne de prospection sur les réseaux sociaux

Nombre de visiteurs	915
Nombre d'engagements	378
Nombre de suiveurs	54
Nombre de clics sur la page Web	21
Nombre de téléchargements du livre blanc	15
Nombre de mails envoyés suite au téléchargement du livre blanc	15
Nombre de mails ouverts	13
Nombre de rendez-vous acceptés	4

Document 2 Résultats de la campagne d'e-mailing

Nombre de prospects dans le fichier	1 021 e-commerçants
Nombre de mails envoyés	1 021
Nombre de mails délivrés	939
Nombre de mails ouverts	207
Nombre de clics sur la page Web	47
Nombre de téléchargements du livre blanc	14
Nombre de mails envoyés suite au téléchargement	14
Nombre de mails ouverts	13
Nombre de rendez-vous acceptés	3

Expertise

4 Construire un tableau de bord de suivi d'une équipe commerciale

La fromagerie Bello, située à Annecy, en Haute-Savoie, est spécialisée dans la fabrication et la commercialisation de fromages bio.
Depuis plus de 30 ans, les fromages Bello sont reconnus pour leurs qualités gustatives et ont obtenu de nombreuses récompenses. Leur clientèle est composée de fromagers indépendants fidèles.
Cinq commerciaux sont chargés de gérer et de développer la clientèle dans toute la France.
Titulaire d'un BTS NDRC, vous êtes commercial(e) chargé(e) du secteur Ouest. Votre chef des ventes vient de vous transmettre les résultats trimestriels.

1 Analysez et commentez vos résultats sur le 2e trimestre.

2 Élaborez un tableau de bord pour comparer vos résultats à ceux des autres commerciaux.

3 Analysez et commentez les résultats de l'équipe commerciale.

Document 1 Emploi du temps et objectif des commerciaux

- Les commerciaux travaillent 5 jours par semaine.
- Le lundi est consacré aux tâches administratives et aux prises de rendez-vous.
- Objectif : chaque commercial doit réaliser 5 visites par jour dont 1 rendez-vous de prospection.

Document 2 Résultats des deux premiers trimestres

	1er trimestre		2e trimestre					
			Avril		Mai		Juin	
Commerciaux	Rendez-vous	Rendez-vous prospection	Rendez-vous	Rendez-vous prospection	Rendez-vous	Rendez-vous prospection	Rendez-vous	Rendez-vous prospection
Ouest	246	45	81	16	80	15	82	17
Nord	236	42	78	15	82	14	78	15
Sud	222	24	72	10	75	12	75	14
Île-de-France	249	53	84	17	82	18	80	16
Est	252	39	85	12	82	14	84	14

En route vers l'épreuve E4

Voir PRÉSENTATION DE L'ÉPREUVE page 309

A Les compétences évaluées

○ **Cibler et prospecter la clientèle**
Les compétences à acquérir
1 – Analyser un portefeuille client
2 – Identifier des cibles de clientèle
3 – Mettre en œuvre et évaluer une démarche de prospection
4 – Développer des réseaux professionnels

B Travail à faire

1 À partir du cas So Connect, complétez cet extrait de la fiche E4 proposé ci-dessous :

CADRE DE L'ACTIVITÉ	
Nom de l'organisation	
Adresse/code postal/ville	
Type de structure	
Offre commerciale	
Type(s) de client(s)	
Méthodes de vente	

Complétez le cadre de l'activité à partir du contexte professionnel (p. 95).

[...]

CIBLAGE ET PROSPECTION		
Démarche		
Objectifs fixés		
Activités réalisées		Outils mobilisés
Résultats obtenus		
BILAN RÉFLEXIF		
Atouts et des points d'appui	Solutions mises en œuvre	Propositions d'amélioration

Recensez les méthodes de prospection utilisées.

Indiquez les objectifs de la mission (annexe 1).

Recensez les outils utilisés.

Proposez des pistes pour améliorer l'efficacité de la prospection (questions 6 et 11).

À partir de l'annexe 1, présentez les activités réalisées.

Présentez les résultats obtenus (questions 2, 9 et 10).

Listez les points positifs de cette mission à travers ce que vous avez appris (questions 6 et 11).

Présentez ce que vous avez apporté à l'entreprise à travers ces différentes activités de ciblage et de prospection.

2 Complétez votre fiche E4 à partir des activités de ciblage et de prospection que vous avez réellement effectuées pendant vos périodes en entreprise.

3 Préparez une présentation orale de votre travail à l'aide d'un diaporama.

Synthèse

Évaluer une démarche de prospection

Sélection des indicateurs selon le type de prospection

Prospection terrain

$$\textbf{Effort de prospection} = \frac{\text{Nombre de prospects visités}}{\text{Nombre de visites réalisées}}$$

$$\textbf{Taux de transformation} = \frac{\text{Nombre de rendez-vous obtenus}}{\text{Nombre de prospects visités}}$$

Prospection téléphonique

$$\textbf{Taux de validité du fichier} = \frac{\text{Nombre d'appels aboutis}}{\text{Nombre d'appels réalisés}}$$

$$\textbf{Taux d'appels argumentés} = \frac{\text{Nombre d'appels argumentés}}{\text{Nombre d'appels aboutis}}$$

$$\textbf{Taux de conversion brut} = \frac{\text{Nombre de rendez-vous obtenus}}{\text{Nombre d'appels réalisés}}$$

$$\textbf{Taux de conversion net} = \frac{\text{Nombre de rendez-vous obtenus}}{\text{Nombre d'appels argumentés}}$$

Prospection digitale

$$\textbf{Taux d'engagement} = \frac{\text{Nombre d'interactions}}{\text{Nombre de visiteurs}}$$

$$\textbf{Taux de conversation} = \frac{\text{Nombre d'interactions}}{\text{Nombre de suiveurs}}$$

$$\textbf{Taux de conversion visiteurs en MQL} = \frac{\text{Nombre de MQL}}{\text{Nombre de visiteurs}}$$

$$\textbf{Taux de conversion des MQL en SQL} = \frac{\text{Nombre de SQL}}{\text{Nombre de MQL}}$$

Taux de conversion des SQL en rendez-vous

$$= \frac{\text{Nombre de rendez-vous obtenus}}{\text{Nombre de SQL}}$$

Prospection par e-mailing

$$\textbf{Taux de délivrabilité} = \frac{\text{Nombre de mails délivrés}}{\text{Nombre de mails envoyés}}$$

$$\textbf{Taux d'ouverture} = \frac{\text{Nombre de mails ouverts}}{\text{Nombre de mails envoyés}}$$

$$\textbf{Taux de clics} = \frac{\text{Nombre de clics}}{\text{Nombre de mails envoyés}}$$

Taux de conversion

$$= \frac{\text{Nombre de destinataires ayant réalisé l'action}}{\text{Nombre de mails envoyés}}$$

Présentation synthétique des indicateurs dans un tableau de bord

Analyse des résultats au niveau global ou individuel et mise en place d'un plan d'actions pour améliorer la performance commerciale

TESTEZ-VOUS

Quiz sur le chapitre 6
liennathan.fr/2pk8a9

MOTS CLÉS Délivrabilité · Taux de conversion · MQL · SQL

CHAPITRE 7

Maîtriser la communication interpersonnelle

Contexte professionnel

Activité/Tâche
Élaboration d'un diagnostic client

Compétence
Négocier et vendre une solution adaptée au client

Vers PIX
2.1. Interagir
2.4. S'insérer dans le monde numérique

Vous intégrez la société Smiirl pour votre stage. Cette start-up qui compte 20 salariés, propose à ses clients des offres diversifiées pour communiquer, dont de nouveaux supports de communication et outils connectés, tels que les compteurs Facebook et Instagram. Les objets connectés commercialisés par Smiirl permettent, grâce à leur dimension ludique, de générer des « Like » des fans et donc d'augmenter la base de données clients sur Facebook et Instagram.

Le principe du compteur Facebook ou Instagram est simple : un boîtier esthétique, directement connecté en Wi-fi au compte Facebook du client, est installé de façon visible sur la devanture ou à l'intérieur de son commerce et affiche l'évolution du nombre de « Like » ou de followers de sa page.

Il s'agit d'encourager prospects, clients et passants à se rendre dans la boutique du commerçant. Plus la boutique sera populaire sur les réseaux sociaux, plus les passants seront tentés d'y entrer. Ce système a pour vocation d'alimenter la communauté de fans Facebook du prospect tout en constituant une clientèle fidèle et interconnectée.

Votre rôle

Vous êtes accueilli(e) dans l'entreprise par Camélia, chef de projet, que vous allez assister. Lors de votre première semaine de découverte, Camélia vous fait visiter les locaux, rencontrer les collaborateurs et observer ses rendez-vous.

Vos objectifs

I Analyser des situations de communication interpersonnelle

Vous assistez à différentes situations de communication chez Smiirl.

1 Observez et analysez le verbal et le non-verbal des intervenants. Peut-on parler de congruence dans chacune des situations ?

Fiche ressource 1
Annexe 1

2 Observez et relevez les différentes situations de communication au sein de l'entreprise Smiirl. Expliquez en quoi on peut parler de communication interpersonnelle.

Annexe 2

3 Justifiez le choix du canal de communication (face-à-face, téléphone, écrit).

Vous analysez les échanges réalisés par votre entreprise et ses clients sur Facebook.

4 Expliquez en quoi la communication digitale dont les réseaux sociaux permettent davantage d'interactivité. Comment Smiirl utilise-t-elle cette nouvelle façon de communiquer ?

Annexe 3

Vous assistez à un rendez-vous entre Camélia et un client mécontent, suite à la défaillance de compteurs Facebook.

5 Relevez les rôles et les statuts de chacun des interlocuteurs. Qualifiez le rapport de place instauré au début de l'entretien et expliquez comment la commerciale le fait évoluer.

Fiche ressource 2
Annexe 4

6 Quels traits de personnalité pouvez-vous déduire du comportement de Camélia ?

II Se comporter en professionnel

7 Identifiez les émotions qui s'expriment dans l'échange entre Camélia et M. Plateau.

Fiche ressource 3
Annexe 4

8 Quelle compétence émotionnelle semble manquer à la commerciale au début de l'entretien ?

Votre responsable est tentée de recevoir en entretien la candidate qui vient de lui adresser une lettre de motivation. Elle vous demande votre avis.

9 Expliquez l'intérêt pour un(e) commercial(e) de bien « se connaître » et de réaliser « le marketing de soi ».

Annexe 5

Camélia vous communique ce qu'elle vient de répondre à un candidat à l'embauche. Elle vous dit : « Il pense vraiment qu'il peut intégrer une entreprise comme la nôtre ? »

10 Expliquez les codes que ce candidat aurait dû respecter dans l'écriture de sa lettre de candidature. Quelle image renvoie-t-il ?

Fiche ressource 4
Annexe 6

III Développer son efficacité relationnelle

Vous suivez Aurélien, un commercial de l'entreprise, pendant une tournée chez des prospects.

11 Repérez les difficultés de communication qui surgissent durant l'entretien et les moments où Aurélien fait preuve d'empathie, d'assertivité et d'écoute active.

12 Expliquez l'intérêt de sa reformulation dans son avant-dernière réplique.

13 Quels sont les enjeux de chacun des protagonistes ?

14 Précisez le type de stratégie qu'Aurélien entend adopter. Justifiez votre réponse.

Votre dossier

Annexe 1 — Tout communique

Je voudrais vous proposer un nouvel accord commercial.

Voici ce que nos produits vont vous rapporter.

Vous n'avez absolument pas respecté vos engagements !

Je vous écoute et suis tout à fait ouvert à vos propositions…

Mmm… Intéressant… Il faut que je réfléchisse.

Nous avons déjà passé beaucoup trop de temps sur ce dossier. Ça suffit ! Vos demandes dépassent la prestation facturée.

Annexe 2 — Les formes de communication dans l'entreprise

❶ « Allô ?
– Bonjour, Sophie Belair, commerciale chez Smiirl. Je souhaite parler à Hassen Boukhobza.
– Oui, c'est moi. C'est à quel sujet ?
– J'aimerais vous faire profiter d'une nouvelle offre afin de renforcer la visibilité de votre commerce auprès de vos clients.
– Je n'ai pas beaucoup de temps. Envoyez-moi votre catalogue.
– C'est justement pour vous faire gagner du temps que je souhaite vous rencontrer. Nous pourrons plus facilement cerner vos besoins et je vous orienterai alors vers l'offre la plus adaptée.
– OK, mais je n'aurai pas plus de 20 minutes à vous accorder […]. »

❷ *Camélia, commerciale chez Smiirl, reçoit Philippe Verlet, gérant de Sweet Events, qui souhaite communiquer sur l'image de son entreprise.*

Camélia : Si j'ai bien compris, vous recherchez un concept graphique à décliner sur toute votre communication papier. C'est bien cela ? Regardez, je vous ai fait un schéma pour que ce soit clair pour vous…

❸ Farah consulte sa boîte mail dès son arrivée au travail. Elle classe ses envois de la veille. Elle s'inquiète de ne pas encore avoir reçu de réponse du directeur de la SA Creusier, à qui elle a fait une proposition commerciale importante à fort enjeu pour ses objectifs du mois.

Extraits de ses messages envoyés :

Bonjour Madame Fabre,
Je vous confirme la livraison de vos deux compteurs demain à 10 h, comme convenu avec le service commercial.
Cordialement.

Bonjour Monsieur Plateau,
Vous trouverez en pièce jointe le devis que vous m'avez demandé. Je vous rappelle dès demain pour, je l'espère, vous compter parmi nos clients !
Bien à vous.

Monsieur Creusier,
Je me permets de revenir vers vous au sujet de la proposition que je vous ai faite pour poursuivre notre partenariat.
Avez-vous eu le temps de l'étudier ?
Je vous appellerai en fin d'après-midi pour répondre à toutes les questions que vous pourriez encore vous poser.
Cordialement.

Annexe 3 — Smiirl communique avec ses clients sur les réseaux sociaux

Smiirl
23 novembre 2017 ·

C'est Black Friiday chez Smiirl !
Du 23 au 27 novembre, nous offrons jusqu'à 123,25€ + FRAIS DE PORT GRATUITS sur votre Compteur!
Le piège?! Plus vous attendez plus les prix augmentent... Tic tac Il n'y en aura pas pour tout le monde.
Hop, foncez sur notre boutique en ligne http://bit.ly/2A0mAmn...
Afficher la suite

Fred Dupont frais de ports gratuits y compris pour la suisse?
1 · 24 novembre 2017, 13:07 · Modifié

Smiirl Oui peu importe votre emplacement sur terre la livraison est gratuite pendant le Black Friday
1 · 24 novembre 2017, 13:11

Fred Dupont cool alors je commande car je déménage sur mars en 2018
1 · 24 novembre 2017, 13:12 · Modifié

Smiirl Fred Dupont vous nous enverrez une photo du compteur une fois arrivé en Suisse et puis sur Mars en 2018?
24 novembre 2017, 13:16

Fred Dupont suivez la mention pour le smiirl de FB dans la vitrine.... on arrive à 4000
1 · 24 novembre 2017, 13:23

https://fr-fr.facebook.com/smiirl/

Annexe 4 — Extrait d'un entretien en face-à-face entre un client, gérant d'un magasin d'antiquités, et Camélia, commerciale chez Smiirl

Camélia, *élégante, stressée* : Je reviens vers vous car vous n'avez pas été totalement satisfait de nos services et du produit. C'est cela ?

Le client, *énervé* : Je suis furieux vous voulez dire !

Camélia, *rougissante* : Nous avons revu nos propositions pour le remplacement du compteur défaillant.

Le client, *lui coupant la parole, très en retrait sur sa chaise* : Mademoiselle, j'ai été ravi de travailler avec vous. Cependant, j'aurais bien aimé que vous répondiez à mes besoins… La rigueur est un point capital pour moi et je trouve que vous en avez vraiment manqué !

Camélia, *les mains tremblantes et cherchant ses mots* : Je suis désolée que nous ayons dû appeler le technicien pour finalement vous livrer un nouveau compteur puisque le premier s'est révélé défectueux. Notre entreprise vise avant tout la qualité. Nous œuvrons dans un métier de services, où notre valeur ajoutée passe en grande partie par notre volonté et notre implication quotidienne, pour aider nos clients à trouver des solutions innovantes.

Le client, *secouant nerveusement son stylo* : Si vous pouviez parler plus simplement et aller directement au but, ça m'arrangerait ! Parce que, pour moi, le travail bien fait et le professionnalisme sont mes seules préoccupations.

Camélia, *montrant qu'elle comprend son interlocuteur par un large sourire et se penchant davantage vers lui* : Je comprends tout à fait et vous présente nos excuses pour le retard subi. Soyez convaincu que nous allons tout faire pour vous donner encore plus satisfaction par la suite !

Le client, *plus calme et se penchant en avant* : Je voulais bénéficier d'un outil de communication moderne, certainement pas avoir des complications supplémentaires avec un fournisseur, comme cela a été le cas !

Camélia, *prenant des notes tout en restant à l'écoute* : Dites-moi ce qui vous soucie encore pour que je puisse vraiment vous donner satisfaction cette fois.

Le client, *calmé et disposé à coopérer* : Moi, j'aime être bien écouté quand je travaille avec un fournisseur… Aviez-vous retenu que je vais ouvrir un deuxième magasin sur le Marché des Puces et qu'il me faut communiquer sur cet événement ?

Camélia : Bien, résumons… Le travail rigoureux et le souci de la qualité sont vos priorités, et vous êtes à la recherche d'un outil moderne pour communiquer avec vos clients, tout cela sans problème, bien sûr ! Je vous écoute sur ce que vous souhaitez précisément comme équipement pour ce second magasin. J'ai préparé quelques documents, nous allons les regarder ensemble.

Le client : Eh bien voilà ! […]

Le client est manifestement sensible à l'aide que semble vouloir lui apporter la commerciale. Il se sent écouté et vraiment compris lorsqu'elle vient se mettre à ses côtés pour lui faire des propositions visuelles sur sa tablette. L'échange se poursuit de façon harmonieuse.

Annexe 5 — Extrait d'une lettre de motivation

[...] L'annonce parue sur le site Internet de Smiirl concernant le recrutement d'un assistant conseiller clientèle professionnelle m'intéresse particulièrement.

Grâce à mes quelques expériences professionnelles en milieu bancaire, j'ai pu développer mon sens du relationnel ainsi que mon tempérament commercial, des atouts majeurs pour un conseiller commercial.

Je suis organisé, polyvalent et rigoureux. Par-dessus tout, j'aime le contact humain et donc la relation pérenne avec les clients afin de les fidéliser. De nature curieuse, organisée et particulièrement dynamique, j'ai toujours été intéressé par le domaine de la vente. Doté d'une bonne capacité de travail, je vous apporterai ma bonne humeur et mon esprit collaboratif. Dynamique, je suis prêt à m'investir totalement dans votre entreprise. [...]

Annexe 6 — Candidature à un stage

De... jb1352@gmail.com
À... recrutement@smiirl.com
Objet : Demande de stage

M. Kamoum,

Je cherche un stage. S.V.P c'est possible de le faire au sein de votre société; selon votre disponibilité à partir de février pour 2 ou 3 mois jusqu'au fin-juillet, intéressé à vos produits, et en quoi mon parcours m'amène à vouloir intégrer votre équipe.

À bientôt

Pièce ci-jointe.

De... csoucher@smiirl.fr
À... jb1352@gmail.com
Objet : Re :Demande de stage

Bonjour Monsieur,

Nous avons bien reçu votre mail de candidature. Toutefois, celle-ci ne retiendra pas notre attention pour les motifs suivants :

– Votre lettre de motivation est adressée à M. Kamoum, qui est certainement un contact d'une autre société et montre donc que vous n'avez pas pris le temps de soigner votre candidature.

– Cette impression est largement renforcée par le fait que votre courriel, votre lettre et votre CV sont remplis de fautes d'orthographe, et que l'expression laisse à déplorer. Vous n'avez pas pris le temps de vous relire.

– Enfin, vous n'avez pas eu la courtoisie d'ajouter les formules de politesse de base dans vos différents écrits (courriel et lettre).

En espérant que vous saurez tirer parti de notre retour, recevez nos sincères salutations.

Camélia Soucher

Annexe 7 Extrait d'une prise de contact avec un prospect réticent

Aurélien, jeune commercial en période d'essai n'ayant pas encore atteint les objectifs fixés, est d'autant plus stressé qu'il vient de se faire éconduire par un client.

En retournant au siège de l'entreprise, il aperçoit un restaurant branché et veut tenter sa chance. S'étant rendu chez le boulanger voisin pour obtenir des renseignements sur le restaurateur, il a appris que celui-ci posséderait d'autres établissements.

Aurélien veut absolument réussir une vente tout en étant soucieux de mener une négociation qui donnera satisfaction à ce prospect. Il espère ainsi rattraper son retard.

Il pousse la porte et perd aussitôt confiance en voyant le gérant, un homme d'une petite soixantaine d'années, qui donne des consignes à un serveur rangeant les tables. Au ton utilisé, Aurélien comprend que le restaurateur est plutôt autoritaire, voire condescendant...

Aurélien, *souriant, tentant de maîtriser son appréhension* : Bonjour, Monsieur, ravi de vous rencontrer. Je suis Aurélien Fabre, de la société Smiirl, spécialisée dans la communication d'entreprise et la gestion de la communication digitale de restaurants comme le vôtre.

Le prospect, *hautain* : Vous ne connaissez pas encore mon entreprise !

Aurélien, *enthousiaste* : Je suis sûr que le fait d'attirer de nouveaux clients est capital pour vous !

Le prospect, *agacé* : Évidemment !

Aurélien, *assuré* : Je souhaite vous présenter nos offres de très haute qualité.

Le prospect : Je vous interromps tout de suite, je suis pressé, les clients vont arriver.

Aurélien : Bien sûr ! Pouvons-nous nous entretenir un instant ? Cela ne prendra que quelques minutes.

Le prospect, *cassant* : Ne perdons pas de temps, laissez-moi votre catalogue !

Aurélien, *calme* : Justement, comme vous avez peu de temps, je vais vous en faire gagner en vous posant quelques questions rapides...

Le prospect : OK, à la seule condition que vous ayez vraiment un truc qui me permette de remplir toutes mes salles !

Aurélien, *ravi* : Alors, laissez-moi vous dire...

Le prospect : Vous semblez bien jeune... Pas sûr que vous soyez à la hauteur de mes ambitions...

Aurélien, *rassurant* : Je comprends vos inquiétudes. Vous avez déjà eu de mauvaises expériences avec les jeunes ? Soyez rassuré, je connais très bien mes produits et mes clients sont satisfaits de nos services. Accordez-moi quelques instants, vous ne serez pas déçu !

Le prospect, *ironique* : Ah ces vendeurs ! Vous êtes tous pareils...

Aurélien, *ignorant la remarque* : Je crois déjà comprendre que vous possédez ce très beau restaurant et que vous souhaitez faire le plein dans tous vos établissements. C'est bien cela ? J'aimerais en savoir un peu plus pour vous conseiller au mieux. Pouvons-nous aller dans votre bureau ?

Le prospect, *impressionné par l'écoute et l'assurance affirmée du jeune vendeur* : Bon, vous avez compris ce qui me préoccupe... Mais pas longtemps, hein, je n'ai pas que ça à faire, moi ! Il se dirige vers son bureau en invitant Aurélien à le suivre. Pour tout vous dire, je suis un peu anxieux sur l'avenir car j'ai peut-être vu un peu trop grand.

Aurélien : Qu'est-ce qui vous fait dire cela ? [...]

FICHE RESSOURCE

1

LA COMMUNICATION INTERPERSONNELLE

Au cœur des relations humaines, la communication consiste à transmettre des informations, des idées, des émotions aux autres. Elle sert à informer et à s'informer, à comprendre et à se comprendre. Elle permet aussi de connaître, de se connaître, d'expliquer et de s'expliquer.

I L'évolution des concepts de communication interpersonnelle

1. Les théories classiques

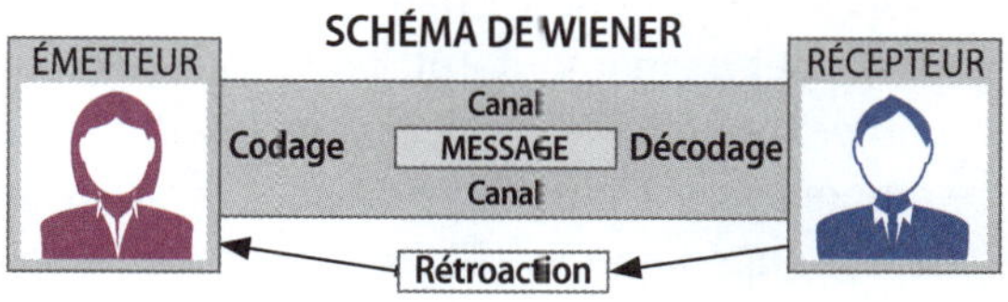

On parle de communication interpersonnelle lorsque deux personnes au moins sont impliquées. Ce type de communication se déroule à partir des interactions entre ces personnes, c'est-à-dire à partir des influences réciproques s'exerçant au fur et à mesure de l'échange. L'action d'un élément entraîne en retour une réponse du second élément, ce que l'on nomme *feedback* ou rétroaction. La communication suit un schéma circulaire : émetteur et récepteur interagissent (on parle de boucle de rétroaction).

Ce concept s'est largement enrichi de l'idée que « tout communique » (G. Bateson et P. Watzlawick). Ainsi, la communication est permanente, tout est signe (y compris un silence, une inaction) et chaque individu est dans l'impossibilité de « ne pas communiquer ».

2. La communication digitale

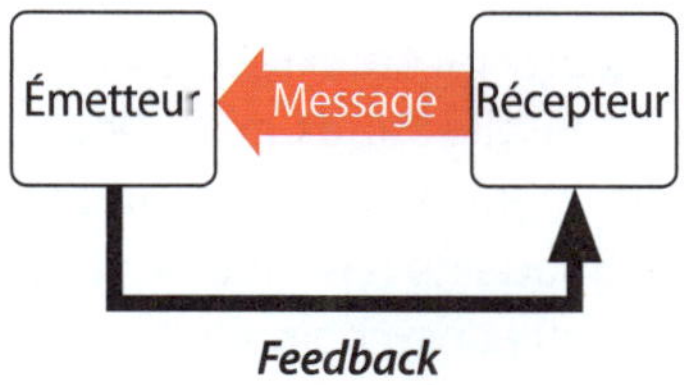

Le développement du digital a bouleversé la communication. Les échanges sont aujourd'hui omnicanaux (courriers, mails, SMS, médias sociaux…) et démultipliés. Les médias sociaux ont un impact profond sur les interactions : les clients ont de plus en plus la possibilité de s'exprimer. La communication digitale impose aux entreprises de « réagir » aux messages de leurs destinataires, de s'orienter vers davantage de « conversation » avec les clients.

II Les formes de communication

1. La communication verbale

C'est l'ensemble des mots utilisés (dits, lus ou entendus). La communication verbale permet de définir le contenu de la relation (ex. : sentiment, idée).

2. La communication non verbale et la communication paraverbale

Communication non verbale	Communication paraverbale
Elle regroupe l'ensemble des éléments d'information qui ne sont pas transmis par la voix, par exemple : – les mouvements du corps, l'expression du visage, le regard, les mimiques ; – la tenue vestimentaire.	Elle regroupe les éléments relatifs à la voix, à la façon de parler : – ton, débit et volume de la voix ; – rythme, intonation et accent mis sur les mots.

L'information non verbale est supérieure à l'information verbale car son impact est immédiat. Qu'elle soit consciente ou inconsciente, intentionnelle ou non, la dimension non verbale ne peut être annulée par les mots (ex. : une intonation peut introduire un sous-entendu, une ironie). Afin de communiquer plus efficacement, le dit de la parole et l'expression du corps doivent être en congruence (c'est-à-dire en accord) et exprimer la même chose. On est congruent lorsque ce que l'on montre (comportement) et ce que l'on ressent (état interne) sont en accord avec ce que l'on dit.

III Les situations de communication commerciale

En face-à-face	Rencontre physique entre un commercial et son client
Au téléphone	Relation à distance à l'oral pour obtenir un rendez-vous et/ou vendre, obtenir des informations…
À distance par écrit	Relation entre un commercial et son client nouée sur les sites Internet, les réseaux sociaux, un blog, ou utilisant des SMS, des mails, une newsletter, un publipostage…

FICHE RESSOURCE 2

L'EFFICACITÉ RELATIONNELLE

I Statut, rôle des acteurs et rapport de place

Dans une situation de communication interpersonnelle, il convient de prendre en compte le statut de son interlocuteur, c'est-à-dire sa position dans l'organisation, la hiérarchie ou la structure sociale et son rôle, c'est-à-dire ce que la société attend de lui, les comportements ou la conduite qu'il doit tenir par rapport à son statut. Chaque individu a souvent plusieurs statuts (ex. : commercial terrain, manager). Pour un même statut, il peut occuper plusieurs rôles. (ex : un chef des ventes doit atteindre ses objectifs de vente, motiver son équipe, etc).

Le rapport de place est la façon dont les individus se positionnent les uns par rapport aux autres (position supérieure, inférieure, équilibrée). Il doit être satisfaisant pour les parties en présence.

II Personnalité, identité et culture

Notre personnalité détermine nos comportements et dicte nos actions. On distingue quelques principaux traits de personnalité comme l'extraversion, l'introversion, l'autonomie, la stabilité, etc. Elle s'exprime dans nos attitudes qui s'observent de l'extérieur (ce que l'on ressent, ce que l'on pense) tandis que notre comportement exprime nos attitudes, et se traduit en action.

Parmi les traits de personnalité appréciés chez les commerciaux, on trouve l'authenticité, la politesse, le respect des codes oraux et écrits, la motivation, l'aisance relationnelle, etc.

Intégrer le contexte socioculturel des autres impose d'identifier les stéréotypes (idées que nous nous faisons des autres, ex sur une classe sociale) et de combattre les préjugés (réactions de défense contre des menaces réelles ou imaginaires). La capacité à intégrer une situation est très étroitement liée au mode de raisonnement appris depuis l'enfance. Ces éléments d'ordre socioculturel (ex. : milieu social) et psychologique, agissent comme des filtres par rapport aux événements vécus.

III Maîtriser les compétences relationnelles

Pour développer sa capacité de communication et d'interaction avec les autres et instaurer un climat de confiance, le commercial doit mettre en œuvre ses compétences relationnelles, telles que :

- l'empathie : compréhension et reconnaissance des émotions, croyances d'un autre individu ;
- l'écoute active : capacité à écouter l'autre sans le juger, à le questionner et reformuler ses propos pour en clarifier le sens et éviter les distorsions, les généralisations, les omissions ;
- la reformulation : vérifier le plus possible le sens des messages échangés pour trouver des accords, éviter les quiproquos, dépasser les désaccords, voire désamorcer les conflits ;
- l'assertivité : s'exprimer tout en respectant l'autre et en se faisant respecter.

IV Comprendre les enjeux de la communication commerciale

Les enjeux représentent ce que l'on recherche, ce que l'on vise (consciemment ou non), ce que l'on risque (de gagner ou de perdre) dans toute relation de communication. On en distingue trois types :

- enjeu de type opératoire (pour soi face à l'autre), exemple : réaliser une vente ;
- enjeu de type symbolique (entre soi et soi), exemple : importance de ce RDV pour son objectif ;
- enjeu de type identitaire (entre soi et les autres), exemple : ne pas perdre la face.

V Adopter des stratégies relationnelles

Le commercial doit tenter d'anticiper la (ou les) stratégie(s) à mettre en œuvre face à son interlocuteur, selon le contexte économique, la pérennité de la relation qu'il veut instaurer avec son client, ses objectifs et marges de manœuvre et concessions possibles. La stratégie peut être :

- intégrative, coopérative, « gagnant-gagnant », visant le consensus entre les parties et donc à privilégier ;
- de compromis : les deux interlocuteurs se livrent à un marchandage, pouvant évoluer vers une stratégie intégrative, dès que le vendeur cherche à satisfaire précisément les besoins de l'acheteur ;
- distributive, c'est-à-dire conflictuelle ou « gagnant-perdant », dans un climat de méfiance et de confrontation.

FICHE RESSOURCE 3

SE CONNAÎTRE POUR MIEUX COMMUNIQUER

La personnalité de chacun s'exprime par une combinaison de caractéristiques émotionnelles, d'attitudes (ce que l'on ressent, ce que l'on pense) et de comportements (manière d'être, d'agir ou de réagir). Les traits de caractère (adaptabilité, sociabilité, combativité, etc.) et les émotions de chacun ont un impact sur l'échange entre les acteurs.

I Identifier ses compétences émotionnelles

Il est important de se connaître en distinguant le « soi social » (aspects extérieurs que l'on montre de soi) et le « soi intime » (informations privées), invisible aux autres et connu de soi seul. La barrière entre le soi intime et le soi social est plus ou moins perméable en fonction des personnalités (extraverties, introverties, intellectuelles, factuelles, etc.), de la nature de la relation et du contexte.

1. Les émotions

Les émotions (peur, irritation, joie, etc.) sont à l'origine des prises de décision et des comportements de l'individu. Elles tiennent donc une place considérable dans la relation commerciale. L'intelligence émotionnelle (IE) caractérise la capacité d'un individu à analyser l'origine de ses émotions et à les réguler. L'influence du quotient émotionnel (QE) peut se révéler supérieure à celle du quotient intellectuel (QI), qui mesure principalement l'intelligence théorique. Développer ses compétences émotionnelles permet d'augmenter ses performances professionnelles et personnelles.

Les émotions ont un impact sur la façon d'interagir avec les autres, de négocier et de vendre et il appartient au commercial de s'adapter à l'interlocuteur et au contexte (instabilité, pression du temps).

> **EXEMPLE :** face à la colère d'un client, il faut garder son calme, baisser la voix et questionner pour permettre à l'interlocuteur de s'exprimer et pour le comprendre.

2. La confiance en soi

Elle consiste à s'accepter avec ses atouts et ses limites, afin de gérer le stress procuré par certaines situations, pour le rendre stimulant et positif. Le stress se définit comme un état de tension et d'anxiété face à une situation de danger réel ou supposé.

La confiance en soi doit être associée à la maîtrise de soi, qui est la capacité de gouverner ses émotions et ses pulsions, et de les adapter aux différentes situations. C'est aussi la capacité de se montrer fiable et honnête, de s'acquitter de son travail de façon responsable, de faire preuve de souplesse devant les changements, d'être à l'aise avec les idées et les informations émises par l'autre, d'oser être soi-même et de faire reconnaître sa valeur.

II Réaliser le « marketing de soi »

Le « marketing de soi » se définit par le fait qu'un individu utilise pour son propre compte les techniques marketing habituellement employées pour promouvoir une marque, une entreprise… Bien se connaître permet donc de mettre au clair l'image que l'on a de soi afin d'en repérer les forces et les faiblesses.

**Un autodiagnostic permet d'avoir une image de soi sincère et intéressante.
Il consiste à se poser des questions et y répondre sincèrement.**

↓

Clarifier le présent
- Qui suis-je ? Que fais-je ?
- Quelles sont mes différences en termes de personnalité, d'expérience, d'intérêts, d'objectif, de talents ?
- Quels sont mes freins ? mes craintes ?
- Comment vais-je me présenter et communiquer avec les clients ? les collègues ? etc.

Se projeter dans le futur
- Quels sont mes objectifs personnels et professionnels ?
- Que vais-je apporter à mon interlocuteur ?
- Quelle valeur ajoutée puis-je lui proposer ?
- En quoi mes ambitions, mes valeurs correspondent-elles aux siennes ?

FICHE RESSOURCE

4

ADOPTER UN COMPORTEMENT PROFESSIONNEL

Tous les environnements professionnels ont leurs propres codes auxquels il convient d'adhérer et de s'adapter afin de pouvoir tenir sa place en toutes circonstances et se montrer efficace et crédible.

I En face-à-face

Il convient de respecter les usages et les codes liés à l'échange en face-à-face : rituels de politesse (poignée de main), de questionnement, d'écoute et de reformulation des propos de l'interlocuteur. L'image de soi que l'on véhicule dans la relation interpersonnelle est fondamentale. Elle peut en effet conditionner l'intérêt ou le désintérêt que va ressentir l'interlocuteur, qu'il soit recruteur ou client, lorsqu'on le sollicitera.

L'objectif de tout individu est d'influencer la manière dont les autres le perçoivent pour faire de cette perception une opportunité, en fonction de son objectif. Or, l'image, le positionnement, les compétences et les expériences de chacun évoluent avec le temps. Il faut donc en permanence laisser voir ses évolutions positives en mettant en évidence ses connaissances générales, sectorielles ou technologiques, ses compétences et ses liens, c'est-à-dire sa « marque personnelle ».

II Au téléphone

En réception ou en émission d'appel, le commercial doit adopter une démarche professionnelle en étant préparé matériellement (bureau calme, scripts maîtrisés, fiches contacts et bloc-notes à portée de main) et psychologiquement puisque le sourire s'entend au téléphone.

La voix, l'articulation, le débit et l'expression doivent être soignés.

III Dans les échanges écrits

À l'écrit, le style doit être adapté à la cible et au média utilisé, clair, concis, percutant et vivant pour accrocher les personnes visées, inviter à « réagir » positivement aux propositions faites…

L'orthographe doit être irréprochable.

Dans une procédure de recrutement, il est incontournable d'être visible non seulement par les techniques classiques (ex. : envoi de documents commerciaux par mail, envoi d'un CV et d'une lettre de motivation en vue d'un recrutement) mais aussi en utilisant les techniques liées aux canaux digitaux et aux réseaux sociaux. Dans tous les cas, la maîtrise des règles de communication écrite (style, orthographe, codes de politesse, etc.) s'impose.

IV Sur les médias sociaux

Les médias sociaux permettent une large diffusion d'informations personnelles.

Se rendre visible sur les réseaux

En travaillant son *personal branding*
- Identifier son « avantage compétitif » pour construire et gérer sa « marque personnelle ».
- Proposer un reflet fidèle de sa personnalité et de son professionnalisme.
- Être actif sur des sites de réseautage professionnels.

En soignant sa e-réputation
- Faire le nettoyage de ses profils de médias sociaux personnels.
- Soigner son apparence physique *via* une photo professionnelle avec une expression inspirant sympathie et confiance.
- Choisir un style d'expression adapté et positif.

Applications

Maîtrise

1 Prendre conscience que tout communique

Vous venez d'être recruté(e) en tant que commercial(e) au sein de l'entreprise Négrin Sécurité, qui commercialise des systèmes de surveillance de locaux et de sécurité anti-intrusion auprès de professionnels. Vous êtes en rendez-vous avec le directeur de la sécurité d'une grande société d'assurances qui vient d'être équipée des produits Négrin.

1. Avant de partir en rendez-vous, vous réfléchissez à votre apparence. Décrivez la façon dont vous allez vous habiller et dressez la liste des erreurs à éviter.
2. Lors de votre rendez-vous, le client est très mécontent de la prestation de votre entreprise (document 1). Précisez les statuts, les rôles et le rapport de place lors de la négociation.
3. Commentez les émotions et les gestes de chacun. En quoi peut-on dire « qu'on ne peut pas ne pas communiquer » lors ce rendez-vous ? Quels sont les risques d'une telle communication ?
4. Quels gestes auriez-vous pu adopter en faisant vos propositions de solution afin de faire preuve de congruence ?

Document **Un rendez-vous houleux (extrait)**

Le client, *haussant le ton* : C'est incroyable, vous m'aviez promis, après l'installation du système de sécurité, l'intervention de votre SAV…

Vous, *baissant la tête* : Je suis désolé(e) pour ce retard, qui est indépendant de notre volonté…

Le client : Mais votre collègue m'avait garanti d'une maintenance de qualité.

Vous, *d'un ton mal assuré :* Je vous certifie que tout va se régler dans les jours qui viennent. […]

Le client, *d'un ton agressif* : Nous, les techniciens, on ne supporte pas l'amateurisme !

Vous : Ne vous énervez pas, nous allons trouver une solution au plus vite.

Le client : Je m'énerve si je veux ! On ne plaisante pas avec la sécurité, OK ?

Vous, *calmement* : Je comprends tout à fait votre colère et je vais immédiatement contacter notre SAV pour une intervention urgente. Je vous propose de procéder en deux temps : l'intervention de notre technicien et ensuite, des propositions immédiates pour compenser votre désagrément. Quand êtes-vous disponible pour recevoir notre équipe ? […]

Le client : Ah, enfin un intérêt réel pour mon problème ! […]

Maîtrise

2 Renforcer son efficacité relationnelle

Vous venez d'intégrer les laboratoires Ponett, spécialisés dans la vente de produits dermatologiques. Lors de votre formation, vous assistez au rendez-vous d'un commercial, Fabien Péria, avec un prospect.

1. Peut-on dire que votre collègue fait preuve d'empathie ? (document 1)
2. Adopte-t-il une attitude assertive ?
3. Quel est le principal problème de communication qui se pose durant l'entretien ?
4. Rejouez cet entretien en mobilisant de l'écoute active.

Document — Extraits de l'entretien

Fabien Péria : Dans votre offre, changez-vous régulièrement de produits ou de marques de produits ?

La pharmacienne : Ça dépend de ce que l'on me propose… Votre offre n'est pas adaptée à ma clientèle.

F. P. : Quel est votre type de clientèle ? Pour quelle raison notre gamme ne lui plairait-elle pas ?

La pharmacienne : Je n'ai pas d'informations permettant d'expliquer en détail ce qu'apportent ces crèmes et je ne vois pas comment je vais conseiller ces produits à mes clientes.

F. P. : Une formation détaillée est prévue pour vous avant la mise en place de notre gamme. Avez-vous un endroit où stocker ?

La pharmacienne : On n'en est pas là ! Ça me paraît vraiment cher.

F. P. : Cher ? Vous plaisantez ! J'ai l'impression que vous n'êtes guère informée des prix du marché.

La pharmacienne : J'aimerais davantage de conseils, j'avoue que je suis perdue.

F. P. : Vous savez qu'en prenant cette gamme, vous ferez des économies substantielles !

La pharmacienne : Vous venez de me dire que je n'étais pas au courant des prix !… Parlez-moi plutôt de vos produits.

F. P. : Avez-vous déjà eu des problèmes avec vos fournisseurs actuels ? Qu'attendez-vous en termes de garantie par rapport à nos produits ?

La pharmacienne : Si vous m'écoutiez, on pourrait peut-être faire affaire… Qu'apporte de plus cette nouvelle gamme ?

F. P. : Excusez-moi, j'ai eu une journée éprouvante… Reprenons ! Qu'attendez-vous d'une gamme nouvelle ?

La pharmacienne : Vous pouvez me faire une remise de 10 % ?

F. P. : Hélas, je ne peux pas vous faire une telle remise. En revanche, je vous propose de vous offrir un lot de notre nouvelle gamme, que vous pourrez mettre en avant pour vos clients. […]

Maîtrise

3 Déchiffrer les jeux de pouvoir

Vous venez d'intégrer, en tant que commercial(e), l'entreprise Granolix, qui commercialise des produits sucrés pour les desserts, mettant l'accent sur les dimensions artisanales et biologiques de leur fabrication. Vous êtes témoin d'un entretien de recadrage entre le directeur de Granolix et Marine, une commerciale.

1. Relevez les problèmes de communication entre le directeur et Marine.
2. Précisez toutes les raisons pour lesquelles l'échange n'est pas efficace.

Document — Entretien entre le directeur et la commerciale

Le directeur : Marine, dis-moi comment s'est passé ton rendez-vous avec le client Archas. Je sais qu'en ce moment, tu doutes de toi et il faut vraiment que tu te reprennes.

Marine : Oui, bien sûr, ce n'est pas encore gagné, il était très dur dans la négociation.

Le directeur, *l'interrompant* : Je te rappelle que ton rôle est de contribuer au développement du chiffre d'affaires et que, jusqu'à présent, ça ne saute pas aux yeux.

Marine : Oui, je sais qu'il faut que je reprenne confiance… Mais je suis stressée en permanence.

Le directeur : Ça fait un moment que tu le dis ! Il faut réagir, ça ne peut pas durer comme ça.

Marine : Mais… je lui ai fait une offre alléchante et, comme tous les clients, il n'a pas paru satisfait d'emblée.

Le directeur : J'espère que tu as respecté nos conditions commerciales ! Par ailleurs, dois-je encore te rappeler que c'est fini les longs *cold callings* ? Loin de l'effet tunnel vertueux, tu dois absolument générer des *leads* dans le mix *pull* et *push* et des contenus à fort potentiel de conversions. OK ?

Marine : Euh, je ne suis pas sûre de comprendre !!

Le directeur : Ah, vous, les femmes !

Maîtrise

4 Mesurer l'importance de la communication écrite

Étudiant(e) en BTS NDRC, vous recherchez un stage. Votre attention se porte sur l'annonce d'une agence de marketing digital.

1 Prévoyant de postuler, analysez l'annonce de recrutement et relevez les compétences, y compris relationnelles, requises.

2 En quoi l'absence de maîtrise de l'orthographe est-elle un risque pour la progression professionnelle ?

Document 1 Annonce de recrutement

Poste à pourvoir (extrait)

• **Qualification**

Formation : bac+2 spécialisation Marketing digital ou relationnel / Création de contenus rédactionnels

À partir des besoins des clients, vous serez en charge de la création de contenus sérieux, de qualité et originaux puis de leur diffusion.

– Étude des besoins clients

– Création de contenus rédactionnels et créatifs en lien avec les besoins des clients [...]

• **Qualités requises**

– Excellent rédactionnel (grammaire et orthographe)

– Connaissances en webmarketing / marketing relationnel / marketing direct

– Très bon relationnel

– Aisance avec les outils informatiques

– Connaissances en *social media* : réseaux sociaux, blogs...

– Maîtrise de l'anglais

Document 2 Faisons de l'orthographe une compétence centrale

Dans *Les Échos*, un professeur de lettres modernes qui enseigne dans un BTS de Seine-Saint-Denis affirme : « *Le niveau de français est un vrai problème. On est obligés de tricher dans les évaluations pour ne pas sanctionner la qualité de l'orthographe ou de l'expression, mais cela a évidemment des répercussions dans le monde professionnel. Le niveau de nos étudiants en français est un vrai problème* » Nombreux sont les employeurs et cadres qui m'ont dit combien, dans l'entreprise, la faible qualité des écrits était un stigmate limitant de fait la possibilité de progression professionnelle. Qu'on le veuille ou non, la capacité à écrire est une compétence importante du travail en entreprise, peut-être plus encore que la capacité à parler. On souligne parfois que nous sommes désormais dans la civilisation de la vidéo. C'est sans doute vrai pour les divertissements, mais dans le milieu professionnel, pour bien des professions, l'écrit reste central. [...]

www.Lefigaro.fr, Olivier Babeau, 22/09/2020

Maîtrise

5 Qui suis-je ?

Vous cherchez un stage *via* les réseaux sociaux. Vous voulez prendre un temps de réflexion pour identifier qui vous êtes, ce que vous souhaitez faire, vos projets, etc.
Pour ce faire, vous décidez de réfléchir à qui vous êtes vraiment.

1 Réalisez les différents exercices proposés pour mieux vous connaître.

2 Quel est votre bilan ?

3 Quelles pistes d'amélioration pouvez-vous travailler ?

Document 1 Identifiez le meilleur de vous-même

Retrouvez, parmi les moments clés qui jalonnent votre vie, deux à trois moments où vous avez été à la fois performant(e) et satisfait(e) de ce que vous avez fait ou réalisé. Tirez les premiers enseignements de cette collecte de situations qui, selon vous, ont été déterminants dans votre vie, en notant dans le tableau ci-dessous, après l'avoir recopié et développé autant que nécessaire, ce qui a été positif et ce que vous pourriez reproduire à nouveau.

Type d'événement	Points positifs retenus de ces expériences vécues

Document 2 Faire son 360°… avec le regard des autres

L'évaluation 360° est une approche privilégiée pour améliorer la connaissance de soi pour toute personne désireuse de travailler sur ses axes d'amélioration. En entreprise, cet outil de développement personnel permet, à partir d'un questionnaire mesurant des compétences professionnelles, de s'autoévaluer et de se faire évaluer, par exemple, par des collègues.
Dans votre cas, il s'agit de faire un premier bilan de compétences… car vous en avez, peut-être sans le savoir encore ! Il s'agit d'une démarche de développement personnel plutôt que d'évaluation !
Chaque étudiant(e) s'autoévalue en répondant au même questionnaire que ses camarades, qui répondent évidemment avec une extrême bienveillance.

	Aptitude à communiquer	Constats et pistes d'amélioration
1	Fait preuve d'écoute	
2	Tact, diplomatie	
3	S'exprime avec clarté	
4	Sait convaincre	
5	Aisance relationnelle	
	Aptitude à convaincre	**Constats et pistes d'amélioration**
6	Sait s'impliquer et motiver les autres pour atteindre les objectifs	
7	Sait s'organiser	
8	Sait donner l'exemple	
9	Respecte les règles	

Document 3 Élaborer votre SWOT, pour un premier bilan de compétences

Pour progresser, vous allez réaliser votre propre SWOT (acronyme de *Strengths, Weaknesses, Opportunities, Threats*). Il s'agit d'identifier, d'une part, vos forces et vos faiblesses, d'autre part, les opportunités externes et les menaces qui impactent votre environnement professionnel. Cet exercice, utilisé très couramment en entreprise, peut être appliqué utilement à soi-même. Réfléchissez individuellement et remplissez le tableau ci-dessous, après l'avoir recopié sur une feuille A4.

• En « **interne** », il s'agit de faire un bilan :
– de vos **forces** (qualités humaines, compétences, expériences professionnelles ou associatives, ambition, désir de progresser et d'apprendre…) ;
– de vos **faiblesses** (défauts, communication écrite ou orale déficiente, addiction à votre smartphone…).

• En « **externe** », il s'agit d'identifier :
– les **opportunités** (réseaux personnels développés, situation familiale favorable, repérage d'entreprises susceptibles de vous recruter dans un secteur motivant…) ;
– les **menaces** (en quoi votre proposition d'être intégré(e) dans telle entreprise est-elle différente, voire inférieure à celle des autres ? En quoi vos compétences, votre expérience, vos qualités vont-elles vous démarquer des autres ? Avec qui êtes-vous en compétition ?)

	Mes forces	**Mes faiblesses**
EN INTERNE	• • •	• • •
	Les opportunités	**Les menaces**
EN EXTERNE	• • •	• • •

Document 4 Des questions à (se) poser pour connaître ses points forts

La question des points forts est souvent posée par les recruteurs lors de l'entretien d'embauche. « Quels sont vos points forts ? » Pour faire face à cette question rituelle, il est capital de les identifier… avant. Au passage, vous identifierez aussi vos points faibles. Menez cette enquête grâce à des questions à vous poser et à poser à votre entourage :

– à soi : « Qu'est-ce que je déteste faire ? »
– à des amis : « Dans quelle situation délicate m'appellerais-tu pour que je t'aide ? »
– à soi : « Quel est le plus grand reproche que l'on m'a fait ? »
– à soi, à des amis ou collègues : « Quand on me félicite, c'est à propos de quoi, en général ? »

Maîtrise

6 Le CV

Vous êtes maintenant prêt(e) à réaliser votre CV, d'autant que vous souhaitez faire votre prochain stage dans l'entreprise Formative, spécialisée dans la vente de formations aux salariés.

1. Repérez vos propres compétences.
2. Dites en quoi réaliser un CV pour trouver un stage n'est pas très différent que bâtir un CV pour rechercher un emploi.
3. Réalisez votre CV.

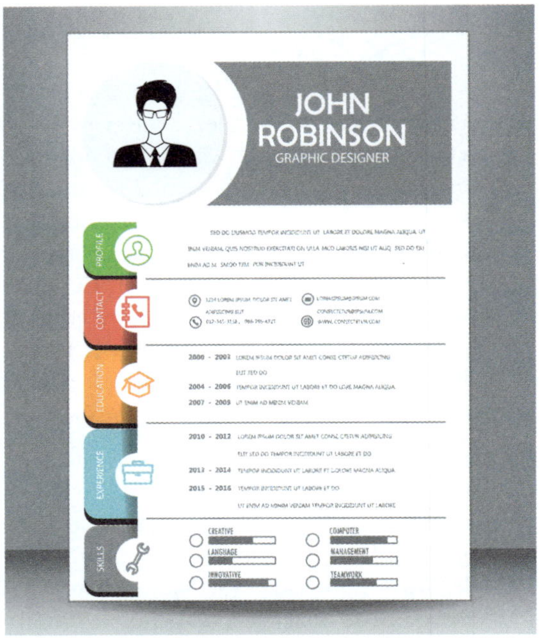

Document — Identifiez vos compétences ! « Je suis capable de… »

La compétence est la somme des savoirs, des savoir-faire et du savoir-être issus de l'expérience. C'est donc la mise en œuvre, en situation professionnelle, de capacités qui permettent d'exercer convenablement une fonction ou une activité. Ce sont vos compétences qui intéressent les recruteurs !
Voici une liste de compétences avec leur définition. Repérez les vôtres !

Compétences	Définitions	Moi
Adaptabilité	Réaction constructive aux changements, prévus et imprévus, en situation professionnelle	☐
Empathie	Capacité d'une personne à interagir avec succès dans des groupes hétérogènes	☐
Assertivité	Capacité de bâtir des rapports interpersonnels qui s'appuient sur la confiance et la compréhension de l'autre	☐
Capacité d'écoute	Écoute active des autres, volonté de comprendre leurs préoccupations	☐
Ténacité	Capacité à ne pas renoncer facilement à ses idées ou actions	☐
Rigueur	Attitude ferme pour le respect de règles strictes	☐
Curiosité d'esprit	Capacité à faire preuve d'ouverture d'esprit et de tolérance aux idées qui sont différentes des siennes	☐
Autonomie	Capacité à ne pas être dépendant d'autrui pour agir	☐
Capacité de remise en cause	Capacité à réviser son jugement sur ses actes	☐
Aisance relationnelle	Capacité d'une personne à s'exprimer dans un langage clair, à construire un message efficace et compréhensible, quelle que soit la personne à qui l'on s'adresse	☐
Sens de la persuasion	Capacité à convaincre quelqu'un de croire ou de faire quelque chose	☐
Esprit d'analyse	Capacité à décomposer un problème ou une situation afin d'en saisir les liens et les implications, permettant la prise de décision	☐
Résistance à la pression	Capacité à supporter et à gérer le stress produit par l'urgence d'une situation ou les pressions venues de son entourage	☐
Sens des responsabilités	Capacité à accepter des responsabilités et à assumer les conséquences de ses actes	☐
Persévérance	Capacité à mener à bien une mission en dépit du fait qu'elle exige un effort prolongé	☐

En route vers l'épreuve E4

Voir PRÉSENTATION DE L'ÉPREUVE page 309

A Les compétences évaluées

○ **Négocier et accompagner la relation client**
Les compétences à acquérir
1 – Négocier et vendre une solution adaptée au client
2 – Créer et maintenir une relation client durable

B Travail à faire

1 À partir du cas Smiirl, complétez cet extrait de la fiche E4 proposé ci-dessous.

CADRE DE L'ACTIVITÉ	
Nom de l'organisation	
Adresse/code postal/ville	
Type de structure	
Offre commerciale	
Type(s) de client(s)	
Méthodes de vente	
ANALYSE DE L'ACTIVITÉ	
Date(s) :	
Historique/problématique de l'activité	
Acteurs concernés (statuts/rôles/motivations)	
Objectifs opérationnels	
DÉROULEMENT DE L'ACTIVITÉ	
Phases	Outils mobilisés
Résultats	Présenter les résultats
Difficultés rencontrées	

Complétez le cadre de l'activité à partir du contexte professionnel (p. 109) et en utilisant le dialogue de l'annexe 4, page 112.

Analysez l'activité à partir du contexte professionnel (p. 109).

Relevez les points forts du déroulement de l'activité à partir du contexte professionnel (p. 109).

Recensez les outils de prospection créés ou utilisés

2 À vous de jouer ! Entraînez-vous au changement de paramètres à l'aide d'une nouvelle situation, préparez et simulez l'entretien. Remplissez une nouvelle fiche E4.

Vous êtes en CDD pour encore un mois et rencontrez pour la première fois Mme Brasse, la trentaine, gérante d'une boulangerie qui a appelé votre entreprise pour, a-t-elle dit « juste comprendre le concept ».

3 Repérez une situation vécue ou observée, dans votre entreprise de stage ou dans une entreprise de votre choix, puis remplissez cet extrait de la fiche E4.

Synthèse

Maîtriser la communication interpersonnelle

Tout communique, tout fait sens.

- Les échanges verbaux
- Le non-verbal (gestuelle, expression, tenue…)
- L'expression du paraverbal (ton, débit…)

Pour communiquer efficacement, ces trois aspects doivent être en congruence.

Les situations de communication commerciale

- En face-à-face
- À distance et par écrit
- Au téléphone

Chaque acteur d'une situation de communication est influencé par :

- Son statut et son rôle
- Le rapport de place (position inférieure, équilibrée, supérieure)
- Sa personnalité
- Son identité
- Sa culture

Afin de mieux communiquer, il est indispensable :

- D'identifier ses compétences émotionnelles et de développer la confiance en soi
- De réaliser le « marketing de soi »
- De se comporter en professionnel en respectant les codes et les usages

Pour développer son efficacité relationnelle, on doit :

- Maîtriser les compétences relationnelles : empathie, écoute active et reformulation, assertivité
- Déjouer les biais de la communication : distorsions, généralisations, omissions
- Comprendre les enjeux de la communication : enjeux de type opératoire, symbolique ou identitaire
- Adopter des stratégies relationnelles : stratégie intégrative, de compromis ou distributive

TESTEZ-VOUS

Quiz sur le chapitre 7
liennathan.fr/va27z3

MOTS CLÉS

Verbal · Non-verbal · Paraverbal · Congruence · Statut · Rôle · Assertivité · Rapport de place · Empathie · Écoute active · Biais · Stratégie relationnelle

CHAPITRE 8
Approfondir la connaissance client

Contexte professionnel

Activité/Tâche
Élaboration d'un diagnostic client

Compétence
Négocier et vendre une solution adaptée au client

Vers PIX
2.1. Interagir
2.4 S'insérer dans le monde numérique

Wheeliz est une start-up aujourd'hui classée parmi les 70 pépites françaises des nouvelles mobilités. Créé en 2014 par Charlotte de Vilmorin, une jeune femme de 30 ans handicapée moteur depuis sa naissance et confrontée à de nombreuses problématiques pour se déplacer au quotidien, ce premier site de location entre particuliers permet à une personne en fauteuil (handicapé, senior…) de trouver un véhicule aménagé partout en France et à moindre coût (chaque propriétaire loueur fixant le prix). Wheeliz se rémunère à la commission : une partie pour la mise en relation entre utilisateurs et l'autre partie sur la souscription à une assurance spéciale.

wheeliz

Optimisez la rotation de votre parc
Durée : 1'52
liennathan.fr/u96zj7

Votre rôle

Vous venez d'être engagé(e) comme commercial(e) chez Wheeliz et la directrice vous demande de continuer à développer l'activité. Vous êtes donc chargé(e) de contribuer à mieux connaître les cibles de la start-up.

Vos objectifs

I Identifier les clients de Wheeliz et leurs besoins

Avec le développement rapide de la start-up, votre responsable est soucieuse de la pérennité de l'entreprise. Elle vous demande d'être sur tous les fronts des cibles potentielles et de réaliser une étude sur les différents types de clients. L'objectif est d'approfondir la connaissance des cibles afin de proposer l'offre la plus adaptée et d'améliorer l'efficacité des commerciaux.

1 Présentez le concept de Wheeliz en quelques phrases (elles vous serviront pour préparer votre pitch) et relevez les différents types de clients susceptibles d'être intéressés par ses services. — Fiche ressource 1 ; Annexe 1

2 Après avoir précisé le marché sur lequel se positionne Wheeliz, dites quels sont vos clients potentiels théoriques, les non-consommateurs relatifs et les non-consommateurs absolus. — Annexe 2

3 Identifiez les différents besoins, motivations et freins auxquels répond l'offre de Wheeliz en général. — Fiche ressource 2

4 Parmi les particuliers, indiquez quelles sont les cibles de Wheeliz et expliquez leurs problématiques respectives. — Annexe 3

II Analyser les spécificités du processus d'achat selon le type de client

Vous vous intéressez aux clients particuliers de Wheeliz. — Fiche ressource 3

5 De quel type d'achat s'agit-il pour les locataires de véhicules aménagés ? pour les propriétaires des véhicules ? — Annexe 4

6 Expliquez quels peuvent être les intervenants dans le processus d'achat des prestations de Wheeliz pour les locataires et les propriétaires.

Vous découvrez sur votre site un message laissé par une entreprise.

7 Précisez à quel besoin de ce client répondent les services de Wheeliz. — Annexe 5

8 Identifiez les intervenants et le processus de décision.

Vous rencontrez un représentant de la SNCF sur le salon Handicap et Mobilités.

9 Relevez ses préoccupations en précisant les spécificités d'un acheteur public. — Annexe 6

10 Qu'apporte ce partenariat à Wheeliz ?

III Optimiser la connaissance client et préparer son rendez-vous

Avant de prendre contact avec vos premiers prospects B to C, vous cherchez à en savoir plus sur eux. — Fiche ressource 4

11 Expliquez comment chaque outil utilisé par Wheeliz dans l'approche client peut contribuer, directement ou indirectement, à améliorer la connaissance de ses clients. — Annexe 7

12 Créez le persona B to C pour Wheeliz puis préparez une présentation orale pour votre responsable. — Fiche ressource 5 ; Annexe 8

13 Faites le diagnostic des deux prospects que vous devez recontacter puis définissez vos objectifs, votre stratégie de négociation et vos marges de manœuvre. — Annexe 9

14 Préparez le pitch pour donner envie à vos interlocuteurs d'aller plus loin avec Wheeliz.

Votre dossier

Annexe 1 — Le concept de Wheeliz

Le premier site de prêt et de location participative de voitures équipées pour le handicap

Les personnes à mobilité réduite ont besoin de véhicules aménagés, c'est-à-dire de véhicules avec rampe d'accès permettant à des personnes en fauteuil roulant d'entrer dans celui-ci et de voyager en toute sécurité dans leur fauteuil, ou de véhicules plus simplement aménagés selon leur handicap pour des personnes pouvant conduire (véhicules avec commandes au volant).

Après deux ans de prépa et une école de commerce, la créatrice de la start-up se lance dans l'entrepreneuriat avec une sorte de « Airbnb » pour les voitures adaptées. Le concept, inspiré de l'économie collaborative, est simple : les propriétaires d'un véhicule aménagé le proposent à la location à ceux qui en ont besoin. Louer permet de rendre service aux locataires et de rentabiliser l'investissement conséquent réalisé par les propriétaires de véhicules.

Les clients de Wheeliz

Si la vocation première de Wheeliz est de mettre en relation des particuliers, la survie de la start-up impose de s'adresser aussi à des entreprises. Wheeliz propose aux maisons de retraite d'être prescripteurs auprès des familles, afin qu'il leur soit plus facile de transporter les

résidents lors de réunions familiales, par exemple. Elle peut aussi s'adresser aux médecins et ergothérapeutes afin qu'ils conseillent à leurs patients de louer un véhicule sur Wheeliz.

Wheeliz s'adresse aussi aux entreprises de transport de personnes à mobilité réduite (TPMR) afin qu'elles puissent proposer leurs véhicules à la location lorsque ceux-ci ne sont pas utilisés, ce qui permet de mieux les rentabiliser. Des propositions du même ordre peuvent être faites à des administrations.

Annexe 2 — Le marché de la location de voitures aménagées

Le principe : partager son autonomie et favoriser la mobilité de tous

Le marché de Wheeliz est celui du déplacement des personnes handicapées, qu'il s'agisse d'enfants ou d'adultes handicapés moteurs ou cérébraux, de personnes âgées, etc. dont la liberté de se déplacer est le souci permanent.

Le plus grand parc de véhicules aménagés pour les personnes à mobilité réduite est détenu par les particuliers avec plus de 100 000 véhicules très chers à l'achat (entre 20 000 et 50 000 euros). Il existe en France 1,2 million de seniors à mobilité réduite et 400 000 personnes en fauteuil roulant. Adapter un véhicule normal nécessite un investissement de 30 000 à 100 000 euros.

Wheeliz est le premier site à avoir proposé ce type de location. La location de voiture aménagée coûte de 45 à 70 euros par jour. Wheeliz a déjà vendu plus de 4 300 journées de location. Le besoin en France se ressent dans toute l'Europe où Wheeliz compte se développer !

www.facebook.com/wheeliz/

Annexe 3 L'offre de Wheeliz

Vous avez besoin d'une voiture aménagée
pour 1 jour, 1 week-end ou plus ?
Soyez libre de vous déplacer où et quand vous voulez !

1. Recherchez une voiture à proximité, aux dates souhaitées.
2. Sélectionnez la voiture adaptée à vos besoins (TPMR ou Conduite)
3. Contactez le propriétaire et validez votre réservation
4. Rencontrez le propriétaire pour la remise des clés et partez tranquille !

MAIF

Vous êtes propriétaire d'une voiture aménagée
dont vous ne vous servez pas tous les jours ?
Arrondissez vos fins de mois tout en rendant service !

1. Wheeliz — Inscrivez votre voiture sur **Wheeliz.com**
2. € — Fixez votre prix et indiquez les disponibilités de votre voiture
3. Répondez aux demandes et organisez la remise de vos clés
4. MAIF — Ne vous souciez plus de rien, votre voiture est assurée !

Annexe 4 Les clients particuliers de Wheeliz

• Charles, quinquagénaire, locataire
« J'ai vu une émission à la télé dans laquelle l'animateur parlait des difficultés des personnes âgées à sortir de leur maison de retraite quand elles ne peuvent plus marcher. C'est pourquoi je me suis connecté sur Wheeliz pour emmener mes parents très âgés à une fête de famille. »

• Carine, Parisienne, locataire
« Je voulais assister à un mariage dans les Bouches-du-Rhône mais en fauteuil roulant, il m'était impossible de louer une voiture aménagée dans le coin. Comment me déplacer une fois arrivée à la gare ? C'est mon médecin qui m'a conseillée d'aller sur Wheeliz. »

• Philippe, propriétaire
« Handicapé, je ne me sers pas tous les jours de mon véhicule et, on a trouvé super l'idée d'en faire profiter quelqu'un comme moi, je connais la galère ! Et puis ça arrondit mes fins de mois ! En plus, ma voiture est protégée durant toute la durée de la location puisque en cas de dommage, Wheeliz a tout prévu en contractant avec MAIF Assistance qui prend en charge le remorquage de la voiture et met à disposition un véhicule de remplacement. »

• Mathieu, propriétaire d'une Kangoo aménagée
« Il faut bien penser qu'entre les bus non accessibles, les transports aménagés hors de prix, il est bien plus facile de disposer de son propre véhicule adapté en passant par Wheeliz. Alors, en pensant à moi et aux autres, j'ai mis en ligne mon véhicule déjà 8 fois sur cette plateforme. Tout est simple : j'ai ouvert un compte en donnant les renseignements sur ma voiture. Un clic sur la ville concernée, les dates de location et les options d'aménagement recherchées, le tarif à la journée et l'affaire est faite ! J'ai même fait de sympathiques rencontres, c'est vraiment un bel exemple d'économie sociale et solidaire. »

Annexe 5 Échange avec la société Handytransport

De... lmagenta@handytransport.fr
À... cvilmorin@wheeliz.fr

Bonjour,

En me renseignant sur Internet, j'ai trouvé votre offre intéressante. Cependant, je ne suis pas seul décisionnaire sur l'idée de proposer nos véhicules à la location quand nous ne nous en servons pas. En ma qualité de directeur administratif et financier, je dois étudier la faisabilité avec le conseil d'administration. Je pense que ce doit être possible compte tenu de quelques difficultés économiques que nous rencontrons. Il faudra aussi convaincre les chauffeurs, surtout deux d'entre eux qui n'aiment pas trop que quelqu'un d'autre touche aux véhicules ! On a 12 véhicules pouvant assurer la prise en charge de 1 à 6 fauteuils roulants manuels ou électriques.

Merci de nous contacter.

Bien cordialement,

Luc Magenta
Directeur administratif et financier Handytransport

Annexe 6 — Rencontre avec un représentant de la SNCF

Vous : En quoi consiste le service de la SNCF pour les personnes en situation de mobilité réduite ?

Quand ces usagers réservent leur billet en ligne, ils vont sur « Accès plus », qui est gratuit. Cela leur permet de retrouver, le moment venu, un agent en gare qui les installera en première classe, dans un wagon conçu pour recevoir des fauteuils roulants.

Vous : Quelle est votre problématique liée au transport de vos usagers en situation de mobilité réduite ?

On voudrait leur proposer des services additionnels. Notre préoccupation est le service public et donc le service à tous les publics.

Vous : C'est-à-dire ?

Fluidifier et pouvoir faciliter la mobilité des personnes en fauteuil dans leur solution « de porte à porte ».

Vous : Comment pourrait-on vous aider ?

L'idéal est bien sûr que les clients qui le souhaitent, en prenant le train, puissent, à leur arrivée, trouver un véhicule adapté.

Vous : Peut-être pourrions-nous bâtir un partenariat afin que vous communiquiez sur Wheeliz et que nous soyons référencés ? On pourrait même imaginer de former vos téléconseillers ? Ou envisager une newsletter que vous enverriez à vos contacts ? C'est aussi notre finalité de fluidifier la mobilité et d'encourager les gens à prendre le train et à voyager ! Qui nous conseillez-vous de rencontrer pour en parler davantage ?

L'idéal serait que vous preniez contact avec la direction de l'accessibilité de la SNCF mais je vous préviens, on ne prend pas ce genre de décision à la légère, toutes nos décisions ont pour objectif l'intérêt général. En tant qu'entreprise publique, le cœur de notre mission est de déployer une mobilité fluide et de porte à porte partout et pour tous. […]

Quelques mois plus tard… Wheeliz est référencé sur le site de la SNCF !

www.accessibilite.sncf.com/informations-et-services/services-handicap-et-autonomie

Annexe 7 — Comment Wheeliz communique et obtient des informations sur ses *leads*

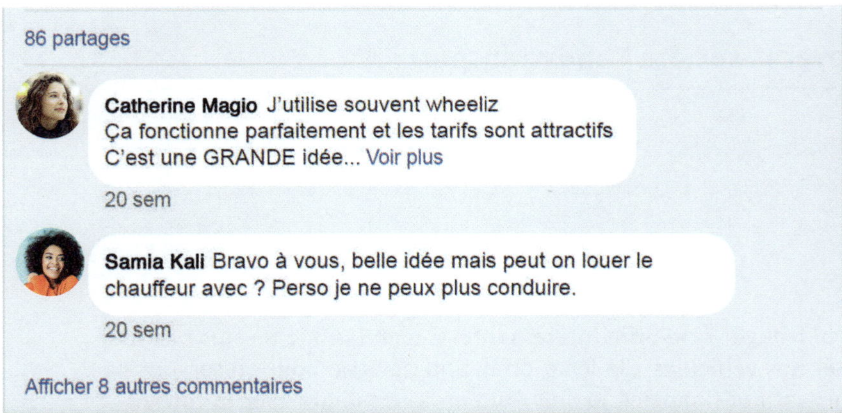

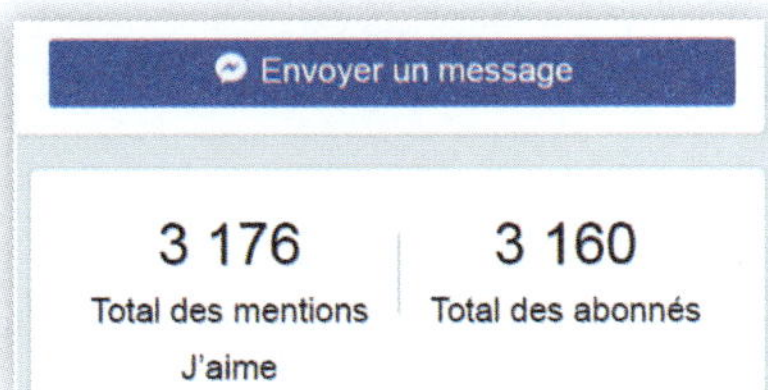

Annexe 7 Comment Wheeliz communique et obtient des informations sur ses *leads* (suite)

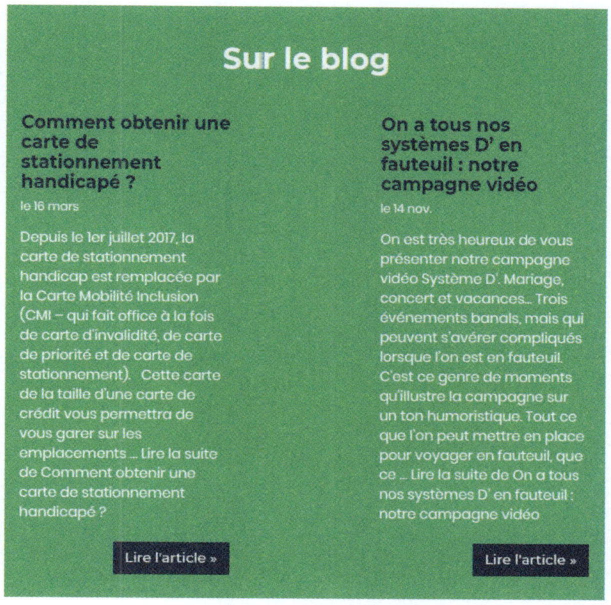

Annexe 8 Construire les personas avant la prise de contact

Échange entre Charlotte, directrice de Wheeliz, et Kévin, le responsable commercial

Kévin : C'est quoi ces personas dont tu nous parles depuis quelque temps ?

Charlotte : Les entreprises de toute taille peuvent faire des portraits types de leurs clients types pour mieux les cerner et les comprendre. Nous devons faire ça aussi pour toujours mieux satisfaire nos clients et savoir où Wheeliz doit être présent sur Internet. Avec toutes les informations dont nous disposons déjà, nous allons trouver de meilleures réponses à leurs besoins.

Kévin : Du genre « qui sont-ils ? Vont-ils sur des blogs spécifiques ? Utilisent-ils les réseaux sociaux ? S'abonnent-ils à des newsletters ?… » Et tout ça va nous éclairer sur leurs problématiques spécifiques dans leur vie professionnelle ou personnelle ?

Charlotte : Exactement ! Nous comprendrons mieux nos cœurs de cible et cela nous aidera à développer nos services

et aussi notre création de contenus sur le blog, sur Twitter. J'ai remarqué que les professionnels et les acheteurs publics veulent avoir des avis et connaître les expériences de ceux qui ont été dans la même situation qu'eux… Et pour nous, en lisant leurs commentaires, nous approfondissons leur connaissance, ce qui permet d'être dans une démarche moins axée sur la vente, et plus sur l'humain. C'est évidemment l'ADN de Wheeliz !

Le persona ça sert à quoi
Durée : 3'10
liennathan.fr/7tw7j9

Annexe 8 — Construire les personas avant la prise de contact (suite)

Exemple de persona

Thomas, dirigeant d'une startup (< 15 salariés)

29 ans, célibataire sans enfant, Paris

"Les grandes choses ne sont pas faites par la force, mais par la persévérance."

IDENTITÉ

Personnalité : ambitieux, hyper-actif, passionné.

Centres d'intérêt : nouvelles technologies, sports outdoor, voyages.

Expertise : business et finance

TECHNOLOGIE

Aisance numérique	●●●●●
Internet	●●●●●
Logiciels	●●●○○
Réseaux sociaux	●●●○○
Mobile	●●●●○

BESOINS

1. Développer son activité
2. Optimiser la gestion de son activité et de ses équipes
3. Être proactif

OBJECTIFS

1. Augmenter son nombre de clients
2. S'équiper d'outils adaptés
3. Rester informé des bonnes pratiques en gestion d'activité

FREINS / OBJECTIONS

1. C'est trop cher
2. Ça prend trop de temps
3. C'est trop compliqué
4. C'est pas évolutif / modulable

BIO / COMMENTAIRES

Thomas passe beaucoup de temps sur des sites et forums dédiés à l'entrepreneuriat. Très actif dans l'écosystème startup parisien, il participe régulièrement à des événements (salons, conférences, ateliers...) qui lui permettent de développer son réseau professionnel. Il est attentif aux retours d'expérience de ses tiers et accorde de l'importance à leurs recommandations.

Il s'intéresse à tous les domaines qui touchent de près ou de loin son activité (innovations technologiques, tendances marketing, bonnes pratiques commerciales...), mais ne dispose pas des outils pour mettre en pratique ses connaissances.

www.appvizer.fr

Annexe 9 — Un CRM enrichi des informations récoltées

Extraits du CRM

Name : Valentin Vallet **Email :** valentin555.vallet@gmail.com **Created at :** 29 sept. N-1 10:24:55 **Updated at :** 12 janv. N 14:43:22	0699986399 55 avenue Foch 35000 Rennes FR	Salons Autonomic Rennes N **Chaud** Propriétaire (TPMR) Locataire	Samuel Lefer : Est propriétaire d'un Kangoo mais s'en sert tous les jours. Il est chaud pour louer lorsqu'il part en vacances sans sa voiture.

Leads 607589 — Home > Leads > 607589

Emails | Update crm_lead

Name : Noé Debord **Email :** ndebord42@orange.fr **Created at :** 12 fév. N 13:46:00 **Updated at :** 22 mars N 14:43:22	0699568899 12 rue de l'Église 77100 Meaux FR	Salons Autonomic Versailles N **Chaud** 21024 – Noé Debord Propriétaire (TPMR)	Kévin Molinari : Est propriétaire d'un VW Caddy. Très sympa. Connaissait Wheeliz. Sa femme doit acheter une petite citadine pour elle. Il sera chaud de l'inscrire quand l'achat sera fait (ou même avant si on a de la chance). Arguments : service +

Leads 607590 — Home > Leads > 607590

Emails | Update crm_lead

FICHE RESSOURCE

1

LA DIVERSITÉ DES CLIENTS

Le commercial doit identifier les types et catégories de clients sur son marché, analyser leur importance respective et leur évolution afin d'apprécier le potentiel du marché auquel l'entreprise s'intéresse et situer la place de celle-ci sur le marché.

I Distinguer les types de clients

Les particuliers (B to C, *Business to Consumer*)	Les entreprises (B to B, *Business to Business*)			Les administrations (B to G, *Business to Government*)
	TPE / PME	Grandes entreprises	Distributeurs	
Le particulier, le consommateur final, constitue une cible essentielle pour beaucoup d'entreprises. Cette cible est large et souvent peu experte.	Cette cible est plus restreinte mais mieux informée. La négociation a lieu le plus souvent directement avec le dirigeant.	La négociation est plus complexe que dans une petite structure car la prise de décision d'achat fait souvent intervenir un « centre d'achat » formé par plusieurs individus.	Les négociations avec les distributeurs portent souvent sur des accords de référencement, avec des exigences de plus en plus lourdes de la part des grands distributeurs.	L'État et les administrations peuvent représenter des cibles intéressantes (marchés parfois importants, peu de risques financiers).

II Identifier les clients potentiels

1. Les catégories de clients

Les clients actuels ou effectifs	Les non-consommateurs relatifs (NCR)	Les non-consommateurs absolus (NCA)
Ce sont les clients de l'entreprise mais aussi ceux des entreprises concurrentes, qui consomment à l'heure actuelle le produit (ex. : tous les porteurs de lunettes de vue pour un opticien spécialisé dans ce produit).	Ils ne consomment pas le produit actuellement mais sont susceptibles de devenir des consommateurs effectifs (ex. : tous ceux qui ne portent pas de lunettes de vue mais qui, en raison de leur âge ou de potentiels problèmes de vision, devront porter des verres correcteurs dans le futur).	Pour des raisons physiques, matérielles, psychologiques, ils sont dans la totale impossibilité de consommer le produit (ex. : les non-voyants pour les lunettes de vue).

2. La clientèle potentielle

La clientèle potentielle de l'entreprise comprend les consommateurs actuels (ou effectifs) et les non-consommateurs relatifs.

EXEMPLE : pour un opticien, la clientèle potentielle est constituée des porteurs actuels de lunettes ainsi que des personnes susceptibles d'en porter dans l'avenir.

Population totale			
(NCA)	Clients potentiels théoriques		
	(NCR)	Clients actuels ou effectifs	
		Clients de la concurrence	Clients de l'entreprise

III Se situer sur le marché

L'entreprise peut se situer sur le marché grâce au calcul et à l'analyse :

– de sa part de marché par rapport à la demande effective :

Nombre de clients de l'entreprise / Nombre de clients actuels ou effectifs

– de sa part de marché par rapport à la demande potentielle :

Nombre de clients de l'entreprise / Nombre de clients potentiels théoriques

FICHE RESSOURCE 2

LE COMPORTEMENT D'ACHAT DES CLIENTS

I Les besoins des clients

Les besoins sont des sentiments de manque provoqués par des facteurs physiques, psychiques ou sociaux, créant une volonté d'action. Ils engendrent des désirs. L'objectif du commercial est de transformer les besoins en désir d'achat de son produit. La classification de Maslow prend la forme d'une pyramide à cinq niveaux : les besoins des niveaux 4 et 5 ne peuvent jamais être pleinement satisfaits, contrairement aux autres besoins.

Les besoins sont hiérarchisés : un consommateur ne peut passer au niveau supérieur si le niveau précédent n'est pas satisfait.

Toutefois, cette hiérarchisation des besoins est contestable car certains individus peuvent parfois chercher à satisfaire des besoins d'ordre supérieur alors que leurs besoins inférieurs ne sont pas satisfaits.

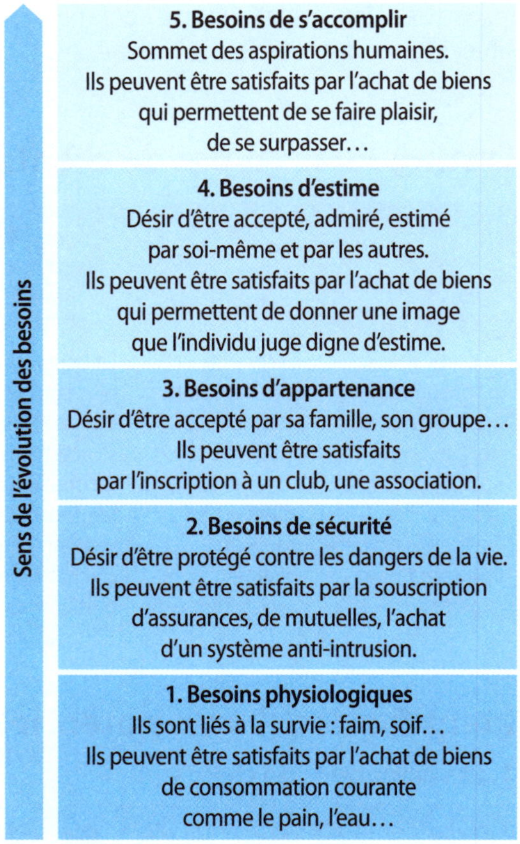

EXEMPLES

– Les besoins d'estime et d'appartenance sont très vifs dans des sociétés sous-développées où bon nombre de besoins physiologiques ne sont pas satisfaits.
– Le besoin d'estime peut prendre le pas sur le besoin de sécurité quand un individu risque sa vie pour en sauver une autre dans un acte héroïque.

II Les motivations des clients

Les motivations sont des pulsions et souhaits qui guident les choix des consommateurs. Elles peuvent être positives (attentes, raisons qui poussent les individus à consommer) ou négatives (freins, qui incitent à ne pas acheter le produit).

Elles peuvent être rationnelles parce qu' utilitaires (ex. : achats de fournitures) ou psychologiques (ex. : achat d'une robe qui donne confiance en soi).

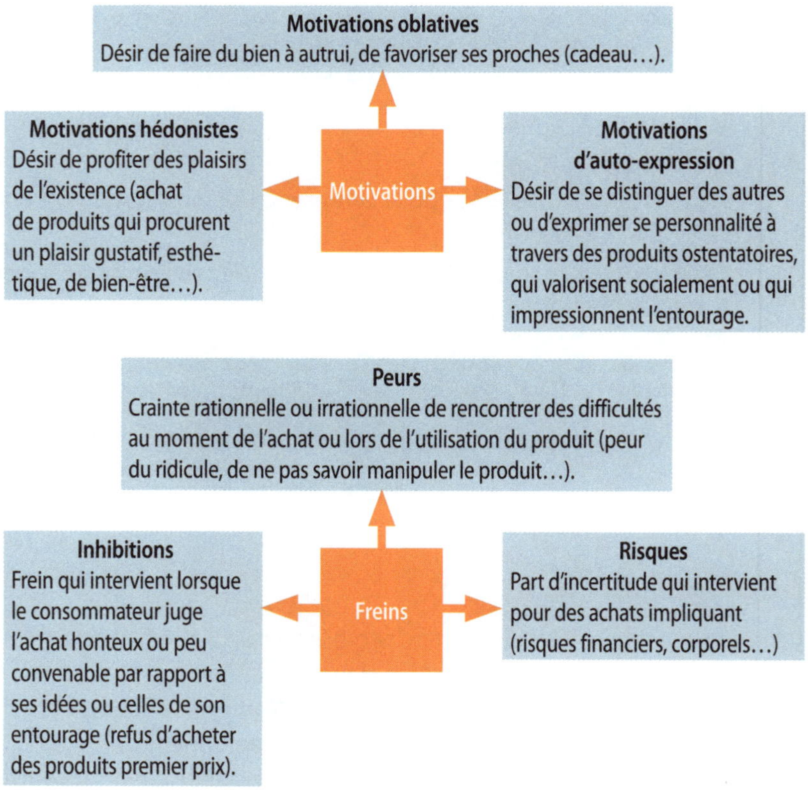

FICHE RESSOURCE 3

LE PROCESSUS D'ACHAT

I Les étapes du processus d'achat

Le processus d'achat se caractérise par un ensemble d'étapes au cours desquelles l'acheteur prend sa décision.

Prise de conscience d'un besoin → Recherche d'informations → Évaluation des différentes solutions possibles → Prise de décision → Évaluation post-achat

L'évaluation post-achat, dernière étape du processus de décision, peut être positive en permettant la fidélisation, ou négative en détournant le client du produit, voire de la marque ou de l'entreprise en général.

Le processus d'achat est plus ou moins long selon le type d'achat :
– dans un achat réfléchi (ex. : une voiture), le consommateur passe par toutes les étapes du processus, les phases de recherche d'information et d'évaluation des différentes solutions possibles pouvant être très longues ;
– dans un achat impulsif, le client achète alors qu'il ne l'avait pas prévu. C'est en général un produit peu impliquant financièrement, le processus d'achat est raccourci ;
– dans un achat répétitif, le client renouvelle son achat régulièrement. Le processus est plus court.

Lors d'un achat sur Internet, le processus est généralement accéléré, mais il peut aussi être complexifié du fait de l'infinie possibilité de recherches d'informations.

II Les intervenants du processus d'achat en B to C

Pour comprendre le processus d'achat en B to C, on distingue :
– le prescripteur conseille ou ordonne l'achat ;
– le leader oriente le choix vers un produit par sa forte notoriété (publique ou dans le groupe), sa réputation, sa fonction, son statut ;
– le conseiller guide dans l'achat, le client lui fait confiance ;
– le décideur prend la décision d'achat ;
– l'acheteur réalise l'acte d'achat ;
– le payeur paie le prix du bien ;
– l'utilisateur se sert du produit acheté.

Les intervenants sont différents selon la forme d'achat.

EXEMPLE

L'achat réfléchi demande du temps, de l'information et des conseils que le client recherche auprès de multiples intervenants. L'achat d'un ordinateur peut être prescrit par le père, sur les conseils de son directeur informatique (le leader) et du vendeur spécialisé (le conseiller), puis acheté par la fille pour faire un cadeau à son frère (l'utilisateur).

III Le processus décisionnel en B to B

1. La complexité du processus d'achat

Dans une entreprise, une décision d'achat varie selon la complexité de cette décision et son degré de risque ou de nouveauté. Lorsque l'achat envisagé est important, le processus se décompose en plusieurs phases :
– étude des besoins à satisfaire dans l'entreprise avec recherche d'informations pour connaître le marché amont des fournisseurs ;
– étude comparative des différents fournisseurs à partir de devis sur les plans technique et économique ;
– choix, négociation et contractualisation avec le fournisseur retenu.

2. Une vente multi-décisionnelle

Selon la taille de l'entreprise, le nombre d'interlocuteurs varie : un seul interlocuteur dans une TPE, un service Achats très structuré dans une grande entreprise (avec de nombreux interlocuteurs jouant des rôles différents, complémentaires et/ou parfois antagonistes).
Plusieurs personnes peuvent intervenir dans le processus d'achat, avec des motivations et des objectifs différents compte tenu des enjeux et des risques anticipés par l'entreprise cliente (ex. : risques financiers, performances).

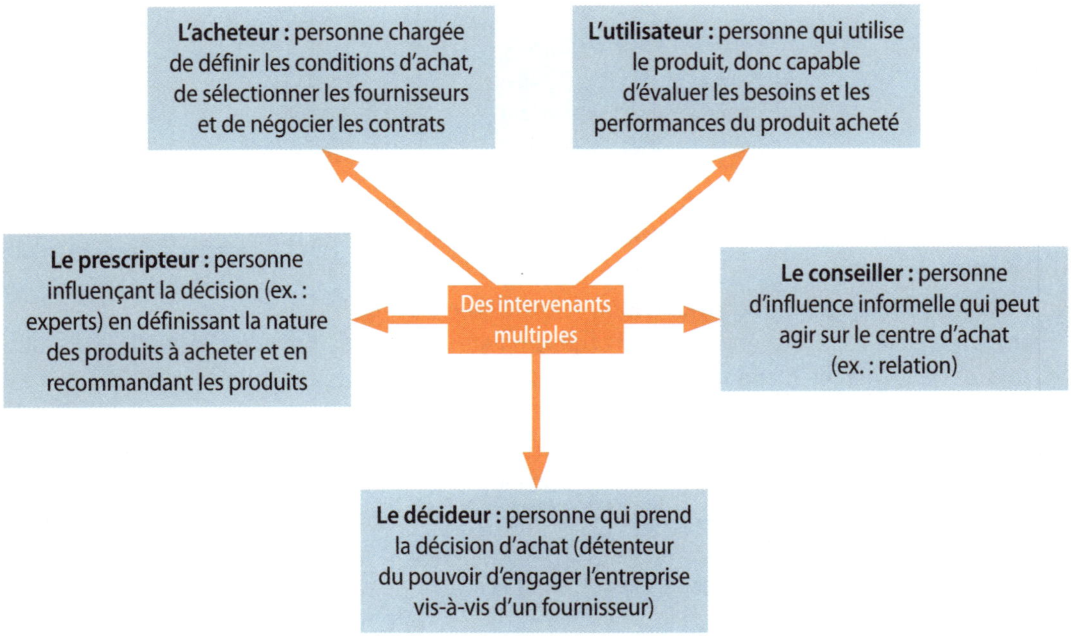

Le commercial B to B doit identifier les circuits formels et informels de décision de l'entreprise cliente. L'organigramme (structure formelle) peut lui permettre de se renseigner sur les personnes concernées par l'achat.
Un sociogramme est une représentation des relations individuelles informelles entre les différents membres du groupe. Il est réalisé par le commercial après étude de son client. Il permet de repérer les personnes détenant le plus d'influence dans la décision finale.

IV Les spécificités en B to G

L'acheteur public gère l'argent des contribuables, il est donc avant tout soucieux de sa bonne utilisation. Qu'il s'agisse du ministère de la Défense, de la ville de Lyon ou d'une commune de 150 habitants, sa mission est de satisfaire les besoins du service public, donc l'intérêt général. Les besoins de la personne publique sont liés à son fonctionnement propre (ex. : achats de fournitures de bureau, d'ordinateurs pour ses agents) ainsi qu'à son activité d'intérêt général, conduisant à fournir des prestations à des tiers (ex. : marché du transport scolaire).
Au sein des collectivités publiques les plus grandes, la décision d'acheter peut faire intervenir jusqu'à quatre personnes :

L'utilisateur	Il est à l'origine de l'achat car c'est lui qui perçoit le « besoin ».
L'acheteur	Ce représentant du « service technique » est chargé de mettre en forme et de rationaliser le besoin de l'utilisateur pour aboutir à un cahier des charges technique.
Le bureau des marchés	Composé d'agents de formation administrative et juridique, il passe formellement le contrat et assure son suivi administratif.
Le comptable du Trésor	Agent de l'État, il effectue le paiement, généralement par virement bancaire.

FICHE RESSOURCE

4

OPTIMISER LA CONNAISSANCE CLIENT

I Les enjeux de la connaissance client

Dans un contexte économique très concurrentiel, il faut connaître les clients pour augmenter les ventes de l'entreprise, accroître la fidélisation et donc développer le chiffre d'affaires.
Une connaissance client précise permet d'adapter l'offre de l'entreprise pour mieux la vendre. La connaissance client et la gestion de la relation client sont incontournables pour consolider l'activité de l'entreprise et en assurer le développement pérenne.

II Centraliser et enrichir les informations clients

Les bases de données qualifiées offrent de puissantes possibilités de traitement des informations (ex. : analyse des données selon de multiples critères, réalisation de tris, de filtres).
La collecte puis la centralisation des données dans un logiciel de CRM (*Customer Relationship Management* ou gestion de la relation client, GRC) permettent de mieux comprendre les besoins des clients, de mieux les servir et d'améliorer plus largement la relation avec eux.
Il faut donc enrichir à chaque contact les fiches clients dans le CRM :

En B to C	En B to B
Identification	
Nom et prénom, adresse, code postal, ville, courriel, numéro de téléphone…	Raison sociale, activité de l'entreprise, adresse, code postal, ville, téléphone, mail, site Internet… Noms et prénoms des contacts, fonction(s) dans l'entreprise, courriels, numéros de téléphone…
Qualification	
Date de naissance, situation matrimoniale, nombre d'enfants, types d'habitation, situation professionnelle, tranche de revenus…	Secteur d'activité, taille de l'entreprise, structure juridique, numéro SIREN, chiffre d'affaires, effectifs, adresse des établissements, code postal, ville…
Historique de la relation	
Contacts (dates, objets, résultats), avantages recherchés, historique, fréquence et importance des commandes ou des échanges commerciaux, préférences d'achat propres à chaque client (moyens de paiement…), réclamations, SAV, achats antérieurs, règlements, délais, incidents de paiement…	
Informations complémentaires trouvées sur les réseaux et/ou par téléphone	
Centres d'intérêt	Biens ou services proposés par l'entreprise, processus de décision…
Visites sur notre site	
Pages visitées, clics, nombre de visites, onglets consultés, documents téléchargés, réactivité aux offres proposées…	

III Exploiter les informations clients

L'analyse des informations clients permet de mesurer la contribution de chaque client à la rentabilité de l'entreprise (ex. : clients contribuant le plus à la marge de l'entreprise).
L'entreprise pourra en faire des cibles prioritaires, sur lesquelles elle concentrera ses moyens. Avec la connaissance client, la rentabilité du portefeuille clients et des actions menées est optimisée. En effet, elle permet d'affecter les moyens commerciaux (nombre de visites, offres, conditions commerciales) proportionnellement à la fidélité et au potentiel de chaque cible.

FICHE RESSOURCE

5

PRÉPARER LA STRATÉGIE DE NÉGOCIATION AVEC LES CLIENTS

Une fois les informations clients collectées et analysées, les commerciaux peuvent élaborer leur stratégie de négociation.

I Créer des personas à partir des informations récoltées

Un persona est un utilisateur (client ou prospect) incarnant un individu représentatif des clients du portefeuille de l'entreprise ou d'une nouvelle cible à atteindre sur le marché. En ayant décelé les tendances majeures de son comportement, à partir des données de l'entreprise sur les clients actuels, on peut donc créer un « portrait-robot » du client type ciblé. En général, on donne un nom à un persona et on le considère comme un vrai individu (homme ou femme). On décrit son profil avec des informations descriptives (âge, profession, sexe…) et des éléments de motivation.

EXEMPLE

La Française des Jeux a créé un persona avec une jeune femme, rurale, acheteuse occasionnelle, aimant jouer, ne se souvenant pas forcément du jour ou de l'heure limite pour le faire.

Pour élaborer des personas, on privilégiera :
– en B to B : les aspects concernant le lieu de travail, les liens hiérarchiques, l'encadrement ;
– en B to C : le mode de vie, la place dans la cellule familiale, les comportements d'achat…
Cette représentation symbolique de clients « idéaux » permet aux commerciaux de mieux comprendre leur profil d'acheteur, leurs habitudes de consommation.

II Préparer sa stratégie et l'entretien

Une fois en possession d'informations sur le marché, le produit, le client et l'historique de la relation, le commercial prépare sa stratégie de négociation et son rendez-vous physique ou virtuel avec l'acheteur (particulier, professionnel, administration).

1. Définir ses objectifs

Le commercial définit ses objectifs qualitatifs et quantitatifs avec des hypothèses hautes, basses, voire de repli. Ces objectifs doivent être mesurables, cohérents, hiérarchisés et clairement définis.

EXEMPLE

Vendre un ou deux modules de formation, ou seulement élaborer un devis.

2. Arrêter une stratégie en anticipant les marges de manœuvre

Le commercial doit aussi réfléchir à la stratégie la plus efficace pour entrer en contact avec son prospect (ex. : téléphone, courriel, digital, terrain). Bannissant la stratégie distributive (gagnant/perdant), il favorisera une stratégie intégrative (gagnant/gagnant) en anticipant sa marge de manœuvre (ex. : concessions maximales, conditions de paiement) ainsi que celle de son interlocuteur (ex. : existence de solutions alternatives).
Selon les cas, le vendeur privilégiera la découverte pour questionner de façon approfondie le prospect afin de mieux cerner ses besoins ou l'argumentation s'il dispose de nombreuses informations sur le prospect et lorsque la concurrence est très forte et qu'il s'agit de se démarquer des autres.

3. Anticiper le déroulement

En préparant son plan d'action et ses outils d'aide à la vente (ex. : plan de questionnement), le commercial doit préparer un pitch percutant et contextualisé pour capter l'attention et donner envie à l'interlocuteur d'aller plus loin vers la vente. Plus le vendeur prendra en considération son interlocuteur, plus il pourra anticiper et valoriser les concessions qui seront nécessaires, en accord avec ses enjeux et sa marge de manœuvre.

Applications

Maîtrise

1 Comprendre le comportement des clients

Vous êtes stagiaire au sein de l'entreprise Révisions Vacances, qui commercialise des séances de révision de cours aux parents soucieux de la scolarité de leurs enfants, et des séjours pédagogiques aux parents qui souhaitent que leurs enfants s'amusent durant leurs vacances tout en révisant les cours de leur année scolaire. Le responsable de Révisions Vacances vous demande de l'aider à réfléchir sur la façon de mieux connaître ses clients, sachant qu'aujourd'hui, la plupart ont cherché des avis d'utilisateurs et des conseils d'experts sur des plateformes sociales. Le rôle du vendeur a profondément changé : pour pousser les clients à acheter, il faut les accompagner dans leurs choix en leur apportant une valeur ajoutée par rapport à ce qu'ils ont lu sur Internet.

1 Prenez connaissance de toutes les questions qu'un commercial doit soumettre à ses prospects et/ou clients pour comprendre leurs attentes et ainsi mieux les cibler. Classez-les ensuite selon qu'elles correspondent aux trois étapes : « avant l'achat », « pendant l'achat » et « après l'acte d'achat ».

2 Proposez d'autres questions qui vous sembleraient utiles, notamment en direction des bénéficiaires de ces prestations : les enfants. Vous préciserez leur qualification, leur rôle et leur importance dans le processus d'achat.

Document Questions à poser aux clients

1. Que recherchez-vous sur notre site ?
2. Qu'est-ce qui vous a décidé(e) à choisir notre service ?
3. Êtes-vous satisfait(e) de votre achat ?
4. Quels types de services vous intéressent ?
5. Quels sont vos centres d'intérêt ?
6. Seriez-vous prêt(e) à recommander nos offres à votre entourage ?
7. Qu'est-ce qui a éveillé votre intérêt pour nos offres ?
8. Qu'avez-vous pensé du processus de commande ?
9. Avez-vous facilement trouvé les renseignements que vous recherchiez ?
10. Pour quelle occasion souhaitez-vous acquérir ce type de service ?
11. Pensez-vous acheter de nouveaux services à l'avenir ?
12. Qu'a (ont) pensé votre (vos) enfant(s) de son (leur) séjour ?
13. Qu'est-ce qui vous a incité(e) à visiter notre site Internet ?
14. Avez-vous rencontré des freins lors de la réalisation de votre commande ? Si oui, lesquels ?
15. Le service que vous avez choisi est-il à la hauteur de vos attentes ?
16. Seriez-vous prêt(e) à renouveler votre achat ?
17. Quel est votre mode de paiement préféré ?
18. Avez-vous parcouru les pages de notre site pour faire votre recherche ? Si oui, qu'en avez-vous pensé ?
19. À quelle occasion pensez-vous commander de nouveaux services chez nous ?
20. Que pensez-vous de notre catalogue ?
21. Quels changements permettraient d'améliorer au mieux notre nouvelle offre ?

Maîtrise

2 Comprendre le parcours client sur le Web

Vous êtes commercial(e) junior chez Kalinka, start-up créée pour commercialiser en ligne des produits de beauté écologiques. Vos cibles sont les particuliers et les professionnels. Vous êtes chargé(e) de préparer les messages en direction des clients qui vous permettront de collecter du *feedback*.

1 Quel est l'intérêt pour Kalinka de récolter le feedback des clients à propos de leur parcours d'achat sur le Web ?

2 Rédigez les messages ou questionnaires que vous pouvez envoyer aux clients à chacune des étapes.

Document — Quand récolter le feedback des clients ?

Chaque étape du parcours client constitue un point de contact sur lequel il convient de capitaliser. Où, quand et comment récolter les feedbacks de ces derniers ?

Découverte

01 PREMIER CONTACT
Le visiteur découvre votre offre lors d'une première visite en magasin, sur votre site Web ou lors d'un événement. C'est le moment de lui demander qui il est, comment il est arrivé jusqu'à vous et comment vous pouvez l'aider !

Objectifs : engager la conversation et générer du contact.

Intérêt

02 CONSULTATION DE CONTENUS
Lors de sa navigation sur votre site Web, le visiteur est amené à consulter vos fiches produits, à visionner vos vidéos ou webinars, à télécharger vos ressources, à lire votre blog, etc. Cette phase pré-achat représente une opportunité de vente : questionnez-le sur ses besoins et l'utilité de vos ressources.

Objectifs : qualification des besoins et identification du niveau de maturité du prospect pour adapter votre discours.

Pré-Achat

03 OBSTACLE DANS LE PARCOURS
Après avoir navigué plusieurs fois sur votre site, il peut arriver qu'un visiteur stagne dans le parcours client. Il peu également s'agir d'un abandonniste. Collecter du feedback à ce moment-là est le seul moyen d'identifier les raisons de non-achat et d'optimiser votre parcours.

Objectifs : améliorer l'expérience client et réagir rapidement face aux dysfonctionnements.

Achat

04 COMMANDE
Lorsqu'un prospect passe à l'acte d'achat, il transite par de nombreuses pages : validation de panier, mode de livraison, mode de paiement, etc. Déclencher, par exemple, un questionnaire au bout de 5 secondes d'inactivité sur une de ces pages est un bon moyen de proposer de l'aide et de prévenir un abandon.

Objectifs : lutter contre l'abandon de panier et optimiser le parcours d'achat.

Achat

05 POST-COMMANDE
L'étape post-achat « à chaud » est un moment privilégié pour collecter du feedback. À la confirmation de la commande, profitez-en pour évaluer la satisfaction de vos clients face au processus d'achat, et l'effort fourni avec le CES (*Custumer Effort Score*).

Objectif : évaluation de la satisfaction client.

Achat

06 LIVRAISON
L'étape finale du processus d'achat représente une opportunité de questionner vos clients sur toutes les étapes précédentes de leur expérience d'achat. Vous pouvez par exemple collecter du feedback en direct durant la livraison du bien à J+1 par e-mail.

Objectifs : évaluation de la satisfaction client, optimisation de vos services.

Expérience

07 INSATISFACTION POST-ACHAT
Vous recevez une plainte d'un client après une commande, ou bien un feedback négatif suite à vos précédents questionnaires. Vous pouvez par exemple déclencher des sous-questions pour laisser la possibilité aux détracteurs d'expliciter leur insatisfaction sur un questionnaire NPS (*Net Promoter Score*).

Objectifs : écoute client, optimisation du parcours client et évaluation de la satisfaction.

Support

08 SUIVI POST-ACHAT
Chaque client nécessite un suivi sur le long terme qui comprend des feedbacks ponctuels. La consultation de votre FAQ, l'expérience du produit, l'utilisation d'un coupon de réduction, un contact avec votre service client… sont autant de moments opportuns pour questionner vos clients.

Objectifs : optimisation de vos produits et services, évaluation de la satisfaction et de l'expérience client en continu.

Rétention

09 FIDÉLISATION
Après l'achat, l'évolution du client dans le parcours se poursuit. Vos différentes actions de fidélisation (bons de réduction, inscription à la newsletter…) sont autant d'occasions d'enrichir le profil de vos clients dans votre base de données CRM (goûts, préférences, etc.) afin de déclencher des actions marketing de plus en plus ciblées.

Objectifs : enrichissement du CRM, connaissance client.

Ambassadeur

10 RECOMMANDATION
À l'aboutissement du parcours, vous avez des clients promoteurs qui aiment votre marque. Autant en profiter pour les transformer en ambassadeurs ! Utilisez le Net Promoter Score pour différencier les promoteurs des détracteurs, évaluez leur satisfaction face à vos actions ciblées, proposez-leur de vous recommander sur certaines plateformes, etc.

Objectifs : parrainage, recommandation.

Éloïse COHEN, www.e-marketing.fr.

Maîtrise

3 Comprendre les besoins des clients en B to C

Vous êtes commercial(e) chez Mobil'UP, qui propose à sa clientèle de particuliers un panel d'une dizaine de marques sélectionnées pour la spécificité de leur savoir-faire et la qualité de leurs productions dans l'équipement de terrasses, jardins, etc. Les prix sont au-dessus de ceux du marché, ce que l'entreprise justifie par son savoir-faire, ses cibles plutôt fortunées (« people », familles et particuliers aisés). Son expertise étant reconnue dans ce domaine, elle veut se développer davantage et, pour cela, connaître plus précisément les attentes de sa cible.

1. Prenez connaissance des produits commercialisés et de leurs prix. Déduisez-en le type de clientèle et analysez les besoins et les motivations des clients de Mobil'UP.
2. Précisez le processus d'achat qui peut être celui adopté pour les produits du document 1.
3. Expliquez comment Mobil'UP récolte des informations précises sur ses clients (documents 2, 3 et 4).

Document 1 L'offre de Mobil'UP

DÉCOUVREZ MOBIL'UP

BELLEVUE, table 100 × 60 cm : 300 €
chaise : 160 €

ROSY, table diam. 60 cm : 250 €
chaise : 150 €

MOSAIK, table diam. 60 cm : 350 €
chaise : 180 €

BISTROCOLOR, table 75 × 75 cm : 140 €
chaise : 125 €

SOLAR, banquette : 545 €

ANTIK Bureau 120 × 50 cm : 390 €
chaise : 150 €

ET LES ENFANTS ?

Parce que les enfants aiment la même chose que les grands, retrouvez la créativité des formes et les couleurs vitaminées dans nos collections enfants !

Votre service client
01 45 75 45 75
Du lundi au vendredi de 9 h 00 à 18 h 00

Document 2 — Mobil'UP à votre écoute

Si vous désirez des renseignements sur nos produits et nos services, veuillez remplir le formulaire ci-dessous. Notre service commercial vous répondra dans les plus brefs délais.

Votre nom (obligatoire)

Votre mail (obligatoire)

Votre numéro de téléphone (obligatoire)

Votre département (obligatoire)

Votre budget

Sujet

Votre message

Document 3 — Donnez-nous votre avis

Mobil'UP home design

9 octobre

Mobil'UP s'invite chez vous ! Vous voulez figurer dans notre prochain catalogue ?

Envoyez-nous des photos de votre intérieur (maison, appart'), avec votre tribu (famille, amis…). Gagnez 800 € de mobilier ! Par ici.

1 645 réponses

Mobil'UP home design

15 décembre

Quelle est votre couleur préférée ? Vous êtes plutôt team « red » ou team « deep blue » ? Votez vite !

632 réponses

Noëlle Galtier Team rouge sans hésiter !!

J'aime – Répondre – 2 sem

Virginie Poulin Deep blue direct, trop beau

J'aime – Répondre – 1 sem

Document 4 — Appel à casting

L'appel à CASTING Mobil'UP !

Parlez-nous de votre maison ou appart' !

Présentez-nous votre tribu (famille, enfants, copains…) et, si vous êtes sélectionné(e), gagnez une séance photos ainsi que du mobilier Mobil'UP !

L'inscription ne demande qu'une petite dizaine de minutes (questionnaire à remplir) !

Je m'inscris

Maîtrise

4 Préparer son rendez-vous B to B

Vous êtes commercial(e) chez RESO, qui conçoit et commercialise des CRM (*Customer Relationship Management*) retraçant tous les échanges entre l'entreprise et le client mais aussi des applications commerciales pour tablettes et smartphones auprès de professionnels.
Votre responsable vous confie la gestion d'un portefeuille de PME clientes. Il vous met en garde contre la difficulté de trouver le bon interlocuteur dans chaque cas de figure. Il vous sensibilise sur le fait que le client B to B est comme une sorte de « boîte noire » à déchiffrer. Il vous fait remarquer qu'il existe une pluralité d'interlocuteurs potentiels et qu'il n'est pas toujours facile de déterminer le niveau et la fonction de l'interlocuteur qui va donner figure humaine à ce client professionnel.

1 Prenez connaissance des informations déjà obtenues par votre tuteur sur l'entreprise OXO. Analysez ce document et expliquez l'avantage qu'il présente par rapport à un organigramme classique.

2 Expliquez quelles peuvent être les personnes intervenant dans le processus d'achat de la solution que vous proposez.

3 Quelle peut être votre stratégie d'approche sachant que le rendez-vous est pris avec Inès Barka ?

Document Organigramme et sociogramme de l'entreprise OXO

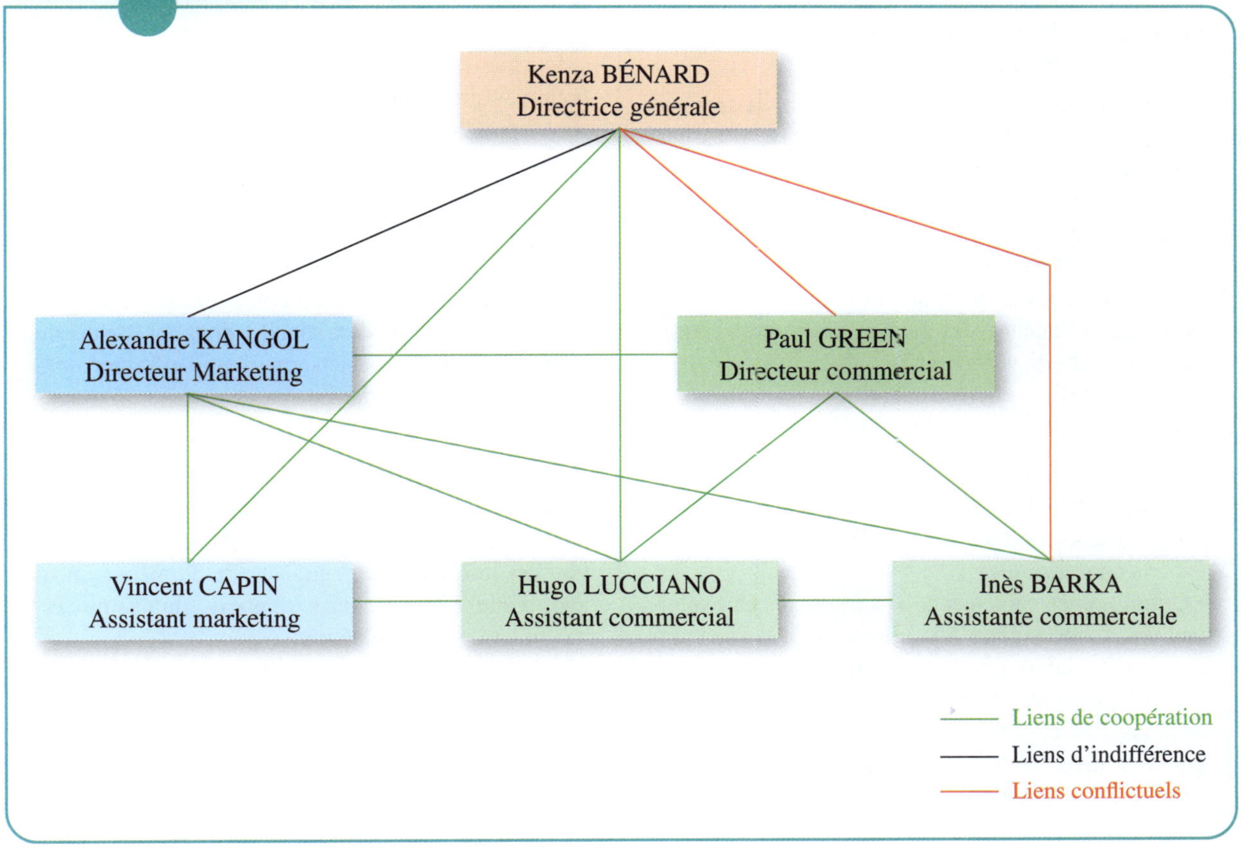

Maîtrise

5 Mieux comprendre les besoins en B to B

Vous êtes commercial(e) chez CashCash, entreprise spécialisée dans l'édition de logiciels de gestion financière. Le chef des ventes vous a demandé de faire une recherche sur Internet pour trouver un moyen de mieux comprendre et cibler de nouveaux prospects, et le moment venu de fidéliser les clients. Vous avez trouvé la proposition commerciale présentée dans le document.

1. Relevez les différents intérêts que propose cette offre.
2. En quoi chaque niveau d'analyse permet-il d'affiner la connaissance client ?
3. Préparez une présentation pour votre manager afin de le convaincre d'investir dans un tel outil.

Document Offre de l'entreprise Excellence

Bénéfice : délivrez les messages les plus en affinité avec vos clients.
Avantage : meilleure connaissance client
Caractéristique : analyse des données descriptives et comportementales de votre base de données clients.

DESCRIPTIF

La connaissance client répond au besoin de mieux cibler vos offres, vos messages et vos canaux de communication en fonction des différents types de profil identifiés. Elle consiste en une étude des données clients stockées dans votre base.

Du diagnostic au scoring en passant par la segmentation, trois niveaux d'analyse, au choix, vous permettront d'acquérir une connaissance pointue de vos clients :

– **Diagnostic capital client :** obtenez le portrait-robot de vos clients en étudiant les indicateurs clés qui mettent en lumière différents profils de consommation grâce à l'analyse des données comportementales et descriptives de votre base ;

– **Segmentation client :** identifiez les cibles de clientèles associées à un type d'offre et un message. Vos clients sont répartis en groupes d'acheteurs homogènes aux comportements distincts grâce à l'étude de la fréquence, de la récence et du montant de leurs paniers d'achat ;

– **Scoring client :** identifiez les clients prioritaires pour vos prochaines actions marketing. Vos clients sont hiérarchisés selon leur potentiel (les plus appétents à une offre, les plus susceptibles de partir…) grâce à l'application de scores de probabilité. Il s'agit d'une analyse des comportements d'achat passés pour tenter de prédire les comportements d'achat futurs.

La connaissance client s'accompagne de recommandations marketing opérationnelles pour développer ou retenir des clients existants, mais aussi informer, qualifier ou reconquérir des prospects.

BÉNÉFICES, AVANTAGES ET CARACTÉRISTIQUES COMPLÉMENTAIRES

- Exploitez la richesse de vos fichiers clients en analysant l'ensemble des données de votre base grâce à nos experts en statistiques.
- Optimisez les contenus de vos messages en exploitant vos données grâce à la mise en lumière des pratiques et habitudes de consommation.
- Développez des revenus additionnels en détectant de nouvelles opportunités d'offres produits/services grâce à l'identification de comportements et profils de consommation spécifiques.
- Enrichissez votre base de données en collectant ou extrapolant de nouvelles données grâce à l'identification des informations manquantes et le recoupement avec d'autres données clés (données administratives, habitudes de consommation…).
- Transformez vos prospects en nouveaux clients en ciblant ceux dont le comportement de consommation est proche de celui de vos clients grâce au rapprochement des nouvelles données collectées avec les segments identifiés.

Maîtrise

6 Des *leads* au CRM

Vous êtes commercial(e) stagiaire chez Prisme, société spécialisée dans le transport transfrontalier de colis, qui traite toute la complexité des flux de colis à l'international pour le compte d'e-commerçants.
Votre responsable a loué un fichier de 1 500 entreprises auprès de Mixdata, un moteur de recherche qui cible des entreprises par requête libre (activité, produits, marché, technologies...) et propose les fiches d'identité de millions d'entreprises.
Votre responsable vous fournit le mode opératoire pour qualifier les prospects et rentrer les informations dans le CRM de l'entreprise.

1. Quelles sont les informations d'identification trouvées dans le fichier loué par Prisme ?
2. Quel est l'intérêt pour votre entreprise de connaître le chiffre d'affaires à l'exportation des prospects ?
3. Quelle information essentielle est encore manquante dans la façon actuelle qu'a le prospect d'exporter ses montres ?
4. Quel a été l'intérêt de consulter le site de l'entreprise prospectée ?
5. Quelles informations essentielles ont pu être obtenues pour mieux connaître ce prospect en vue de la préparation d'un futur entretien ?
6. Quel est l'intérêt d'avoir entré toutes ces informations dans le CRM ?

Document — Les étapes pour mieux connaître ses clients

Étape 1 ➡ **Recherche des *leads* sur Mixdata**

Rechercher des *leads* sur Mixdata dans le secteur de la bijouterie. Le fichier fournit les coordonnées de chaque entreprise, son CA à l'export, les pays où elle exporte, les frais de livraison liés à ces exportations et le transporteur avec lequel elle travaille habituellement (Colissimo, Chronopost, DHL, Fedex, Colissimo international, etc.).

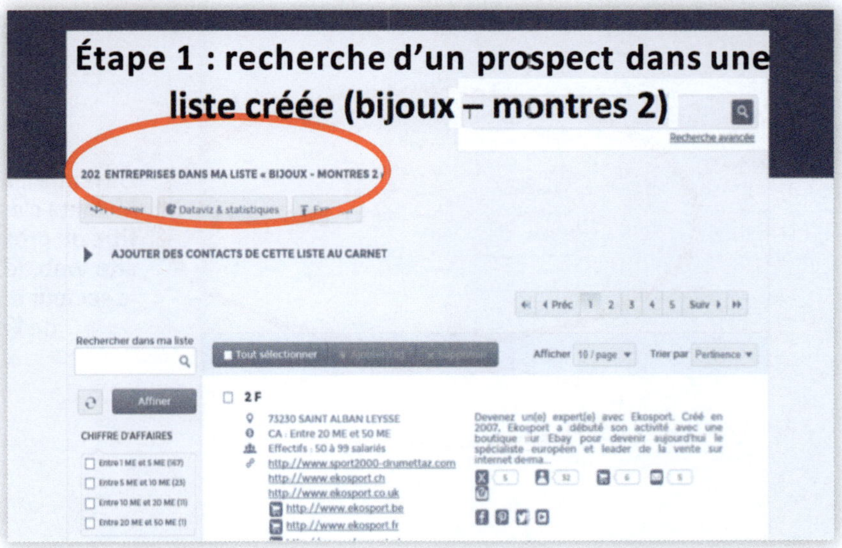

Document Les étapes pour mieux connaître ses clients (suite)

Étape 2 ➡ Recherche d'informations supplémentaires

Lorsque certaines informations sont incomplètes ou erronées, il faut qualifier les *leads* afin de pouvoir les intégrer ensuite dans le CRM.
Consulter si besoin le site de l'entreprise :
– pour trouver le nom du responsable ou de l'assistant(e) commercial(e), ce qui facilitera le démarchage téléphonique par la suite, et si nécessaire consulter LinkedIn ;
– pour découvrir si l'entreprise exporte à l'international (cette information peut être trouvée dans les conditions générales de vente – CGV) et qui sont les concurrents.
Démarcher ensuite les prospects par téléphone et leur faire des propositions tarifaires intéressantes pour les destinations vers lesquelles ils exportent le plus (ex. : États-Unis, Belgique, Luxembourg).

SERVICES	INFOS
Paiement sécurisé	Savoir-faire Gas Bijoux
Livraison rapide	CGV
Service client disponible	F.A.Q
du lundi au vendredi, de 09h à 17h	Service Client
service@gasbijoux.fr	Recrutement
Tel. +33 1 40 26 35 79	Contact

VII. LIVRAISON

Le client est seul responsable d'un défaut de livraison dû à un manque d'indication lors de la passation de la commande.

Le client peut choisir parmi les 3 modes de livraison suivants :

•So Colissimo (Domicile, Bureau de poste, ou commerçant)

•UPS Saver

•Coursier (Uniquement pour Paris et sa proche banlieue : Boulogne Billancourt, levallois, Issy les Moulineaux, Ivry sur Seine, Levallois, Montreuil, Montrouge, Neuilly sur Seine, Le près St Gervais et St Ouen, Clichiy, Courbevoie, Malakoff et Puteaux)

Étape 3 ➡ Entrer les prospects dans Zoho

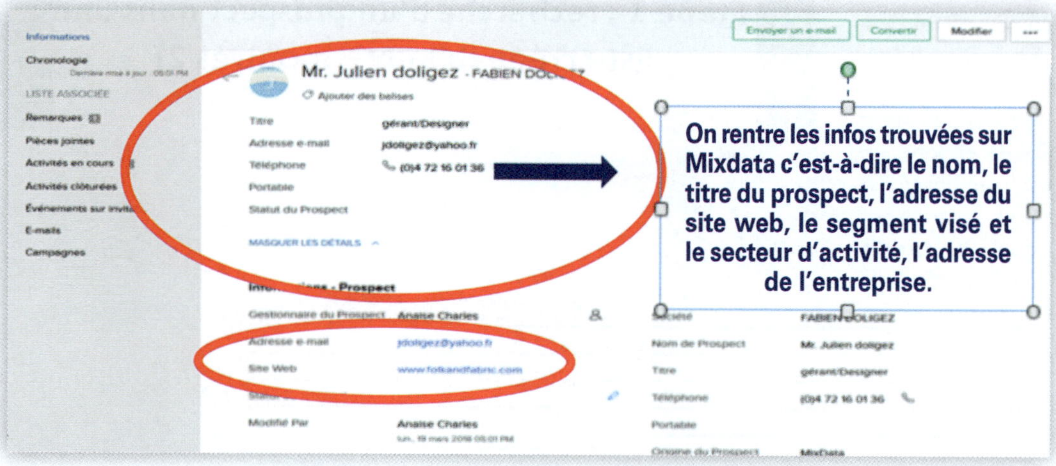

En route vers l'épreuve E4

Voir PRÉSENTATION DE L'ÉPREUVE page 309

A Les compétences évaluées

○ **Négocier et accompagner la relation client**
Les compétences à acquérir
1 – Négocier et vendre une solution adaptée au client
2 – Créer et maintenir une relation client durable

B Travail à faire

1 À partir du cas Wheeliz et avec les informations que vous avez recueillies lors de l'entretien avec Mathieu, propriétaire d'une Kangoo aménagée, que vous aviez contacté le 25 juin dernier pour obtenir de lui qu'il loue son véhicule durant l'été (annexe 4), simulez l'entretien téléphonique et complétez ensuite cet extrait de la fiche E4 proposé ci-dessous :

CADRE DE L'ACTIVITÉ	
Nom de l'organisation	
Adresse/code postal/ville	
Type de structure	
Offre commerciale	
Type(s) de client(s)	
Méthodes de Vente	

Complétez le cadre de l'activité à partir du contexte professionnel (p. 127) et des annexes 1 à 4.

ANALYSE DE L'ACTIVITÉ	
Date(s)	
Historique/problématique de l'activité	
Acteurs concernés (statuts/rôles/motivations)	
Objectifs opérationnels	

Analysez l'activité à partir de l'annexe 4 (p. 131).

2 Préparez un diaporama en 3 ou 4 diapositives vous permettant de présenter à un jury (ou à vos camarades) cette entreprise ainsi que son offre et ses cibles.

Synthèse

Approfondir la connaissance client

Le commercial doit identifier les types et catégories de clients sur son marché.

- Particuliers (B to C)
- Entreprises (B to B)
- Administrations (B to G)

- Clients actuels
- Non-consommateurs relatifs
- Non-consommateurs absolus

Afin de proposer le bon produit au bon moment, le commercial doit décrypter :

les besoins des clients : besoins physiologiques, de sécurité, d'appartenance, d'estime, de s'accomplir.

les motivations des clients :
- motivations positives : hédonistes, oblatives, d'autoexpression ;
- motivations négatives : peurs, inhibitions, risques.

Le processus d'achat

se compose de 5 étapes.
1. Prise de conscience du besoin
2. Recherche d'informations
3. Évaluation des solutions possibles
4. Prise de décision
5. Évaluation post-achat

peut être plus ou moins long selon le type d'achat.
- Achat réfléchi
- Achat impulsif
- Achat répétitif

peut varier selon le nombre d'intervenants (acheteurs, prescripteurs, décideurs, utilisateurs…) **et la complexité du processus décisionnel** (circuit plus complexe en B to B et B to G).

Quelle que soit la cible, pour optimiser sa connaissance client, on peut :

centraliser, enrichir et exploiter les données clients à l'aide du CRM.

bâtir des personas pour mieux cibler ses clients.

La connaissance client permet de préparer efficacement le rendez-vous client :
- définition des objectifs quantitatifs et qualitatifs ;
- préparation de la stratégie de négociation et des marges de manœuvre ;
- préparation du plan d'action (plan de questionnement, pitch…).

TESTEZ-VOUS

Quiz sur le chapitre 8
liennathan.fr/75ggt5

MOTS CLÉS

B to B · B to C · B to G · Besoins · Motivations · CRM · Persona · Processus d'achat

CHAPITRE
9
Prendre contact et découvrir les besoins du client

Contexte professionnel

Activité/Tâche	Compétences	Vers PIX
Élaboration d'un diagnostic client	Négocier et vendre une solution adaptée au client Créer et maintenir une relation client durable	**2.1.** Interagir **2.4** S'insérer dans le monde numérique

L'entreprise Les Relais solidaires inscrit son activité de restauration depuis 30 ans dans l'économie sociale et solidaire (ESS) à Pantin, en Seine-Saint-Denis. Se positionnant comme un acteur et un partenaire de proximité, elle développe de nombreuses activités :
– de la **formation et insertion sociale et professionnelle :** qualification de personnes orientées par Pôle emploi ou allocataires du RSA, dans les métiers de la restauration (cuisiniers, serveurs) ;
– une **activité de restauration,** dont la cuisine respecte la saisonnalité des récoltes et une sélection de matières premières privilégiant les circuits courts d'approvisionnement. Les Relais solidaires dispose d'une grande salle de restaurant, de plusieurs salles de réception privatisables et de salles de réunion ;
– une **activité traiteur** proposant une large gamme de prestations de qualité pouvant répondre aux demandes de tous types de clients (B to C, B to B, B to G). Adaptée à tous les événements privés (anniversaire, mariage…) ou professionnels (réception, séminaire…), cette activité permet aux clients de recevoir leurs invités soit dans les salles de réception ou de réception du Relais, soit dans le lieu de leur choix dans un rayon de 50 km en région Île-de-France. Cette activité « événementielle » s'est progressivement développée avec l'organisation de cocktails et de réceptions. L'entreprise propose aussi la livraison de plateaux-repas pour les réunions de travail.

Votre rôle

Vous êtes commercial(e) en période d'essai au sein des Relais solidaires. Le directeur, Belka Kheder, vous demande de développer la clientèle pour l'activité « Traiteur » auprès des différentes cibles de l'entreprise (particuliers et professionnels).

Vos objectifs

I La prise de contact à distance

Actuellement, le premier contact avec les clients des Relais solidaires a souvent lieu à distance (par téléphone, mail ou *via* le site Web).

1 Rédigez le mail qui permettra la prise de contact avec les clients en demande d'informations. Déduisez les avantages de cette façon de prendre contact.

Fiche ressource 1
Annexes 1 et 2

II La prise de contact en face-à-face

Votre responsable vous soumet deux fiches prospects extraites du CRM correspondant à deux contacts que vous devez rencontrer.

2 En utilisant la technique adaptée, préparez ce que vous allez dire pour vous présenter et susciter l'intérêt de votre interlocuteur dans chaque cas.

Fiche ressource 2
Annexe 3

III La découverte des besoins en B to B

Suite au contact que vous avez eu avec Jordan Poisson, vous avez obtenu un rendez-vous. Vous vous déplacez avec Chérifa, commerciale dans l'entreprise depuis deux ans, qui assure votre formation.

3 Relevez, dans cet entretien, les étapes de la prise de contact et de la découverte des besoins du client. Repérez les pistes d'amélioration à apporter.

Fiches ressources 2 et 3
Annexe 4

IV Le diagnostic des besoins en B to G

Vous accompagnez votre directeur, Belka Kheder, au Salon des maires d'Île-de-France, rendez-vous annuel national réunissant tous les grands acteurs de la commande publique et l'ensemble de leurs fournisseurs. C'est un moment important pour les entreprises qui peuvent y rencontrer les décideurs publics afin de se faire connaître d'eux.

4 Relevez les étapes de la prise de contact avec le maire de Bagnolet et de la découverte des besoins qui s'ensuit.

Fiche ressource 4
Annexe 5

5 Analysez les informations obtenues et réalisez le plan de découverte qui sera ensuite complété lors de l'entretien.

6 En réalisant votre veille, vous avez trouvé un appel d'offres publié par la mairie d'une ville limitrophe de Pantin. Analysez-le et dressez la liste des besoins émis par cette commune afin de vérifier si Les Relais solidaires peut y répondre avec une chance de succès.

Annexe 6

V Améliorer la performance commerciale

Pour retourner à votre bureau, vous traversez la salle de restaurant avec Yamin, commercial des Relais solidaires. Celui-ci s'arrête près d'une table où déjeune un couple.

7 Repérez l'état du moi activé par Yamin pour chacun des clients.

Fiche ressource 5
Annexe 7

8 Repérez les dominantes sensorielles du commercial et de chaque client.

Fiche ressource 6

9 Expliquez l'erreur que commet Yamin et relevez le moment où il s'adapte enfin à la dominante sensorielle des clients.

Votre dossier

Annexe 1 — Présentation des Relais solidaires

Les Relais solidaires est dirigé par Belka Kheder. Chérifa Benyoub et Yamin Kemchan travaillent à ses côtés en qualité de commerciaux.
Les clients du service « Traiteur » des Relais solidaires sont des particuliers pour 20 %, des entreprises pour 50 % et des administrations pour 30 %.

Les clients les plus importants sont le conseil général de Seine-Saint-Denis, la mairie de Pantin, la mairie des Lilas, Emmaüs, la ville de Clichy-sous-Bois ainsi que de grandes entreprises comme la BNP Paribas.

Annexe 2 — La prise de contact à distance *via* le site Web

Parlez-nous de votre projet ! Nous vous répondons le plus vite possible ! (Réponse moyenne dans l'heure qui suit)

Objet de la demande* : Location de salle pour événement

Vous êtes : Un particulier

Prénom* : Nicolas

Nom* : Brasse

Adresse mail* : nbrasse@gmail.com

Téléphone* : 06235869XX

Adresse : 5 rue Pasteur

Code postal : 93500 Ville : Pantin

Date de l'événement : 15/05/N

Horaire de 18h00 à 2h00

Format de la prestation : Repas assis

Description / Commentaire

Je me marie le 15 mai. Serait-il possible d'avoir un devis ? J'hésite encore entre le repas assis et le buffet…
Cordialement,
Nicolas Brasse

* Champs obligatoires

Envoyer

LE Relais
RESTAURATION
Société Coopérative d'Intérêt Collectif
(SCIC)
61 rue Victor Hugo
93500 PANTIN
RELAIS ACTEUR ECONOMIE SOCIALE ET SOLIDAIRE

Annexe 3 — Fiches extraites du CRM

- **Civilité :** Madame
- **Prénom :** Anne-Laure
- **Nom :** LUZURIER
- **Fonction :** Responsable de la communication pour une association humanitaire s'appuyant sur un réseau international
- **Téléphone :** 01 49 99 01 00
- **Mail :** luzurier@humanchild.fr
- **Nom de la société :** HumanChild
- **Adresse :** 60 rue du Garde-Chasse
- **Code postal :** 93500
- **Ville :** Pantin
- **Activités :** A demandé à être recontactée pour l'organisation d'une soirée de donateurs (une centaine de personnes). RDV fixé par téléphone et pris avec elle aujourd'hui à 14 h au siège de l'association

- **Civilité :** Monsieur
- **Prénom :** Jordan
- **Nom :** POISSON
- **Fonction :** Dirigeant
- **Téléphone :** 06 88 00 99 22
- **Mail :** jpoisson@surf.fr
- **Nom de la société :** SURF (société de conseil en systèmes informatiques et logiciels)
- **Adresse :** 2 rue Honoré de Balzac
- **Code postal :** 93200
- **Ville :** Montreuil
- **Effectif de l'entreprise :** 12 salariés
- **Activités :** Pas de contact pris directement. A demandé des informations sur nos services sur le site de l'entreprise. Y passer en sortant du RDV précédent avec Anne-Laure Luzurier (c'est à quelques minutes à pied).

Annexe 4 — La prise de contact et la découverte des besoins en face-à-face

Chérifa Benyoub, commerciale des Relais solidaires, arrivant à son rendez-vous est accueillie par Jordan Poisson, directeur de la société SURF.

Chérifa Benyoub : Bonjour, Monsieur. Vous êtes bien Jordan Poisson ? Enchantée, je suis Chérifa Benyoub, commerciale au sein du Relais « Restauration ». Nous avons convenu d'un rendez-vous aujourd'hui.

Jordan Poisson : Oui, Jordan Poisson, directeur général de SURF. Ravi de vous rencontrer, suivez-moi dans mon bureau… j'ai très peu de temps.

C. B., *sortant sa tablette pour prendre des notes, se lance* : Je comprends tout à fait, nous n'en aurons que pour quelques minutes. Sachez que notre société propose des services de restauration de grande qualité…

J. P., *l'interrompant* : Oui, je sais, j'ai regardé votre site et c'est d'ailleurs pourquoi j'ai accepté ce rendez-vous… Allons au fait !

C. B. : Je souhaite d'abord avoir quelques précisions sur le domaine d'activité de votre société qui, d'après ce que je sais, intervient dans le domaine informatique. C'est bien cela ?

J. P., *surpris par cette première question* : Oui, nous sommes spécialisés dans les conseils en systèmes informatiques et logiciels. Mais… ça vous sert à quoi de savoir tout ça ?

C. B., *hésitante* : Euh… pour le moment, à rien mais… C'est un secteur qui marche toujours très fort, non ?

J. P. : Ça dépend des mois… Bref, SURF propose énormément de services tels que la création ou la refonte de sites Internet, le référencement sur les moteurs de recherche. En outre, nous misons sur la proximité et la relation client.

C. B. : Proximité et relation client, exactement comme nous ! Et votre fonction dans l'entreprise, c'est bien… euh…

J. P., *encore très froid* : Directeur général, comme je vous l'ai déjà dit.

C. B., *embarrassée* : Bien… Venons-en à l'objet de ma visite : votre projet !

J. P., *surpris par cette question* : Mon projet de… ?

C. B., *ouvrant la page de sa tablette avec les informations laissées par Jordan Poisson [voir ci-dessous]* : Si j'ai bien compris ce que vous avez écrit sur notre site, il s'agit de l'organisation de cocktails pour quelques soirées dans l'année afin de recevoir vos clients importants et, de temps en temps, la restauration lors de réunions de travail avec votre équipe ?

J. P., *se détendant* : Oui. C'est exactement cela !

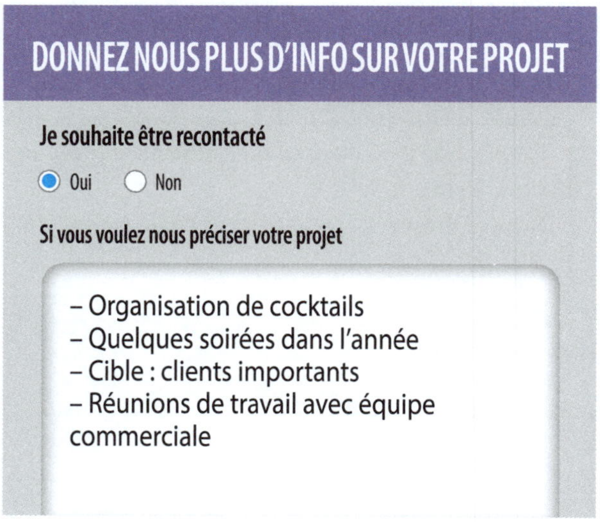
DONNEZ NOUS PLUS D'INFO SUR VOTRE PROJET

Je souhaite être recontacté

(•) Oui ( ) Non

Si vous voulez nous préciser votre projet

- Organisation de cocktails
- Quelques soirées dans l'année
- Cible : clients importants
- Réunions de travail avec équipe commerciale

Annexe 4 La prise de contact et la découverte des besoins en face-à-face (suite)

C. B., *très à l'écoute* : Et vous procédez comment actuellement ? Qu'est-ce qui vous conduit à changer ?
J. P. : On passe par le service traiteur d'une grande surface parce que c'est pratique, mais…
C. B. : Mais ?
J. P. : C'est quasiment à chaque fois bien décevant.
C. B. : Décevant ?
J. P. : Des retards à la livraison et une qualité approximative.
C. B. : Conséquence ?
J. P. : Des déceptions, des remarques désobligeantes de certains de mes salariés que je suis censé pourtant motiver, et même un gros client…
C. B., *satisfaite par la réponse* : Oh là, oui, je comprends ! Combien de salariés composent votre société ? Je ne l'ai pas trouvé sur Google.
J. P., *redonnant l'impression d'un certain agacement face à la succession de questions* : Nous sommes 20 en tout, plus quelques CDD pour les surcroîts d'activité…
C. B., *souhaitant plus de détails* : Et cet effectif est réparti comment ?
J. P. : Mais ça vous sert à quoi, tout ça ?
C. B., *souriante* : À la fois à connaître le nombre d'utilisateurs, leurs attentes et donc votre besoin !
J. P. : Admettons ! Il y a 6 personnes au service commercial, 12 informaticiens et développeurs, un à l'administratif, un à la comptabilité et moi à la direction…
C. B., *prenant toujours ses notes* : Bien. Pouvez-vous me préciser la fréquence envisagée des « repas motivation » avec vos salariés et cocktails avec vos clients ? Et juste me faire une rapide description de la pièce où vous organiserez le déjeuner avec vos collaborateurs et l'endroit pour recevoir vos clients ?
J. P. : Eh bien, c'est le même ! Nous avons une grande pièce de 60 m² modulable qui peut donc, selon les cas de figure, permettre de manger tous ensemble assis ou bien, en poussant les tables, de recevoir une cinquantaine de clients. C'est une fois tous les 15 jours avec mes collaborateurs, deux fois l'an avec mes clients.
C. B. : OK, je vois. Et finalement, dans l'idéal, quelle serait la solution pour vous ?
J. P., *sans hésitation* : Pouvoir compter sur un prestataire vraiment professionnel, avec qui je serais en confiance. Car j'ai vraiment autre chose à faire que de vérifier les commandes et les livraisons ! Ce serait garantir mon bien-être ! Et celui de mes collaborateurs, qu'il faut motiver régulièrement en échangeant dans un moment plus convivial que d'habitude ! Et puis…
C. B., *lui coupant la parole* : Je comprends très bien ce que vous voulez…
J. P., *aussi sec qu'agacé d'avoir été interrompu* : Pas sûr, non !

C. B. : Excusez-moi. Continuez, je vous prie…
J. P., *du tac au tac* : Et de mes clients… qu'il faut conserver car la concurrence est très rude.
C. B. : C'est noté. Vous avez déjà des préférences par rapport à ce que vous avez découvert sur notre site ?
J. P. : Non, j'espère que vous savez tout afin de me faire des propositions intéressantes.
C. B. : Bien sûr, j'en sais déjà pas mal, en effet. Donc, si vous deviez me donner de bonnes raisons de changer votre solution actuelle, qu'aimeriez-vous améliorer dans votre organisation ? Et dernière question, car je sais que vous êtes pressé, concernant les problèmes que vous évoquiez tout à l'heure, que comptez-vous faire ?
J. P., *sans hésiter* : Je veux des produits de qualité et des livraisons en temps et en heure. Pour ce que je veux faire ? Eh bien, trouver une solution… Peut-être avec vous ?!
C. B. : Une idée de budget ?
J. P., *ironiquement* : Faites votre offre et on verra.
C. B., *reprenant ses notes avec enthousiasme* : Résumons-nous ! Si j'ai bien compris, vous souhaitez trouver un partenaire sur lequel compter avec des produits et services de qualité, pour organiser deux fois par mois un repas convivial avec votre équipe et chaque semestre un cocktail avec une quinzaine de vos clients. C'est bien cela ?
J. P., *rassuré* : C'est tout à fait cela ! (*Il se lève.*) Mais je suis désolé, il faut mettre un terme à notre entretien car j'ai un rendez-vous.
C. B., *souriante puis, après avoir rangé ses notes et autres documents dans sa sacoche, la main tendue* : À très bientôt, Monsieur Foisson.
J. P. : À bientôt ! Faites-moi la meilleure offre.
C. B., *conquérante* : Comptez sur moi ! Je vous envoie mes propositions dès ce soir par mail.

Annexe 5 Un rendez-vous en face-à-face avec une administration

Le Salon des maires d'Île-de-France offre aux décideurs de l'achat public (maires, adjoints, conseillers, directeurs généraux des services, directeurs des services techniques, fonctionnaires territoriaux…) les réponses et solutions concrètes aux problématiques rencontrées dans l'exercice quotidien de leurs missions. Vous accompagnez le directeur du Relais, Belka Kheder, qui a repéré le maire de la ville de Bagnolet avec lequel il souhaite travailler.

• Extrait de la prise de contact sur le salon

Belka Kheder : Ravi de vous rencontrer, Monsieur le maire. Je suis Belka Kheder, directeur de l'entreprise Les Relais solidaires.

Le maire : Enchanté.

B. K. : Nous sommes spécialisés, entre autres prestations, dans l'organisation de manifestations telles que les vœux du maire aux associations de la ville, au personnel à l'occasion de la nouvelle année…

Le maire : Vous tombez bien, notre fournisseur actuel vient de nous décevoir… Vous avez des références ?

B. K. : Oui, bien sûr. Voici notre plaquette… Nous avons travaillé notamment avec des mairies de Seine-Saint-Denis, des universités et le CNRS, pour lesquels nous avons déjà organisé de nombreuses prestations : repas des aînés, des anciens combattants, inauguration d'une crèche… Je peux vous poser quelques questions ?

Le maire : Je n'ai pas le temps tout de suite, mais ça peut nous intéresser. Contactez de ma part mon adjoint en charge de la logistique et de la restauration. Voici ses coordonnées (*il tend une carte de visite*).

B. K. : Merci, Monsieur le maire. Je l'appelle au plus vite […].

• Extrait du rendez-vous avec Karim Amla, l'adjoint du maire

B. K. : Je vais me permettre de vous poser un certain nombre de questions pour mieux cerner vos attentes.

Karim Amla : Je vous en prie.

B. K. : Comment vous organisez-vous habituellement pour les réceptions ?

K. A. : On a plusieurs solutions : soit ce sont les services municipaux qui réalisent eux-mêmes les cocktails pour les plus petites manifestations, soit on demande des devis à plusieurs prestataires et on choisit celui qui nous semble le plus intéressant. Dernière possibilité, quand la loi nous y oblige compte tenu du montant de la prestation, on publie un appel d'offres ouvert à toutes les entreprises désireuses d'y répondre et on étudie les dossiers en toute transparence selon des critères préétablis.

B. K. : Comment procédez-vous habituellement avec les fournisseurs ?

K. A. : On est d'accord que si je vous reçois aujourd'hui, c'est parce qu'en matière d'organisation de buffets, on sera évidemment sous le seuil des 25 000 € nous permettant de négocier de gré à gré sans mise en concurrence !

B. K. : Oui, bien sûr ! Je sais bien qu'au-delà de ce seuil, nous devrions répondre à un appel d'offres. Quelles manifestations prévoyez-vous dans les semaines à venir ?

K. A. : Vous tombez à pic ! On a l'inauguration d'une nouvelle piscine et le départ à la retraite de salariés municipaux le mois prochain… Sans compter, si nous retenons votre société, les vœux à la population, au personnel, l'inauguration du centre culturel… et j'en passe !

B. K. : En effet ! Qu'attendez-vous d'un fournisseur pour la prestation « Traiteur » ?

K. A. : De la fiabilité !

B. K. : Très bien, je vais donc vous demander les dates, le nombre de personnes prévues pour ces deux événements, le genre de cocktails que vous prévoyez, afin que je puisse vous proposer des devis. […]

Annexe 6 Appel d'offres (extrait)

CENTRE COMMUNAL D'ACTION SOCIALE (CCAS) DE LA VILLE DE MONTREUIL
Seine-Saint-Denis

RÈGLEMENT DE LA CONSULTATION

La procédure utilisée est : Marché À Procédure Adaptée (MAPA) en application des articles 27 et 28 du décret n° 2016-360 en date du 25 mars N.

Date limite de réception des candidatures et des offres :
le mercredi 30 août N à 12 h 00

Article 1 : Objet de l'accord-cadre et description succincte

L'accord-cadre a pour objet la réalisation de prestations de traiteur et services associés pour les besoins du Centre Communal d'Action Sociale de la Ville de Montreuil.

Le pouvoir adjudicateur organise des événements qui nécessitent une restauration dont la forme est différente en fonction des lots du présent marché.

► **Lot n° 1 : « Repas servi à table » :** le Centre Communal d'Action Sociale (CCAS) de la Ville de Montreuil organise le repas du Nouvel An des personnes âgées pendant cinq (5) à huit (8) jours dans le courant du mois de janvier.

► **Lot n° 2 : « Banquet solidaire du Nouvel An » :** le Centre Communal d'Action Sociale (CCAS) de la Ville de Montreuil organise le réveillon de fin d'année le soir du 31 décembre. Une partie des prestations est assurée par des personnes bénévoles, encadrées par le personnel de service et les maîtres d'hôtel du prestataire.

Quelle que soit la forme, le pouvoir adjudicateur attache une importance particulière à l'exécution des prestations dans le respect d'objectifs de développement durable, notamment par l'utilisation de produits issus de circuits courts et de produits bio et / ou issus du commerce équitable.

Moyens humains :

Le prestataire doit assurer l'ensemble de la prestation, y compris le service à table. Le service devra comprendre au moins six personnes, dont une personne ayant grade de maître d'hôtel. Le personnel de service, hors maître d'hôtel, devra être personnel en insertion.

Annexe 7 Discussion entre Yamin Kemchan et un couple attablé au restaurant

Yamin Kemchan : Tout se passe comme vous le souhaitez ?

Les clients, *qui scrutent la partie « Traiteur » de la plaquette des Relais solidaires, relèvent la tête et répondent en souriant, presque en chœur* : Oui, c'est parfait, vraiment délicieux.

Y. K., *souriant à son tour* : Quel beau duo ! Vous regardez notre activité « Traiteur ». Je peux sans doute vous apporter un éclairage supplémentaire ?

La cliente : Oui, justement, je me demandais si on pouvait se faire livrer ? Nous envisageons une petite fête à la maison mais nous avons un petit appartement…

Le client : J'aimerais bien avoir votre sentiment sur ce qu'on peut faire.

Y. K. : Bien sûr ! Mais avant, il faut m'éclaircir sur votre projet !

La cliente, *riante* : On se pacse ! Alors pas de paroles en l'air, hein ?

Y. K. : Félicitations ! Tous mes vœux de bonheur !

La cliente : Écoutez, j'ai déjà pris quelques informations auprès de vos concurrents. Que pouvez-vous nous dire pour nous convaincre de commander chez vous ?

Y. K. : Bien, laissons de côté la plaquette. Vous permettez que je vous pose quelques questions ? *(Il prend un carnet pour noter les réponses.)*

Quelques questions plus tard…

Le client : C'est dans un mois et je voulais tout organiser pour une petite dizaine de personnes. Ce qui nous tient à cœur, c'est que tous nos invités se sentent bien.

Y. K. : Tout à l'heure, vous me parliez de votre petit appartement… Regardez de l'autre côté du restaurant… Vous voyez cette salle ? Vous pourriez la privatiser pour avoir toutes vos aises. On ne se pacse pas tous les jours, n'est-ce pas ?

Le client, *tenté* : C'est vrai que si on a plus grand, comme vous nous le laissez pressentir, on pourrait pousser à la vingtaine d'invités. *(S'adressant à sa compagne)* Qu'en penses-tu ?

La cliente, *applaudissant comme une enfant* : Oh oui ! Ici, au moins, on pourrait danser et chanter ! Ça serait vraiment la fête !

Y. K. : Vous allez voir, c'est le lieu idéal ! Je vous suggère de nous focaliser maintenant sur le contenu des plats que nous proposons car il y a encore quelques points à éclaircir.

La cliente, *trépignant* : Bien sûr, je suis tout ouïe ! On ne veut aucun malentendu ! Alors, dites-nous… […]

Après quelques hésitations et objections, notamment sur le prix, Yamin a réussi à convaincre le couple.

Y. K. : Vous allez vous sentir encore mieux qu'à la maison et ce sera une fête dont vous entendrez longtemps parler. Merci de votre confiance, je m'occupe de tout !

FICHE RESSOURCE 1

DE LA NÉGOCIATION EN PRÉSENTIEL À LA NÉGOCIATION EN E-RELATION

Le commercial doit être capable d'exercer dans tous les secteurs d'activité avec tout type de clientèle (B to B, B to C, B to G), quelle que soit la forme de la relation client (en présentiel, à distance, en e-relation) et dans toute sa complexité.

I Maîtriser le processus de vente traditionnelle

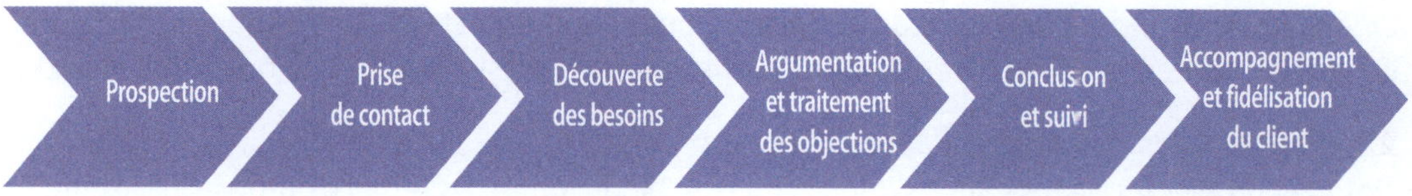

La rencontre avec le client reste centrale. Le digital ne peut remplacer la relation humaine et l'émotion qui reste au cœur de toute transaction entre deux personnes. Aucune application ne peut remplacer cette dimension sociale.

II S'adapter au processus de vente digitalisé

1. Les étapes de la vente bouleversées

Aujourd'hui, les nouvelles technologies et la dématérialisation des échanges complexifient le comportement des acheteurs en même temps que leurs exigences s'intensifient. Les parcours d'achat des clients deviennent complexes, ceux-ci pouvant passer du digital à la vente traditionnelle à tout moment.

> **EXEMPLES :** on peut prospecter et prendre contact avec un client sur les réseaux sociaux puis se rencontrer pour négocier, prendre contact sur un salon puis négocier à distance.

2. Le relationnel de proximité

Pour nouer une relation de proximité avec le client, le commercial doit posséder une véritable culture numérique afin d'agir à tout moment et en tout lieu, d'avoir une connaissance extrêmement précise et unifiée du client, de répondre à ses attentes, d'anticiper ses besoins en temps réel pour rentrer en contact avec lui au bon moment. La relation se crée aujourd'hui souvent à distance (mail, site Web, téléphone…) car les clients sont davantage connectés et se renseignent avant d'acheter.

Le commercial accompagne le client tout au long du processus commercial et intervient sur les activités avant, pendant et après l'achat : conseils, prospection, visites, négociation-vente, suivi après-vente. Pour compenser une relative impersonnalité du digital, il peut développer une vente émotionnelle en face-à-face afin de tisser un lien avec le client.

Étapes	Vendeur traditionnel	Vendeur *inbound*
Identifier en prospectant	– Absence de connaissance des prospects en général. – S'intéresse à ceux qui ont une affinité avec l'offre concernée. – Prospection au hasard des cibles potentielles.	– Les acheteurs potentiels parlent ouvertement de leur expérience sur le Web et les fournisseurs peuvent répondre. – L'attention est portée sur les prospects actifs dans leur parcours d'achat en utilisant les moyens numériques pour être proactif, en allant à la rencontre du client.
Contacter	La prise de contact peut s'appuyer utilement sur l'historique de la relation (ex. : prise de RDV par téléphone).	Interaction avec l'acheteur grâce à des messages adaptés à la problématique exposée. Il faut proposer un réel intérêt pour gagner sa confiance.
Découvrir les besoins	Fait exprimer à l'acheteur ses besoins. Le face-à-face permet de s'adapter au client et de mieux le comprendre.	Exploration et exploitation de l'intérêt montré par l'acheteur afin de découvrir ses aspirations profondes à travers une « conversation ».
Argumenter / Conseiller	Argumentation personnalisée grâce à des informations obtenues lors de l'exploration des besoins.	Adaptation de la présentation au contexte de l'acheteur en optimisant les informations déjà recueillies auparavant.

FICHE RESSOURCE

2

CONTACTER À DISTANCE ET EN FACE-À-FACE

Après avoir préparé ses objectifs qualitatifs et/ou quantitatifs, le commercial doit, dès les premiers instants de la prise de contact – que ce soit par téléphone, en e-relation ou en présentiel –, savoir créer le lien avec son ou ses interlocuteurs de façon efficace.

I Engager et optimiser la « conversation » en e-relation

1. Une prise de contact parfois inversée

L'*inbound marketing* est une stratégie qui vise à ce que les prospects et clients s'adressent naturellement et spontanément à une entreprise. La prise de contact est donc, en quelque sorte, inversée.

2. Les premiers échanges *via* les réseaux

L'interaction avec les clients – sur les réseaux sociaux, blogs, forums – permet d'observer, par exemple, les habitudes des personnes qui « likent », ou les goûts des « followers », de lire les commentaires sur les publications de l'entreprise. À l'affût des « signaux numériques » le commercial peut entrer en contact relativement tôt dans le processus d'achat avec les acheteurs potentiels.

3. Se présenter de façon convaincante et durable sur les réseaux

Le commercial doit faciliter la prise de contact, offrant régulièrement un contenu d'information qui influencera l'acheteur durant le processus d'achat. Il doit réussir à capter l'intérêt de l'acheteur potentiel en lui faisant comprendre la valeur ajoutée de son entreprise.

II Prendre contact en face-à-face (ou en présentiel)

Certaines cibles ne s'exprimant pas sur Internet doivent être démarchées.

1. Réussir les premiers instants

Tout se joue en effet dès les premières minutes. Ponctualité absolue, tenue adaptée, maîtrise du ton et du débit de la voix, regard et sourire francs doivent contribuer à donner une bonne impression à l'interlocuteur. Le respect de la règle des 4 × 20 (20 premières secondes, 20 premiers gestes, 20 premiers mots, 20 centimètres du visage) favorise la réussite du contact.

2. Créer une ambiance favorable

L'objectif est d'instaurer un climat de confiance chaleureux. Le commercial se présente personnellement, présente l'entreprise et son activité.

EXEMPLES : « Kader Rezzaï, de la société X, spécialisée dans le… »
« Je souhaite m'entretenir avec Mme X », « Vous êtes bien le responsable de… ? »

3. Provoquer l'intérêt par une accroche

• La technique de l'historique lorsqu'un premier contact a déjà eu lieu	• La technique de l'avantage général lorsqu'il s'agit d'une première rencontre avec le prospect
– Si le commercial rencontre le prospect suite à un entretien téléphonique, un échange *via* Internet, il peut s'appuyer sur ce qu'il sait déjà de lui. EXEMPLES : « Lors de notre entretien, vous m'aviez fait part de… », « En lisant vos commentaires sur notre site, j'ai déjà cru comprendre que… » – S'il s'agit d'un client, il peut reprendre l'historique de leurs relations commerciales.	– S'il rencontre le prospect sans avoir pris rendez-vous (sur un salon, par exemple), le commercial doit éveiller sa curiosité en posant une question suscitant une réponse positive. EXEMPLES : « Votre bien-être et celui de votre famille sont un point capital, n'est-ce pas ? », « Augmenter très rapidement votre notoriété vous intéresse certainement, n'est-ce pas ? »

4. Rassurer et observer

Le commercial décline rapidement la compétence de l'entreprise et précise la durée et le but de l'entretien pour mobiliser l'intérêt du prospect.

EXEMPLES : « Nous sommes spécialisés dans… Je vous propose que nous nous donnions une vingtaine de minutes pour trouver ensemble une solution satisfaisante… »

FICHE RESSOURCE 3

RÉALISER LE DIAGNOSTIC CLIENT EN FACE-À-FACE

Même en possession d'informations obtenues lors des interactions à distance sur les réseaux ou lors de la prospection, le commercial doit chercher à comprendre son interlocuteur.

I Découvrir les besoins en face-à-face

1. Savoir faire parler

Pour cerner « l'acheteur »	Le commercial doit réaliser la découverte des attentes et besoins rationnels du prospect pour savoir ensuite « quoi » lui proposer.
Pour cerner « l'homme »	Il doit procéder à la découverte psychologique des besoins irrationnels du prospect pour savoir ensuite « comment » lui proposer, en le conduisant à livrer ses expériences, ses craintes, ses attentes.

2. Repérer la typologie du prospect

La typologie SONCASE aide le commercial à décrypter les motivations principales du client afin de le satisfaire.

Sympathie	Volonté de faire plaisir ou de se faire plaisir (achat pour les autres ou pour privilégier tel vendeur en raison de ses bons conseils).
Orgueil	Différenciation des autres (produits à la mode, originaux, voire chers) pour se distinguer, générer un sentiment de pouvoir ou de domination.
Nouveauté	Recherche de produits, solutions ou matériels inédits, apportant de nouvelles possibilités (à l'affût de nouvelles technologies).
Confort	Recherche de bien-être, par le biais de produits simples à utiliser, à usage multiple et qui facilitent la vie.
Argent	Recherche de produits les moins chers, du meilleur rapport qualité/prix, en privilégiant les produits robustes et peu coûteux à l'usage.
Sécurité	Recherche de sa propre protection et de celle des autres (produits fiables, offrant des garanties à l'usage).
Environnement	Recherche d'une dimension écologique, soucieuse de l'environnement.

3. Varier les types de questions

La qualité des questions importe plus que leur quantité.

Questions ouvertes pour s'informer	Elles font parler, incitent à des développements, permettent d'obtenir de nombreuses informations. Elles commencent par « Comment », « Qu'est-ce que », « Que », « Quel », « Pourquoi ».
Questions fermées pour approfondir	Elles permettent d'obtenir des réponses précises du client ou de verrouiller un point important de l'échange, en appelant des réponses de type « oui/non » ou induisant un nom, une quantité, une date… : « Qui… ? », « Quoi… ? », « Quand… ? », « Où… ? », « Combien… ? », « Lequel… ? »… « Est-ce que… ? », « Par quels moyens… ? », « Souhaitez-vous… ? », « Pensez-vous que… ? », « Avez-vous… ? », « Pouvez-vous ? »
Questions alternatives pour orienter	Elles permettent d'orienter le dialogue afin de faciliter la conclusion. Elles proposent un choix. Ex. : « Préférez-vous ceci ou cela ? »
Questions en retour	Elles consistent à renvoyer la question à l'interlocuteur pour lui faire approfondir un point. Ex. : « À quoi correspond cette notion pour vous ? », « C'est-à-dire ? »
Ballons d'essai	Ils consistent à émettre une hypothèse sur une motivation que l'on croit avoir repérée, pour en vérifier la pertinence. Ex. : « La motivation de vos commerciaux est au centre de vos préoccupations. C'est bien votre avis ? »
Questions relais	Elles aident à faire compléter une réponse qui mérite un développement. Ex. : « Que voulez-vous dire par… ? », « Pouvez-vous me donner un exemple ? »
Questions de reformulation / déduction	Elles poussent le client à préciser sa pensée. Ex. : « Donc, pour vous… ? »

II Structurer le questionnement

Le plan de questionnement (ou *check-list*) doit être préparé par le vendeur avant de mener l'entretien de vente. Il dresse la liste de tous les thèmes à aborder pour découvrir les besoins et les mobiles d'achat du client.

1. L'historique de la relation

Le commercial a intérêt à s'appuyer sur les renseignements déjà obtenus lors des différents contacts avant le rendez-vous. Fort de ces données personnalisées, il rassurera ainsi le prospect sur le professionnalisme de la démarche et le valorisera.

2. Le présent du prospect (comment fait-il ?)

Il s'agit de découvrir comment le prospect fonctionnait jusqu'à présent et comment il pratique actuellement en le faisant parler de sa fonction, de son rôle, de son environnement et de ses contraintes. L'essentiel est de découvrir ses motifs d'insatisfaction actuels (coûts, pannes…). En B to B, il faut aussi s'intéresser aux propres clients de son interlocuteur.

3. Le futur du prospect (que veut-il ?)

Il faut aider le prospect à se projeter dans un avenir immédiat en lui faisant développer ce qui serait la réponse à ses préoccupations actuelles, ses projets, les solutions qu'il attend.

4. La psychologie du prospect (qui est-il ?)

En s'exprimant, le prospect livre ses préoccupations et ses motivations. Il fait aussi part de ses freins (préjugés, routine, peur du changement…). Les indications qu'il donne sur ses habitudes, ses enjeux et ses projets sont précieuses pour pouvoir argumenter ensuite de façon adaptée et personnalisée à l'issue de la découverte. Le commercial doit faire preuve d'attention et de finesse pour découvrir parfois « entre les lignes » ce qu'exprime le client.

III Reformuler chaque étape

La reformulation présente le triple avantage de montrer au client l'intérêt porté à ce qu'il vient de dire, de vérifier que les informations obtenues ont été bien comprises et, le cas échéant, de l'encourager à en dire plus. Le commercial reprend les points importants de ce qu'il a découvert, de la solution actuelle et de la solution d'avenir du prospect.
La prise de notes réalisée pendant cette étape sert de récapitulatif, permettant ensuite d'orienter le client vers l'offre qui lui convient. Il est dès lors possible d'utiliser :

– la « reformulation déduction », qui fait progresser dans la découverte ;

> **EXEMPLE :** le client : « Les pannes sont tellement fréquentes que je pense tout changer. » Le vendeur : « Il s'agirait donc de renouveler l'ensemble du matériel ? »

– la « reformulation résumé », pour clore une partie de l'entretien et aborder un autre point ;

> **EXEMPLE :** « Vous venez de me dire que vous recherchiez *ceci* et *cela*. Je vous propose maintenant de voir ensemble l'aspect… »

– la « reformulation active », verrouillant les points développés.

> **EXEMPLE :** « Si je comprends bien, vous voulez… »

IV Synthétiser avant d'argumenter

L'objectif est de réaliser un bilan judicieux de la découverte, déjà orienté vers la solution que le commercial proposera au client lors de l'argumentation.

> **EXEMPLE :** « Donc, si je vous ai bien compris, vous souhaitez gagner du temps dans vos actions de communication en utilisant le moins possible de papier, tout cela avec un budget de 3 000 € et dans un délai de quinze jours. C'est bien cela ? »

LE DIAGNOSTIC DU CLIENT INSTITUTIONNEL B TO G

L'expression anglo-saxonne « *Business to Government* » désigne les relations entre une entreprise et les pouvoirs publics (État, collectivités locales, établissements publics, hôpitaux, musées, bibliothèques, universités…). Le droit des marchés publics met en œuvre un ensemble de procédures conformes aux objectifs de transparence, d'égalité et d'efficacité afin d'encourager les entreprises à répondre aux appels d'offres de l'État et des collectivités locales. Ces acquisitions peuvent porter sur des biens (mobilier de bureau, fournitures, véhicules…) ou des services (formation, prestations informatiques…).

I Connaître la réglementation des marchés publics

Face aux besoins exprimés sur les marchés publics, tous les candidats sont sur un pied d'égalité, quels que soient leur taille, leur région, leur effectif. L'avantage de conclure un marché public est d'être certain d'être payé dans des délais raisonnables et de gagner un client fidèle qui constituera une référence valorisante.

1. Le besoin exprimé est strictement inférieur à 40 000 € HT

Sous ce seuil de 40 000 € HT, une administration peut conclure un marché public de gré à gré avec une société, en direct et sans mise en concurrence. Il est donc pertinent de se faire connaître auprès des services concernés (ex. : mairies, communautés de communes) et d'entretenir des relations avec certains élus ou cadres.

La prise de contact peut être à l'initiative de l'entreprise qui contacte directement les chefs de service, négocie avec eux puis soumet l'approbation à l'élu. Elle peut aussi être à l'initiative de l'élu qui missionne une entreprise et demande aux services concernés d'établir un marché de gré à gré.

2. Le besoin exprimé est supérieur ou égal à 40 000 € HT

Il doit alors y avoir obligatoirement une procédure de mise en concurrence précédée d'une publicité, sauf exceptions.

II Repérer les appels d'offres

Toutes les entreprises peuvent se porter candidates à l'attribution d'un marché public, même les plus petites. Un appel d'offres est la procédure par laquelle l'adjudicateur (l'administration qui lance le projet) choisit l'offre la plus avantageuse économiquement sur la base de critères objectifs préalablement portés à la connaissance des candidats.

La procédure respecte un certain nombre d'étapes : un avis d'appel public à la concurrence (AAPC) résume le lieu d'exécution, l'objet du marché, les contraintes particulières, l'estimation des besoins, les critères d'attribution et la date limite de dépôt des dossiers. L'analyse réalisée par le commercial permet de faire rapidement le tri entre les appels d'offres intéressants et ceux pour lesquels il est inutile de dépenser du temps et des ressources.

EXEMPLES : lieu d'exécution trop éloigné du siège de l'entreprise, montant du CA insuffisamment élevé.

III Découvrir les besoins des acheteurs publics

Après avoir repéré des appels d'offres (ex. : www.boamp.fr, www.e-marchespublics.fr) qui semblent correspondre à l'activité de l'entreprise, la découverte des besoins de l'acheteur public peut s'opérer, d'une part, en analysant les besoins exprimés dans l'appel d'offres, d'autre part, lorsque c'est possible, lors d'une rencontre en face-à-face. Le commercial cherchera alors à définir les besoins avec des questions précises sur l'objet de l'achat, les délais d'exécution, les contraintes particulières, les quantités attendues… Ces informations permettront de rédiger une réponse à l'appel d'offres la plus complète et la plus proche possible des attentes du client.

FICHE RESSOURCE

5

PRATIQUER L'ANALYSE TRANSACTIONNELLE (AT)

Pour faire preuve d'un bon relationnel, il peut utiliser des techniques telles que l'analyse transactionnelle.

I L'analyse transactionnelle

1. Distinguer les trois états du moi

Trois états cohabitent en chaque personne, aucun d'eux n'étant supérieur aux autres. Tel ou tel état du moi est activé selon les circonstances et les interlocuteurs.

L'état « parent » (l'appris)	Domaine des valeurs, des conceptions du monde et de la vie, des normes, des règles inculquées par l'éducation, la société, la religion. On distingue deux sous-états : – le parent nourricier (PN), qui soutient, encourage, aide, voire assiste ou étouffe ; – le parent critique (PC), qui juge, ordonne.
L'état « adulte » (le pensé)	Domaine du raisonnement, de la logique, de l'analyse. L'individu étudie et vérifie. L'attitude « adulte » est une position d'ouverture et de réflexion (penser, raisonner, interroger, écouter, prendre du recul, analyser).
L'état « enfant » (le senti)	Domaine des émotions, des sentiments, des souvenirs, des besoins, des désirs. On distingue deux sous-états : – l'enfant libre, s'exprimant spontanément en montrant ses émotions ou sa colère ; – l'enfant adapté, agissant par rapport à ce qu'il pense que l'on attend de lui. Il peut être soumis, acceptant ce qu'on lui impose, ou rebelle, c'est-à-dire refusant l'autorité, ou encore créatif, inventant des solutions.

2. Comprendre les transactions, les positions de vie, les signes de reconnaissance

Une transaction est une relation entre deux états du moi adoptés par différentes personnes qui communiquent. Un état du moi qui s'exprime sollicite une réponse d'un état du moi chez l'interlocuteur. Le commercial doit donc les décoder, voire les modifier, s'ils ne sont pas satisfaisants. En adoptant des positions de vie, les personnes se situent par rapport à l'opinion qu'elles ont d'elles-mêmes et des autres, et par rapport à l'opinion qu'elles prêtent aux autres à leur égard.

Les signes de reconnaissance, appelés « *strokes* », sont des attentions que l'on a envers les autres. Le commercial doit pouvoir émettre des signes de reconnaissance envers son client.

On distingue les signes de reconnaissance conditionnels, qui sont adressés à l'autre pour ce qu'il fait (« j'apprécie votre façon de mener cet entretien »), et les signes inconditionnels, qui sont adressés à l'autre pour ce qu'il est (« vos méthodes de travail sont agréables »).

II La programmation neurolinguistique (PNL)

Les trois canaux sensoriels principaux qui coexistent en chaque personne : le canal visuel (images), le canal auditif (sons), le canal kinesthésique (sensations tactiles et internes, goût et odorat).

Chacun a tendance à privilégier l'un de ces trois canaux selon les situations ou les interlocuteurs.

Ce dernier peut ainsi utiliser de préférence des termes à référence visuelle (ex. : c'est clair), auditive (ex. : je me dis que), kinesthésique (ex. : je pense que).

Après avoir détecté les canaux sensoriels prédominants de l'interlocuteur, le commercial repère le système de représentation sensorielle préféré du prospect et s'y adapte par mimétisme :
– le « visuel » a besoin d'observer et de regarder pour comprendre et retenir ;
– l'« auditif » est attentif aux mots employés, aime bavarder autant qu'écouter ;
– le « kinesthésique » est sensible aux ambiances.

Applications

Maîtrise

1 Préparer la prise de contact

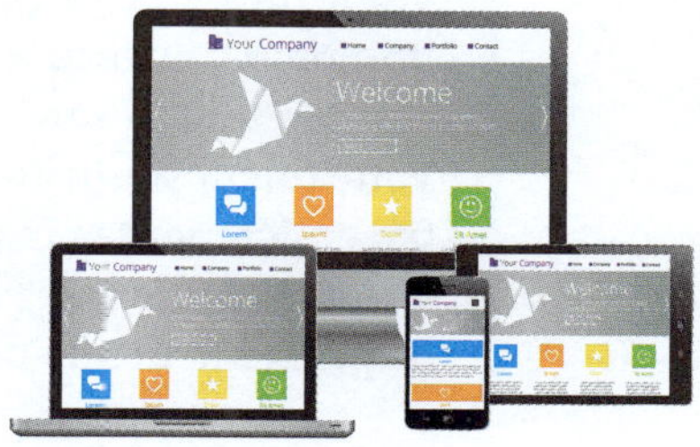

Vous venez d'intégrer Edisurf, entreprise spécialisée dans la création et la refonte de sites Internet, le référencement sur les moteurs de recherche, les campagnes de SMS et d'e-mailing. Vous avez obtenu votre premier rendez-vous avec les deux responsables d'un restaurant branché du centre-ville, proposant des burgers originaux, faits maison. Ces deux associés ont lancé un nouveau concept de restaurant qui a séduit une clientèle diversifiée tout en proposant une gamme de produits très large pour correspondre à différents besoins. Au téléphone, ils vous ont dit être très pressés. Vous préparez votre communication orale pour être percutant(e) dès la prise de contact. Votre tuteur vous donne les derniers conseils : souriez, articulez, contrôlez votre débit de parole, tenez-vous droit, les pieds ancrés au sol, évitez de croiser les bras, ayez des gestes d'ouverture, regardez votre interlocuteur. Il vous rappelle qu'on n'a jamais deux fois l'occasion de faire une première bonne impression.

1. Anticipez ce rendez-vous et préparez les premières minutes de la prise de contact en remplissant le tableau ci-dessous (suivez la règle des 4 × 20).
2. Précisez les statuts, le rôle et la problématique de chacun.
3. Rédigez ce que vous allez faire pour capter immédiatement l'intérêt de vos interlocuteurs (utilisez la méthode AIDA).

Document 1

La règle des 4 × 20	Qu'allez-vous faire ? dire ?
Les 20 premières secondes	
Les 20 premiers pas	
Les 20 premiers mots	
Les 20 centimètres du visage	

Document 2

La méthode AIDA	Comment allez-vous procéder ?
Attirer l'Attention	
Faire naître l'Intérêt	
Susciter le Désir	
Inciter à l'Action	

Maîtrise

2 Maîtriser les techniques de questionnement

Vous intégrez l'équipe de commerciaux de la société Immoplus, agence immobilière qui connaît des difficultés compte tenu d'une concurrence accrue dans le quartier. Votre tuteur souhaite vous motiver pour atteindre vos objectifs rapidement et insiste sur la qualité du questionnement que vous proposerez aux clients de l'agence. Il vous propose de passer le même test que les autres collaborateurs.

1. Distinguez, dans le document 1, les types de questions.
2. Repérez la typologie SONCASE de vos clients en précisant, pour chacune des phrases prononcées (document 2), le type de motivation concerné.
3. Simulez un entretien avec un client qui cherche à acheter une maison. Vous poserez des questions permettant de découvrir la dominante du client dans la typologie SONCASE.

Document 1

Questions posées aux clients	Ouvertes	Fermées	Alternatives
1. Où souhaitez-vous louer ?	☐	☐	☐
2. Qui vous a parlé de notre agence ?	☐	☐	☐
3. Préférez-vous acheter dans l'ancien ou le neuf ?	☐	☐	☐
4. Lequel de ces appartements préférez-vous ?	☐	☐	☐
5. Que pensez-vous de cet appartement ?	☐	☐	☐
6. Comment concevez-vous la disposition des chambres ?	☐	☐	☐
7. Que désirez-vous modifier sur ces plans ?	☐	☐	☐
8. Avez-vous déjà pensé à ce quartier de la ville ?	☐	☐	☐
9. Vous souhaitez vendre d'abord votre bien. C'est-à-dire ?	☐	☐	☐
10. Qu'est-ce qui vous ferait vous décider maintenant ?	☐	☐	☐

Document 2

Propos des clients	SONCASE	Motivation
1. Je veux quelque chose qui change par rapport à d'habitude.		
2. J'aimerais un bien dans un immeuble adapté aux enfants.		
3. Il faut que les balcons ne présentent aucun danger.		
4. Vous n'avez rien de plus moderne ?		
5. L'aménagement doit être pratique.		
6. Il me faut un bien qui correspond à mon image.		
7. Il faudrait que cela fasse plaisir à toute ma famille.		
8. J'aimerais une maison moderne, je déteste les vieilles pierres !		
9. Il nous faut ce qu'il y a de plus prestigieux.		
10. Je veux surtout obtenir davantage de bien-être avec une exposition plein sud.		
11. Nous recherchons le meilleur rapport qualité/prix.		
12. Je veux de l'ancien et pouvoir tout transformer.		

Maîtrise

3 Maîtriser la reformulation des besoins

Stagiaire en BTS NDRC, vous espérez intégrer une entreprise dans laquelle un de vos camarades a déjà réalisé un stage. Il vous informe que la gérante met un point d'honneur à cerner les besoins du client. Elle mise beaucoup sur des reformulations bien faites de ce qu'a exprimé le client et risque de vous tester au moment de l'entretien que vous avez décroché avec elle. Pour vous montrer à la hauteur de ses exigences le moment venu, vous voulez vous entraîner. Vous avez collecté différentes situations vécues par d'autres étudiants de la classe.

Entraînez-vous à reformuler efficacement les éléments découverts sur ces prospects dans les situations suivantes.

Document

- **Inès** vend des séjours de vacances pour enfants et adolescents.
Le directeur de l'école primaire qu'elle a rencontré lui a dit : « Je serais intéressé par une offre qui permette le développement des enfants de l'école. Par ailleurs, je suis soucieux d'alléger le coût pour les familles. »
- **Nourredine** travaille dans une société spécialiste de la location de matériel de réception pour les entreprises.
Le prospect, propriétaire d'une vigne de 80 hectares qui produit un vin de renommée internationale, lui a dit : « Je veux créer un événement exceptionnel autour de mon activité. Pour cela, je souhaite organiser un buffet pour 150 personnes, à la hauteur de la réputation de mes produits. »
- **Charlène** commercialise des supports publicitaires sur véhicules automobiles.
Elle a rencontré la responsable d'un club de remise en forme qui lui a dit : « Je veux absolument améliorer le bien-être de mes clients et les fidéliser. Le prix importe peu. »
- **Corentin** fait son stage dans une société qui construit et vend des surfs, paddles et bouées tractées.
Le prospect, responsable d'une base de loisirs, lui a précisé : « J'ai l'obligation de garantir l'attrait de ma base de loisirs en proposant des activités originales avec un équipement performant et parfaitement sûr. »
- **Clément** vend des lignes de produits de soin du visage et du corps pour hommes.
Le responsable du rayon « Cosmétique et soins » d'un hypermarché lui a précisé : « Les hommes sont encore assez timides par rapport à ces produits et, quand ils achètent, ils regardent les prix de près… »
- **Leïla** commercialise des supports publicitaires sur des véhicules automobiles.
Le client, directeur d'une salle de concert entièrement refaite, lui a dit : « Je veux organiser une campagne publicitaire vraiment originale pour attirer les jeunes, les branchés car ils sont sensibles à la publicité en général. Mes clients adorent tout ce qui bouge et change les habitudes. »
- **Thomas** vend des outils et des engins de chantier.
Le prospect, responsable d'une petite entreprise de bâtiment, a insisté sur ce point : « Il me faut du matériel performant car tout cela coûte bien trop cher. Malgré tout, je veux être sûr que les ouvriers ne risquent rien en les utilisant. »
- **Marina** fait son stage chez un spécialiste d'organisation d'événements.
Le prospect, responsable d'un centre de beauté et de remise en forme, lui a indiqué : « Pour l'inauguration, il faudrait trouver une formule amusante pour la journée "portes ouvertes" afin de faire venir un maximum de personnes. En fin de journée, il faudrait prévoir un cocktail chaleureux pour une cinquantaine de clients privilégiés. »

Expertise

4 Découvrir les besoins en B to B to C

Vous intégrez l'équipe de commerciaux de la société Parkingpro, spécialisée dans la vente d'abonnements de places de parking. Vous avez obtenu un rendez-vous ce jour avec Mme Guérin, directrice d'un hôtel dans le centre-ville, disposant d'un parking restreint de 10 places, avec un accès étroit et de petites places. En entrant dans l'hôtel, vous entendez un client se plaindre du fait que son véhicule ne rentre pas dans le parking de l'hôtel. Celle que vous pensez être la directrice de l'hôtel présente ses excuses au client, prend congé et vous accueille.

1. Après avoir réfléchi à ce que peut être une négociation en B to B to C (domaine d'activité dans lequel un produit est vendu à une entreprise pour être ensuite revendu à un particulier), rédigez votre prise de contact en précisant les statuts, le rôle et la problématique de chacun.
2. En ayant bien à l'esprit de réaliser une « double découverte », complétez la liste des questions à poser à ce prospect sur ses besoins et ceux de ses clients, pour tenter de l'orienter vers la solution que vous proposez ensuite.
3. Simulez la prise de contact et la découverte des besoins.

Confirmer ce que je sais	
Historique : 2 visites sur notre site. 20 chambres. Beaucoup de clients professionnels et des touristes. **Contact :** Mme Guérin **Besoins déjà identifiés :** la clientèle est lasse de ne pas trouver de places pour stationner les véhicules près de l'hôtel ou mécontente lorsque les véhicules de gros gabarit ne peuvent accéder au parking. Le personnel se plaint de devoir supporter les reproches des clients qui n'arrivent pas à se garer.	
Découvrir ce que j'ignore	
IL/ELLE A (Situation / solution actuelle) • Pouvez-vous me parler de votre activité ? • • • • • •	Reformulation :
IL/ELLE VOUDRAIT (Situation / solution espérée) • Quelles sont vos attentes en termes de services annexes au stationnement ? • •	Reformulation :
IL/ELLE EST (Sa psychologie d'acheteur) Qu'est-ce qui est le plus important pour vous ?	Typologie **SONCASE :**
Synthèse de la découverte pour aller vers l'argumentation :	

Maîtrise

5 Décrypter les besoins en B to G

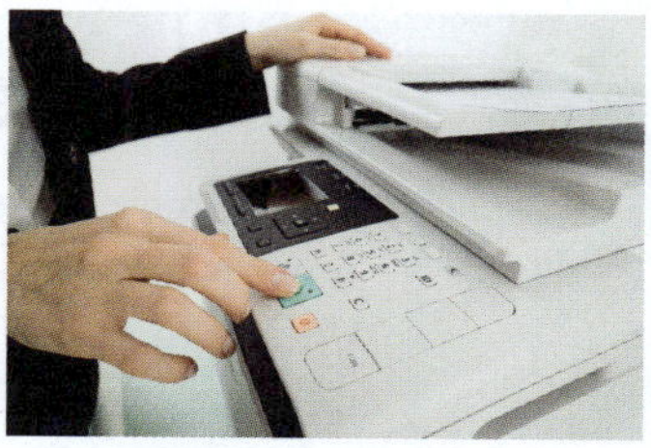

Vous êtes commercial(e) chez Reprotime, entreprise située à Maisons-Alfort, qui distribue tous types de photocopieurs (Ricoh, Canon, Xerox) et matériels d'impression, et propose des solutions d'impression aux entreprises et aux administrations. Le directeur vous invite à examiner l'appel d'offres publié par Bpifrance (banque publique d'investissement), qui accompagne les entreprises dans leur financement. Il vous demande de vérifier qu'il y a assez d'informations dans cet appel d'offres afin de décider s'il aurait intérêt à postuler.

1. Prenez connaissance de cet appel d'offres paru sur www.bpifrance.fr.
2. Relevez toutes les informations permettant de découvrir les besoins exprimés par cette administration et donc d'orienter la décision de votre tuteur.

Document 1 Appel d'offres

Remplacement de matériel d'impression – Atelier de reprographie

21 décembre N - 26 janvier N+1

Le présent marché a pour objet de remplacer le matériel actuellement situé dans l'atelier de reprographie à Maisons-Alfort, de type VP 7010, que Bpifrance avait acheté auprès de la société Canon.

Le marché : ce marché doit prévoir l'achat d'un nouveau matériel par Bpifrance ainsi que de convenir du coût unitaire d'impression des feuilles en couleur et en noir & blanc qui sera chaque trimestre facturé à Bpifrance selon son relevé de consommations. Ce prix unitaire intégrera aussi le coût de la maintenance sur site du matériel d'impression installé à Maisons-Alfort.

La durée : la durée du contrat relatif à ce présent marché sera de 5 ans.

Clôture de l'appel d'offres : le 26 janvier N+1 – 12 h

Les réponses à la présente consultation seront rédigées en français et attendues pour le vendredi 26 janvier N+1 à 12 h 00 aux adresses électroniques suivantes : laurence.olivier@bpifrance.fr et andre.daurie@bpifrance.fr. Le courriel aura pour objet « AO2MatAtelierRepro » et ne devra pas excéder la taille de 8 Mo.

www.bpifrance.fr

Document 2 Extrait du cahier des charges

Le candidat fournira à l'appui de son offre : – un dossier de présentation de sa candidature, mettant en avant son expertise […] ; – un K-bis de moins de 3 (trois) mois ; – une liste de références de contrats ou de missions similaires ; – une proposition de matériel […].	• Les sommes dues au titulaire du marché seront payées dans un délai global de 30 jours à compter de la date de réception des factures ou des demandes de paiement équivalentes. • La maintenance du matériel est un des points importants du présent marché. Un suivi régulier devra être mis en place avec une maintenance sur site à organiser au moins une fois tous les 30 jours calendaires. • Tout dépannage devra être réalisé au moins dans les 4 heures suivant l'appel téléphonique ou le mail déclarant l'incident au fournisseur. Tout remplacement de pièce devra être réalisé sous 2 jours ouvrés (48 heures).
Bpifrance Financement convoquera éventuellement mais pas nécessairement les prestataires ayant présenté les meilleures offres en vue d'une audition et d'une négociation avant le choix définitif.	Les réponses seront appréciées au moyen de la liste des critères pondérés ci-dessous : – Dimensions du matériel pour une bonne intégration dans l'environnement existant de l'atelier Reprographie : 10 % – Capacités techniques du matériel à produire et à agrafer les documents : 15 % – Délais de maintenance et d'intervention sur site en cas d'incidents : 20 % – Distinction des fournisseurs du matériel d'impression et des accessoires dans l'atelier Reprographie : 20 % – Prix de l'offre pour l'achat du matériel et pour le coût des copies noir & blanc et couleur : 35 %.

Maîtrise

6 Renforcer l'écoute active avec la PNL

Vous êtes commercial(e) chez Imprimor, qui vend des imprimantes laser et des scanners à des professionnels.
Vous effectuez beaucoup de rendez-vous en face-à-face et avez noté plusieurs échanges avec des prospects. Vous faites le point sur ces entretiens en vous demandant si vous avez été assez attentif(-ive) en repérant bien leur dominante sensorielle.

1 À partir de chacune des phrases prononcées par le client, dites si celui-ci exprime une indication à dominante visuelle (V), auditive (A) ou kinesthésique (K).

2 Formulez les réponses adaptées à la dominante sensorielle exprimée par le client.

Phrases	Dominante sensorielle		
	V	A	K
1. Mettez-moi par écrit votre proposition ainsi que tous les détails.			
2. Remontrez-moi votre catalogue !			
3. Écoutez, laissez tomber votre brochure et parlez-moi plutôt de vos conditions de paiement !			
4. Vous croyez que cela peut améliorer l'ambiance entre mes commerciaux ?			
5. J'aimerais avoir votre sentiment sur le choix à faire.			

Expertise

7 Renforcer l'écoute active avec l'analyse transactionnelle

Vous êtes stagiaire chez Mecanica, qui vend des chariots élévateurs à des professionnels de l'industrie. Vous suivez votre tuteur lors de ses rendez-vous.

1 Repérez l'état du moi activé par votre tuteur dans un certain nombre de rendez-vous dans lesquels vous l'avez accompagné.

Propos de votre tuteur	État du moi		
	Parent	Adulte	Enfant
1. La panne que vous me décrivez est tout à fait impossible ! Incroyable !			
2. N'ayez crainte, je vais vous aider.			
3. Pouvez-vous me donner plus de détails afin que je puisse vous aider ?			
4. Ah, j'adore les clients comme vous !			
5. Voilà comment vous allez faire…			
6. Vous me dites que vous avez vu moins cher chez un concurrent mais s'agissait-il exactement du même produit ?			
7. Si je comprends bien, vos attentes principales sont…			

En route vers l'épreuve E4

Voir PRÉSENTATION DE L'ÉPREUVE page 309

A Les compétences évaluées

○ **Négocier et accompagner la relation client**
Les compétences à acquérir
1 – Négocier et vendre une solution adaptée au client
2 – Créer et maintenir une relation client durable

B Travail à faire

1 À partir du cas Le Relais, complétez cet extrait de la fiche E4 proposé ci-dessous :

CADRE DE L'ACTIVITÉ	
Nom de l'organisation	
Adresse/code postal/ville	
Type de structure	
Offre commerciale	
Type(s) de client(s)	
Méthodes de vente	
ANALYSE DE L'ACTIVITÉ	
Date(s)	
Historique/problématique de l'activité	
Acteurs concernés (statuts/rôles/motivations)	
Objectifs opérationnels	
DÉROULEMENT DE L'ACTIVITÉ	
Phases	Outils mobilisés
Résultats	
Difficultés rencontrées	

Complétez le cadre de l'activité à partir du contexte professionnel (p. 151) et avec les éléments fournis par les échanges entre la commerciale et le prospect (annexe 4 p. 154).

2 Préparez un diaporama en 3 ou 4 diapositives vous permettant de présenter à un jury (ou à vos camarades) cette entreprise ainsi que son offre et ses cibles.

3 À vous de jouer ! Entraînez-vous au changement de paramètres, à l'aide d'une nouvelle situation, préparez et simulez l'entretien. Remplissez une nouvelle fiche E4.

Titulaire d'un BTS NDRC, vous venez d'être embauché(e) comme attaché(e) commerciale(e) chez Relai restauration. Vous avez rendez-vous le 12 juillet avec monsieur Tangy, responsable d'une association d'aide à la réinsertion de personnes en grande précarité (50 membres), qui souhaite organiser un repas en plein air à la rentrée de septembre pour « mobiliser les troupes ».

4 Repérez une situation vécue ou observée, dans votre entreprise de stage ou dans une entreprise de votre choix, puis remplissez cet extrait de la fiche E4.

Synthèse

Prendre contact et découvrir les besoins du client

Le commercial doit s'adapter au processus de vente parfois digitalisé.

- Dans la vente traditionnelle, la prise de contact est initiée par le commercial qui réalise en outre la découverte en face-à-face.
- Dans un processus digitalisé, la prise de contact est inversée car c'est souvent le prospect qui, « nourri » par le contenu en ligne d'une entreprise, s'adresse alors à elle, engageant ainsi « la conversation commerciale ».

La prise de contact avec un client nécessite :

- **De se présenter et de vérifier l'interlocuteur**
  « Bonjour, Monsieur. Je suis X, de la société Y. Vous êtes bien M. Z ? Enchanté(e), c'est bien vous qui prenez les décisions en matière de… ? »
- **Créer un climat de confiance**
  Sourire, premiers mots, regard, accroche doivent être le « miroir » de la volonté du vendeur de mener un entretien professionnel.
- **De cadrer la suite de l'entretien**
  « Dans un premier temps, je vous propose de m'assurer que ce que je sais déjà est toujours d'actualité, puis je vous poserai un certain nombre de questions afin de vous proposer ensuite ce qui correspondra le mieux à vos attentes… »

Diagnostiquer les besoins du client permet d'identifier ses motivations, ses besoins réels et ses freins.

- Questionner en variant le type de questions (ouvertes, fermées, alternatives).
- Écouter, donc prendre des notes.
- Reformuler pour montrer à l'interlocuteur l'intérêt porté à sa problématique. Vérifier que l'on a bien compris.
- Synthétiser les besoins découverts afin d'orienter vers une argumentation adaptée.

L'efficacité relationnelle commerciale peut être renforcée par deux techniques.

L'analyse transactionnelle
- Distinguer les trois états du moi (« parent », « adulte », « enfant »).
- Comprendre les transactions et les positions de vie.

La programmation neurolinguistique
- Repérer les canaux sensoriels privilégiés de l'interlocuteur.
- Se synchroniser avec lui (au niveau verbal, au niveau de la posture…).

TESTEZ-VOUS

Quiz sur le chapitre 9
liennathan.fr/k78xk5

MOTS CLÉS

Typologie SONCASE · Règle des 4 × 20 · Analyse transactionnelle · Programmation neurolinguistique

CHAPITRE

10

Négocier et vendre une solution adaptée au client

Contexte professionnel

Activité/Tâche
Proposition, négociation et vente d'une offre personnalisée

Compétences
Négocier et vendre une solution adaptée au client.

Vers PIX
3.1. Développer des documents textuels

La société Amsterdam Air est spécialisée dans le vélo hollandais depuis 15 ans. Aux Pays-Bas, le vélo est un véritable moyen de déplacement au quotidien, au même titre que la voiture ou les transports en commun. Les Hollandais ont donc conçu et développé des vélos et des accessoires pour tout transporter. Du vélo épuré pour transporter un cycliste léger aux triporteurs et biporteurs pour transporter les enfants, en passant par les tandems et les vélos électriques, la Hollande produit une grande variété de cycles.
Amsterdam Air (www.amsterdamair.fr) commercialise en France ces vélos dans l'air du temps : confortables, sur mesure, fiables, durables, modernes et solidement ancrés dans la tradition du cycle hollandais où le vélo est un art de vivre.

Votre rôle

Titulaire d'un BTS NDRC, vous venez d'être recruté(e) en tant qu'attaché(e) commercial(e) au sein de la société Amsterdam Air. M. Bernard, créateur et dirigeant de la société, souhaite que vous développiez les ventes des triporteurs sur Paris auprès des professionnels, des collectivités et des particuliers. Votre objectif est de réussir vos futures négociations.

Vos objectifs

I Créer un argumentaire de vente

Pour mener à bien votre mission, vous devez préparer les outils d'aide à la vente qui vous permettront de réaliser une négociation efficace.

1 Recensez les caractéristiques techniques et commerciales du triporteur Amsterdam Air en distinguant celles qui sont communes à l'ensemble de la gamme et celles spécifiques à chaque modèle. Fiche ressource 1 · Annexe 1

2 Identifiez les avantages procurés au client pour chacune des caractéristiques. Annexe 2

3 Proposez des moyens pour prouver les avantages identifiés.

4 Élaborez un argumentaire de vente sous forme de tableau en distinguant les arguments communs à l'ensemble de la gamme et ceux spécifiques à chacun des véhicules.

5 Parmi votre argumentaire, sélectionnez, pour chaque type de clients (professionnels, collectivités et particuliers), trois arguments, et entraînez-vous à les présenter à l'oral de manière positive.

II Traiter les objections

6 Anticipez 10 objections auxquelles vous êtes susceptible d'être confronté(e) lors d'un entretien. Fiche ressource 2

7 Préparez le plan de réponse aux objections qui vous permettra d'être plus efficace lors de votre entretien. Présentez votre travail sous forme de tableau à l'aide du logiciel Word.

8 Pour chacun des trois types de clients, entraînez-vous à répondre à l'objection : « Je ne vois pas l'intérêt de votre véhicule », en utilisant quatre techniques différentes.

III Présenter le prix et défendre le prix

9 Préparez la présentation du prix de vente en utilisant deux techniques différentes. Fiche ressource 3 · Annexe 3

10 Anticipez cinq réponses possibles à l'objection prix : « C'est trop cher ! »

IV Préserver sa marge

11 Déterminez, pour chacun des véhicules de la gamme : la marge commerciale, le taux de marge et le taux de marque réalisés par l'entreprise Amsterdam Air sur les triporteurs. Fiche ressource 4 · Annexe 3

12 Estimez, pour chacun des véhicules, le prix de vente minimum et la remise maximum que vous pourrez accorder lors d'un entretien de vente.

V Simuler l'entretien de vente

Vos actions de prospection vous ont permis d'obtenir trois rendez-vous. Annexes 4, 5 et 6

13 Avant de rencontrer chaque prospect, vous effectuez une simulation par groupes de trois ou quatre : le vendeur, le(s) client(s) et un observateur. Chaque membre du groupe joue alternativement l'un des trois rôles. L'observateur pourra évaluer la prestation du vendeur en complétant la grille d'analyse fournie.

Votre dossier

Annexe 1 — Présentation des triporteurs Amsterdam Air

amsterdam air
endless bicycles

Professionnels de la logistique urbaine, industriels, collectivités, particuliers : les triporteurs Amsterdam Air sont l'alternative écologique au transport de charges et de volumes importants.

Fabrication des vélos Amsterdam Air

Les vélos sont fabriqués aux Pays-Bas avec des matériaux légers, robustes, utilisés dans l'industrie de pointe. Ils sont conçus avec des ergothérapeutes et médecins du travail pour assurer le bien-être de ses conducteurs.

Certification

L'entreprise bénéficie de l'Écolabel Européen qui certifie que le produit répond à des critères environnementaux exigeants (audit sur site et tests) et possède la garantie officielle de l'Union européenne qu'il est parmi les plus respectueux de l'environnement de sa gamme.

Innovations techniques

Les triporteurs Amsterdam Air sont équipés d'un système de conduite, d'attelage et de freinage intelligent qui lui confère une ergonomie et une facilité d'adaptation intuitives. Le design à 3 roues, pour plus de stabilité tant en conduite qu'à l'arrêt, de confort et de sécurité, permet de soulager l'utilisateur lors de ses déplacements.

Pas besoin de béquiller le triporteur, un frein parking le maintient droit et stable, ce qui facilite grandement le chargement et le déchargement.

Efficace, stylé et doté d'un look intemporel, c'est un triporteur dans la plus pure tradition hollandaise.

Équipé d'une assistance électrique bimoteur (un moteur dans chaque roue avant), il est capable d'emmener sans problème ses 120 kg de charge utile sur des côtes à 10 % !

Sa qualité de fabrication et son équipement offrent sécurité et tranquillité.

- Cadre acier traité anticorrosion et peinture 3 couches
- Design du cadre breveté, pour des utilisateurs de 155 à 190 cm
- Éclairage continu des phares pendant quelques minutes après l'arrêt (pratique au feu rouge)
- Freins Shimano Rollerbrake IM70 sans entretien
- Pneus Schwalbe Marathon avec protection anticrevaison
- Selle confort

Annexe 2 Utilisation du triporteur Amsterdam Air

Les triporteurs Amsterdam Air sont déclinés dans différents modèles, selon leur usage (pour les professionnels, les collectivités, les familles).

■ Usage professionnel

Le triporteur professionnel Amsterdam Air est conçu pour un usage efficace au quotidien.

Avec son bac de grand volume, il s'adapte à de nombreuses applications : livraisons, service de proximité, électricien, plombier, peintre, vente ambulante…

Les triporteurs, biporteurs et autres vélos cargos sont utilisés depuis plus de 100 ans par les professionnels pour transporter un outil de travail, vendre sur les marchés, livrer des marchandises, nettoyer, communiquer ou manutentionner. Ces vélos porteurs hollandais répondent aux besoins de solidité et de durabilité pour le transport et la livraison de toutes sortes de marchandises.

Les triporteurs sont utilisés par des commerçants pour livrer à domicile ou vendre sur les marchés, par des propriétaires de maisons d'hôtes ou des campings pour le linge, par des agences de communication pour un lancement de produit ou de service. Les vélos personnalisés sont utilisés par des hôtels en location, par des boulangeries comme enseigne…

■ Usage pour les collectivités

Les triporteurs professionnels Amsterdam Air sont utilisés par des services municipaux pour nettoyer les rues, par des offices de tourisme pour se rapprocher des voyageurs.

Le **triporteur Voirie** est équipé de poubelles, d'un balai, d'une pince pour ramasser les déchets ; il permet de garder la ville propre.

Par rapport à un chariot propreté, le triporteur permet de parcourir des distances plus importantes.

Il est plus économique et surtout plus silencieux aux premières heures de la journée. L'assistance électrique à 6 niveaux aide à monter les côtes ou à rouler au pas.

Le **triporteur Office de tourisme** est un véritable office de tourisme mobile qui va à la rencontre des touristes. Sur le couvercle de la caisse du triporteur, une carte indique les principaux centres d'intérêt et permet de guider les touristes. Sur les 3 côtés, des photos de sites prestigieux de la région sont imprimées.

Une oriflamme ou un parasol permet d'afficher le « i » symbole des offices de tourisme. Cette signalétique invite le touriste à s'approcher. Dans le coffre, un grand volume pour stocker des dépliants touristiques. Des présentoirs fixés sur le coffre permettent aux touristes de prendre des documentations en libre-service.

À Nantes, du plombier au déménageur, le succès des boîtes à vélo
Durée : 2'11
liennathan.fr/76k3pd

Annexe 2 Utilisation du triporteur Amsterdam Air (suite)

■ Usage familial

Les triporteurs Famille offrent une grande caisse pour transporter les enfants. Ce type de triporteur permet de transporter jusqu'à 8 enfants dans la caisse avant pour les plus grands modèles. Les bébés jusqu'à 18 mois sont installés dans un siège coque ou un Maxi-Cosi. À partir de 18 mois, les enfants sont assis sur des banquettes avec ceintures de sécurité.

Par rapport à une voiture, il offre de nombreux avantages : gain de temps sur les parcours urbains, économies, non polluant, silencieux, exercices physiques, etc.

Annexe 3 Prix de vente des triporteurs

Modèle	Prix de vente HT	Prix d'achat HT
Triporteur professionnel	2 880 €	1 530 €
Triporteur Voirie	3 550 €	1 886 €
Triporteur Office de tourisme	3 190 €	1 695 €
Modèle	**Prix de vente TTC**	**Prix d'achat HT**
Triporteur Famille	3 000 €	1 325 €

▶ M. Bernard souhaite réaliser un taux de marque d'au moins 42 %.

Annexe 4 Informations sur l'enseigne Nature & Bio (1er prospect : Mme Lepic)

Mme Lepic est la dirigeante de la chaîne d'épiceries Nature & Bio.
Situées dans différents quartiers de Paris, les 10 épiceries Nature & Bio ont toutes le même parti pris : mettre en valeur le bio dans un décor alléchant.
Les épiceries Nature & Bio proposent une grande diversité de produits de qualité, tout au long de l'année, au rythme des saisons. Les produits sont sélectionnés exclusivement chez des producteurs et des artisans passionnés par leur métier et amoureux de la terre.
Mme Lepic souhaite proposer à sa clientèle la livraison à domicile. Soucieuse de l'environnement, elle recherche un moyen de transport urbain et écologique.

Annexe 5 — Informations sur l'Office du tourisme et des congrès de Paris (2e prospect : Nicolas Durand)

L'Office du Tourisme et des Congrès de Paris a été créé en 1971 à l'initiative conjointe de la Ville de Paris et de la chambre de commerce et d'industrie de Paris. Il a pour principale mission d'accueillir et d'informer les visiteurs.
5 bureaux accueillent les touristes toute l'année. 24 agents polyglottes informent les touristes de tout ce qu'il faut savoir sur la capitale.
Entre 30 et 40 millions de touristes viennent chaque année visiter Paris et sa région.

Présenté en 2018 au Conseil de Paris, le schéma de développement touristique de la capitale vise notamment à :
- améliorer les conditions d'accueil des visiteurs pour faire de Paris une ville bienveillante ;
- créer les conditions pour faciliter le séjour des visiteurs en réduisant les files d'attente, dématérialisant les billetteries et modernisant les standards d'accueil, notamment linguistique ;
- mettre en place des points d'accueil éphémères pour compléter et améliorer le maillage sur l'ensemble de la capitale ;
- développer un modèle de tourisme durable, respectueux de son environnement et des habitants.

L'Office du Tourisme et des Congrès de Paris est dirigé par Nicolas Durand, qui maîtrise parfaitement l'univers de la ville et des collectivités locales et possède de véritables connaissances du tissu économique de la ville de Paris. Son parcours professionnel l'a conduit à œuvrer dans différents secteurs et environnements : la Poste et ses filiales, les ministères, les télécommunications et le secteur financier.

Annexe 6 — Informations sur M. et Mme Boffé (3e prospect : Pierre et Aline Boffé)

Âgés respectivement de 42 et 41 ans, Pierre et Aline Boffé résident dans le XIe arrondissement de Paris.
Ils ont deux enfants : Charlotte (8 ans) et Antoine (6 ans).
Propriétaires d'une maison secondaire à Varengeville-sur-Mer, en Seine-Maritime, ils recherchent un moyen de transport ludique et écologique pour se promener avec leurs enfants lors de leurs séjours en Normandie.

FICHE RESSOURCE

1

CRÉER UN ARGUMENTAIRE DE VENTE

Après avoir découvert et reformulé les besoins du client, le commercial lui propose une solution adaptée à ses attentes. Il s'agit alors de le convaincre en lui présentant des arguments pertinents.

I Préparer les arguments

Un argument de vente est une phrase qui a pour but de convaincre le client que la solution proposée répond à ses besoins et à ses motivations.
Les arguments mettent en avant et prouvent les avantages que les caractéristiques du bien ou du service vont procurer au client.
Un argument se construit autour de trois éléments selon la méthode CAP :

Argument = Caractéristique + Avantage + Preuve

– Une **caractéristique** correspond à une propriété intrinsèque du bien ou du service. Il est possible de distinguer les caractéristiques techniques et les caractéristiques commerciales.

Caractéristiques	Exemples
Caractéristiques techniques	Puissance, composition, poids.
Caractéristiques commerciales	Délais de livraison, marque, notoriété, garantie, service après-vente.

– Un **avantage** correspond au bénéfice que va procurer une caractéristique du produit au client. Il s'agit de présenter à l'acheteur les conséquences positives des caractéristiques identifiées.

EXEMPLES

SONCASE	Avantages
Sécurité	Robustesse, solidité, longévité…
Orgueil	Premium, unique, originalité, haut de gamme, exclusivité…
Nouveauté	Innovation, avant-gardiste…
Confort	Confortable, facilité d'utilisation, simplicité…
Argent	Économique, rentabilité, rapport qualité/prix…
Sympathie	Faire plaisir, chaleureux…
Environnement	Écologique, économie d'énergie, préservation de l'environnement…

– Les **preuves** sont des moyens pour appuyer les avantages présentés. Il peut s'agir d'une démonstration, d'un essai, de témoignages clients, d'articles de presse, des résultats de tests ou d'essais réalisés, d'études comparatives…

EXEMPLE : **construction d'un argument**
Caractéristique : « Avec notre service de livraison en 24 heures […] »
Avantage : « […] vous pourrez très rapidement profiter de votre nouvelle acquisition […] »
Preuve : « […] comme l'attestent les témoignages de nos clients. »

II Construire l'argumentaire de vente

Après avoir recensé l'ensemble des arguments, ces derniers sont rassemblés dans un tableau et classés selon la méthode SONCASE en fonction des besoins et des motivations auxquels ils correspondent.
L'argumentaire de vente regroupe l'ensemble des arguments qui permettent de valoriser une offre face à un client ou un prospect.

EXEMPLE : argumentaire de vente d'un smartphone

	Caractéristiques	Avantages	Preuves	SONCASE
Caractéristiques commerciales	1re marque mondiale de smartphones	Bénéficier d'un téléphone de qualité.	Marque	– Orgueil – Sécurité
	Plusieurs couleurs de finition	S'adapte à vos goûts.	Catalogue	– Sympathie – Orgueil
	Nouveau modèle	Exclusivité	– Date de sortie – Catalogue	– Nouveauté – Orgueil
Caractéristiques techniques	Batterie lithium *Long Life* : autonomie de 14 heures en conversation et 10 jours en veille	Reste opérationnel longtemps sans être chargé.	Test	– Confort – Sécurité
	Écran indice de protection IP67	Résistant aux éclaboussures, à l'eau et à la poussière	– Essai – Démonstration	– Sécurité
	Capacité de stockage de 128 Go	Permet de stocker ses photos, vidéos.	Notice	– Confort – Sympathie

III Argumenter face au client

L'argumentation a pour objectif de convaincre le client que l'offre répond à sa problématique. Une bonne argumentation passe par une sélection des arguments et l'adoption d'un comportement positif.

1. Sélectionner des arguments pertinents

Lors de l'argumentation, le commercial sélectionne les arguments qui correspondent au type de clients (particuliers, professionnels, collectivités, administration), à ses besoins, à ses centres d'intérêt et à son profil SONCASE.

Il ne s'agit en aucun cas de réciter l'ensemble des arguments recensés mais de sélectionner de manière pertinente quelques arguments qui vont être en adéquation avec les attentes du client. Seuls ceux qui répondent aux motivations du client vont éveiller son intérêt et susciter une intention d'achat.

2. Adopter un comportement positif

Au cours de l'argumentation, le/la commercial(e) parle de manière positive en éliminant les formulations négatives. Il utilise le présent de l'indicatif ou le futur pour impliquer et projeter le client, en évitant de parler au conditionnel.

EXEMPLE : « Grâce à la batterie au lithium, vous pouvez utiliser votre ordinateur en autonomie pendant 14 heures, comme le montrent les tests réalisés par nos laboratoires. »

Enfin, les propos doivent être clairs, précis et sans ambiguïté. Le commercial doit affirmer sa crédibilité en maîtrisant les informations qu'il transmet.

3. Contrôler la portée des arguments

Pendant la phase de l'argumentation, le commercial doit être attentif aux réactions du client afin de contrôler son intérêt pour la solution proposée. Il doit obtenir des validations de la part de son interlocuteur en lui posant des questions de contrôle du type :
- « Cette solution vous convient-elle ? »
- « Qu'en pensez-vous ? »
- « Sommes-nous d'accord ? »
- « Avez-vous des questions à ce sujet ? »

Il s'agit de s'assurer que le client est convaincu par les arguments mis en avant et que la solution proposée répond à ses besoins et attentes.

FICHE RESSOURCE 2

TRAITER LES OBJECTIONS

L'objection est une critique, une demande d'information complémentaire exprimée par le client, qui fait obstacle à la solution proposée et argumentée par le vendeur.
Les objections sont l'expression d'une hésitation, d'une incompréhension, voire d'une crainte du client qui a peur de s'engager. Le commercial, qui vit souvent l'objection comme une agression, doit au contraire la percevoir comme un tremplin pour rallier le client ou le prospect à ses propos et l'amener vers la conclusion de la vente.

I Lister les objections

Pour ne pas être pris au dépourvu face au client, il convient d'anticiper les objections. Une méthode consiste à diagnostiquer les points forts et les points faibles de son entreprise, de ses produits et de ses concurrents. Il est également utile de s'informer sur le client ou le prospect que l'on va rencontrer pour prévoir les objections et les questions probables liées à son contexte.
Le commercial peut lister l'ensemble des objections dans un plan de réponses aux objections :

Objections	Réponses
« C'est trop cher ! »	Le prix de ce produit très performant intègre l'installation et la mise à jour annuelle.
« J'ai besoin de réfléchir. »	Ce produit a beaucoup de succès, nous n'avons plus beaucoup de stock.

II Distinguer les objections

Il existe trois types d'objection :

Types d'objection	Caractéristiques	Exemples
L'objection fondée	Il s'agit d'une objection sincère et justifiée : la solution proposée ne répond pas aux besoins du client ou du prospect.	« Vous ne proposez pas la couleur que je souhaite. »
L'objection non fondée	Il s'agit d'une objection sincère mais non justifiée : la solution proposée répond aux attentes du client ou du prospect mais, par manque d'information ou en raison d'une incompréhension, ce dernier ne s'en rend pas compte.	« Je ne comprends pas comment votre solution va me permettre de résoudre mon problème. »
L'objection prétexte	L'objection n'est pas justifiée, elle a pour but d'éviter un achat ou de mettre rapidement un terme à l'entretien.	« Je n'ai besoin de rien ! »

III Répondre aux objections

Pour répondre correctement à une objection, le commercial doit suivre plusieurs étapes.

1. Approuver l'objection

Dans un premier temps, le commercial laisse son interlocuteur s'exprimer sans lui couper la parole. Il montre ensuite de la compréhension, sans dévaloriser l'objection (cela reviendrait à dévaloriser le client). Il faut donc éviter les expressions du type : « Vous avez tort », « C'est faux ! »
Au contraire, il est recommandé de commencer par une phrase du type : « Vous avez raison », « Je vous comprends très bien », « Vous faites bien d'attirer mon attention sur… ».

2. Comprendre l'objection

Il faut poser des questions au client ou au prospect pour lui faire préciser le contenu et le fondement de son objection. Le commercial amène ainsi son interlocuteur à s'exprimer et à transformer l'objection en demande d'information (ex. : « C'est-à-dire ? », « Pouvez-vous m'en dire plus ? »).

3. Répondre à l'objection

Plusieurs techniques peuvent être utilisées par le commercial pour répondre aux objections.

Techniques de réponse aux objections	Explications	Exemples
La compensation	Lorsque le client ou le prospect émet une objection fondée, le commercial peut y répondre en reconnaissant la carence de son offre qu'il contrebalancera en mettant en avant un autre avantage.	Objection : « Vous n'avez pas la couleur que je souhaite. » Réponse : « Je reconnais que nous n'avons pas beaucoup de choix au niveau des couleurs ; toutefois, notre offre vous permettra d'accroître vos performances. »
Le boomerang	Cette technique consiste à répondre à l'objection en s'appuyant sur ce que le client ou le prospect vient de dire.	Objection : « Je suis satisfait de mon fournisseur actuel. » Réponse : « C'est la raison pour laquelle je vous propose une étude comparative sans aucun engagement de votre part. »
La reformulation interrogative	En reprenant l'objection sous forme de question, le client ou le prospect est invité à s'exprimer et à approfondir son objection.	Objection : « Je ne suis pas intéressé. » Réponse : « Puis-je vous demander ce qui ne vous intéresse pas ? »
L'information	Face à une objection non fondée mais sincère, le commercial peut apporter le complément d'information qui va permettre au client ou au prospect de mieux comprendre l'adéquation de l'offre à ses besoins.	Objection : « Je ne comprends pas comment votre solution va me permettre de résoudre mon problème… » Réponse : « Je vous propose de regarder les résultats des tests réalisés sur nos produits. »
Le témoignage	Pour répondre à l'objection, le commercial met en avant le témoignage d'un client crédible.	Objection : « Votre société n'est pas connue. » Réponse : « Nous comptons parmi nos clients de nombreuses entreprises leaders dans leur domaine d'activité, telles que… »
La réfutation	Cette technique consiste à éviter l'objection soit en l'ignorant, soit en reportant sa réponse. Elle peut entraîner un agacement chez le client ou le prospect et doit être utilisée avec modération.	Objection : « Je ne vois pas la couleur que je recherche. » Réponse : « Je vous propose de voir le choix des couleurs plus tard. Pour le moment, je souhaite vous montrer les performances de notre produit. »

4. Contrôler l'effet de la réponse

Une fois l'objection traitée, le commercial vérifie si le client ou le prospect accepte la réponse fournie en posant une question de contrôle du type : « Ai-je bien répondu à votre question ? », « Qu'en pensez-vous ? », « Sommes-nous d'accord ? »

S'il n'effectue pas ce contrôle et ne vérifie pas l'adhésion de son interlocuteur, celui-ci risque de reformuler l'objection pour laquelle il n'aura pas reçu de réponse satisfaisante.

IV Adapter son comportement

Pour répondre aux objections, le commercial doit adopter une attitude calme et positive. Il ne faut jamais répondre trop vite, ni perdre son sang-froid face à un client ou un prospect qui émet une objection. Il faut inviter son interlocuteur à s'exprimer sans le contredire.

FICHE RESSOURCE

3

PRÉSENTER ET DÉFENDRE LE PRIX

La présentation du prix est souvent vécue comme un des moments les plus délicats de la négociation. Le respect d'un certain nombre d'étapes permet d'aborder ce sujet de façon sereine en rassurant le client ou le prospect sur l'adéquation du prix à l'offre proposée.

I Présenter le prix

Lorsque le client ou le prospect n'a plus de question et que le commercial a pris soin de valider son adhésion à la solution proposée par une question de contrôle, il est alors opportun de présenter le prix. Deux techniques peuvent être utilisées pour présenter un prix :

Techniques	Principes	Exemples
La technique du sandwich	Elle consiste à rappeler un avantage puis à annoncer le prix avant de mentionner un autre avantage.	« Cette solution, qui va améliorer vos performances, est vendue au prix de 5 300 €. De plus, je vous rappelle qu'elle vous permettra de vous différencier de vos concurrents. »
La technique de la boule de neige	Elle consiste à annoncer le prix puis à rappeler deux ou trois avantages importants pour le client.	« Pour 5 300 €, cette solution vous permet d'améliorer vos performances, de vous différencier de vos concurrents tout en valorisant votre image de marque auprès de vos clients. »

II Accepter l'objection sur le prix

1. Distinguer l'objection prix

Suite à la présentation du prix, dans la majorité des cas, le client ou le prospect émettra une objection sur le prix.

EXEMPLES

– « C'est trop cher. »
– « Vos concurrents sont mieux placés. »
– « Vos conditions ne sont pas exceptionnelles. »
– « Ce prix dépasse mes limites budgétaires… »

Il faut alors distinguer le type d'objection prix que le client vient d'émettre :
– l'objection fondée : le client ou le prospect n'a pas les moyens d'acheter au prix proposé ou les concurrents sont réellement moins chers ;
– l'objection infondée mais sincère : il n'a pas compris l'intérêt de payer un tel prix ;
– l'objection prétexte : il cherche à marchander en voulant obtenir les meilleures conditions.

2. Accepter l'objection

Comme pour toute objection, le commercial doit rester attentif et compréhensif face au client ou au prospect. Il ne doit pas se montrer déstabilisé par l'objection sur le prix mais, au contraire, rester enthousiaste, positif et sûr de lui.

III Défendre son prix

La solution de facilité est de proposer immédiatement une remise au client pour satisfaire sa demande et conclure rapidement la vente. Or, il est important que le commercial défende son prix pour :
– préserver les marges et la rentabilité de son entreprise ;
– garantir sa rémunération s'il est commissionné sur la marge réalisée ;
– ne pas dévaloriser son produit en le « bradant » trop facilement ;
– rester crédible face au client ou au prospect qui pourrait penser que le prix initial était artificiellement gonflé.

Le commercial doit maîtriser les techniques nécessaires pour répondre aux objections sur le prix de son interlocuteur tout en préservant la qualité de sa relation avec lui et ses chances de le faire signer. Il suivra les étapes suivantes :

1. Isoler le prix

Suite à l'objection sur le prix émise par le client ou le prospect, le commercial doit, dans un premier temps, s'assurer que le produit convient bien à son interlocuteur en lui posant une question.

EXEMPLE

« À part le prix, cette solution vous convient-elle ? »

2. Comprendre le client ou le prospect

Le commercial doit essayer de comprendre pourquoi son interlocuteur trouve le prix trop élevé en le questionnant.

EXEMPLES

– « Pourquoi trouvez-vous le prix trop élevé ? »
– « Par rapport à quoi trouvez-vous le prix trop élevé ? »

3. Justifier le prix

Le commercial doit expliquer, justifier ou relativiser le prix en utilisant l'une des techniques suivantes.

Techniques	Principes	Exemples
L'addition	Additionner les avantages pour justifier le prix.	« Vous bénéficiez d'une garantie de 3 ans et d'un service après-vente disponible 24 h/24. »
La soustraction	Montrer que ce que le client ou le prospect va perdre en n'achetant pas est plus important que le prix.	« En ne souscrivant pas à cette offre, vous risquez de voir vos concurrents vous devancer et perdre des clients. »
La multiplication	Multiplier les avantages du produit par sa durée d'utilisation.	« Avec cette solution, vous allez économiser 100 € par mois, soit 1 200 € par an. »
La division	Diviser le prix du produit par une durée ou une quantité.	« 300 €, cela correspond à moins de 1 € par jour sur une année. »
Le positionnement	Justifier le prix par le positionnement haut de gamme ou la qualité de la solution présentée.	« Le prix est élevé mais vous allez bénéficier de ce qui se fait de mieux sur le marché. »

4. Accepter une concession

Si, malgré les explications, le client ou le prospect continue d'objecter sur le prix, le commercial doit alors envisager d'effectuer une remise.
La remise doit être raisonnable et ne pas dépasser la marge de manœuvre du commercial (la plupart des commerciaux ont un taux de remise plafonné qu'ils ne sont pas autorisés à dépasser).
Lorsque le vendeur accorde une remise, il peut demander une contrepartie au client.

EXEMPLES

Paiement au comptant, recommandations de proches.

La remise n'est pas obligatoire. Le commercial a le droit de refuser de négocier le prix s'il juge que cela réduit trop la marge de son entreprise. C'est à lui d'estimer si la concession demandée est trop importante et s'il est prêt à prendre le risque de perdre le client.

FICHE RESSOURCE

4

PRÉSERVER SA MARGE

Lors de la négociation sur le prix, le commercial doit avoir conscience que toute remise accordée au client réduit la marge réalisée sur le produit et peut nuire à la rentabilité et à la pérennité de son entreprise.

I Calculer la marge commerciale

La marge commerciale correspond à la différence entre le prix de vente et le prix d'achat du produit.

Marge commerciale = Prix de vente HT – Prix d'achat HT

EXEMPLE : une entreprise vend 20 € HT un produit qu'elle a acheté 15 €. La marge commerciale est de : 20 – 15 = 5 €.

II Déterminer le taux de marge

Le taux de marge correspond au pourcentage de gain réalisé par l'entreprise sur le prix d'achat des marchandises vendues. Il se calcule en divisant la marge commerciale par le prix d'achat des marchandises vendues.

Taux de marge = (Marge commerciale / Prix d'achat HT) × 100
Ou
Taux de marge = [(Prix de vente HT – Prix d'achat HT) / Prix d'achat HT] × 100

EXEMPLE : le prix de vente HT est de 20 €, le prix d'achat HT de 15 €. Le taux de marge est de : [(20 – 15) / 15] × 100 = 33,33 %.

Le taux de marge appliqué au prix d'achat permet de déterminer la marge commerciale.

EXEMPLE : le prix d'achat d'un bien est de 100 €, le taux de marge de 45 %. La marge commerciale est de : (100 × 45) / 100 = 45 €.

III Déterminer le taux de marque

Le taux de marque correspond au pourcentage de gain réalisé par l'entreprise sur le prix de vente HT de ses marchandises. Il se détermine en divisant la marge commerciale par le prix de vente HT.

Taux de marque = (Marge commerciale / Prix de vente HT) × 100
Ou
Taux de marque = [(Prix de vente HT – Prix d'achat HT) / Prix de vente HT] × 100

EXEMPLE : le prix de vente HT est de 20 €, le prix d'achat HT est de 15 €. Le taux de marque est de : [(20 – 15) / 20] × 100 = 25 %.

Le taux de marque appliqué au prix de vente HT permet de déterminer la marge commerciale.

EXEMPLE : le prix de vente d'un bien est de 200 € HT, le taux de marque de 30 %. La marge commerciale est de : (200 × 30) / 100 = 60 €.

IV Calculer le coefficient multiplicateur

Le coefficient multiplicateur permet de calculer le prix de vente TTC à partir du prix d'achat HT. Il se calcule en divisant le prix de vente TTC par le prix d'achat HT.

Coefficient multiplicateur = Prix de vente TTC / Prix d'achat HT

EXEMPLE : une entreprise vend 50 € TTC un produit acheté 25 € HT. Le coefficient multiplicateur est de : 50 / 25 = 2.

Le coefficient multiplicateur permet à une entreprise de connaître son prix de vente à partir de son prix d'achat.

Prix de vente TTC = Prix d'achat HT × Coefficient multiplicateur

EXEMPLE : une entreprise achète un produit 10 € HT, elle applique un coefficient multiplicateur de 2,5. Elle vendra ce produit au client final : 10 × 2,5 = 25 € TTC.

V Mesurer l'incidence des réductions sur la marge commerciale

Lors de la négociation, le commercial peut accorder des réductions ou un escompte à son client.

	Définition	Avantages	Inconvénients
La remise	Réduction commerciale accordée en fonction des quantités achetées ou de l'importance que le client ou le prospect revêt pour l'entreprise.	– Incite le client à acheter en plus grande quantité. – Fidélise le client. – Permet de conquérir des prospects importants.	Les réductions commerciales et l'escompte diminuent la marge commerciale réalisée sur les ventes.
La ristourne	Réduction calculée sur le montant global des ventes réalisées avec un client sur une période donnée.	Fidélise le client en récompensant la longévité de la relation.	
Le rabais	Réduction accordée au client suite à un défaut de qualité des produits, de conformité de la commande ou d'un retard de livraison.	– Compense un défaut ou une anomalie. – Réduit le risque de perdre un client.	
L'escompte	Réduction financière accordée au client qui règle au comptant.	– Permet à l'entreprise de recevoir l'argent de la vente rapidement.	

Lorsque le commercial accorde une réduction au client, cela va diminuer son prix de vente et donc sa marge commerciale.

EXEMPLE : un commercial vend 25 € HT un produit acheté 15 € HT. Lors de la négociation, il accorde une remise de 10 % au client.
– Sans remise, la marge commerciale est de : 25 – 15 = 10 €.
– Avec la remise, le prix de vente HT est de : 25 – (25 × 10 / 100) = 22,50 €.
La marge commerciale est de : 22,50 – 15 = 7,50 €.

Lors d'une négociation, le commercial peut accorder une remise au client en contrepartie d'une quantité achetée plus importante afin de conserver la marge globale sur la vente.

EXEMPLE (SUITE) : le client souhaite acheter 100 produits.
– Sans remise, la marge globale sera de : 100 × 10 = 1 000 €.
– En accordant une remise de 10 %, la marge commerciale sera de 7,50 €.
Pour maintenir la même marge globale, le commercial devra vendre : 1 000 / 7,50 = 134 produits.

VI Maîtriser les indicateurs

En fonction des informations connues, le commercial doit être en mesure d'apprécier la rentabilité de sa vente à travers le calcul d'indicateurs. Il doit maîtriser les formules suivantes.

Formules de calcul			
Marge commerciale	Prix de vente HT – Prix d'achat HT	(Prix de vente HT × Taux de marque) / 100	(Prix d'achat HT × Taux de marge) / 100
Taux de marge	(Marge commerciale / Prix d'achat HT) × 100		
Taux de marque	(Marge commerciale / Prix de vente HT) × 100		
Prix de vente	Prix d'achat HT + Marge commerciale	Prix d'achat HT × [1 + (Taux de marge / 100)]	Prix d'achat HT / [1 – (Taux de marque / 100)]
Prix d'achat HT	Prix de vente HT – Marge commerciale	Prix de vente HT × [1 – (Taux de marque / 100)]	Prix de vente HT / [1 + (Taux de marge / 100)]
Coefficient multiplicateur	Prix de vente TTC / Prix d'achat HT		

Maîtrise

1 Maîtriser l'argumentaire de vente (B to B, B to C, B to G)

L'entreprise Ventury est spécialisée dans la vente de mobilier, matériel et accessoires de bureau. Elle propose différentes gammes de produits provenant de fournisseurs scandinaves, réputés pour leurs produits de qualité. Les PME et PMI représentent environ 80 % de sa clientèle ; viennent ensuite les administrations (mairies, écoles...) puis les particuliers. Ses principaux concurrents se différencient tant au niveau du prix (BUT, IKEA, Fly : moins chers) que de la qualité (Buro Conseil : du bas au haut de gamme). Les sièges de bureau et les chaises sont commercialisés dans les gammes CM 20 (haut de gamme) et CM 10 (moyenne gamme).

1 Prenez connaissance de l'argumentaire. Complétez les avantages pour le client en ayant en tête : « Pour vous, cela veut dire… », recherchez des preuves pour appuyer les avantages présentés et précisez les éléments de la typologie SONCASE concernés par vos arguments.

2 Quels arguments allez-vous privilégier avec :
– un chef d'entreprise qui souhaite un siège pour son bureau ?
– le maire d'une petite commune qui désire un fauteuil pour siéger au conseil municipal ?
– un particulier qui veut acheter un fauteuil de travail pour sa fille de 16 ans ?

Document L'argumentaire

Caractéristiques	Avantages pour le client	Preuves	SONCASE
L'entreprise • SARL familiale, réputée pour la qualité de ses produits depuis 20 ans et la proximité avec les clients • Toujours à la recherche de nouveauté • Importation de produits de Scandinavie • Forte relation client et démarche qualité			
Caractéristiques techniques • CM 20 : sièges de bureau et chaises de marque en exclusivité, sièges ergonomiques, garantie confort • CM 10 : sièges de bureau et chaises moyenne gamme **Caractéristiques commerciales** • Livraison en deux semaines • Installation sur place par un technicien qualifié • Prix alignés sur le marché • Paiement échelonné possible			

Maîtrise

2 Distinguer les objections et maîtriser leur traitement

La société EUROCAD commercialise des objets publicitaires (goodies, textile) personnalisés avec le logo et le nom de ses clients (essentiellement des entreprises, des écoles de commerce, des écoles d'ingénieurs et des lycées).
Les produits proposés sont reconnus pour leur grande qualité (articles dans la presse) et l'offre est très variée, mais plus chère que celle des concurrents. EUROCAD livre dans le mois suivant la commande.
En votre qualité de commercial(e) stagiaire, vous pouvez accorder des délais de paiement et une remise allant jusqu'à 5 %. Avant de vous laisser rencontrer des clients, votre tutrice vous demande de vous préparer aux objections que ne manqueront pas de vous faire les clients ou prospects.

1 Pour chacun des cas du document 1, indiquez si l'objection est fondée ou non fondée.

2 Acceptez, valorisez et traitez les objections du document 2 en formulant une réponse à chacune des objections que vous anticipez.

Document 1

Objections des clients/prospects	Objection fondée	Objection non fondée
1. « Comment puis-je être sûr(e) de la qualité de votre offre ? »	☐	☐
2. « Que c'est cher ! »	☐	☐
3. « Je pense qu'il y a mieux ! »	☐	☐
4. « Vos conditions de paiement sont inacceptables ! »	☐	☐
5. « Vous n'avez pas beaucoup de choix. »	☐	☐
6. « Votre société n'est pas très connue. »	☐	☐
7. « Je préférerais des objets qu'on ne voit pas partout. »	☐	☐
8. « Je suis sûr(e) que vous pouvez m'accorder plus de 2 %. »	☐	☐
9. « Vos concurrents sont moins chers. »	☐	☐
10. « Je ne peux pas payer en une seule fois. »	☐	☐

Document 2

1. « Je n'ai pas le temps d'étudier vos propositions. »
2. « Ça ne m'intéresse pas. »
3. « Repassez dans six mois. »
4. « J'ai déjà un fournisseur. »
5. « Je n'en ai pas besoin. »
6. « Vos délais de livraison sont trop longs. »
7. « Vos produits ne m'intéressent pas. »
8. « Vous êtes bien jeune pour inspirer confiance… »
9. « Vous me faites combien ? »
10. *Le client vous dit d'emblée, alors que vous lui proposez de découvrir ses besoins :* « Ne perdons pas notre temps ! Montrez-moi votre catalogue. »

Maîtrise

3 Évaluer la marge

Orvault Informatique Services est spécialisée dans l'équipement informatique des entreprises. Elle distribue :
- des ordinateurs de bureau et portables de différentes marques (Asus, HP, Lenovo, Acer) ;
- des tablettes ;
- des imprimantes (HP, Epson, Canon...) ;
- des accessoires informatiques (claviers, webcams, casques...).

Les commerciaux proposent aussi la livraison, l'installation et la maintenance du parc informatique.
Grâce à sa proximité avec ses clients et l'efficacité de son service après-vente, Orvault Informatique Services a fidélisé une clientèle de particuliers et de petites entreprises qui lui assurent un chiffre d'affaires satisfaisant.
La société réfléchit à sa politique de prix et veut travailler sur différentes hypothèses pour évaluer l'impact des réductions commerciales sur ses ventes. Elle souhaite sensibiliser ses commerciaux à l'impact des réductions sur la marge.
En votre qualité de chef des ventes, vous avez choisi d'étudier quatre produits extraits des différentes gammes que vous commercialisez et vous voulez fixer les marges de négociation à vos commerciaux.

1. Calculez les marges maximales réalisées sur ces produits.
2. Calculez les marges minimales compte tenu des remises possibles.
3. Évaluez les marges totales réalisées avec et sans les remises, en valeur et en pourcentage.
4. Une opération de déstockage de tablettes est organisée sur une période d'un mois. En prenant l'exemple de la tablette C 8591, quel est le taux de remise maximal que vous pourriez fixer pour conserver un taux de marque global de 27 % ?

Document 1 Produits commercialisés

Références produits	Désignation	Coût d'achat	Taux de marque	Remise maximum
LV 59810	 Ordinateur portable	950 €	35 %	5 %
C 8591	 Tablette	256 €	40 %	10 %
HP 5800	 Imprimante laser	352 €	30 %	6 %
ACZ 5761	 Ordinateur tout-en-un	598 €	33 %	3 %

Maîtrise

4 Défendre ses marges dans une stratégie de *cross canal*

Connect Plus vient de lancer sur le marché le bureau connecté qui s'adapte aux besoins des utilisateurs. Ce bureau a été conçu pour améliorer l'environnement de travail. Réglable en hauteur, il permet d'éviter les maux de cou et du dos. Grâce à la technologie Bluetooth, il peut se connecter à toute une gamme d'appareils. Il est équipé de 8 prises électriques et 4 ports USB. Son design épuré et moderne lui permet de s'intégrer dans tous les environnements de travail. Vous avez lancé cette nouvelle gamme de produits que vous commercialisez par différents réseaux de distribution :

- site Internet de l'entreprise ;
- vente aux distributeurs ;
- vente directe aux particuliers, aux comités d'entreprise et aux entreprises.

Les équipes commerciales ont besoin de formation et de conseils sur la fixation des prix et des marges afin de préparer leurs arguments et de négocier lorsqu'ils rencontrent leurs interlocuteurs. Le coût de revient d'un bureau connecté est de 650 €. Le taux de TVA est de 20 %.

1. Pour les particuliers, calculez le prix de vente théorique d'un bureau, la marge maximale réalisée et la marge minimale.
2. Réalisez les mêmes calculs pour les comités d'entreprise.
3. Pour les entreprises, calculez le prix de vente théorique d'un bureau, la marge maximale et la marge minimale.
4. Pour les distributeurs, calculez le prix de vente d'un bureau, la marge réalisée, le prix de vente au consommateur final et la marge réalisée par les distributeurs.
5. Compte tenu des conditions générales de vente, calculez le montant de la ristourne que percevrait une entreprise qui aurait réalisé un chiffre d'affaires TTC de 456 000 €.

Document 1 Conditions commerciales définies selon les types de clients

- Les prix pour la vente sur Internet sont fixés par le service Marketing. Les commerciaux n'ont que peu ou pas d'influence sur les négociations.
- En ce qui concerne les particuliers, les commerciaux ont une marge de négociation de 5 % maximum sur le prix de vente. Le taux de marge est de 40 %.
- Avec les comités d'entreprise, le taux de marge est de 30 % et les commerciaux n'accordent aucune remise.
- Pour les entreprises, les commerciaux peuvent accorder jusqu'à 5 % de remise sur le prix de vente HT et le taux de marge qu'ils réalisent est de 30 %.
- Avec les distributeurs, comme les rotations des produits et le pouvoir de négociation sont importants, le taux de marge est de 11,11 %. Le taux de marque conseillé est de 15 % pour déterminer le prix de vente public.

Document 2 Extrait des conditions générales de vente

L'entreprise accorde une ristourne à ses clients « entreprises » selon le barème suivant :

Tranche de chiffre d'affaires HT	% de ristourne
0 à 50 000 €	0 %
50 001 à 150 000 €	1 %
150 001 à 300 000 €	2 %
+ de 300 000 €	3 %

Expertise

5 Préparer les outils d'aide à la vente

Titulaire d'un BTS NDRC, vous avez créé la société eBike, qui commercialise des vélos électriques importés de Chine. La société revend ses vélos à des revendeurs indépendants dans la France entière. Afin de commercialiser trois nouveaux modèles de vélos électriques, vous préparez la grille tarifaire et l'argumentaire de vente pour vos commerciaux.

1 Préparez la grille tarifaire des trois nouveaux modèles en complétant le document 1.

2 Les revendeurs appliquent généralement un coefficient multiplicateur de 2,5 sur les vélos achetés. Déterminez le prix de vente TTC des nouveaux modèles eBike au consommateur final.

3 Élaborez un argumentaire de vente sous la forme d'un tableau qui recensera les arguments communs à l'ensemble de la gamme en vous aidant du document 2.

Document 1 Extrait de la nouvelle grille tarifaire

Modèles	Prix de vente HT	Prix d'achat HT	Taux de marge	Taux de marque	Marge commerciale
Modèle VTT eBike Homme	554 €		45 %		
Modèle Ville eBike Femme		123 €		31 %	
Modèle Kid eBike Enfant	368 €				165,6 €

Document 2 Présentation des vélos à assistance électrique eBike

Conçus pour les déplacements urbains et périurbains, les modèles eBike proposent un moyen de transport écologique, confortable et adapté à la morphologie de leurs utilisateurs (enfants, femmes, hommes).
Les trois modèles sont équipés d'une batterie qui permet d'avoir une autonomie allant jusqu'à 60 km. La batterie du vélo est amovible, ce qui rend son chargement très pratique.
Les vélos à assistance électrique sont équipés d'un puissant moteur 250 W (120 W pour le modèle kid) capables d'atteindre une vitesse de 25 km/h. Situé au niveau du pédalier, le moteur se déclenche automatiquement lorsque vous pédalez, tout en se coupant quand vous vous arrêtez.
Les vélos eBike disposent également d'un dérailleur 6 vitesses de la fameuse marque Shimano reconnue mondialement pour sa fiabilité et la souplesse des changements de vitesse.
Bien équipés, les VAE eBike possèdent de puissants freins à disque assurant un freinage sécurisé. Ils sont équipés d'un écran LCD (pour allumer et éteindre l'appareil, choisir entre 3 niveaux d'assistance, gérer l'éclairage et voir le niveau de la batterie). Les fans de nouvelles technologies connectées apprécieront le GPS proposé en option.

Expertise

6 Analyser une situation de vente

La société OpenStar fabrique et commercialise des fenêtres et des portes dans la France entière auprès d'une clientèle de particuliers. Leader sur son marché, elle est reconnue pour la qualité de ses produits fabriqués dans ses usines en France. Sa force de vente est composée de 30 commerciaux répartis sur 5 secteurs couvrant l'ensemble du territoire. Titulaire d'un BTS NDRC, vous êtes chef des ventes du secteur Est. Dans le cadre de votre mission, vous accompagnez sur le terrain Hervé, un de vos commerciaux, lors d'une visite chez un client, M. Muller.

1 Analysez l'entretien réalisé par Hervé en relevant les points positifs et les points à améliorer.

2 Formulez des conseils à Hervé pour qu'il puisse améliorer sa négociation.

Document Entretien entre Hervé et M. Muller

Hervé : Bonjour, M. Muller. Hervé, de la société OpenStar. Je viens vous voir suite à votre demande de devis réalisé sur notre site Internet.

M. Muller : Bonjour. Oui, effectivement, j'ai demandé un rendez-vous car je souhaite changer ma porte-fenêtre.

Hervé : Pourquoi souhaitez-vous la changer ?

M. Muller : Elle est vétuste et nous avons de plus en plus de problèmes pour la fermer.

Hervé : Effectivement, elle n'est pas en bon état. Quel type de fenêtre souhaitez-vous ?

M. Muller : Je recherche une fenêtre qui nous isole du froid et du bruit.

Hervé : Nous avons exactement ce qu'il vous faut : la fenêtre PVC OpenStar 200. Cette fenêtre a un double vitrage qui vous permettra de réaliser des économies de chauffage. Les tests démontrent que la fenêtre OpenStar permet de réduire les factures de chauffage de 20 %. Qu'en pensez-vous ?

M. Muller : Je ne pensais pas prendre du PVC. Notre maison a un style bourgeois, je pense que le bois apportera plus de cachet.

Hervé : Vous faites erreur, M. Muller. On ne fait pratiquement plus de bois car c'est un très mauvais isolant. Avec le PVC, je vous promets que vous ne serez pas déçu et en plus, c'est moins cher.

M. Muller : À quel prix est votre fenêtre ?

Hervé : Une porte-fenêtre PVC de dimension 215 par 140 cm vous coûtera 410 € avec la pose gratuite et une garantie de 2 ans.

M. Muller : C'est cher pour une fenêtre PVC !

Hervé : Je comprends votre réaction. Nous sommes leader sur le marché français car nous proposons les meilleurs produits. Vous pouvez trouver moins cher ailleurs mais vous ne bénéficierez pas d'une fenêtre de cette qualité.

M. Muller : OK... Pouvez-vous m'envoyer un devis détaillé ? Je vais en parler à mon épouse.

Hervé : Bien entendu, M. Muller. Je vous envoie un devis dès ce soir. Pouvons-nous convenir d'un prochain rendez-vous pour discuter ensemble de notre proposition ?

M. Muller : Je vous rappelle avant la fin de la semaine.

Hervé : Très bien, M. Muller. Je vous remercie pour votre accueil. J'attends votre appel. Bonne journée.

M. Muller : Au revoir.

En route vers l'épreuve E4

Voir PRÉSENTATION DE L'ÉPREUVE page 309

A Les compétences évaluées

◯ **Négocier et accompagner la relation client**
Les compétences à acquérir
1 – Négocier et vendre une solution adaptée au client
2 – Créer et maintenir une relation client durable

B Travail à faire

1 À partir du cas Amsterdam Air et suite à la simulation du rendez-vous avec madame Lepic, complétez cet extrait de la fiche E4 proposé ci-dessous :

Complétez le cadre de l'activité à partir du contexte professionnel (p. 173) et avec l'annexe 4 p. 177.

CADRE DE L'ACTIVITÉ	
Nom de l'organisation	
Adresse/code postal/ville	
Type de structure	
Offre commerciale	
Type(s) de client(s)	
Méthodes de vente	
ANALYSE DE L'ACTIVITÉ	
Date(s)	
Historique/problématique de l'activité	
Acteurs concernés (statuts/rôles/motivations)	
Objectifs opérationnels	
DÉROULEMENT DE L'ACTIVITÉ	
Phases	Outils mobilisés
Résultats	Présenter les résultats
Difficultés rencontrées	

Recensez les outils de prospection créés ou utilisés.

2 À vous de jouer ! Entraînez-vous au changement de paramètres, à l'aide d'une nouvelle situation, préparez et simulez l'entretien. Remplissez une nouvelle fiche E4.

Titulaire d'un BTS NDRC, vous venez d'être embauché(e) comme attaché(e) commerciale(e) chez Amsterdam Air. Vous avez rendez-vous avec monsieur Ruffalo, maire de la commune de Pacy-sur-Eure dans l'Eure qui vous a appelé(e) car il souhaite proposer des moyens de transport écologiques aux employés communaux.

3 Repérez une situation vécue ou observée, dans votre entreprise de stage ou dans une entreprise de votre choix, puis remplissez cet extrait de fiche E4.

Synthèse

Négocier et vendre une solution adaptée au client

Créer un argumentaire de vente

Sélectionner des arguments pertinents
Argument = Caractéristique + Avantage + Preuve

Adopter un comportement positif

Contrôler la portée des arguments

Traiter les objections

Distinguer les objections
- Fondées
- Non fondés mais sincères
- Prétextes

Répondre aux objections
1. Approuver l'objection.
2. Comprendre l'objection.
3. Répondre à l'objection avec la technique appropriée.
4. Contrôler l'effet de la réponse.

Pour présenter le prix au client

1. Utiliser une technique de présentation du prix
- Technique du sandwich : Avantage + Prix + Avantage
- Technique de la boule de neige : Prix + 2 ou 3 avantages

2. Défendre son prix
- Isoler le prix.
- Comprendre le client.
- Justifier le prix avec la méthode adaptée (addition, soustraction, multiplication, division, positionnement).
- Accepter une concession si besoin.

3. Accepter éventuellement une concession en essayant d'obtenir une contrepartie
Proposer une remise / une ristourne / un rabais / un escompte.

4. Veiller à préserver la marge commerciale
Marge commerciale = Prix de vente HT – Prix d'achat HT
Taux de marge = Marge commerciale / Prix d'achat HT × 100
Taux de marque = Marge commerciale / Prix de vente HT × 100

TESTEZ-VOUS
Quiz sur le chapitre 10
liennathan.fr/753www

MOTS CLÉS
Argument · Objection · Marge commerciale · Ristourne · Escompte · Rabais · Remise

CHAPITRE 11

Conclure la vente et maintenir une relation client durable

Contexte professionnel

Activité/Tâche
Accompagnement du client

Compétence
Créer et maintenir une relation client durable.

Vers PIX
3.1. Développer des documents textuels

Installée à l'Aber-Wrac'h, dans le Finistère, depuis 2020, Freeride est une jeune entreprise qui commercialise des planches de SUP (Stand-Up Paddle) gonflables.
Les produits sont commercialisés sur son site d'e-commerce auprès d'une clientèle de particuliers.
Le dirigeant de l'entreprise, Yannick Le Guen, souhaite diversifier sa clientèle en ciblant des professionnels.

Votre rôle

Titulaire d'un BTS NDRC, vous venez d'être embauché(e) par Freeride pour commercialiser les paddles de la marque en Bretagne. Vous prospectez des boutiques spécialisées et des loueurs.

Vos objectifs

I Conclure la négociation

Dans le cadre de votre prospection, vous avez obtenu un rendez-vous avec Robert Nash, responsable d'une boutique de surf situé sur le port de plaisance de Brest.

1 Prenez connaissance des produits, du catalogue et des renseignements sur M. Nash. — Annexes 1, 2 et 3

2 Au cours de l'entretien avec M. Nash, recensez les signaux d'achat. — Fiche ressource 1

3 Préparez une conclusion à la vente en utilisant quatre techniques différentes. — Annexe 4

4 Entraînez-vous à conclure la vente en réalisant une simulation par groupes de trois (un vendeur, un client et un observateur).

II Remplir le bon de commande

M. Nash vous commande 10 paddles (5 produits de chaque modèle). Pour sa première commande, vous lui accordez une remise de 5 %.

5 Après avoir recensé toutes les informations nécessaires, complétez le bon de commande. — Fiche ressource 2 — Annexes 3, 4, 5 et 6

III Évaluer le risque client

M. Nash souhaite bénéficier d'un délai de paiement. Avant d'accepter cette proposition, vous analysez le bilan de sa société.

6 Construisez le bilan fonctionnel de la société Magic Loisirs. — Fiche ressource 3 — Annexe 7

7 Calculez le fonds de roulement net global, le besoin en fonds roulement et la trésorerie nette. Calculez également les ratios d'indépendance financière et de liquidité de l'actif.

8 À l'aide de vos calculs, analysez la santé financière du magasin de M. Nash et estimez s'il est possible de lui accorder un délai de paiement.

Le bon de commande a été signé le 2 avril. La commande sera livrée le 16 avril.

9 Déterminez la date à laquelle M. Nash devra régler sa facture : — Fiche ressource 4
- avec un règlement au comptant ;
- avec un « délai par défaut » ;
- avec un « délai négocié de 45 jours fin de mois ».

IV Prendre congé et maintenir une relation durable

10 Simulez la prise de congé avec M. Nash en réalisant un jeu de rôles par groupes de trois (un vendeur, un client et un observateur). — Fiche ressource 1

11 Suite à la réunion de présentation du programme de fidélité, votre dirigeant vous demande de formuler des propositions afin de pérenniser la relation avec M. Nash. — Fiche ressource 5 — Annexe 8

V Régler un litige

À la suite de la livraison, M. Nash vous appelle, très mécontent, pour vous informer qu'il a été livré de 10 packs SUP 10'6" All Round, ce qui ne correspond pas à la commande initiale.

12 Préparez une réponse adaptée à M. Nash pour régler ce litige.

13 Par groupes de trois, réalisez une simulation de règlement du litige.

Votre dossier

Annexe 1 Renseignements produits

Freeride est un fabricant français de stand-up paddles (SUP) gonflables. La technologie utilisée est actuellement la plus aboutie, elle permet d'offrir les paddles gonflables les plus rigides du marché, avec l'utilisation d'un PVC haut de gamme.

Une technologie de fabrication de paddles gonflables à la pointe

Les stand-up paddles gonflables Freeride sont dotés d'une fabrication haut de gamme en double peau, c'est-à-dire que l'enveloppe en PVC est constituée de deux couches afin d'optimiser la résistance à l'abrasion et aux UV, mais aussi d'assurer une excellente rigidité. Leur conception, à partir d'une machine à découpe numérique de haute précision, permet d'obtenir une finition extrêmement soignée et certifie les planches contre les vrilles. Tous les SUP gonflables sont garantis deux ans.

Des SUP gonflables vendus en pack prêt à l'emploi

Les stand-up paddles gonflables Freeride sont livrés avec une pagaie et une pompe. Ils sont prêts à l'utilisation. Leur faible encombrement une fois pliés est un atout majeur pour le transport et le stockage. Ce sont également les planches qui offrent le plus de sécurité : aucun danger en cas de collision avec les baigneurs (les ailerons sont souples sur la plupart des modèles) ou de chute du pratiquant sur la planche. C'est pour ces différentes raisons que de nombreuses écoles et centres de fitness ont adopté les paddles gonflables Freeride.

FreeRide

Des accessoires efficaces

Les accessoires livrés avec un paddle gonflable Freeride sont également de qualité. La pompe haute pression offre un gros débit et permet un gonflage rapide (environ 6 minutes). La pagaie avec manche en aluminium est démontable et réglable. Équipée d'une bague de serrage efficace, elle permet un débattement qui va de 160 cm à 215 cm (pour des pratiquants mesurant de 1,40 m à 2 m).

Annexe 2 Catalogue produits

La gamme de SUP Freeride répond à toutes les demandes : descente en eau vive, surf en mer, ballade en lac ou rivière, fitness et course.

Pack SUP 10'6" All Round : un paddle gonflable polyvalent

Avec ce paddle gonflable polyvalent, vous pourrez pratiquer toutes les disciplines du SUP : balade, fitness, surf, descente de rivière. Cette planche de SUP est idéale pour un gabarit de moins de 75 kg ; elle pourra tout de même supporter jusqu'à 90 kg, pour un pratiquant expérimenté.

Pack SUP 12'6" Race ST : idéal pour se perfectionner

Le SUP gonflable 12'6" Race ST est avant tout destiné à la longue distance et à la balade sportive. Extrêmement rapide, ce paddle bénéficie d'une glisse exceptionnelle, du fait de sa forme et de sa rigidité. Doté de 3 ailerons intégrés, il permet de s'aventurer sur des zones d'eau à faible profondeur. Le 12'6" Race ST peut supporter jusqu'à 140 kg.

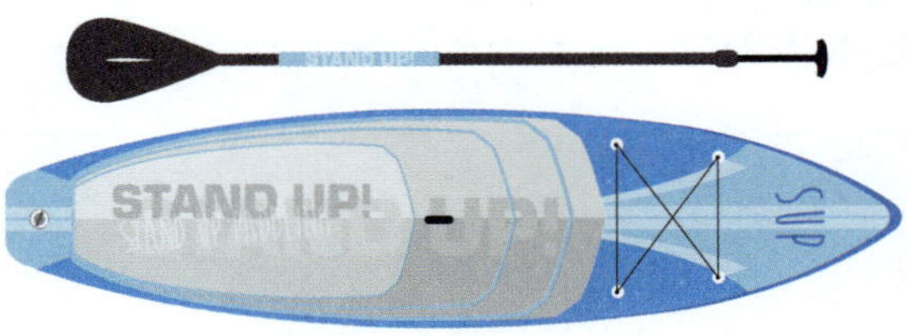

Annexe 3 Renseignements client

- **Nom :** Robert Nash
- **Fonction :** Propriétaire du magasin Magic Loisirs à Brest
- **Activités de la boutique :** Vente de matériel de surf, kitesurfs, accessoires, maillots de bain, vêtements de surf...

- **Forme juridique :** SARL
- **SIRET :** 82497804200028
- **Adresse :** Port de Plaisance 29200 Brest

Annexe 4 Entretien avec Robert Nash

Vous : Bonjour, M. Nash. Je suis [Prénom, Nom], commercial(e) de la société Freeride, spécialisée dans la fabrication de stand-up paddles gonflables.

Robert Nash, *le visage fermé* : Bonjour, je vous propose de nous installer dans mon bureau.

Vous : Merci. Votre magasin est une véritable institution sur Brest.

R. N., *se détendant* : Effectivement, nous existons depuis plus de 30 ans. Nous avons ouvert en 1985.

Vous : Je vous ai proposé ce rendez-vous pour vous présenter notre marque et nos produits. Connaissez-vous notre société ?

R. N. : J'en ai entendu vaguement parler...

Vous : Freeride est installée à l'Aber-Wrac'h, sur la côte, à 30 km de Brest. Nous sommes spécialisés dans la fabrication de SUP gonflables. Commercialisez-vous des paddles ?

R. N. : Non, nous vendons des planches à voile, des kitesurfs, des surfs et des vêtements surfwear.

Vous : Ces activités se portent-elles bien ?

R. N. : La planche à voile est en déclin depuis quelques années, c'est bien dommage (*il soupire*). Le kitesurf est en plein développement et le surf reste un produit indémodable.

Vous : Qu'attendez-vous de vos fournisseurs ?

R. N., *d'un ton ferme* : De la qualité, du professionnalisme et du conseil ! J'attends d'eux qu'ils me proposent les produits qui vont satisfaire ma clientèle.

Vous : Qui sont vos clients ?

R. N. : Nos clients sont des pratiquants de sports nautiques. Ils recherchent des produits haut de gamme de qualité et des conseils d'experts.

Vous : Si j'ai bien compris, vous commercialisez des produits liés aux sports nautiques pour une clientèle exigeante. Votre magasin existe depuis plus de 30 ans sur Brest et votre activité se porte bien, sauf pour les planches à voile. C'est bien cela ?

R. N. : Effectivement. Je suis à la recherche d'une nouvelle activité nautique qui me permettra de compenser la chute des ventes de planches à voile.

Vous : Je comprends. Tout d'abord, sachez que le SUP est une activité qui est en pleine expansion dans le monde entier. En France, le nombre de pratiquants explose. Cette activité, qui consiste à ramer debout sur une planche, est très facile d'accès.

R. N. : Oui, je connais cette activité et j'ai de plus en plus de demandes de la part de mes clients.

Vous : Nos produits sont fabriqués en Bretagne, sur notre site de l'Aber-Wrac'h. Nous utilisons des technologies de pointe qui nous permettent de proposer les produits les plus rigides du marché.

R. N., *soupirant* : Tous les fabricants disent la même chose...

Vous : Vous avez raison de soulever ce point car chacun essaie de valoriser sa marque, mais sachez que nos paddles ont été élus Produit de l'année par *SUP Magazine*, qui est la référence dans le milieu.

R. N., *intéressé* : Oui, effectivement, c'est une belle récompense. Avez-vous beaucoup de choix ?

Vous : Nous nous sommes limités à deux produits : un paddle pour les débutants et un autre pour les confirmés.

R. N. : Quels sont vos délais de livraison ?

Vous : Notre usine étant à moins de 30 km de votre magasin, nous nous engageons à vous livrer en moins d'une semaine.

R. N., *souriant* : Je reconnais que c'est un bel avantage de pouvoir être livré aussi rapidement. De plus, je pourrai proposer à mes clients un produit local « *made in Bretagne* ».

Annexe 5 Grille tarifaire

Produits	Prix de vente HT aux revendeurs	Prix public conseillé (TVA taux normal)
Pack SUP 10'6 All Round	599 €	950 €
Pack SUP 12'6" Race ST	726 €	1 150 €

Marge de négociation : 10 % maximum.

Annexe 6 Bon de commande

FreeRide

21 rue du Port
29870 L'Aber-Wrac'h
France

Téléphone : 02 98 04 05 XX

RCS Brest 492 270 43X
SIRET : 8149780420066X
N° TVA intracommunautaire :
FR 40 1234567890

Vendeur :

Nom :
Adresse :

Téléphone :
Siret :
RCS :

Bon de commande n°

Le

Référence	Désignation	Quantité	Prix unitaire HT	Montant HT
			TOTAL HT	
			Remise	
			Net commercial	
			Escompte	
			TOTAL HT	
			TVA	
			TOTAL TTC	

Mode de paiement :
Acompte :
Date de livraison :

Signature vendeur : Signature client :

Annexe 7 Bilan comptable de Magic Loisirs

Bilan de la SARL Magic Loisirs (en €) au 31/12/N

Actif		Passif	
Actif immobilisé (valeur nette)*		**Capitaux propres**	
Immobilisations incorporelles	7 531	Capital social	93 000
Immobilisations corporelles	141 016	Réserves	1 000
Immobilisations financières	10 550	Résultat de l'exercice	– 560
Actif circulant		**Dettes**	
Stocks	29 443	Dettes financières (emprunts)	90 750
Créances	1 364	Dettes fournisseurs	33 631
Disponibilités (caisse et banque)	41 244	Dettes sociales et fiscales	12 671
		Autres dettes	656
Total Actif	**231 148**	**Total Passif**	**231 148**

* Les dotations aux amortissements sur les immobilisations corporelles sont de 40 648 €.

Annexe 8 Le programme de fidélisation de Freeride

Lors d'une réunion consacrée à la nouvelle stratégie B to B de l'entreprise, Yannick Le Guen a présenté à son équipe le programme de fidélisation de l'entreprise.

« Notre entreprise a pour ambition de se développer auprès d'une clientèle professionnelle. En tant que commerciaux, votre mission aura pour but de conquérir de nouveaux clients mais également de les fidéliser.

Nous allons disposer de plusieurs outils pour pérenniser les relations avec nos clients :
- l'envoi d'une newsletter mensuelle qui informera nos clients de l'actualité de l'entreprise ;
- une visite mensuelle des commerciaux ;
- des récompenses :
  - des invitations au Salon nautique international de Paris ;
  - des invitations à des compétitions nationales et internationales de SUP ;
  - une ristourne de 3 % à partir de 50 000 € de commandes annuelles. »

FICHE RESSOURCE

1

CONCLURE LA NÉGOCIATION ET PRENDRE CONGÉ

La conclusion de la vente se traduit par un accord entre le vendeur et l'acheteur. C'est l'aboutissement de la négociation, après la phase d'argumentation et de traitement des objections, une fois que le client n'émet plus d'opposition et a compris l'intérêt de la solution proposée.

I Repérer les signaux d'achat

Le commercial prend l'initiative de conclure la vente lorsqu'il détecte chez son interlocuteur les signes de son acceptation. Les signaux d'achat peuvent être verbaux et non verbaux.

Signaux d'achat	Exemples
Les **signaux d'achat** verbaux se traduisent par des phrases ou des questions qui suggèrent que le client a pris sa décision d'achat.	– Confirmation directe de l'achat : « Très bien, je vais prendre cet ordinateur. » – Argumentation du client sur le produit : « Non seulement cet ordinateur est puissant mais en plus, je trouve le design très réussi. » – Confirmation des conditions d'utilisation : « Votre service après-vente est bien disponible 24 h/24 et 7 jours/7 ? » – Projection en position d'utilisateur : « Cet ordinateur me permettra de réaliser des simulations en 3D. »
Les **signaux d'achat non verbaux** se reflètent dans l'attitude et le comportement du client.	Visage détendu, bras et jambes décroisés, hochements de tête positifs.

II Conclure la vente

Une fois les signaux d'achat repérés, le commercial formule une proposition en utilisant la technique de conclusion appropriée.

1. Les techniques de conclusion

Techniques de conclusion	Principes	Exemples
La conclusion directe	Le commercial formule directement sa proposition à son interlocuteur.	« Nous allons remplir le bon de commande ensemble. »
La conclusion alternative	Le vendeur propose deux solutions au client.	« Vous préférez commander le modèle Y ou le modèle X ? »
La conclusion implicite	Le commercial agit comme si le client avait pris sa décision.	« Vous recevrez votre commande sous 48 heures »
La conclusion en escalier	Le commercial pose une série de questions au client afin d'obtenir une suite de réponses positives qui vont amener à la décision finale.	« Cet ordinateur correspond à tous vos besoins, n'est-ce pas ? » « Cela vous intéresse d'être livré sous 48 heures ? » « Vous souhaitez bénéficier des deux ans de garantie offerte ? »

III Réaliser des ventes complémentaires

Lorsque le commercial obtient l'accord du client sur la vente principale, il peut essayer de réaliser des ventes complémentaires : accessoires, extension de garantie...

IV Prendre congé

Que la vente soit réussie ou non, le commercial doit laisser une bonne impression lors de la prise de congé. Il convient ainsi de remercier le client, de lui rappeler votre disponibilité pour toute demande d'information, de lui laisser une carte de visite et de le saluer.

FICHE RESSOURCE 2

CONCRÉTISER LA COMMANDE

I Remplir le bon de commande

La décision d'achat se concrétise par le bon de commande. Ce document permet de valider les termes de la transaction entre le vendeur et l'acheteur afin d'éviter d'éventuelles contestations futures. Tout comme la facture, le bon de commande doit comporter un certain nombre de mentions obligatoires (articles L441-3, R123-237 et R123-238 du Code de commerce).

Le bon de commande doit être signé par les deux parties pour éviter les contestations.

Exemple de bon de commande :

Identification du vendeur
– Numéro d'identification de l'entreprise (numéro SIREN à 9 chiffres).
– La mention « RCS » suivie du nom de la ville où se trouve le greffe où elle est immatriculée
– Lieu de son siège social

Identification du client
– Pour les particuliers : nom, prénom, adresse.
– Pour les professionnels : forme juridique, adresse, numéro SIRET.

Description de la commande
Identification des produits ou marchandises, quantité, prix unitaire hors taxes, taux de TVA.
Pour les prestations de services : descriptif de chaque prestation, quantité, durée estimée, prix unitaire hors taxes.

Modalités de paiement
Mode de paiement, délais, acomptes…

Modalités de livraison
Date de livraison, condition (franco de port, franco usine…), frais éventuels de livraison.

LAMBDA SA
Avenue des Lilas blancs
71100 Chalon-sur-Saône
France
Téléphone : 04 XX XX XX XX
RCS Lyon XXX XXX XXX
SIRET : 81497804200XXX
N° TVA intracommunautaire : FR XXXXXXXXXX

Vendeur :

Nom :
Adresse :
Téléphone :
Siret :
RCS :

Bon de commande n°

Le

Référence	Désignation	Quantité	Prix unitaire HT	Montant HT
			TOTAL HT	
			Remise	
			Net commercial	
			Escompte	
			TOTAL HT	
			TVA	
			TOTAL TTC	

Mode de paiement :
Acompte :
Date de livraison :

Signature vendeur : Signature client :

Signature des deux parties pour éviter les contestations

Totaux HT, TTC, montant de la TVA

II Informer sur les conditions générales de vente

Les conditions générales de vente (CGV) récapitulent les éléments juridiques de la négociation. Elles permettent de sécuriser le vendeur et l'acheteur. Elles doivent être communiquées à tout acheteur professionnel qui en fait la demande.

Les CGV mentionnent :
– les modalités de livraison ;
– le barème des prix unitaires ;
– les modalités de réduction de prix : rabais, remises et ristournes ;
– les conditions de règlement (avec, notamment, le taux des pénalités de retard et leurs conditions d'application).

III Calculer le montant de la commande

Montant brut HT = Quantité × Prix unitaire HT

↓

Montant net commercial HT = Montant brut HT – (Rabais, remises, ristournes)

↓

Montant net financier = Montant net commercial HT – Escompte

↓

Montant net HT = Montant net financer + Frais de port

↓

Montant net à payer TTC = Montant net HT + TVA

IV Déterminer le montant de la taxe sur la valeur ajoutée (TVA)

La TVA est un impôt général sur la consommation directement facturé aux clients sur les biens qu'ils consomment ou les services qu'ils utilisent en France. Il existe quatre taux de TVA :
– le **taux normal** : **20 %** pour la majorité des biens et des prestations de services ;
– le **taux intermédiaire** : **10 %** pour la restauration, les produits alimentaires préparés, les transports, les travaux de rénovation dans les logements anciens ;
– le **taux réduit** : **5,5 %** pour les produits alimentaires non préparés, les boissons sans alcool, les cantines scolaires, le gaz et l'électricité ;
– le **taux super réduit** : **2,1 %** en métropole, 0,9 % en Corse et 1,05 % dans les DOM pour les publications de presse, certains médicaments et produits sanguins, les animaux de boucherie vendus à des non-assujettis à la TVA…
Une entreprise facture la TVA mais elle n'en est pas redevable. Elle collecte la TVA pour l'État (*via* ses factures) et la reverse à l'administration fiscale. En parallèle, la TVA sur ses dépenses représente un montant de TVA déductible, remboursé par l'État (crédit de TVA).

Montant TVA = Prix de vente HT × Taux de TVA/100
Prix TTC = Prix de vente HT + Montant de la TVA
Prix de vente TTC = Prix de vente HT × (1 + Taux de TVA/100)

EXEMPLE : pour un produit vendu 100 € avec un taux de TVA normal :
– le montant de la TVA est de : 100 × 20/100 = 100 × 0,2 = 20 € ;
– le prix de vente TTC est de : 100 + 20 ou 100 × (1 + 20/100) = 100 × 1,20 = 120 €.

Prix de vente HT = Prix de vente TTC – Montant de la TVA
Prix de vente HT = Prix de vente TTC / (1 + Taux de TVA/100)

EXEMPLE : pour un produit vendu 9,50 € TTC avec un taux de TVA réduit, le prix de vente HT est de : 9,50 / (1 + 5/100) = 9,50 / 1,055 = 9 €.

Taux de TVA	Montant de la TVA	Prix de vente TTC	Prix de vente HT
Normal : 20 %	PV HT × 0,20	PV HT × 1,20	PV TTC / 1,20
Intermédiaire : 10 %	PV HT × 0,10	PV HT × 1,10	PV TTC / 1,10
Réduit : 5,5 %	PV HT × 0,055	PV HT × 1,055	PV TTC / 1,055
Super réduit : 2,1 %	PV HT × 0,021	PV HT × 1,021	PV TTC / 1,021

FICHE RESSOURCE

3

ÉVALUER LE RISQUE CLIENT

L'analyse du risque client permet d'estimer si le client professionnel sera capable de respecter ses échéances et de payer ses factures.

I Analyser le bilan comptable

Le bilan est une photographie du patrimoine de l'entreprise en fin d'exercice : il permet de mettre en évidence ce qu'elle possède et ce qu'elle doit. La plupart des entreprises (à l'exception des entrepreneurs individuels) ont l'obligation de déposer leur bilan annuellement au greffe du tribunal de commerce. Les bilans sont ensuite accessibles sur les sites www.infogreffe.fr et www.societe.com. Le bilan comptable recense le patrimoine de l'entreprise, c'est-à-dire tout ce qu'elle possède, dans la colonne « Actif », et ses ressources financières disponibles dans la colonne « Passif ».

EXEMPLE : bilan de l'entreprise Lambda (en K€)

Biens destinés à rester durablement dans l'entreprise (en valeur nette)
– Brevets, marques, logiciels…
– Bâtiments, machines…
– Participations dans des entreprises

Actifs détenus par l'entreprise et destinés à ne pas y rester durablement : stocks, créances (sommes dues par les clients) et liquidités

Actif		Passif	
Actif immobilisé		**Capitaux propres**	
Immobilisations incorporelles	200	Capital social	1 000
Immobilisations corporelles	900	Réserves	200
Immobilisations financières	100	Résultat de l'exercice	100
Actif circulant		**Dettes**	
Stocks	300	Dettes financières (emprunts)	300
Créances	300	Dettes fournisseurs	350
Disponibilités (caisse et banque)	185	Dettes sociales et fiscales	30
		Autres dettes	5
Total Actif	1 985	Total Passif	1 985

– Sommes apportées par les associés ou les actionnaires
– Réserves : bénéfices cumulés non distribués.
– Résultat : pertes ou bénéfices de l'exercice

Les dettes correspondent aux ressources de l'entreprise qu'elle devra rembourser à plus ou moins longue échéance.

Le bilan comptable permet de se renseigner sur la trésorerie de l'entreprise à travers les liquidités détenues dans sa caisse ou sur ses comptes bancaires. Le résultat donne une indication sur la rentabilité de l'activité.

II Établir le bilan fonctionnel

La lecture du bilan comptable n'est pas suffisante pour bien comprendre le fonctionnement de l'entreprise : il faut analyser d'où vient l'argent (les ressources) et comment l'entreprise l'utilise (emplois). On établit alors un bilan fonctionnel en réorganisant les postes du bilan comptable selon leur fonction et leur degré de liquidité.

EXEMPLE (SUITE) : bilan fonctionnel de l'entreprise Lambda (en K€)

Les **emplois stables** correspondent aux biens durables de l'entreprise (à leur prix d'acquisition). Ils ont été financés par les ressources stables.

L'actif circulant est composé des stocks de matières premières et de produits ainsi que des créances des clients. Il est lié au cycle d'exploitation (c'est-à-dire à l'activité normale de l'entreprise).

La **trésorerie active** recouvre l'ensemble des liquidités détenues par l'entreprise.

Actif		Passif	
Emplois stables		**Ressources stables**	
Immobilisations incorporelles	200	Capitaux propres	1 300
Immobilisations corporelles	930	Dotations aux amort. et prov.	30
Immobilisations financières	100	Dettes financières à plus d'1 an	300
Total Emplois stables	1 230	Total Ressources stables	1 630
Actif circulant		**Dettes circulantes**	
Stocks	300	Dettes fournisseurs	350
Créances	300	Dettes sociales et fiscales	30
		Autres dettes	5
Total Actif circulant	600	Total Dettes circulantes	385
Trésorerie active	185	**Trésorerie passive**	0
Total Actif	2 015	Total Passif	2 015

Les **ressources stables** indiquent les sources de financement à long terme de l'entreprise : apports des propriétaires, emprunts à long terme.

Les **dettes circulantes** représentent les dettes liées à l'activité de l'entreprise (dettes fournisseurs, dettes vis-à-vis de l'État…).

La **trésorerie passive** regroupe les dettes à court terme vis-à-vis des banques (découvert bancaire…).

Le bilan fonctionnel permet de calculer des indicateurs (*cf.* page suivante) :

Fonds de roulement net global = Ressources stables – Emplois stables

Besoin en fonds de roulement = Actif circulant – Dettes circulantes

Trésorerie nette = Trésorerie active – Trésorerie passive

III Analyser le bilan fonctionnel

1. Le fonds de roulement net global (FRNG)

Il correspond à l'excédent de ressources disponibles après avoir financé les emplois stables. Il doit être positif car il permet de financer l'activité de l'entreprise. Un FRNG négatif signifie que les emplois stables ne sont pas financés par des ressources stables. L'entreprise ne dispose pas alors de fonds nécessaires pour financer son activité et risque de se retrouver insolvable pour payer ses dettes. Lorsqu'un commercial doit signer un contrat avec un client dans cette situation, il est préférable soit de ne pas signer, soit de lui demander un paiement au comptant.

FRNG = Ressources stables – Emplois stables

EXEMPLE (SUITE) : FRNG = 1 630 – 1 230 = 400 K€

2. Le besoin en fonds de roulement (BFR)

Le besoin en fonds de roulement est la somme que l'entreprise doit posséder pour payer ses charges courantes (achats de matières premières…) en attendant de recevoir les paiements dus par ses clients. Il existe souvent un décalage entre les dépenses engagées et les recettes non encore encaissées : ce décalage est appelé BFR.

BFR = Actif circulant – Dettes circulantes

Dans de nombreuses entreprises, le BFR est positif : l'actif circulant (stocks et créances) est supérieur aux dettes circulantes. Il représente le montant auquel l'entreprise doit faire face compte tenu de son activité.
Seules les entreprises travaillant avec une clientèle de particuliers qui règlent leurs achats au comptant (ex. : grande distribution) ont un BFR négatif : l'entreprise encaisse ses créances plus vite qu'elle ne paie ses fournisseurs.

EXEMPLE (SUITE) : BFR = 600 – 385 = 215 K€

3. La trésorerie nette (TN)

Elle représente ce qu'il reste dans les comptes de l'entreprise après le financement de l'activité.

TN = Trésorerie active – Trésorerie passive
TN = FRNG – BFR

EXEMPLE (SUITE) : TN = 185 – 0 = 400 – 215 = 185 K€

Une TN négative signifie que l'entreprise a recours à des financements bancaires de court terme tels que des découverts pour financer son activité. Il y a un risque d'insolvabilité si les banques refusent de financer ce déficit de trésorerie.

IV Analyser par les ratios

L'analyse du bilan fonctionnel à l'aide de ratios permet d'affiner l'analyse du risque client.

Ratio	Calcul	Interprétation	Exemple (entreprise Lambda)
Indépendance financière	Capitaux propres / Ressources stables	Ce ratio mesure le degré d'endettement de l'entreprise. Un ratio inférieur à 0,5 signifie que les dettes financières (emprunts) représentent plus de 50 % des capitaux propres. Dans ce cas, l'entreprise ne pourra plus faire appel aux établissements financiers pour financer ses investissements.	1 300 / 1 630 = 0,81 Le ratio est supérieur à 0,5. L'entreprise a un faible niveau d'endettement.
Liquidité de l'actif	(Actif circulant + Trésorerie) / Passif circulant	Ce ratio mesure la capacité de l'entreprise à rembourser ses dettes à court terme. Un ratio inférieur à 1 signifie que l'entreprise serait incapable de payer ses créanciers si ces derniers demandaient un paiement immédiat.	(600 + 185) / 385 = 2 Le ratio est supérieur à 1. L'entreprise est en mesure de payer ses créanciers.

FICHE RESSOURCE

4

PROPOSER DES MODES DE RÈGLEMENT ET DE FINANCEMENT

Lors de la conclusion de la vente, la négociation de délais de paiement ou de solutions de financement est une pratique très courante entre professionnels.

I Les modes de règlement

1. Le règlement au comptant

Le client paie en une seule fois l'intégralité de la somme due dès la réception de la facture. Le règlement peut être réalisé en espèces, par chèque, par carte bancaire ou par virement.

2. Le règlement différé

Le règlement différé (également appelé « crédit interentreprises ») est un argument commercial pour le vendeur, qui concède une faveur à l'acheteur.
Les délais de paiement doivent obligatoirement figurer sur la facture et dans les conditions générales de vente (CGV). Ils sont plafonnés par l'article L441-6 du Code de commerce :
– paiement avec **délai par défaut** : le délai maximal est fixé au 30e jour suivant la réception des marchandises ou l'exécution de la prestation (en l'absence de mention de délai dans le contrat) ;
– paiement avec **délai négocié** : des clauses particulières figurant aux CGV ou convenues entre les parties peuvent amener le délai jusqu'à 60 jours calendaires (de date à date) après l'émission de la facture ou, à condition d'être mentionné dans le contrat, à 45 jours fin de mois (on ajoute 45 jours à partir de la fin du mois d'émission).

II Les modes de financement

L'entreprise dispose de plusieurs moyens pour proposer des solutions de financement répondant aux contraintes budgétaires de ses clients.

1. La location longue durée (LDD)

Ce contrat de location s'adresse aux particuliers et aux entreprises. La LDD permet de louer un bien sur une durée généralement comprise entre 12 et 72 mois. Pendant cette période, le locataire verse des mensualités au loueur, ce dernier restant le propriétaire du bien.

2. La location avec option d'achat (LOA)

La LOA (également appelée « location avec promesse de vente », « crédit-bail » ou encore « leasing ») permet de disposer d'un bien en payant chaque mois un loyer. Aux termes du contrat, le client a la possibilité d'acheter le bien à une valeur résiduelle définie dès la signature ou de le restituer.

3. Le crédit

En s'associant à un organisme financier, l'entreprise peut proposer un financement par crédit à son client, qui emprunte alors une somme d'argent pour financer son achat. L'acheteur remboursera le capital emprunté et paiera des intérêts à l'organisme financier selon un échéancier.

FICHE RESSOURCE 5

ASSURER LE SUIVI DE LA RELATION

À la suite de la prise de commande, le commercial doit s'assurer de la livraison dans le respect des délais impartis, de la facturation et de la satisfaction du client.

I Éditer une facture

La facture est une note détaillée des prestations ou des marchandises vendues. Pour être valable, elle doit comporter un certain nombre de mentions obligatoires.

Conditions de règlement, délais, acomptes…

Identification de l'acheteur

Date de la vente et de la facturation, numéro de facture

Nature, marque, référence des produits

Totaux HT, TTC, montant de la TVA

Numéro de TVA intracommunautaire

Identification du vendeur
- Nom et prénom pour un entrepreneur individuel
- Dénomination sociale pour une société et numéro SIREN ou Siret
- Numéro RCS pour un commerçant

WORLD COMPAGNIE
22 avenue Voltaire
13000 Marseille
France

FACTURE N° 123

Date de la facture	08/01/N
Référence de la facture	123
Numéro de client	456
Paiement dû	08/02/N
Modalité de paiement	30 jours
Émis par	Pierre Legrand
Contact client	Michel ALI
Date de la vente/prestation	02/01/N

Destinataire :
Acheteur : SA Spirit
Contact : Michel ALI
31 rue de la Forêt
13100 Aix-en-Provence
France

Informations additionnelles
Service après-vente : Garantie 1 an

Description	Quantité	Unité	Prix unitaire HT	Taux TVA	Montant TVA	TOTAL TTC
Main-d'œuvre	25	Heure	60,00	20 %	300,00	1 800,00 €
Produit	10	Pièce	103,99	20 %	207,98	1 247,88 €

TOTAL HT	2 539,90 €
Remise 5 %	127,00 €
Net commercial	2 412,90 €
TVA	482,58 €
TOTAL TTC	**2 895,48 €**

World Compagnie
22 avenue Voltaire
13000 Marseille
France
N° SIREN ou SIRET : XXX
N° TVA intracommunautaire : FRXXX999

Contact
Pierre Legrand
Téléphone : +33 4 92 99 99 99
Mail : pierre@worldcompagnie.fr
www.worldcompagnie.fr

Détails bancaires

Banque	BNP Paribas
Code banque	100000000
N° de compte	12345678
IBAN	FR23411240234
SWIFT/BIC	FRHHCXX1001

II Maintenir une relation durable pour accompagner le client

La satisfaction ne suffit pas à fidéliser un client. Le commercial doit mettre en place une relation suivie personnalisée, permettant de pérenniser la relation avec son client. Différents outils peuvent l'y aider, selon l'objectif recherché.

Objectifs	Explications	Outils
Connaître son client	Récolter et actualiser les données sur son client (identités, coordonnées, historique des commandes, des rendez-vous…).	– Logiciel CRM – Data client
Informer, « nourrir » son client	Informer le client sur la vie de l'entreprise, ses produits, le secteur d'activité…	– Rendez-vous de suivi, centre d'appels, services *online* – Envois de mails, newsletter, e-books, tweets, webinaires (en B to B)… – Diffusion de contenus sur les réseaux sociaux, blog d'entreprise, marketing automation (ex. : Mautic)
Récompenser son client	Récompenser son client pour encourager la dynamique d'achat et lui montrer la reconnaissance de l'entreprise.	– Cadeaux (objets publicitaires, chèques cadeaux…) – Invitations à des événements – Remises – Offres promotionnelles
Impliquer son client	– Impliquer le client pour l'engager dans une relation de confiance. – Partager des valeurs et co-créer des nouvelles solutions.	– Mise en place d'un système de recommandation ou de parrainage – Plateformes collaboratives – Enquêtes de satisfaction, suggestions…

III Régler les litiges et les réclamations

Les plaintes et les réclamations des clients sont souvent les signes d'une dégradation de la relation client et de dysfonctionnements au sein de l'entreprise que le commercial doit gérer pour maintenir la relation avec son client.
Pour régler un litige, le vendeur doit suivre un certain nombre d'étapes :

Écouter le client	Le commercial doit laisser le client décrire l'origine de la réclamation sans l'interrompre. Il existe plusieurs types de litiges : – le litige qualité regroupe les contestations concernant la qualité des biens et/ou des services réalisés ; – le litige prix concerne un différentiel de prix entre celui facturé et celui négocié par le client ; – le litige administratif concerne les problèmes de documents manquants ou mal rédigés (factures, bons de commande, liste de colisage…) ; – le litige de date d'événement (par exemple, une facture émise alors que le matériel n'a pas été envoyé au client) ; – le litige matériel manquant s'appuie sur des différences entre ce qui a été facturé et ce qui a été réellement livré ; – le litige « double facturation » concerne une même livraison facturée deux fois.
Reformuler	La reformulation permet au commercial de reprendre les raisons du mécontentement du client et de vérifier qu'il a bien identifié le type de litige.
Trouver une solution	Dans un premier temps, le commercial doit vérifier si la réclamation est fondée en posant des questions au client afin d'identifier l'origine du problème. Si la réclamation est recevable, le commercial doit reconnaître les erreurs commises et faire preuve de réactivité en contactant les services concernés au sein de son entreprise. Si elle n'est pas valable, il doit expliquer au client que la réclamation provient d'une incompréhension, d'une erreur ou d'une mauvaise manipulation de sa part. Dans les deux cas, le vendeur devra trouver une solution pour remédier au problème identifié.
Faire un geste commercial	Pour s'excuser auprès du client mécontent, le commercial peut proposer de remplacer le produit défectueux (ou le service) par un nouveau, un autre produit équivalent, un avoir, des avantages (remise, bon de réduction).

Applications

Maîtrise

1 Conclure la vente et remplir un bon de commande

Titulaire d'un BTS NDRC, vous êtes attaché(e) commercial(e) au sein de la société T&S, spécialisée dans la vente de mobilier pour les cafés et restaurants.
Dans le cadre de votre prospection, vous avez obtenu un rendez-vous avec M. Fuentes, propriétaire du restaurant El Loco, à Amiens.
Lors de l'entretien, vous avez argumenté une offre adaptée à ses besoins et répondu à toutes ses objections. M. Fuentes vous a envoyé le signal d'achat suivant : « Je pense que ce mobilier ira parfaitement dans mon restaurant. »

1. Concluez la vente en utilisant quatre techniques différentes.
2. Recensez les informations nécessaires pour remplir le bon de commande.
3. Établissez le bon de commande à l'aide du tableur Excel.
4. Par groupes de trois (un vendeur, un client et un observateur), simulez la conclusion de la vente et la prise de congé. Chaque membre du groupe jouera alternativement l'un des trois rôles.

Document 1 Extrait du catalogue T&S

	Référence	Prix de vente unitaire HT
Table ronde 6 personnes	616	200 €
Table carrée 2 personnes	612	54 €
Chaise bistrot	301	29 €
Banquette 3 personnes	313	218 €

Document 2 Commande du restaurant El Loco

M. Fuentes, propriétaire du restaurant El Loco, a passé la commande suivante :
– 5 tables réf. 616 ;
– 10 tables réf. 612 ;
– 54 chaises réf. 301 ;
– 1 banquette réf. 313 ;
TVA au taux normal. Une remise de 7 % a été accordée sur les marchandises. M. Fuentes souhaite payer à 30 jours par chèque.

Maîtrise

2 Régler un litige

VisioNec est une jeune société de vente et d'installation de matériel de télésurveillance basée à Limoges.
Titulaire d'un BTS NDRC, vous venez d'être embauché(e) en tant qu'attaché(e) commercial(e).

Un de vos clients, M. Lagrue, dirigeant de WebSolution, une société de conseil en Web Marketing, vous appelle pour vous faire part de son mécontentement concernant le système de télésurveillance que vous lui avez vendu le mois dernier.

1. Analysez la conversation téléphonique et repérez les erreurs commises.
2. Comment auriez-vous dû agir pour régler le litige ?
3. Par groupes de trois, réalisez une simulation en appliquant la méthode appropriée.

Document — Extrait de la conversation téléphonique avec M. Lagrue

M. Lagrue : Bonjour, M. Lagrue de la société WebSolution. Je suis très mécontent !

Vous : Que se passe-t-il ?

M. Lagrue : À peine un mois après son installation, le système de télésurveillance que vous m'avez vendu connaît déjà des défaillances. Deux caméras sur les trois installées ne fonctionnement plus !

Vous : Je vous passe le numéro de notre service après-vente. Nos techniciens interviennent très rapidement.

M. Lagrue : Ah bon ? Depuis trois jours, j'essaie désespérément de joindre votre SAV et personne ne répond !!

Vous : Je suis surpris(e). D'habitude, ils répondent tout de suite. Êtes-vous certain d'avoir le bon numéro ?

M. Lagrue : C'est le numéro qui est indiqué sur les documents qui m'ont été transmis avec le certificat de garantie.

Vous : Je ne comprends pas. À mon avis, vous devriez essayer le numéro suivant : 08 XX XX XX XX.

M. Lagrue : Je ne vous appelle pas pour avoir un numéro de téléphone mais pour que vous trouviez une solution rapide à mon problème !!!

Vous : Écoutez, M. Lagrue, ça ne sert à rien de vous énerver, je ne suis pas technicien(ne). Le seul conseil que je puisse vous donner, c'est de rappeler le numéro du service après-vente.

M. Lagrue : Vous vous moquez de moi, c'est clair !

Il raccroche brutalement.

Expertise

3 Maintenir une relation durable

Leader sur le marché du bois et des matériaux de construction, Bois & Matériaux commercialise son offre au travers d'un réseau de 135 agences. Nouvellement recruté(e) comme attaché(e) commercial(e) au sein de l'agence de Reims, votre responsable de secteur vous sensibilise à la politique de fidélisation de l'enseigne.

1. Identifiez les objectifs du programme de fidélisation de Bois & Matériaux.
2. Repérez les moyens mis en place par Bois & Matériaux pour fidéliser les clients professionnels.
3. Proposez des idées pour informer les clients sur la vie de l'entreprise, ses produits…

Document 1 — Personnalisation et services

Sur un marché B2B très concurrentiel où chaque artisan se fournit auprès de plusieurs enseignes différentes, les marques doivent rester concentrées sur leur expérience client : qui sont les clients ? De quoi ont-ils besoin aujourd'hui ? Et de quoi auront-ils besoin demain ?
Bois & Matériaux [a mis en place un programme de fidélité] basé sur l'analyse de ses données afin de différencier le potentiel de développement de chaque client, et ne plus récompenser uniquement en fonction d'un chiffre d'affaires. Ce travail a pu être fait grâce à la mise en place d'une segmentation clients qui a permis de mieux identifier et récompenser les plus fidèles.

www.kissthebride.fr

Document 2 — Le PROgramme de fidélité

Baptisé le PROgramme, Bois & Matériaux vient de mettre en place son programme de fidélisation, destiné aux artisans et aux petites entreprises du bâtiment. Ouvert aux titulaires d'un compte client professionnel, le PROgramme se base sur un fonctionnement extrêmement simple : en fonction du montant de leurs achats de marchandises, les clients adhérents accumulent des points, qu'ils peuvent ensuite échanger contre de nombreux cadeaux hi-tech, loisirs…

www.referencecarrelage.com

En route vers l'épreuve E4

Voir PRÉSENTATION DE L'ÉPREUVE page 309

A Les compétences évaluées

○ **Négocier et accompagner la relation client**
Les compétences à acquérir
1 – Négocier et vendre une solution adaptée au client
2 – Créer et maintenir une relation client durable

B Travail à faire

1 À partir du cas Freeride, complétez cet extrait de la fiche E4 proposé ci-dessous :

CADRE DE L'ACTIVITÉ		
Nom de l'organisation		
Adresse/code postal/ville		
Type de structure		
Offre commerciale		
Type(s) de client(s)		
Méthodes de vente		
ANALYSE DE L'ACTIVITÉ		
Date(s)		
Historique/problématique de l'activité		
Acteurs concernés (statuts/rôles/motivations)		
Objectifs opérationnels		
DÉROULEMENT DE L'ACTIVITÉ		
Phases		Outils mobilisés
Résultats		
Difficultés rencontrées		

Complétez le cadre de l'activité à partir du contexte professionnel (p. 195) et avec les informations proposées dans les annexes 1 à 6 (pp. 197 à 199).

Recensez les outils de prospection créés ou utilisés.

2 **À vous de jouer ! Entraînez-vous au changement de paramètres, à l'aide d'une nouvelle situation, préparez et simulez l'entretien. Remplissez une nouvelle fiche E4.**

Titulaire d'un BTS NDRC, vous venez d'être embauché(e) comme attaché(e) commerciale(e) chez Freeride. Suite à votre participation au salon nautique de Paris, vous avez obtenu un rendez-vous avec madame Lartaud, la présidente du club de voile de Camaret dans le Finistère. Âgée d'une quarantaine d'années, Mme Lartaud vous a confié lors de votre rencontre au salon nautique qu'elle avait des ambitions pour développer le club dont elle est très fière.

3 **Repérez une situation vécue ou observée, dans votre entreprise de stage ou dans une entreprise de votre choix, puis remplissez cet extrait de la fiche E4.**

Synthèse

Conclure et maintenir une relation client durable

Conclure la vente

Repérer les signaux d'achat verbaux et non verbaux. ▶ Conclure la vente à l'aide des techniques de conclusion (directe, alternative, implicite, en escalier). ▶ Réaliser des ventes complémentaires. ▶ Prendre congé.

Concrétiser la commande

- Remplir le bon de commande.
- Informer sur les conditions générales de vente (CGV).
- Calculer le montant de la commande HT et TTC.

Évaluer le risque client

- **Analyser le bilan comptable.**
- **Construire le bilan fonctionnel et analyser :**
  - le fonds de roulement net global (FRNG) ;
  - le besoin en fonds de roulement (BFR) ;
  - la trésorerie nette (TN).
- **Calculer les ratios :**
  - d'indépendance financière ;
  - de liquidité de l'actif.

Proposer des modes de règlement et de financement

Négocier les délais de règlement
- Règlement au comptant
- Règlement avec délai par défaut (30 jours)
- Règlement avec délai négocié (60 jours ou 45 jours fin de mois)

Proposer des modes de financement
- Location longue durée (LDD)
- Location avec option d'achat (LOA)
- Crédit

Assurer le suivi client

- **Éditer la facture**
- **Maintenir une relation durable**
  Connaître le client, l'informer, l'impliquer, le récompenser.
- **Régler les litiges**
  Écouter, reformuler, trouver une solution, faire un geste commercial.

TESTEZ-VOUS

Quiz sur le chapitre 11
liennathan.fr/3c5p5x

MOTS CLÉS

Bon de commande · Facture · Règlement au comptant · Règlement différé · Bilan · Bilan fonctionnel · Fonds de roulement · Besoin en fonds de roulement · Trésorerie nette

Voir PRÉSENTATION DE L'ÉPREUVE page 309

PRÉPARER LA NÉGOCIATION VENTE

Le domaine Saint-Robert, situé dans le Var, exploite une oliveraie pour produire des huiles d'olive de qualité. La clientèle est constituée de particuliers qui viennent directement s'approvisionner au domaine et de restaurateurs de la région que le domaine ravitaille depuis de nombreuses années. En 2015, Dominique Fergolitti a succédé à son père à la tête de cette entreprise familiale. Il souhaite développer les ventes du domaine. Sa stratégie consiste à cibler une nouvelle clientèle professionnelle : les épiceries fines et les restaurants. Vous êtes en stage au sein du domaine et le dirigeant vous a chargé de prospecter les épiceries fines du Var. Vous avez décrit, dans la fiche ci-dessous, l'activité correspondant à l'entretien avec Emmanuel Simonnet, responsable de l'épicerie du Terroir à Fréjus.

CADRE DE L'ACTIVITÉ	
Nom de l'organisation	Domaine Saint-Robert
Adresse/code postal/ville	**83190 Ollioules**
Type de structure	SARL
Offre commerciale	Huile d'olive AOC
Type(s) de client(s)	Particuliers, restaurateurs
Méthodes de vente	Vente en face à face

ANALYSE DE L'ACTIVITÉ	
Date(s) : octobre	Lieu de l'activité : le rendez-vous a lieu dans les locaux de l'épicerie du Terroir située dans le centre-ville de Fréjus, dans le Var.
Historique/problématique de l'activité	L'entreprise souhaite cibler une nouvelle catégorie de clients professionnels : les épiceries fines.
Acteurs concernés (statuts, rôles, motivations)	Le commercial, dont le rôle est de développer la clientèle. Le prospect, dont le rôle est de trouver des produits qui vont satisfaire sa clientèle tout en lui assurant une marge.
Objectifs opérationnels	– Faire connaître le domaine et ses produits (cognitif). – Convaincre le prospect de passer une première commande (conatif). – Laisser une bonne image de marque (affectif).

DÉROULEMENT DE L'ACTIVITÉ	
Phases	**Outils mobilisés**
• Découverte des besoins d'E. Simmonet pour l'épicerie du Terroir. • Argumentation sur l'offre d'huiles adaptée à ce distributeur. • Traitement des objections de ce prospect.	– Plan de découverte – Argumentaire CAP SONCASE – Plan de réponse aux objections
Résultats	Emmanuel Simonnet a passé une première commande pour un montant de 118 € HT. J'ai obtenu un second rendez-vous dans un mois pour faire le point sur les ventes réalisées au sein de la boutique et analyser les retours client.
Difficultés rencontrées	La principale difficulté a été de convaincre Emmanuel Simonnet de passer une première commande, car il ne connaissait pas notre entreprise et parce qu'il avait déjà un fournisseur depuis des années. J'ai argumenté en mettant en avant la qualité de nos produits et sur la possibilité de diversifier son offre auprès de ses clients.

Suite à cet entretien, Emmanuel Simonnet vous a conseillé d'appeler une de ses amies qui possède un restaurant sur Toulon. Vous avez ensuite obtenu un rendez-vous avec Lucile Dupont, propriétaire du restaurant La Maison gourmande situé sur le cours Lafayette à Toulon.

Travail à faire

1 **Préparer l'entretien de négociation-vente**

Compte tenu des paramètres à prendre en compte pour la simulation (annexe 3), préparez l'entretien avec Lucile Dupont au cours duquel vous présenterez :
– le plan de découverte qui vous permettra de découvrir les besoins de votre prospect ;
– l'argumentaire de vente en utilisant la méthode SONCASE sur l'entreprise et les huiles d'olive ;
– un plan de réponse aux objections (10 objections, dont une objection sur le prix).

Annexe 1 La présentation du domaine Saint-Robert

Fort d'une longue expérience et d'un savoir-faire transmis depuis trois générations, Dominique Fergolitti a pour ambition d'élaborer des huiles de qualité reconnues pour leur authenticité et leur saveur. L'huile qui provient des oliveraies est une huile d'olive de qualité vierge extra, extraite à froid dans les 24 heures suivant la récolte. Son trait dominant est son caractère fruité, vert, plein de fraîcheur. Il suffit de déboucher une bouteille et d'approcher le nez du col pour en percevoir l'exhalaison des odeurs. Elle révèle la puissance et exalte les saveurs des produits qu'elle accompagne. Elle personnalise les préparations les plus audacieuses et donne toute sa noblesse au plat. Cette exigence a été récompensée en 2018 par l'obtention d'une médaille d'or au concours organisé lors du salon agricole de Paris. Toutes les huiles du domaine sont commercialisées sous l'appellation d'origine contrôlée « Huile d'olive de Provence ». Cette AOC garantit aux consommateurs le respect d'un savoir-faire et certifie une qualité reconnue internationalement.

Annexe 2 La gamme d'huiles du domaine Saint-Robert

Huile Mistralou	Huile « Le Clos des perdrix »	Huile « Les hautes Collines »
Le Mistralou, qui jouit d'un assemblage naturel, est un cru qui donne une huile fraîche et verte pleine de saveurs.	Une huile très douce et onctueuse. Sa production est limitée à 2 500 bouteilles.	Huile fraîche et un peu verte issue de l'association des 4 variétés de l'AOC.
15 € HT la bouteille de 1 litre	***22 € HT la bouteille de 1 litre***	***25 € HT la bouteille de 1 litre***

Annexe 3 Les paramètres à prendre en compte pour la simulation

PARAMÈTRES À PRENDRE EN COMPTE PAR LE CANDIDAT POUR LA SIMULATION		
Objet de l'activité	Rendez-vous avec Lucile Dupont, propriétaire du restaurant La Maison gourmande	
Date(s) et lieu – durée	Dans son bureau situé dans les locaux du restaurant sur Toulon.	
Délimitation de séquence(s)	Entretien complet	
Historique de la relation	Premier rendez-vous téléphonique avec Mme Dupont.	
Objectifs de la communication	Convaincre Lucile Dupont de passer une commande.	
Informations à exploiter	Lucile Dupont a ouvert son restaurant en 2019.	Elle propose une cuisine raffinée à base de produits locaux.
Contrainte(s)	Lucile Dupont ne dispose que de 20 minutes pour vous recevoir.	
Acteur(s) concernés (statut, rôle)	**VOUS** : stagiaire, vous avez déjà convaincu plusieurs clients et vous devez développer la clientèle des épiceries fines et des restaurants.	**JURY** : Lucile Dupont, propriétaire du restaurant qui cherche un fournisseur d'huile pour ses préparations.

2 **Réaliser l'entretien de négociation-vente**

Par groupe de 3, simulez l'entretien de négociation en vous attribuant simultanément les rôles de vendeur, prospect et observateur.

CHAPITRE 12

Participer à des salons

Contexte professionnel

Activité/Tâche	Compétences	Vers PIX
Participation à des salons	– Organiser un événement commercial. – Animer un événement commercial. – Exploiter un événement commercial.	**2.1.** Interagir **2.2.** Partager et publier

OCEAN est le leader français de la gestion de flotte reposant sur les techniques de géolocalisation en temps réel. La société équipe ainsi près de 130 000 véhicules pour plus de 6 000 clients.

L'équipe commerciale comprend des commerciaux sédentaires et des commerciaux itinérants :

– les commerciaux sédentaires travaillent avec des chargés de détection de projet qui réceptionnent les demandes d'information déposées sur le site (leads) et formulent des propositions ;

– les commerciaux itinérants sont répartis dans toute la France et prospectent les entreprises qui travaillent avec des flottes de véhicules afin de les convaincre d'équiper leurs véhicules de systèmes de géolocalisation.

Les cibles sont les entreprises du bâtiment et des travaux publics, les sociétés de maintenance, d'intervention, de livraison, de transport, de location, de gestion d'espaces verts, les collectivités…

Les services proposés sont : la géolocalisation de véhicules (pour piloter l'activité des équipes itinérantes et identifier les sources d'économie), la gestion de flotte (pour gérer l'utilisation et l'entretien du parc de véhicules et réduire le coût de possession des véhicules), l'écoconduite (programme d'analyse des comportements de conduite des collaborateurs pour favoriser leur sécurité et diminuer l'impact environnemental).

Votre rôle

Vous venez d'être recruté(e) comme jeune commercial(e) afin de développer de nouvelles méthodes de prospection pour animer la relation client.

Vous êtes chargé(e) de l'organisation de manifestations commerciales. Pour cela, vous devez :

– choisir les moyens de communication les plus adaptés à cet objectif ;

– préparer l'organisation d'un salon professionnel ;

– évaluer le coût prévisionnel d'un salon.

Vos objectifs

I Mettre en place une stratégie de communication

1 Classez les différents types de communication (média / hors média) utilisés par OCEAN. Justifiez leurs choix. — Fiche ressource 1 ; Annexes 1 et 2

2 Proposez d'autres moyens de communication que pourrait utiliser OCEAN pour accroître sa notoriété. Justifiez vos propositions.

3 Comment pourriez-vous intégrer l'utilisation des réseaux sociaux pour accroître la notoriété d'OCEAN ? — Annexe 3

II Préparer l'organisation d'un salon

Vous avez repéré trois salons auxquels pourrait participer OCEAN.

4 Analysez les types de salon puis sélectionnez le salon le plus adapté. Vous rédigerez une note argumentée afin de convaincre votre responsable d'y participer ; mettez en avant les arguments commerciaux, financiers et managériaux. — Fiche ressource 2 ; Annexe 4

5 Pour faciliter l'organisation du salon, vous avez recensé les différentes actions à mener. Complétez l'annexe 5 en classant les actions de la phase 5 et en précisant les tâches antérieures. — Fiche ressource 3 ; Annexe 5

6 Préparez le planning prévisionnel de ce salon en utilisant un logiciel de planification de projet ou Excel.

7 Évaluez le budget prévisionnel de ce salon. — Fiche ressource 4 ; Annexe 6

III Animer le salon

8 Comment pouvez-vous « booster » l'événement pendant son déroulement ? — Fiche ressource 2

9 Dans une note à l'attention de votre responsable, résumez les intérêts du *live-tweet* pour votre stratégie de communication et proposez le hashtag de l'événement ainsi que deux exemples de messages. — Annexe 7

IV Évaluer les résultats du salon

Pour réussir la phase d'après-salon, vous préparez la réunion de bilan à laquelle participeront votre responsable et les commerciaux qui étaient présents sur le salon.

10 La participation au salon a coûté 20 000 € à l'entreprise. Sachant que le taux de marge sur coût variable moyen est de 30 %, évaluez le chiffre d'affaires minimum à réaliser pour rentabiliser cet événement. — Fiche ressource 2 ; Fiche ressource 5

11 Sachant qu'en moyenne, une vente représente un chiffre d'affaires de 1 000 €, analysez la rentabilité (le ROI) du salon selon deux hypothèses : une hypothèse basse avec les ventes fermes enregistrées sur le salon et une hypothèse haute tenant compte des taux de transformation des devis et négociations de N-1. — Annexe 8

12 Préparez les grandes lignes de la réunion de bilan.

13 Proposez des actions de communication post-salon qui pourront renforcer l'impact de cet événement auprès de vos clients.

Votre dossier

Annexe 1 L'offre de l'entreprise OCEAN

Des solutions de gestion de flotte, avec ou sans géolocalisation des véhicules, au service de votre organisation

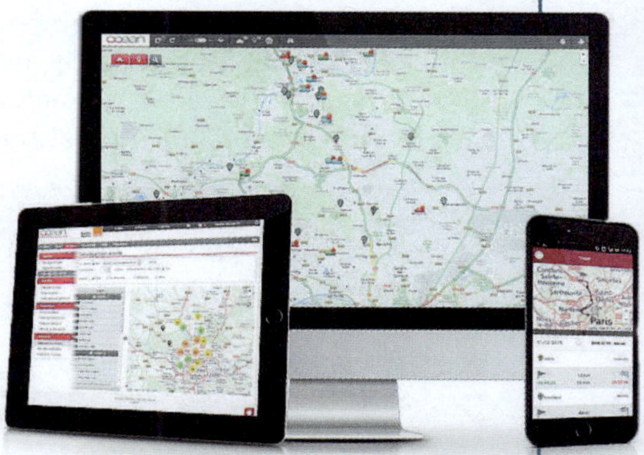

La géolocalisation de véhicules consiste à connecter l'entreprise à ses équipes itinérantes grâce à des boîtiers placés dans les véhicules et des applications installées sur les ordinateurs ou sur les téléphones mobiles.

Les solutions de gestion de flotte, désormais disponibles avec ou sans géolocalisation des véhicules, ont pour but d'améliorer le pilotage opérationnel, administratif et financier de votre entreprise. Des analyses synthétisent les données liées à l'activité des équipes itinérantes, ce qui permet d'avoir une traçabilité des opérations, de mieux gérer les équipes et l'entretien de véhicules, d'identifier de nombreuses sources d'économie.

La gamme de produits OCEAN répond à toutes les problématiques des entreprises.

▶ **GéoStart** – Dédiée aux petites entreprises, cette solution de suivi de véhicules en temps réel permet de recevoir un rapport quotidien sur chaque véhicule de la flotte pour analyser les déplacements, les amplitudes horaires, les temps de trajet ou les kilomètres effectués, et ainsi optimiser les ressources. Elle est accessible partout, tout le temps, depuis un poste fixe ou une application mobile.

▶ **GéoPack** – Dédiée aux TPE et PME, cette solution gère l'activité terrain à distance, permet de suivre les heures travaillées, le nombre de visites effectuées, dans le respect de la réglementation de la CNIL. Pour respecter la réglementation de la CNIL, les systèmes sont équipés d'un bouton « vie privée ». Cette solution permet de diminuer les coûts de possession de flotte, de réduire l'accidentologie et l'empreinte carbone, grâce au suivi d'indicateurs clés fournis par OCEAN.

▶ **GéoPro** – Dédiée aux grandes flottes, elle intègre, en plus de la solution GéoPack, le suivi de l'activité réalisée par adresse, la comparaison des performances individuelles et par équipe, les alertes en cas d'anomalies, le suivi des échéances d'entretien et de contrat de location.

▶ **Écoconduite** – Cette application met l'écoconduite au cœur des valeurs de l'entreprise. Elle permet de réaliser des économies significatives tout en améliorant la sécurité des collaborateurs et en réduisant les émissions de CO_2. Les entreprises peuvent réaliser jusqu'à 15 % d'économies sur leurs frais de carburant, réduire les coûts d'entretien et le budget réparation de leur flotte de véhicules grâce à une conduite plus apaisée de leurs collaborateurs. Elle a aussi pour objectif de diminuer le nombre de sinistres et d'accidents. Grâce aux outils de suivi OCEAN, les conducteurs sont responsabilisés, ils constatent leurs progrès et améliorent leur comportement de conduite. Leur conduite apaisée génère moins de stress dans la réalisation de leurs missions.

https://solutions.ocean.fr/

Annexe 2 La communication chez OCEAN

ocean
CONNECTER POUR MIEUX GÉRER

OCEAN utilise une communication multicanal pour se faire connaître :
- elle communique par son site Internet et sur les réseaux sociaux ;
- elle participe à des campagnes de publicité sur des sites Internet professionnels ;
- elle est présente sur le site Internet Orange Business Services, puisqu'elle appartient au groupe Orange ;
- elle participe à des salons comme le Salon de la flotte automobile et les « 24 heures du Bâtiment » ;
- elle parraine des entreprises clientes pour récompenser leurs collaborateurs qui recommandent OCEAN à des filleuls.

Annexe 3 — La communication *via* les réseaux sociaux

Les réseaux sociaux répondent aux attentes de l'entreprise et permettent :
- d'accroître sa visibilité ;
- d'améliorer le référencement de son site Internet et de générer plus de trafic ;
- de développer des relations plus étroites avec ses clients (ou ses partenaires).

Quels réseaux sociaux choisir ?
- Facebook est incontournable pour communiquer sur une page, informer sur les nouveaux produits, sur l'actualité de l'entreprise.
- LinkedIn, réseau professionnel, permet de trouver des partenaires, des clients.
- Twitter, rapide et réactif, permet de faire de la veille sur le marché et la concurrence, et peut servir d'appui à une opération de communication.

Annexe 4 — Des salons pour OCEAN

Les rencontres Flotauto Salon 100 % business des véhicules d'entreprise	BATIMAT – Tout pour réussir les chantiers du bâtiment Salon des innovations pour le bâtiment et l'architecture	MONDIAL DE L'AUTO PARIS Premier Salon automobile mondial
Paris La Villette **15 février**	**Paris Nord Villepinte** **4-8 novembre**	**Paris Porte de Versailles** **4-14 octobre**
Journée unique dédiée aux enjeux de la gestion de flotte et aux solutions business	Salon international de l'industrie du bâtiment – rencontre de tous les décideurs et metteurs d'œuvre du bâtiment	Salon où se retrouvent les constructeurs mondiaux qui présentent leurs nouveaux modèles
• Près de 200 exposants • Plus de 3 000 visiteurs	Plus de 340 000 visiteurs	• 250 marques de véhicules d'une vingtaine de pays • 140 nouveautés • Plus d'un million de visiteurs
Des conférences et des débats pour explorer les différents enjeux de la gestion de flotte et mieux piloter l'activité de l'entreprise	• 200 thèmes de conférences et ateliers pour échanger • Plus de 6 000 participants à ces conférences et ateliers	• De nombreux forums sur la mobilité et la voiture connectée • Un hall réservé aux deux-roues et aux voitures prestigieuses • Mondial Tech dédié aux innovations du futur
• Être visible sur l'événement incontournable du secteur. • Accélérer la visibilité et le business. • Présenter ses solutions professionnelles. • Dévoiler ses nouveautés en avant-première. • Rencontrer ses clients et prospects. • Développer son réseau.	• Promouvoir ou dévoiler en avant-première ses innovations auprès des décideurs spécialisés du marché français ou international. • Aller à la rencontre des professionnels de la mise en œuvre, de la prescription et de la distribution.	• Présenter des nouveaux modèles. • Faire essayer des nouveaux modèles. • Participer aux conférences sur les innovations du futur. • Présenter l'offre technologique issue des start-up et des acteurs du numérique.

Annexe 5 Les phases de l'organisation du salon

Phases de l'organisation	Durée (en jours)	Tâche antérieure
Phase 1. Lancement de l'opération		
1. Veille et récupération des informations sur les salons antérieurs	15	
2. Prise de contact avec les organismes organisateurs	5	1
3. Choix du salon	1	2
4. Réservation du stand (inscription)	1	3
5. Élaboration du planning	5	3
6. Sélection des participants	2	3
7. Organisation de l'hébergement	3	5-6
Phase 2. Préparation du concept du stand		
8. Analyse comparative des différentes solutions	5	4
9. Choix de la solution adaptée	2	8
10. Organisation du stand	5	7-9
11. Choix des produits à exposer	3	9
12. Choix de l'aménagement du stand	3	9
Phase 3. Communication sur l'événement		
13. Élaboration des outils de communication commerciale	3	3
14. Élaboration des invitations	2	3
15. Préparation des fichiers clients et prospects	1	3
16. Envoi des invitations	1	13-14-15
17. Préparation des animations	3	16
18. Mise en place des opérations de communication	3	13-16
Phase 4. Mise en place du salon		
19. Organisation d'une réunion générale de briefing	1	18
20. Installation du stand	2	10-11-12
21. Animation du stand	3	17-19-20
22. Collecte des informations sur la concurrence	3	20
23. Mise à jour des fichiers	3	20
24. Démontage du stand	1	21-22-23
Phase 5. Gestion de l'après-salon		
25.		
26.		
27.		
28.		
29.		

Étapes de la phase 5 à classer :

- Évaluation des résultats (quantitatifs, qualitatifs) → 1 jour
- Organisation de la réunion de bilan → 1 jour
- Mise à jour des bases de données → 2 jours
- Communication sur le site → 20 jours
- Relances → 5 jours

Annexe 6 — Les coûts prévisionnels du salon

Pour la participation au salon, les coûts ont été estimés par la responsable marketing.

Charges	Montants	Charges	Montants
Location du stand	4 865 €	Frais de transport	2 000 €
Aménagement du stand	4 500 €	Frais de séjour	2 100 €
Documentation / promotions	1 350 €	Autres dépenses (logistique)	405 €
Cadeaux	1 200 €		

Annexe 7 — Le *live-tweet*

Le *live-tweet* désigne un tweet créé et diffusé en direct d'un événement. Les *live-tweets* peuvent être utilisés pour animer et relayer un événement (conférence, salon, défilé, etc.). Les *live-tweets* peuvent être le fait des participants, et donc être spontanés, ou être produits dans le cadre d'une politique planifiée de *community management*. L'utilisation et la recommandation de hashtags dédiés permettent d'optimiser l'utilisation des *live-tweets*.

www.definitions-marketing.com

Quelques conseils pour bien utiliser les *live-tweets*

▶ **Choisissez le # (hashtag) de l'événement :** le hashtag est un mot-clé. L'événement est annoncé sur Twitter avec son #. Il doit être facilement mémorisable, recopiable, et correspondre à l'événement.

▶ **Définissez le contenu du *live-tweet* :** pendant l'événement, relayez des informations sur ce qui se passe afin que les participants réagissent.

▶ **Répondez aux remarques ou questions des internautes :** faites preuve de réactivité !

▶ **Reprenez les tweets les plus pertinents :** soit par écrit sur les écrans de l'événement, soit à l'oral par l'animateur de l'événement.

Pour que l'animation soit la meilleure possible, le responsable des *live-tweets* doit bien connaître l'événement, les participants, le lieu. Les *live-tweets* doivent partir quelques heures avant l'événement, voire la veille, et se poursuivre pendant toute la durée de l'événement.

Annexe 8 — Gérer l'après-salon

Pendant toute la durée du salon, vous avez suivi les résultats des visites sur le stand. Chaque visiteur disposait d'un badge et le système enregistrait ses coordonnées lorsqu'il s'arrêtait sur le stand.
Ensuite, c'était aux commerciaux de mettre à jour les informations disponibles en fonction du client présent.
Les informations du badge étaient les suivantes :
- Nom – Prénom – Société – Fonction – Mail – Tél. – Secteur d'activité – Adresse société – Code postal – Ville

Lorsque les commerciaux recevaient les prospects, ils y avaient accès et pouvaient ajouter des informations plus qualitatives :
- Projet d'équipement – Parc à équiper
- Type de proposition : Information – Devis – Négociation – Vente

	Jour 1	Jour 2	Jour 3
Parcs à équiper	129	165	154
Type de proposition :			
– Information	86	63	45
– Devis	25	40	60
– Négociation	10	34	30
– Vente	8	28	19

Au cours des précédentes participations à ce salon, le responsable avait observé que s'étaient transformés en ventes :
– 20 % des négociations ;
– 10 % des devis.
Pour les demandes d'information, il n'a pas assez de recul pour évaluer leurs retours. Mais il compte sur vous pour l'aider dans cette mission.

FICHE RESSOURCE

1

LA COMMUNICATION MÉDIA ET HORS MÉDIA

I Définir les objectifs de la communication média et hors média

La communication a pour objectifs :
– de faire connaître l'entreprise, la marque ou ses produits… ⇒ objectif cognitif ;
– de faire aimer ou apprécier la marque, un produit ⇒ objectif affectif ;
– de faire agir (achat, fréquentation d'un site ou d'un point de vente) ⇒ objectif conatif.

II Différencier les types de communication

Lorsque la communication porte sur l'offre d'un nouveau produit ou d'une nouvelle gamme, on parle de communication sur l'offre. Lorsqu'elle concerne l'image de l'entreprise, on parle de communication institutionnelle ou *corporate*.

III Étudier les supports de communication

Le média désigne le moyen de diffusion de la communication.

1. La communication média

Elle utilise les grands médias publicitaires et est plutôt considérée comme une communication de masse. Elle s'adresse à tout le monde et a pour objectif de faire connaître le produit ou l'entreprise. La communication média « tire » le client vers le produit (stratégie « *pull* »).

Les supports de communication média		
Télévision	Affichage	Presse
Radio	Cinéma	Internet

2. La communication hors média

Cette communication est plus personnalisée. Elle comprend :
– les opérations de marketing direct (publipostage, e-mailing, SMS, phoning, imprimés sans adresse ou catalogues distribués dans les boîtes aux lettres…) ;
– les actions de communication n'utilisant pas les médias traditionnels, comme les opérations de *street marketing* (technique de promotion qui se passe dans des lieux publics) ;
– les techniques de promotion des ventes (jeu-concours, réduction de prix, couponing…) ;
– tous les événements.
La communication hors média « pousse » le produit vers le client (stratégie « *push* »).

Les supports de communication hors média		
Marketing direct	Relations publiques (journées portes ouvertes, communiqués de presse…)	Salons et foires
Promotion des ventes	Réseaux sociaux	Sponsoring (soutien financier ou matériel apporté à un événement en échange de communication sur l'événement) / Parrainage

IV Élaborer le plan média

Il récapitule toutes les actions de communication programmées par l'entreprise et le calendrier de la campagne. Il permet au commercial d'informer ses clients et de préparer les actions..

EXEMPLE : plan média différenciant deux cibles (consommateurs et distributeurs)

Cible	**Les consommateurs** Cœur de cible : les hommes de 30 à 55 ans	**Les distributeurs** Les principales grandes chaînes de distribution
Objectifs	Accroître la notoriété du produit et sa présence dans l'esprit des clients.	Développer le référencement.
Moyens	– Publicité dans les magazines masculins – Sponsoring d'événements sportifs	Animation dans la grande distribution
Actions de communication	– 3 campagnes de presse – Affichage sur des circuits automobiles	Distribution de coupons de réduction (2 000 points de vente)

FICHE RESSOURCE

2

LES SPÉCIFICITÉS DE LA VENTE EN SALON

I Définir les objectifs d'un salon

Les salons permettent de rencontrer les clients, de mieux les connaître, de les remercier de leur fidélité. Ils permettent à l'entreprise d'améliorer sa visibilité auprès de sa cible. En participant à des salons, l'entreprise peut viser différents objectifs.

Prospecter	Développer ses ventes	Améliorer sa notoriété
– Rencontrer de nouveaux prospects. – Se faire connaître (surtout en phase de lancement).	– Réaliser des ventes directes avec les clients invités sur le salon. – Obtenir des contrats avec de nouveaux clients.	– Organiser des animations. – Participer à des conférences, à des forums. – Améliorer l'image de l'entreprise.
Fidéliser sa clientèle	**Présenter ses nouveaux produits**	**Connaître son marché**
– Créer des liens avec les clients. – Les accueillir sur le stand et les faire participer à des événements autour du salon.	– Faire connaître les nouvelles gammes. – Promouvoir et faire essayer les nouveaux produits.	– Observer les acteurs du marché. – Réaliser une veille concurrentielle. – Étudier les nouveaux produits, les nouveaux concepts.
Mobiliser ses commerciaux	**Développer des partenariats**	**Participer aux conférences**
– Valoriser les commerciaux. – Fédérer les équipes. – Échanger entre commerciaux sur les pratiques commerciales.	– Rencontrer les acteurs principaux de la filière et échanger. – Dynamiser les partenariats existants et en trouver de nouveaux.	– Partager son expérience. – Profiter de l'expérience des autres acteurs du marché. – Échanger sur le marché.

II Déterminer les différentes phases d'un salon

Avant	Pendant	Après
1. Choisir le salon : – comparer ; – budgéter ; – choisir l'emplacement.	**4. Accueillir** (animer, former les équipes, informer, attirer les prospects, créer du trafic, organiser des jeux).	**7. Assurer le suivi** (remercier, relancer les prospects, comptabiliser les contacts).
2. Organiser la participation (logistique, stand, PLV, animation, planning, communication, invitations).	**5. Proposer la documentation** (plaquettes, documents promotionnels, fichiers prospects).	**8. Faire le bilan** (analyser les retombées, calculer la rentabilité).
3. Mobiliser les équipes (les former, réserver le voyage et l'hébergement).	**6. Distribuer des outils de communication** (goodies…).	**9. Mettre à jour les fichiers.**

III Analyser les types de salons

1. Les salons professionnels

Ces événements sont réservés aux professionnels du secteur qui peuvent s'y rendre après avoir reçu une invitation.

EXEMPLES : Bâtimat, Franchise Expo, SIAL.

2. Les salons grand public

Ils sont ouverts à tous les publics. Les exposants s'adressent au consommateur final (biens ou services). L'objectif premier est la vente directe.

EXEMPLES : Mondial de l'Automobile, Foire de Lyon.

3. Les salons virtuels

Un salon virtuel est une plateforme en ligne permettant de visiter un salon sans se déplacer. Comme le salon réunit de nombreux exposants, le visiteur trouvera le secteur et les produits qui l'intéressent. L'exposant pourra améliorer sa visibilité sans mobiliser ses équipes commerciales et en réduisant ses coûts de communication.

EXEMPLES : Salon SME Online, Salon virtuel des franchises.

FICHE RESSOURCE

3

LA PLANIFICATION DES OPÉRATIONS COMMERCIALES

Une opération commerciale, comme un salon, doit être planifiée pour que chacun sache ce qu'il doit faire, quand et pendant combien de temps.

I Définir les missions et les tâches

La première mission du responsable d'une opération commerciale consiste à :
– lister les différentes missions et tâches à réaliser ;
– évaluer la durée de chaque tâche ;
– définir les tâches antérieures (elles doivent être réalisées pour que les suivantes puissent débuter).

		Durée	Antériorité
Préparation du salon			
A	Définition des objectifs du salon	2	–
B	Choix du salon	2	A
C	Choix de l'équipe	1	B
D	Réservation de l'emplacement, équipements, mobilier	3	B
E	Envoi des invitations	4	C-D
F	Préparation des documents promotionnels	3	B
Animation du salon			
G	Organisation du briefing de l'équipe	1	E-F
H	Animation et démonstration	4	G
I	Accueil des visiteurs (prospects et clients)	4	G
Suivi du salon			
J	Démontage du stand	1	H-I
K	Récupération des fiches contacts	1	I
L	Débriefing sur le bilan du salon	1	H-I
M	Relance des prospects	3	K

II Établir le planning de l'opération commerciale

Le logiciel GanttProject permet de visualiser les différentes tâches et de savoir celles qui peuvent prendre du retard sans remettre en jeu la durée totale du projet.

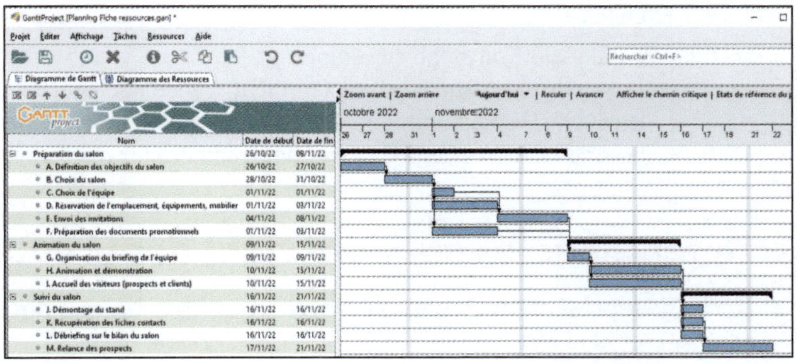

III Hiérarchiser les tâches identifiées

À partir de la matrice d'Eisenhower, on classe les tâches selon leur urgence et leur importance pour définir celles qui doivent être réalisées en premier.

		Importance	
		Très importante	**Peu importante**
Urgence	**Très urgente**	**Tâche de type 1** à réaliser immédiatement par le commercial lui-même	**Tâche de type 2** à réaliser immédiatement (elle peut être déléguée)
	Peu urgente	**Tâche de type 3** qui peut être différée et doit être planifiée dans le temps	**Tâche de type 4** à déléguer

LES COÛTS COMMERCIAUX

Les coûts représentent toutes les dépenses relatives à la prospection, au développement et à la fidélisation de la clientèle. Ils sont directs ou indirects.

I Évaluer les charges directes et les charges indirectes

Les **charges directes** peuvent être affectées directement à une action ou un produit alors que les **charges indirectes** sont relatives à plusieurs actions ou plusieurs produits et font l'objet de retraitement.

Charges directes	Charges indirectes
– Location ou achat d'un fichier – Location d'un stand dans un salon – Conception de documents promotionnels – Salaires des commerciaux – Charges patronales sur les salaires des commerciaux – Achats de matières, de marchandises – Salaires des ouvriers de production et charges patronales	– Location des locaux de l'entreprise – Salaires des assistants – Salaires des responsables – Charges patronales sur les salaires des assistants et responsables – Amortissement des matériels informatiques – Énergie utilisée pour la production

Les charges indirectes seront affectées aux différents coûts proportionnellement à leur utilisation pour les différentes actions.

EXEMPLE

Si l'assistant passe la moitié de son temps à s'occuper de la dimension commerciale, la moitié de son salaire (charges patronales comprises) sera imputée au coût commercial.

II Estimer les coûts des actions commerciales

Un salon, une animation commerciale, une opération de marketing direct représentent un coût pour l'entreprise. Pour déterminer ce coût, il est nécessaire d'estimer tous les éléments de charges imputables à l'opération.

EXEMPLE :

Pour un salon, on prend en compte :
- le coût de réservation de l'emplacement, d'aménagement du stand ;
- le coût de la communication (documents promotionnels, échantillons…) ;
- la rémunération et les frais de vie des commerciaux pendant le salon.

III Déterminer le coût de revient des produits

Les coûts représentent l'ensemble des charges (directes et indirectes) et sont répartis en plusieurs catégories.

	Types de coûts		Charges directes		Charges indirectes
Coût de revient	Coût d'achat	=	Prix d'achat du produit + Frais de livraison (directs)	+	Frais de passation des commandes
	Coût de production	=	Coût des matières consommées + Frais directs de fabrication	+	Frais indirects de production
	Coût de distribution	=	Coût des commerciaux	+	Frais indirects de distribution

IV Évaluer les résultats

Le résultat sera déterminé par la différence entre le chiffre d'affaires réalisé et le coût de l'opération ou le coût de revient du produit. Ce résultat représente la marge réalisée sur l'opération.

FICHE RESSOURCE

5

LA RENTABILITÉ DES OPÉRATIONS COMMERCIALES

I Différencier les coûts fixes et variables

1. Les charges fixes

Elles sont indépendantes du chiffre d'affaires et du volume de production. Ce sont toutes les charges de structure de l'entreprise, les loyers des locaux, l'amortissement des matériels, la partie fixe de la rémunération des commerciaux (et leurs charges sur le fixe), les intérêts des emprunts…

2. Les charges variables

Elles évoluent proportionnellement à l'activité de l'entreprise, aux quantités vendues, au chiffre d'affaires. Ce sont essentiellement les achats, mais aussi les commissions sur le chiffre d'affaires, les charges patronales sur les commissions, les frais de communication proportionnels au chiffre d'affaires.

II Réaliser l'analyse différentielle du résultat

À partir des charges variables et fixes, il est possible d'analyser la composition du résultat de l'entreprise pour une activité donnée. C'est le compte de résultat différentiel.

EXEMPLE

Éléments	Montants	% du CA
Chiffre d'affaires (CA)	100 000	100
– Charges variables (CV)	60 000	60
= Marge sur coût variable (MCV)	**40 000**	40
– Charges fixes (CF)	25 000	25
= Résultat (R)	**15 000**	**15**

Le taux de marge sur coût variable (TMCV) est le rapport entre la MCV et le CA :

TMCV = MCV / CA

EXEMPLE (suite) : TMCV = 40 000 / 100 000 = 40 %

Le résultat s'obtient par la différence entre la MCV et les CF :

R = MCV – CF

EXEMPLE (suite) : le résultat est égal à 15 000 € pour un chiffre d'affaires de 100 000 €.

III Évaluer le seuil de rentabilité

Il est intéressant pour l'entreprise de savoir à partir de quel chiffre d'affaires (ou quel niveau d'activité) elle atteint l'équilibre (c'est-à-dire qu'elle ne réalise ni perte ni bénéfice) ou à partir de quel chiffre d'affaires une animation commerciale pourrait être rentable.

Le seuil de rentabilité (SR) correspond au chiffre d'affaires pour lequel le résultat est nul (ou égal à 0), c'est-à-dire que, d'après la formule R = MCV – CF, la marge sur coût variable couvre exactement les charges fixes. Si 0 = MCV – CF alors MCV = CF.

1. Le seuil de rentabilité par le calcul

Comme Marge sur coût variable = Chiffre d'affaires × Taux de marge sur coût variable, on peut appliquer la formule :

$$SR = \frac{CF}{TMCV}$$

EXEMPLE (suite) : CF = 25 000 et TMCV = 40 %, soit 0,40 ⇒ SR = 25 000 / 0,40 = 62 500
À partir de 62 500 € de chiffre d'affaires, l'entreprise commence à réaliser un bénéfice.

2. Le seuil de rentabilité par un graphique

Le seuil de rentabilité peut être déterminé par un graphique, avec en abscisses le chiffre d'affaires et en ordonnées les charges fixes.

EXEMPLE (suite) : l'axe des abscisses (x) représente le chiffre d'affaires (de 0 à 100 000) et l'axe des ordonnées (y) les charges fixes (y = 25 000). Marge sur coût variable : y = 0,40 x.
On trace deux droites :
- la droite des charges fixes, avec y = 25 000 ;
- la droite de la marge sur coût variable. Pour la déterminer, on calcule deux points :
  – pour x = 0 ⇒ y = 0,40 × 0 = 0,
  – pour x = 100 000 ⇒ y = 0,40 × 100 000 = 40 000.

Représentation graphique du seuil de rentabilité

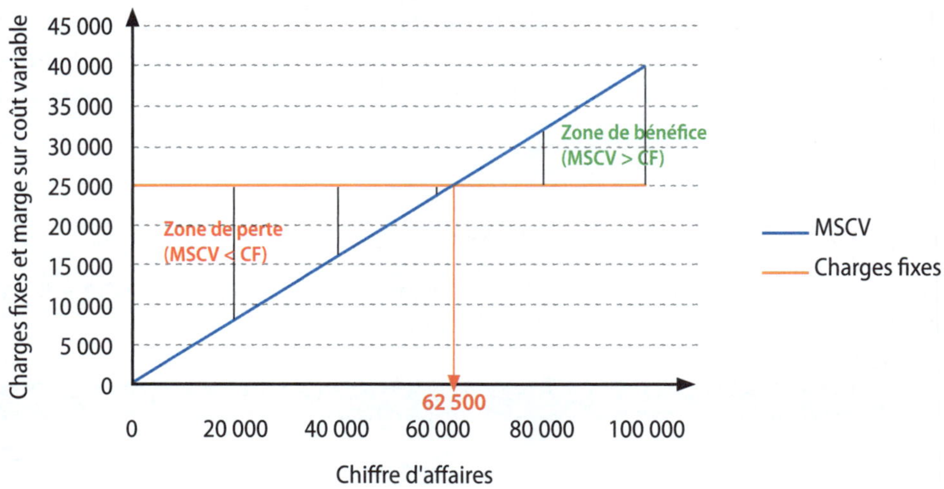

Le seuil de rentabilité correspond à l'intersection entre la droite des charges fixes et la droite de la marge sur coût variable.

EXEMPLE (suite) : l'intersection correspond à un chiffre d'affaires de 62 500 €. Cela signifie que :
– si CA < 62 500 € ⇒ l'entreprise enregistre une perte car MCV < CF ;
– si CA = 62 500 € ⇒ R = 0 (MCV = CF) ;
– si CA > 62 500 € ⇒ l'entreprise enregistre un bénéfice car MCV > CF.

3. Le point mort

Le point mort (PM) est la date à laquelle le seuil de rentabilité est atteint dans l'année si l'activité de l'entreprise est régulière.

$$PM = \frac{SR \times 360}{CA}$$

EXEMPLE (suite) : PM = (62 500 × 360) / 100 000 = 225 jours ⇒ 225 / 30 = 7,5 mois
Le seuil est atteint le 15 août, soit 7 mois et 15 jours (0,5 × 30).

4. Le seuil de rentabilité en quantité

Le calcul du seuil de rentabilité en quantité (SRq) permet de fixer des objectifs quantitatifs aux commerciaux.

$$SRq = \frac{SR}{\text{PV unitaire HT}}$$

EXEMPLE (suite) : si le prix de vente unitaire est de 500 €, le seuil est atteint pour :
62 500 / 500 = 125 produits vendus.

Applications

Maîtrise

1 Organiser un salon virtuel

Adliner, distributeur de matériel informatique bien implanté dans l'ouest de la France, aimerait développer son réseau dans toute la France sous forme de franchise. Cette jeune société n'a pas les moyens de participer aux salons professionnels dans son domaine d'activité.

Sa dirigeante, Adèle Rimer, a appris qu'un Salon virtuel de la franchise était organisé depuis plusieurs années et elle se demande s'il serait opportun d'y participer. Elle vous propose de faire quelques recherches et de lui proposer un dossier argumenté sur l'intérêt de la participation à un salon virtuel.

1. Analysez les avantages et les inconvénients du Salon virtuel de la franchise pour l'organisateur, pour Adliner et pour les visiteurs.
2. Proposez à Mme Rimer un projet d'organisation de la participation au Salon virtuel de la franchise prévu le 28 novembre prochain (étude de la cible visée, actions à mettre en œuvre avant, pendant et après le salon virtuel, planning).

Document Le Salon virtuel de la franchise

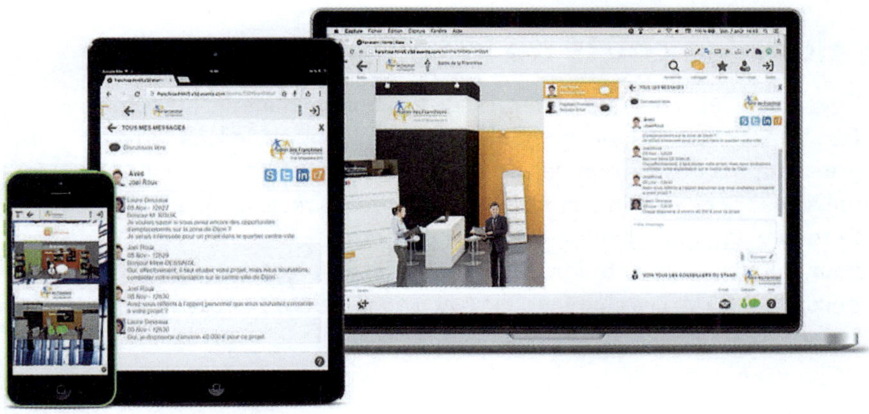

Le Salon virtuel de la franchise est un salon 100 % *on line* dont l'accès est totalement gratuit pour les visiteurs. Il permet à des porteurs de projets, des futurs franchisés de rencontrer des franchiseurs sans se déplacer.

Le franchiseur réserve un espace (payant) puis tient une permanence pendant la durée du salon (souvent 2 à 3 jours). Il accueille des candidats *via* le tchat pour parler avec eux, comme s'ils étaient en face-à-face.

Ensuite, le franchiseur relance ses contacts, comme après tout salon, pour organiser un rendez-vous physique. Cette relance peut se faire par téléphone, par mailing ou par e-mailing. Le franchiseur peut ainsi valider des contrats.

Comme sur un salon classique, les prospects viennent chercher de l'information. Il faut donc toujours des rencontres en face-à-face pour concrétiser la proposition.

Comme il n'a pas besoin d'organiser une préparation matérielle, ni de se déplacer, il continue de travailler tout en étant en veille sur le salon. Il peut échanger avec ses visiteurs, leur présenter son savoir-faire *via* des vidéos et de la documentation téléchargeable, et obtenir des statistiques détaillées sur son stand en fin de salon.

www.salondelafranchisevirtuel.com

Applications

Maîtrise

2 Analyser la rentabilité de Buroplus

Buroplus commercialise des aménagements de bureaux.
Vous êtes chargé(e) de promouvoir une nouvelle gamme de bureaux. Au cours du mois d'octobre, vous avez analysé les différents coûts : chaque bureau est acheté 1 850 € et revendu avec un taux de marque de 40 %.

1. Présentez dans un tableau le calcul des coûts fixes et des coûts variables.
2. Calculez le prix de vente d'un bureau et la marge sur coût variable réalisée.
3. Déterminez le seuil de rentabilité et le nombre de bureaux à vendre par mois pour assurer la rentabilité de la gamme.
4. Quel chiffre d'affaires devrait réaliser l'entreprise pour obtenir un résultat de 3 500 € ?

Document — Les coûts de Buroplus

Votre rémunération est constituée d'un salaire fixe de 2 500 € et d'une commission de 10 % sur le chiffre d'affaires. Les charges patronales sont de 45 %. Vous êtes remboursé(e) aux frais réels.
En général, une vente nécessite trois visites chez le client. La moyenne des distances parcourues pour effectuer les visites a été estimée à 20 km. Les remboursements s'effectuent sur la base de 0,50 €/km.
Pour accroître les ventes, vous réalisez des opérations de communication qui coûtent 500 € par mois.

Maîtrise

3 Évaluer les coûts de la téléprospection

Vous travaillez dans une entreprise de location de matériel aux professionnels. Pour le lancement d'un nouveau produit, la location de grues auprès des entreprises de BTP (bâtiment et travaux publics), vous avez décidé de lancer une opération de marketing direct.
Cette prestation est facturée 4 000 € par jour.
Pour chaque contrat obtenu, les commerciaux perçoivent une commission de 15 %. Les charges s'élèvent à 45 %. Le taux de marque sur cette prestation est de 50 %.

1. Combien de contrats doivent être vendus pour rentabiliser l'opération de marketing direct ?
2. Quelle est la rentabilité de cette opération ?
3. Mesurez l'efficacité de cette opération.

Document 1 — L'opération de marketing direct

Vous avez calculé les coûts prévisionnels de cette opération :
- Achat d'un fichier de 200 contacts ciblés auprès d'une société spécialisée en marketing direct : 500 €
- Préparation du mailing papier (réalisation graphique, impression et envoi postal) : 800 €
- Création du site Internet événementiel pour cette offre : 600 €
- Prise de rendez-vous téléphonique par une société spécialisée : 1 800 €

Document 2 — Les résultats de l'opération

- Sur les 200 contacts, 40 rendez-vous ont été obtenus.
- Sur ces 40 rendez-vous, 10 devis ont été réalisés.
- Sur ces 10 devis, 5 commandes de location d'une journée ont été signées.

Maîtrise

4 Sélectionner des salons porteurs

Le producteur Les Collines du Sud-Ouest, installé à Meyrals (Dordogne), vend des foies gras, des confits de canard, du cassoulet et des magrets. Depuis trois ans, il s'est spécialisé dans la production et la commercialisation de produits biologiques, qu'il vend directement à la ferme (boutique ouverte du lundi au samedi) et par correspondance (envoi de mailings, ventes par téléphone, site vitrine).
Depuis plusieurs années, Claire Chenut, la commerciale, participe à des salons, mais elle n'est pas persuadée des résultats de ces opérations. Elle admet cependant que le nombre de contacts qu'elle noue lors de ces manifestations est important. Elle vous demande de l'aider à évaluer les résultats des salons et foires du premier trimestre de l'année. Pour cela, elle vous a préparé un dossier (document).

1. Faites le bilan, en termes de rentabilité, de chaque salon.
2. Analysez l'efficacité commerciale des salons pour le premier trimestre.
3. Proposez d'autres actions qui pourraient être organisées pour la fin d'année afin de faire connaître ses produits.
4. Vous avez rendez-vous avec Mme Chenut la semaine prochaine pour la convaincre de l'intérêt de participer aux salons que vous jugez les plus importants et lui présenter les autres actions que vous envisagez. Préparez votre entretien (arguments, traitement des objections).

Document Informations chiffrées concernant les salons et foires bio du 1er trimestre

Le taux de marque moyen est de 39 % du chiffre d'affaires.

N°	Nom du salon	Dép[t]	Dates	Nombre de jours	Distance A/R (km)	CA (€)	Coût du stand	Péage (€)
1	Breiz Nature	29	12-14 janvier	3	717	3 500	378	38
2	Vivez Nature	75	26-29 janvier	4	543	8 500	1 800	23
3	Respire la vie	35	9-11 février	3	599	4 800	450	38
4	Zen et Bio	49	16-18 février	3	388	4 620	770	1,1
5	Vivre autrement	75	23-26 février	4	543	2 150	1 250	23
6	Vivez Nature	31	9-12 mars	4	212	3 580	1 750	14
7	Respire la vie	17	16-18 mars	3	325	5 940	450	24
8	Bio & Co	25	22-24 mars	3	574	4 630	473	32

– Remboursement des frais kilométriques : 0,60 €/km
– Remboursement des frais d'hôtel : 120 €/nuitée (pour chaque salon, Mme Chenut arrive la veille et repart le lendemain pour monter/démonter le stand).
– Remboursement des repas : 20 €/repas (deux repas par jour) + dîner de la veille et déjeuner du lendemain.

N°	Nom du salon	Objectif : nombre de contacts*	Résultat : nombre de contacts à relancer
1	Breiz Nature	20	25
2	Vivez Nature	40	54
3	Respire la vie	30	34
4	Zen et Bio	30	31
5	Vivre autrement	40	43
6	Vivez Nature	30	51
7	Respire la vie	30	21
8	Bio & Co	30	12

* Avec des distributeurs potentiels.

Expertise

5 Étudier l'opportunité de participer à un salon

Vous travaillez en tant que commercial(e) dans une société de l'industrie agroalimentaire qui a développé une nouvelle boisson très originale que vous souhaitez présenter au SIAL (Salon international de l'alimentation), le rendez-vous mondial de l'innovation alimentaire, qui se déroule tous les deux ans à Paris. Cette boisson désaltérante est élaborée à partir de fruits frais sans sucre. Elle se décline en plusieurs parfums : orange, pamplemousse, cocktail, goyave, mangue, abricot, kiwi, pomme. Elle se rapproche du jus de fruits frais et, grâce à un procédé de fabrication très innovant, elle peut se conserver 15 jours dans les rayons réfrigérés des magasins ou les réfrigérateurs des particuliers.
Votre entreprise a déjà obtenu des prix régionaux avec ce produit et vous souhaitez le présenter pour le Grand Prix des Boissons non alcoolisées, dans le cadre du SIAL Innovation.
Vous êtes aussi à la recherche d'une ou de plusieurs entreprises pour distribuer cette boisson. Votre responsable n'est pas convaincu du ROI sur le salon. Vous avez donc préparé un dossier que vous voulez lui présenter. Il vous a prévenu(e) qu'il vous accordait 20 minutes pour le convaincre de participer à ce salon, dont la notoriété est excellente.

1. Étudiez les avantages et les inconvénients pour votre société de participer au SIAL.
2. Préparez un tableau présentant le coût prévisionnel de la participation au salon.
3. Évaluez les retours prévisionnels pour la participation au SIAL.
4. Concluez sur l'opportunité de participer à ce salon.
5. Préparez le dossier que vous présenterez à votre responsable.
6. Présentez votre dossier à l'oral à votre responsable.

Document 1 Fiche descriptive du SIAL

SIAL
INSPIRE FOOD BUSINESS

- 7 000 entreprises de plus de 100 pays présenteront leurs produits aux professionnels de la distribution et de la restauration.
- 70 % d'internationaux
- 194 pays représentés, 155 000 visiteurs
- 21 secteurs d'exposition et filières alimentaires
- Top 6 des secteurs : produits carnés, produits sucrés, produits laitiers, épicerie, boissons, produits surgelés

▸ Des visiteurs satisfaits
- 90 % de visiteurs sont satisfaits de leur visite sur le salon.
- Plus de 9 visiteurs sur 10 plébiscitent la variété des produits présentés sur le SIAL.
- Plus de 9 visiteurs sur 10 (87 %) confirment que le SIAL est une plateforme efficace de *networking*.

▸ Toujours plus d'affaires au SIAL
- Plus de 1 visiteur sur 2 vient chercher des nouveaux fournisseurs et des nouveaux produits.
- 6 à 8 mois de chiffre d'affaires attendus sur le salon

▸ Des commerciaux qui nouent des contacts
- 140 contacts par jour et par stand en moyenne
- 1 contact sur 2 est nouveau (46 %).

Faites votre sourcing au SIAL Paris 2020/ Importateur international
Durée : 0'42
liennathan.fr/k2i48u

Document 1 Fiche descriptive du SIAL (suite)

▶ **Des indices de satisfaction qui parlent d'eux-mêmes**
- 82 % des exposants sont satisfaits de leur participation.
- 89 % d'entre eux ont déclaré leur intention de participer au prochain SIAL.

▶ **Conférences thématiques**
Les nouvelles tendances de la cuisine française, le vin biologique, les glaces, les innovations et nouvelles tendances, la conquête du marché chinois.

LE SECTEUR « BOISSONS NON ALCOOLISÉES » AU SIAL

▶ **Des acheteurs qui viennent pour rencontrer les exposants de boissons non alcoolisées**
- 17 % des visiteurs ne viennent au salon que pour les boissons !
- 63 % viennent du secteur de la distribution.
- 90 % des visiteurs intéressés par le secteur des boissons sont satisfaits.
- 7 visiteurs sur 10 ayant visité ce secteur en priorité ont un pouvoir de décision en termes d'achats.

▶ **Accédez à une visibilité record et profitez des campagnes de SIAL Paris**
- Plus de 50 agents de promotion internationale couvrant 80 pays
- 40 conférences de presse internationales
- 500 000 cartes d'invitation distribuées, 25 campagnes de mailing et d'e-mailing segmentées par cibles (distribution, restauration, agroalimentaire, acheteurs frais, acheteurs vin…)
- Forte présence sur les réseaux sociaux
- 2 685 journalistes présents sur les 5 jours du salon
- Plus de 6 500 retombées média (presse / radio / télé) en France et à l'international
- Une forte mobilisation politique : 125 délégations officielles, 16 ministres étrangers, 70 ambassadeurs…

Et en plus de la promotion globale réalisée autour du salon, les exposants bénéficient d'une communication spécifique au secteur, grâce à un plan média de grande envergure.
800 parutions dans plus de 450 supports *on* et *offline*, en France et à l'international (40 pays)

www.sial.fr

Document 2 Informations financières pour la participation au salon

- Aménagement du stand et participation au salon : 13 000 €
- Déplacement pour 6 personnes, y compris les commerciaux : 400 € par personne
- Hôtel : 120 € par personne et par nuitée
- Restauration : 50 € par personne et par jour pour le déjeuner et le dîner
- Arrivée la veille du salon et départ le soir du dernier jour du salon
- Durée du salon : 5 jours
- Montant moyen d'une commande pour un premier achat en salon : 1 400 € HT
- La marge brute est de 25 % du chiffre d'affaires HT.
- Nombre de contacts : en général, un stand reçoit 700 visites, dont 46 % sont des contacts « chauds ». En moyenne, 24 % des contacts « chauds » passent une commande.

Expertise

6 Participer à une foire, préparer le budget et planifier

Aqualux commercialise des piscines, depuis plus de 20 ans, auprès d'une cible de particuliers. Installée dans la région lyonnaise, elle utilise une politique de communication plutôt traditionnelle : affichage, presse, cinéma. Elle aimerait participer à la Foire Eurexpo organisée à Lyon du 23 mars au 2 avril. Cette foire attire chaque année plus de 210 000 visiteurs et 1 000 exposants. Elle se positionne comme la 3e foire française.
Pour cette manifestation, vous avez besoin de quatre commerciaux sur le stand que vous avez réservé. Vous avez prévu un planning pour que vos huit commerciaux y participent en alternance par binômes. Pour obtenir des commandes sur votre stand, ils pourront accorder une remise « Spéciale Foire » de 7 %.
Le chiffre d'affaires moyen d'un chantier d'installation d'une piscine est de 30 000 €. Le taux de marque moyen est de 26 %.

1 Relevez les intérêts de participer à la Foire de Lyon pour l'équipe d'Aqualux.

2 Évaluez le chiffre d'affaires minimum à réaliser pour assurer la rentabilité de la participation à la foire.

3 Présentez le planning des tâches à réaliser pour la préparation, l'animation et le suivi de la foire.

Document 1 Plan de la Foire de Lyon – EUREXPO

Dates et horaires
Du vendredi 23 mars au lundi 2 avril
Tous les jours de 10 h à 20 h NON STOP
Nocturnes jusqu'à 22 h le mardi 27 mars
et le vendredi 30 mars

EUREXPO LYON

Document 2 Budget prévisionnel de la participation d'Aqualux

• **Commerciaux**
4 commerciaux participeront à la manifestation pendant les 11 jours et les 2 soirées nocturnes. Vous avez prévu de rembourser les frais de repas (15 € pour les déjeuners et 25 € pour les dîners). Vous accorderez une prime de 150 € par commercial pour les nocturnes (charges patronales : 45 %).

• **Animateurs**
Pour accueillir les prospects lors de cette manifestation, vous envisagez de recruter des animateurs qui se relaieront pendant les 11 jours sur le salon. Ils auront pour missions : l'accueil des prospects, la découverte de leurs besoins, la présentation des différentes gammes de l'entreprise. Ils pourront ensuite orienter les prospects vers les commerciaux, qui réaliseront les devis adaptés aux besoins des clients. Ils seront toujours deux sur le salon.
Pour simplifier votre organisation, vous avez recours à une agence spécialisée qui vous facture la prestation 40 € de l'heure. Les animateurs travaillent 10 heures par jour et 12 heures pendant les nocturnes.

• **Aménagement du stand**
Location de l'emplacement : 20 000 €
Électricité : 500 €
Kit signalétique (impression numérique, pose et dépose incluses) : 650 €
Écran plasma accroche murale : 450 €
Montage et démontage par le personnel d'Eurexpo : 300 €

• **Publicité**
Plaquettes publicitaires : 300 €
Café, jus de fruits, gâteaux : 250 € par jour

En route vers l'épreuve E4

Voir PRÉSENTATION DE L'ÉPREUVE page 309

A Les compétences évaluées

○ **Organiser et animer un événement commercial**
Les compétences à acquérir
1 – Organiser un événement commercial
2 – Animer un événement commercial
3 – Exploiter un événement commercial

B Travail à faire

1 À partir du cas OCEAN, complétez le recto de la fiche E4 d'organisation du salon correspondant à l'entretien de présentation.

CADRE DE L'ACTIVITÉ		
Nom de l'organisation		
Offre commerciale		
Type(s) de client(s)		
Méthodes de vente		
ANALYSE DE L'ACTIVITÉ		
Date(s) : mars		
Historique/problématique de l'activité		
Acteurs concernés (statuts/ rôles/motivations)		
Objectifs opérationnels		
DÉROULEMENT DE L'ACTIVITÉ		
Phases		Outils mobilisés
Résultats		
Difficultés rencontrées		

Complétez le cadre de l'activité à partir du contexte professionnel (p. 215).

Complétez l'analyse de l'activité à partir des informations sur la problématique de l'entreprise OCEAN, les acteurs concernés par l'organisation et vos objectifs pour cet entretien (p. 216).

Complétez le déroulement de l'activité correspondant aux phases de l'entretien de présentation du projet de salon (p. 216).

2 **À vous de jouer ! Entraînez-vous au changement de paramètres, à l'aide d'une nouvelle situation, préparez et simulez l'entretien. Remplissez une nouvelle fiche E4.**

Suite à votre participation aux Rencontres Flotauto, vous rencontrez votre responsable commercial afin de faire le bilan de cette opération et de le convaincre de participer aux prochaines rencontres prévues en février. Vous avez récupéré des contacts et avez calculé les résultats selon deux hypothèses (*cf.* vos objectifs p. 216). Le coût de l'opération a été de 20 000 €, avec un taux de marge sur coût variable de 30 %. Au cours du salon, 55 ventes ont été concrétisées (moyenne de CA de 1 000 € par vente) et vous espérez en obtenir encore plusieurs, suite aux contacts qui ont été réalisés pendant ce salon.

3 **Repérez une situation vécue ou observée, dans votre entreprise de stage ou dans une entreprise de votre choix, puis remplissez la fiche E4.**

Synthèse

Participer à des salons

Les objectifs et les supports de la communication

Objectifs
- Faire connaître (objectif cognitif)
- Faire aimer (objectif affectif)
- Faire adopter (objectif conatif)

Supports de la communication média (stratégie « *pull* »)
- Presse
- Télévision
- Affichage
- Cinéma
- Radio
- Internet

Supports de la communication hors média (stratégie « *push* »)
- Marketing direct
- Salons et foires
- Promotion des ventes
- Sponsoring
- Réseaux sociaux
- Relations publiques

L'organisation d'un salon

Définir les objectifs
- Prospecter.
- Mobiliser les commerciaux.
- Présenter les nouveaux produits.
- Améliorer la notoriété.
- Participer à des conférences.
- Fidéliser la clientèle.
- Développer les ventes.
- Développer des partenariats.
- Connaître le marché.

Planifier les tâches
Toute action est planifiée dans le temps. Le planning permet de visualiser la durée prévisionnelle du projet et les marges de manœuvre disponibles.

Les **coûts commerciaux** comprennent l'ensemble des charges directes et indirectes.

Charges directes
Elles peuvent être directement affectées aux coûts (ex. : frais d'approvisionnement liés au coût d'achat, salaire d'un commercial lié au coût de distribution).

Charges indirectes
Elles nécessitent un retraitement car elles concernent plusieurs coûts dans l'entreprise (ex. : loyers, rémunération des assistants).

Coût de revient = Coût d'achat + Coût de production + Coût de distribution

Résultat = Chiffre d'affaires – Coût de revient

Le calcul de la rentabilité des actions commerciales

1. Différencier les coûts fixes et variables :
- les charges fixes sont indépendantes du chiffre d'affaires ou du volume d'activité ;
- les charges variables sont proportionnelles au chiffre d'affaires ou au volume d'activité.

2. Établir le compte de résultat différentiel

Chiffre d'affaires (CA)	100 %
– Charges variables	
= Marge sur coût variable (MCV)	
– Charges fixes	
= Résultat	

3. Calculer le seuil de rentabilité
SR = chiffre d'affaires à partir duquel l'entreprise réalise un bénéfice.

$$SR = \frac{CF}{TMCV}$$

TESTEZ-VOUS

Quiz sur le chapitre 12
liennathan.fr/6v8sb6

MOTS CLÉS
Communication média · Communication hors média · Charges directes · Charges indirectes · Charges fixes · Charges variables · Seuil de rentabilité · Point mort

CHAPITRE 13

Organiser des événements commerciaux

Contexte professionnel

Activité/Tâche
Organisation d'opérations commerciales

Compétences
- Organiser un événement commercial.
- Animer un événement commercial.
- Exploiter un événement commercial.

Vers PIX
2.1. Interagir
2.2. Partager et publier

Bohin France, située dans l'Orne, est la seule entreprise française produisant des aiguilles et des épingles pour la couture et les loisirs textiles depuis près de deux siècles. Elle fabrique ses produits sur des machines traditionnelles avec un savoir-faire unique que perpétuent ses ouvriers très spécialisés. Elle exporte dans 45 pays, notamment aux États-Unis.

La famille Bohin a perpétué la tradition pendant plus d'une centaine d'années. En 2014, un musée a même été créé autour du savoir-faire de l'entreprise : la Manufacture Bohin. Depuis son ouverture, cinq jours par semaine de février à novembre, de nombreux visiteurs se pressent pour découvrir le travail des ouvriers.

Depuis janvier 2018, Audrey Régnier a repris la société avec son mari, Fabien. Les nouveaux propriétaires, bien conscients d'être à la tête de l'un des fleurons du patrimoine industriel français, veulent développer trois axes :
- renforcer l'image de marque de l'entreprise ;
- augmenter la productivité ;
- développer les ventes à l'international.

Avec un chiffre d'affaires d'environ 4 millions d'euros par an, dont 30 % à l'international, l'entreprise se porte bien. Elle commercialise ses produits (2 500 références) par l'intermédiaire d'un réseau de distributeurs (grossistes et grandes chaînes de magasin). La directrice générale souhaite également développer son image auprès du grand public.

Votre rôle

Après avoir obtenu votre BTS NDRC, vous avez été recruté(e) par Bohin France pour épauler le directeur commercial dans l'organisation des opérations de communication événementielle.

Vos objectifs

I Mettre en place une stratégie de communication événementielle

Dans un premier temps, vous prenez connaissance de la politique de communication de l'entreprise Bohin France.

1 À partir des informations fournies en annexes, préparez la présentation de l'entreprise Bohin France : vous synthétiserez en quelques phrases l'activité de l'entreprise et son contexte. — Annexes 1, 2 et 3

2 Analysez les actions de communication réalisées actuellement par l'entreprise (cibles, types d'actions, moyens utilisés, retours espérés). — Fiche ressource 1 ; Annexes 4 et 5

3 Citez des outils de communication qui pourraient être utilisés pour amplifier l'impact de ces actions de communication.

4 Compte tenu des objectifs de l'entreprise et des cibles qu'elle souhaite toucher, proposez d'autres actions de communication événementielle à mener.

5 Comment votre présence sur les réseaux sociaux permettrait d'améliorer la visibilité de l'entreprise sur cette nouvelle orientation du marché ?

6 Proposez des idées de contenus afin d'améliorer l'attractivité des pages Facebook, LinkedIn, Instagram, Twitter et Pinterest.

II Organiser un événement

La tendance du *Do It Yourself* (DIY) est certainement une opportunité pour l'entreprise Bohin France. Audrey Régnier vous demande d'organiser un événement destiné à promouvoir le DIY et à attirer encore plus de public à la Manufacture. L'objectif serait de toucher le grand public, les journalistes et les blogueurs.

7 Élaborez un projet en proposant le thème, les idées d'animation, le planning et la communication autour de l'événement. — Fiche ressource 2 ; Annexes 6, 7 et 8

III Évaluer le budget d'un événement

8 Compte tenu du type d'événement que vous avez choisi et des éléments de budget que vous avez collectés, réalisez le budget prévisionnel. — Fiche ressource 3 ; Annexes 9 et 10

IV Préparer la réunion de présentation de l'événement

9 Préparez votre pitch pour la réunion de présentation de ce projet, qui réunira la directrice générale, Audrey Régnier, ainsi que le directeur commercial. — Fiche ressource 4

10 Préparez les supports que vous jugez utiles pour convaincre vos interlocuteurs des avantages de votre projet pour l'entreprise.

V Évaluer les résultats

11 Citez les outils que vous pourrez utiliser pour recueillir des informations quantitatives sur la participation à cet événement. Justifiez votre choix. — Fiche ressource 5

12 Réalisez le questionnaire d'évaluation que vous proposerez aux divers participants à cet événement.

Votre dossier

Annexe 1 — L'offre de Bohin

Bohin France propose deux gammes de produits :
– des outils de confection et de loisirs textiles (aiguilles, ciseaux, épingles, mètres ruban…) ;
– des attaches pour la papeterie (attaches parisiennes, coins de lettre, trombones, élastiques, bracelets en caoutchouc, punaises…).
C'est son inventivité qui lui a permis de se démarquer. On ne compte plus les brevets déposés : améliorations d'aiguilles à coudre, mais aussi épingles de sûreté (la célèbre épingle à nourrice), épingles à tête de verre…

Les produits sont spécifiques : aiguilles de tapissiers, de maroquiniers, de matelassiers ; épingles en verre de Murano qui, contrairement au plastique, ne fondent pas sous le fer des couturières. Ce sont toujours des produits haut de gamme qui permettent à l'entreprise de faire face à la concurrence.

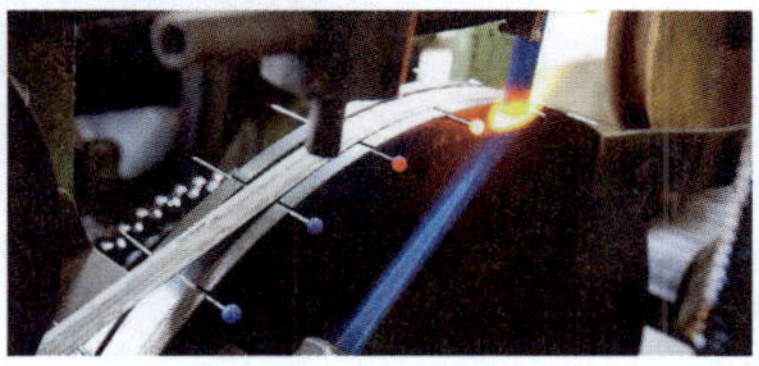

Aujourd'hui, la couture redevient tendance et un nouveau profil se dessine ; l'aiguille inspire aujourd'hui les artistes et les designers. Les couturières de patchwork (technique de couture qui consiste à assembler plusieurs morceaux de tissu de tailles, de formes et de couleurs différentes) ne jurent que par elles.

Annexe 2 — Sa clientèle

La clientèle finale de Bohin France est constituée de particuliers utilisateurs de matériel de mercerie, mais aussi de professionnels de la couture.
L'entreprise ne vend pas directement à ses clients finaux (sauf à la boutique de la Manufacture Bohin, où sont présentées de nombreuses gammes et sur la boutique en ligne de la manufacture boutique.bohin.com). Elle vend à des grossistes, des distributeurs et des grandes chaînes de magasins spécialisés (ex. : Bouchara).

Annexe 3 — Son organisation

Bohin France emploie 40 personnes réparties dans plusieurs secteurs : production, expédition, conditionnement, commercial, administration.

Son équipe commerciale comprend :
- un directeur commercial, qui gère :
  - une force de vente directe composée de trois VRP exclusifs,
  - deux personnes à l'administration des ventes ;
- un responsable des achats ;
- une cheffe de produit (directrice artistique) ;
- une responsable marketing-communication ;
- un chef de projet digital.

Les trois VRP sillonnent la France et la Belgique, et chacun gère son portefeuille clients. Ils ne s'occupent que de la gestion de clientèle et prospectent peu.

BOHIN FRANCE

Annexe 4 — Les supports de communication de Bohin

▶ Les salons

À l'international

Bohin participe à plusieurs salons spécialisés dans le patchwork aux États-Unis, rendez-vous incontournables de ce secteur d'activité ; au cours de ces salons, l'entreprise réalise des ventes directes et prend contact avec des distributeurs. En Allemagne, elle développe son réseau professionnel.

En France

Bohin participe à de nombreux salons grand public spécialisés dans la mercerie et les loisirs créatifs. Elle s'associe aussi avec des clients (merceries) lors de salons locaux destinés au grand public.

Exemples de salons : Aiguille en fête (Paris), Créativa (la référence des loisirs créatifs et du DIY – six salons en France et neuf en Europe), La Biennale internationale du textile (Villefranche-sur-Saône).

▶ Le site Internet :

Ce site internet permet de présenter la marque, l'histoire de BOHIN France. Il met aussi en avant le parcours de visite « La Manufacture Bohin » et donne toutes les informations importantes pour organiser sa visite. Ce site dirige aussi vers une plateforme de commande à destination des professionnels et vers la boutique en ligne de la manufacture qui propose au grand public une sélection de près de 700 produits BOHIN France.

▶ Les réseaux sociaux

Bohin a créé :

- une page entreprise Facebook : Bohin ;
- une page LinkedIn ;
- un compte Instagram ;
- un compte Twitter ;
- un compte Pinterest.

▶ L'accueil de manifestat1ions

Dans ce lieu historique, un espace permet d'accueillir différentes manifestations. Depuis la création de la Manufacture Bohin, des expositions temporaires sont organisées.

Bohin ne vend pas directement au grand public ; ses clients sont des distributeurs, des grossistes et des magasins (B to B). Audrey Régnier, la dirigeante, aimerait donc organiser davantage d'événements pour le grand public (B to C) afin que cette cible achète les produits à ses revendeurs.

Annexe 5 — La Manufacture Bohin au cœur de la communication

• La visite de la Manufacture

Depuis 2014, Bohin France expose son exceptionnel patrimoine en conservant la mémoire industrielle de la France. La Manufacture a ainsi accueilli 15 000 visiteurs dès la première année.

Au cours de la visite, le public traverse les deux niveaux d'ateliers de fabrication où œuvrent les salariés de l'entreprise. Il assiste à la naissance des aiguilles à coudre, des épingles de sûreté et des épingles à tête de verre.

Il découvre un savoir-faire ancestral sur des machines qui, pour certaines, datent du XIXe siècle.

Annexe 5 — La Manufacture Bohin au cœur de la communication (suite)

• **Le musée**

Sur deux niveaux, un grand musée contemporain retrace les métiers de l'aiguille (haute couture, patchwork, broderie, mais aussi relieurs, voiliers), l'histoire de la région et sa métallurgie, l'apparition de l'aiguille et de l'épingle, la vie du fondateur atypique de l'entreprise, les publicités et les productions Bohin.

• **L'organisation d'expositions et d'événements**

La Manufacture dispose de 400 m² répartis en deux salles d'exposition de 300 m² et 100 m² pouvant être regroupées et qui permettent d'accueillir plus de 200 personnes. Elle dispose aussi, dans un bâtiment annexe, de trois plateaux de 300 m² aménageables pour diverses manifestations. Les locaux de la Manufacture sont donc bien adaptés pour l'organisation d'événements :

– de **nombreuses expositions nationales ou internationales** (Eymeric François Couturier d'épingles 2019, monté en épingle 2021, Art texture 2021) sont organisées dans la grande salle d'expositions temporaires de 400 m². Les vernissages sont l'occasion d'accueillir des acteurs des domaines artistique, économique, politique et de valoriser l'image de la Manufacture ;

– le **Prix Bohin France** est remis à un artiste de l'exposition Artextures, qui met à l'honneur des œuvres magnifiant le textile et le fil. Ensuite, carte blanche est donnée au gagnant pour présenter ses réalisations dans l'espace Bohin. Lors des salons des États-Unis, ce prix est décerné aux artistes ayant réalisé les plus beaux patchworks ;

– des **soirées** sont organisées, comme la soirée « Partenaires et Ambassadeurs » par l'Agence Normandie Attractivité, qui a réuni plus de 200 personnes dans les locaux de la Manufacture.

Bohin France - L'art de l'aiguille
Durée : 4'59
liennathan.fr/hg854r

Annexe 6 — Le boom du *Do It Yourself* (DIY)

La couture redevient à la mode. Après des années difficiles, ce marché connaît un regain d'intérêt, grâce au boum du DIY.

Le nombre de blogs sur ce thème est croissant, les salons se multiplient partout en France. Les boutiques ont été « dépoussiérées ».

Après avoir assisté à la disparition d'un grand nombre de merceries, des boutiques spécialisées dans la création ouvrent avec des concepts différents des boutiques virtuelles et physiques.

Annexe 7 — Rendre son événement participatif

Les participants aux événements, tous types confondus, apprécient de ne plus être de simples spectateurs. Ils aiment être placés au cœur de l'action. C'est une aubaine pour les marques car les messages ont alors plus d'impact lorsqu'ils sont délivrés au cours d'événements participatifs.

La tendance du *Do It Yourself* favorise ainsi ce type d'événements.

Annexe 8 — Informations transmises par Audrey Régnier

Audrey Régnier voudrait organiser un événement qui fasse parler de l'entreprise Bohin France dans la presse et sur les blogs très nombreux de pratiquants du *Do It Yourself*. Cet événement permettrait de faire venir du public pendant une demi-journée.

Les activités seraient organisées autour de l'aiguille et du patchwork.

Lors de cet événement, la directrice générale voudrait organiser un concours du patchwork le plus original. Elle prévoit d'accueillir environ 200 personnes sur le site. La date a été fixée au dimanche 22 mars, de 14 h à 17 h.

Elle vous demande de l'aider dans l'organisation de cet événement en lui proposant le planning de l'organisation, des exemples d'animation et un budget prévisionnel (elle ne veut pas dépenser plus de 10 000 €).

Annexe 9 — Propositions commerciales de traiteurs

Soisic Traiteur

▶ **Brunch :** viennoiseries, café, thé, lait, pain, beurre, confiture, œufs brouillés, fromages, lardons, champignons, tomates et bacon, jambon à l'os caramélisé, poulet tandoori, légumes confits à l'italienne, pommes de terre grenailles, crèmes brûlées, salades de fruits, fruits frais + boissons.
Base 60 personnes : 18 € par personne
Service : 4 à 6 heures de travail pour 3 personnes à 23 € l'heure

▶ **Buffet :** choix de terrines de volailles, salades composées, rôti de bœuf, poulet, plateau de fromages, salades de fruits, crèmes brûlées, pain, condiments + boissons.

Base 60 personnes : 20 € par personne
Vaisselle jetable : 1,20 € par personne
Vaisselle en porcelaine : 2,80 € par personne

▶ **Cocktail gastronomique :** 10 pièces – 14 € par personne
– Location décors cocktail : 160 €
– Machines à café expresso : 2 € par personne
– Boissons : 10 € par personne

Annexe 10 — Autres éléments de budget pour un événement

Audrey Régnier a préparé une liste des postes de budget et d'activité qu'il faut envisager lorsque l'on organise un événement mais elle n'a pas pu tout chiffrer. Elle vous demande d'étudier ces informations, de faire des recherches et de lui proposer une solution adaptée à l'événement qui aura lieu le 22 mars.

POINTS IMPORTANTS À PRÉVOIR POUR L'ORGANISATION D'UN ÉVÉNEMENT

- **Traiteur :** *cf.* devis.
- **Accueil**
  – Hôtes/hôtesses : environ 2 équipes de 4 personnes. Coût : 30 € l'heure (postes : accueil / vestiaire / salle)
  – Sécurité : prévoir 2 personnes (1 pour la sécurité dans la salle et 1 pour le contrôle des sacs). Coût : 40 € l'heure
- **Animation :** 1 DJ : 3 000 € (musique + matériel + micros)
- **Animateur :** 2 000 €
- **Nettoyage :** avant l'événement / après le montage des installations / après l'événement : 30 € l'heure

FICHE RESSOURCE

1

METTRE EN PLACE UNE STRATÉGIE DE COMMUNICATION ÉVÉNEMENTIELLE

I Définir les objectifs de la communication événementielle

La communication événementielle repose sur la création d'un événement par l'entreprise. Celui-ci a pour objectif d'améliorer l'image de l'entreprise et la notoriété de la marque, de promouvoir des produits en réunissant des publics cibles de l'entreprise ou des influenceurs.

Les objectifs peuvent être variés :

– informer ;
– échanger des connaissances ;
– partager des expériences ;
– créer des contacts ;
– favoriser le réseau ;
– améliorer une image ;
– recruter ou former du personnel ;
– motiver ou remercier le personnel ;
– favoriser un esprit d'équipe ;
– lancer un nouveau produit…

II Différencier les types d'événements selon le public cible

Public interne	Public externe		
	Clients, distributeurs, actionnaires	**Journalistes, blogueurs, leaders d'opinion**	**Grand public : consommateurs, citoyens**
Présentation de nouveaux produits, road-show (tournée promotionnelle)			
Séminaire, convention, congrès, remise de prix, challenge	Salon, convention, séminaire, journée clients, club utilisateurs	Conférence de presse, déjeuner de presse, soirée, congrès, salon	Événement, spectacle, concert, festival, opération de street marketing, sponsoring, salon

III Améliorer l'impact de l'événement grâce au digital

L'information sur l'événement se diffuse par les réseaux sociaux, véritables alliés de sa réussite, en créant du buzz. Chaque participant devient un ambassadeur de la marque auprès de son réseau.

1. Développer l'interactivité

Les participants interagissent en direct lors d'un événement grâce aux tweets, postent des vidéos sur Facebook… Il est possible de suivre et de participer à l'événement grâce aux *live*, derrière son écran.

2. Mesurer l'impact

Le digital permet d'élargir l'auditoire au-delà des participants physiques. Le nombre de vues sur Facebook et de tweets fournit des informations essentielles pour l'analyse de l'impact de l'événement.

3. Augmenter la durée de vie de l'événement

Le digital augmente la durée de vie de l'événement :

– avant l'événement, il facilite sa préparation (information, communication, invitation du public) ;
– pendant l'événement, il permet son animation (*live*/tweet, publication de vidéos sur Facebook) ;
– après l'événement, il le prolonge (envois de photos, de posts, de vidéos pour ancrer les messages).

FICHE RESSOURCE 2

ORGANISER UN ÉVÉNEMENT

La première difficulté que rencontre l'organisateur d'un événement est de réussir à convaincre la cible mais aussi son équipe de l'intérêt de leur participation. Ensuite, il faut maintenir cet intérêt au cours de l'événement (animation) et enfin, faire parler les participants, échanger sur l'événement.

I Mobiliser les participants

1. Choisir un thème mobilisateur

Le thème représente 80 % de la réussite de l'événement. Il doit être fédérateur, plaire au plus grand nombre, éveiller la curiosité et l'envie de se déplacer.

S'il s'agit d'une conférence, le thème doit viser prioritairement à transmettre un savoir ou un savoir-faire, répondre à une question qui intéresse les participants.

> **EXEMPLES :** une conférence sur le *social selling*, le *lead nurturing*, l'utilisation du produit, le digital pour améliorer la prospection.

2. Définir le format de l'événement

À partir de l'objectif défini, le format de l'événement pourra être déterminé (convention, conférence, séminaire…). Le public ciblé sera choisi et l'organisation pourra débuter.

3. Concevoir le contenu des messages

Les messages doivent communiquer :
- sur le thème de l'événement ;
- sur les intervenants (liens avec leurs publications, leurs blogs, vidéos de leurs interventions).

Tous ces messages mobiliseront les futurs participants. Il faut toutefois les relancer très régulièrement… mais pas trop. Le plus difficile est de trouver le bon dosage de messages pour leur donner envie de venir sans les agacer.

4. Prévoir des contacts réguliers vers la cible

Pour maintenir l'intérêt des participants, tous les messages doivent être préparés pour être envoyés au bon moment. Ce peut être :
- un mail interne pour les commerciaux : pour les informer sur l'événement ;
- un mail d'annonce de la date : « *Save the date* ». Il s'agit de faire du teasing (message pour créer l'intérêt) ;
- un mail pour faire « bloquer » la date (deux mois à l'avance), mais sans parler du thème ;
- un mail d'invitation : date précise, lieu, thème, coupon-réponse d'inscription ;
- une invitation cartonnée pour les VIP ;
- un mail de relance 10 jours avant l'événement ;
- un mail la veille de l'événement + un rappel par SMS + une relance téléphonique (gestion des retours).

5. Développer en parallèle quelques techniques pour optimiser les retours

Afin d'optimiser le taux de retour des participants, on peut mettre en place :
- une campagne sur les réseaux sociaux ;
- une campagne sur les groupes utilisateurs Facebook ou LinkedIn de la page Entreprise ;
- une campagne de relance téléphonique pour les contacts qui n'ont pas ouvert le message ;
- une fenêtre pop-up sur le site Internet (fenêtre qui s'ouvre lorsque l'on navigue sur le site) rappelant l'événement ainsi qu'un rappel dans la newsletter.

II Préparer l'accueil

Pour réserver un bon accueil aux participants, il faut prévoir tous les détails et n'en négliger aucun. L'entreprise a le choix entre organiser l'événement en interne ou faire appel à un prestataire (agence événementielle). Elle peut aussi organiser elle-même certaines opérations et utiliser un prestataire pour les autres.

1. Anticiper très en amont la logistique

Réserver un lieu	Choisir un traiteur	Prévoir l'aménagement
Le lieu est défini selon le nombre de participants, le budget et le thème. Il peut être : – l'entreprise elle-même ; – un site prestigieux (musée, nouveaux locaux…).	Privilégier un prestataire. Ne pas hésiter à prévoir plus que le nombre d'invités pour éviter les ruptures.	Décoration, matériel, éclairage, son, vidéo, micro, ordinateur… Une équipe technique doit être responsable de l'organisation.

2. Soigner l'accueil

	Dédier une équipe d'accueil	Préparer l'information	Prévoir une documentation
Le jour J	– Hôtes/hôtesses d'accueil (de l'entreprise ou d'une société spécialisée) – Équipes de sécurité	– Signalétique – Listes d'émargement	Documents remis aux participants
En amont de l'événement	– Prévoir la formation de l'équipe d'accueil, ses argumentaires (briefing). – Informer les équipes de sécurité. – Prévoir le vestiaire.	– Plan d'accès sur les cartons ou mails d'invitation – Vérification de présence – Badges personnalisés	– Dossiers sur l'événement – Goodies (cadeaux souvenirs de l'événement)

III Animer l'événement

1. Mettre en scène

L'objectif de l'animation est de rendre l'événement unique et exceptionnel. Il faut travailler sur la dimension affective des participants : l'événement doit être impliquant, les convives doivent vivre une histoire, un moment agréable.

2. Choisir les intervenants

– Le présentateur ou la présentatrice anime l'événement. Selon le budget et l'envergure de celui-ci, ce sera un(e) journaliste, une célébrité, un(e) comédien(ne), un(e) humoriste… Selon le type d'événement, il/elle aura ou non une expertise dans le domaine de l'entreprise.
– Le conférencier ou la conférencière est une personnalité experte sur le sujet.
– Des comédiens peuvent intervenir pour étonner les participants, réaliser des saynètes en lien avec l'entreprise et ses collaborateurs.
– Pour une réunion interne, il est conseillé de choisir une personnalité extérieure à l'entreprise. À l'inverse, pour un événement destiné aux clients, aux distributeurs, une personne de la société est plus appropriée.
– Une agence spécialisée en événementiel pourra aider à choisir les animations thématiques pour l'organisation de cette manifestation.

3. Faire participer les convives

Qu'il s'agisse d'un séminaire de début d'année ou d'une convention, l'important est d'impliquer les participants en leur proposant des activités autour du jeu (si le contexte de l'entreprise le permet). Des comédiens peuvent aussi intervenir pour créer une ambiance agréable.

FICHE RESSOURCE

3

ÉVALUER LE BUDGET DE L'ÉVÉNEMENT

Le budget d'un événement commercial est l'estimation des recettes et des dépenses nécessaires à son organisation. C'est un élément de la communication de l'entreprise. Il varie selon le type d'événement choisi, la cible, le nombre de participants, le lieu, le type d'organisation (par l'entreprise ou par une agence événementielle). Le budget est un outil de pilotage du projet indispensable à la prise de décision. Il sert aussi au suivi et au contrôle.

I Obtenir plusieurs devis des prestataires

L'avantage de faire appel à un prestataire est que celui-ci connaît bien le secteur et les intervenants. Ayant l'habitude de ces opérations, il peut rapidement donner une fourchette de prix qui facilite le choix de l'annonceur (entreprise qui souhaite organiser un événement). Cependant, il facture sa prestation et réalise une marge minimum de 15 % sur l'opération.
Pour les postes importants, il est indispensable d'obtenir plusieurs devis, sans pour autant les démultiplier car le temps d'étude et la gestion de la relation sont autant d'heures en moins pour l'organisation de l'opération. En moyenne, il est prudent de prévoir trois devis de prestataires.

II Évaluer le budget d'une opération

Tous les éléments composant le budget de l'opération sont évalués avant celle-ci afin d'étudier la faisabilité financière.

Postes	Éléments	Exemples de prix
Agence	L'agence peut gérer tout ou partie de l'événement. Elle peut facturer un forfait ou détailler les coûts par poste en fonction du nombre de jours de travail sur le projet.	10 000 €
Lieu	Privatisation d'un espace ou utilisation d'un lieu dans l'entreprise.	5 000 €
Traiteur	Le tarif est fonction du nombre de participants et de la formule choisie.	Petit-déjeuner : 15 €/pers. Cocktail : 20 à 100 €
Multimédia	Location des équipements techniques (son, vidéo, lumière) et prestation du personnel dédié (installation, présence pendant l'événement, démontage…). Certains matériels peuvent coûter très cher (écrans géants, installation d'éclairages dans la salle, en extérieur).	5 000 à 10 000 € 150 000 €
Aménagement	Mobilier, décoration.	1 000 à 3 000 €
Accueil	Hôtes et hôtesses, sécurité, nettoyage.	20 à 40 €/heure
Assurances	Selon les événements, une assurance complémentaire peut être nécessaire afin de couvrir toutes les personnes impliquées, le lieu ainsi que le matériel.	Selon le contrat et le nombre de participants

Après avoir évalué les différents coûts de son projet, l'organisateur effectue des choix selon les moyens à sa disposition. Le budget doit présenter plusieurs hypothèses (haute/basse) ainsi qu'une colonne « Écart » qui se calcule directement :

Écart = Dépenses réelles – Dépenses prévisionnelles

III Trouver un financement

Plusieurs solutions s'offrent à l'entreprise pour financer l'opération. Le sponsoring permet de faire prendre en charge une partie de l'opération par des entreprises qui afficheront leurs logos au cours de l'événement et dans les dossiers de presse de présentation, sur les vidéos.

FICHE RESSOURCE

4

PRÉPARER LA RÉUNION DE PRÉSENTATION D'UN ÉVÉNEMENT

L'organisateur conduit généralement une réunion avec le responsable, qu'il doit convaincre du financement et de la finalité de l'opération. Pour que le projet réussisse, il est aussi important de motiver les autres membres de l'entreprise associés à l'événement. Les réunions, moments d'échanges, améliorent la communication et facilitent la prise de décision.

I Préparer la réunion

Choisir le type de réunion	La réunion peut-elle avoir lieu en face-à-face ? par web conférence ?
Définir les objectifs de la réunion	– Informer. – Réfléchir. – Prendre des décisions.
Définir la cible (managers – collaborateurs)	Choisir les collaborateurs concernés ou ceux qui prendront les décisions
Fil conducteur	– Préparer les différents thèmes abordés. – Animer la réunion.
Planifier la réunion / informer	Fixer la date, choisir les participants, informer les participants, fixer les objectifs.
Élaborer les supports de communication	Présentations vidéo, diaporama, dossier des participants
Prévoir la logistique	Lieu (salle, amphi…), accueil, pauses, dossiers, matériels, ordinateurs, tablettes.

II Animer la réunion

L'animateur est l'homme-orchestre de la réunion. Il doit :
– aider à la production d'idées vers les objectifs ;
– faciliter les échanges d'idées, relancer les débats ;
– réguler les interactions, permettre à tout le monde de s'exprimer.

III Construire les arguments pour convaincre son supérieur

Lors d'une réunion ou d'un entretien en tête-à-tête, le commercial chargé du projet doit convaincre son supérieur pour obtenir son accord, un budget, du temps, un lieu. Il utilisera différents arguments :

Arguments relationnels	Arguments commerciaux	Arguments financiers
Amélioration de la notoriété Valorisation de l'image	Fidélisation des clients Développement du fichier	Évaluation des contacts touchés Estimation du ROI

IV Préparer son pitch

Lors de cette réunion ou de cet entretien, l'objectif du commercial est de convaincre en quelques minutes de la pertinence de l'événement. Il doit alors préparer son pitch, c'est-à-dire ses arguments synthétisés en 3 à 4 minutes et qui pourront être développés lors de la négociation.
Pour préparer son pitch, il faut bien connaître son dossier, avoir préparé ses arguments, sa communication verbale et non verbale. Le dossier de présentation et le diaporama support devront aussi être soignés.

Les secrets d'un bon pitch (AIDA)	Les erreurs à éviter
A : Attirer l'interlocuteur (curiosité) **I :** susciter son **I**ntérêt (exemples, métaphores) **D :** provoquer le **D**ésir (appel à l'émotionnel) **A :** pousser à l'**A**ction (écoute de l'histoire)	– Présentation trop longue et détaillée – Utilisation d'un vocabulaire trop technique – Élocution trop rapide – « Survalorisation » ou excès dans les termes utilisés

FICHE RESSOURCE

5

ÉVALUER LES RÉSULTATS

Un événement est un investissement financier et humain pour l'entreprise, qui doit pouvoir mesurer ses résultats et son efficacité. Mais comment évaluer une manifestation qui a pour objectif d'améliorer la notoriété ? L'évaluation sera surtout qualitative.

I Évaluer la manifestation en interne

Le premier bilan de l'événement peut être réalisé en interne. D'abord en faisant une analyse écrite de la manifestation : quels étaient les objectifs ? Qui a participé (organisation, public) ? Quels ont été les points positifs de l'organisation ? les points négatifs ? les axes d'amélioration ?
Cette analyse doit être réalisée très rapidement après la fin de l'événement pour recueillir des avis « à chaud » des participants. Elle donnera lieu à la rédaction d'un premier dossier et permettra d'améliorer les futures opérations.

II Évaluer la satisfaction des participants

Il s'agit de mesurer la satisfaction des participants. Pour cela, les organisateurs envoient des mails, des messages sur les réseaux sociaux et sur le site Internet de l'entreprise afin de remercier les participants.
En parallèle, une enquête de satisfaction est proposée. Celle-ci peut être administrée à la fin de la manifestation (questionnaires déposés sur les chaises, questionnaire en ligne accessible avec un QR Code, questionnaire envoyé par mail…).
Voici quelques questions intéressantes pour connaître l'avis des participants :

Identification	Organisation	Contenu de l'événement	Animation
	Quel est votre degré de satisfaction concernant (note de 1 à 4)…		
Entreprise/Nom Mail Téléphone Fonction	– la qualité de l'organisation ? – l'organisation logistique ? – les documents remis ?	– le choix des sujets ? – la qualité des exposés ? – l'évaluation générale ?	– le choix des animations ? – l'organisation des animations ?
Avez-vous des suggestions afin d'améliorer ce genre de manifestation ?			

Il est aussi possible d'utiliser un rapport d'étonnement, qui est un document qui pose trois questions, par exemple :
– Quels sont les points positifs de la manifestation ?
– Quels sont les points négatifs ?
– Quelles sont vos propositions d'amélioration ?
Cet outil essentiel sera plus difficile à analyser qu'une enquête *via* Internet avec des questions fermées, mais il fournira des réponses plus constructives pour les futurs événements.

III Évaluer la participation

Quelques indicateurs quantitatifs peuvent facilement être calculés à l'issue d'un événement.

Nombre de participants	Nombre de personnes touchées par la manifestation
Taux de réponse	$\frac{\text{Nombre de personnes ayant répondu présent}}{\text{Nombre d'invités}}$
Taux de présence	$\frac{\text{Nombre de personnes présentes}}{\text{Nombre de personnes ayant répondu présent}}$
Taux de satisfaction	$\frac{\text{Nombre de participants satisfaits}}{\text{Nombre de personnes présentes}}$

Applications

Maîtrise

1 Organiser un événement avec Windsurf

Hossurf, installé à Hossegor, dans les Landes, au bord de l'océan Atlantique, distribue différentes marques de surfs dans une boutique située en centre-ville. Steve Beaumont, le responsable de la boutique, travaille avec deux vendeurs et un technicien. Il s'occupe de la location et de la vente du matériel.
Chaque année, il participe à la braderie d'Hossegor, organisée pendant le week-end de Pâques, qui attire un très large public. Durant la prochaine édition de la braderie, M. Beaumont souhaite organiser une animation « Découverte du surf » sur la plage d'Hossegor afin d'initier le public à la pratique du surf et de faire essayer ses nouvelles planches. Il vous propose de vous en occuper.

1. Présentez l'événement que vous envisagez d'organiser : objectifs, thème, cibles, acteurs.
2. Proposez le planning de la préparation de cet événement.
3. Établissez le budget prévisionnel.
4. Élaborez les outils de communication utiles pour cette manifestation.
5. Expliquez comment vous exploiterez les résultats de cette opération.

Document 1 Présentation de la braderie d'Hossegor

C'est la plus grande vente au déballage des marques de surf. Pendant 4 jours, la braderie d'Hossegor permet de profiter de démarques pouvant aller de 30 % à 80 % sur toutes les marques de surf : Rip Curl, Billabong, QuikSilver, Hurley, Roxy…
Au cours de ces 4 journées, les spécialistes de surfwear et accessoires de sports de glisse se retrouvent dans une soixantaine de stands, représentant 11 000 m² de surface d'exposants.
Cette manifestation accueille plus de 130 000 visiteurs chaque année, de France mais aussi d'Espagne (environ 40 % du public).

Document 2 Présentation de l'événement

- Animation prévue de 17 h à 19 h
- Lieu : la plage d'Hossegor
- Installation d'une tente
- Matériel : 50 planches – 50 combinaisons intégrales 4/3 et 3/2 et shortys
- Accueil des participants assuré par les deux vendeurs de Hossurf
- 4 moniteurs de l'école de surf, groupe de 8 personnes par moniteur
- Projet d'animation : initiation de 2 heures par jour pendant 3 jours, soit 32 personnes par jour
- Inscription par Internet avant l'événement selon les places disponibles.

Document 3 Financement de l'événement

- Coût de revient horaire d'un moniteur de surf : 30 €
- Location d'une tente : 150 € par jour
- Achat d'une tente : 250 € à 400 €
- Traiteur (10 € par personne) ou achat de boissons directement par l'entreprise

Maîtrise

2 Organiser un événement pour le lancement d'un produit

Volvo France lance le nouveau XC40 qui a été élu voiture de l'année 2018. Pour ce lancement, le directeur commercial envisage d'organiser une opération vers les clients actuels de la marque. Pour cela, il aimerait accueillir les clients dans un lieu assez prestigieux, à l'image de la marque, pour leur présenter le nouveau produit, proposer un essai/démonstration et un brunch ou cocktail dînatoire, selon l'heure.

Il a prévu d'organiser cette manifestation le 20 mars, jour du printemps, de 10 h à 20 h, avec deux formules :

- 10 h-16 h : espace Découverte Volvo XC 40
→ Présentation et essai/démonstration – Brunch informel
- 16 h-20 h : *afterwork* Volvo XC 40
→ Présentation et essai/démonstration – Cocktail dînatoire

XC40 élu voiture de l'année

Le directeur commercial vous demande d'organiser cette journée et vous précise qu'il dispose d'un fichier de 1 000 clients de véhicules de gammes similaires. Il a réservé une journée dans le golf de Biarritz et pourra disposer d'un très bel emplacement pour présenter les véhicules, un espace couvert pour l'accueil et le buffet.

1. Présentez le projet d'organisation de l'événement selon les cibles : objectifs, thème, cibles, acteurs.
2. Proposez le planning de la préparation de l'événement vers les clients.
3. Créez les outils de communication à utiliser pour promouvoir cette manifestation (campagne d'e-mailing, phoning de relance avant l'événement, après l'événement).

Maîtrise

3 Organiser un *event* de *networking*

Vous êtes commercial(e) au sein de l'entreprise EasyCash, société éditrice d'un logiciel de recouvrement de créances. Ce logiciel permet d'identifier et de traiter facilement les litiges, de suivre les promesses de règlement et de gérer la priorisation des actions de recouvrement. EasyCash propose aussi de nombreuses solutions de conseil et d'assistance opérationnelle. Son logiciel et ses services intéressent tous types d'entreprises, de la multinationale à la PME. Pour cette raison, vous multipliez les actions vers les dirigeants pour leur présenter le logiciel et leur proposer des web-démos. Le taux de transformation est très élevé.

Vous envisagez d'organiser des événements pour faciliter les rencontres entre décideurs. Pour convaincre votre responsable d'organiser un *event* de *networking*, vous prévoyez de compléter vos recherches sur Internet et de réaliser une synthèse des différentes acceptions du *networking*. Pour votre objectif de développement du réseau, vous avez choisi d'organiser un *afterwork*. Vous êtes persuadé(e) que rencontrer des manageurs vous permettra d'obtenir des contacts.

1. À partir des informations que vous trouverez sur Internet, présentez une synthèse d'une dizaine de lignes présentant le concept de *networking* et ses intérêts pour EasyCash.
2. Proposez le contenu de l'*afterwork* que vous pourriez organiser le mois prochain.
3. Présentez le planning des actions à réaliser pour l'organiser.
4. Préparez l'entretien que vous aurez avec votre responsable pour le convaincre : objectifs, arguments, animation, objections anticipées de votre responsable.
5. Expliquez comment vous allez exploiter cet événement.

En route vers l'épreuve E4

Voir
PRÉSENTATION
DE L'ÉPREUVE
page 309

A Les compétences évaluées

◯ **Organiser et animer un événement commercial**
Les compétences à acquérir
1 – Organiser un événement commercial
2 – Animer un événement commercial
3 – Exploiter un événement commercial

B Travail à faire

1 À partir du cas Bohin France, complétez les rubriques de la fiche E4 correspondant à l'organisation d'un événement commercial destiné à promouvoir le DIY (*do it yourself*).

CADRE DE L'ACTIVITÉ		
Nom de l'organisation		
Offre commerciale		
Type(s) de client(s)		
Méthodes de vente		
ANALYSE DE L'ACTIVITÉ		
Date(s) : janvier		
Historique/problématique de l'activité		
Acteurs concernés (statuts/rôles/motivations)		
Objectifs opérationnels		
DÉROULEMENT DE L'ACTIVITÉ		
Phases		Outils mobilisés
Résultats		
Difficultés rencontrées		

Complétez le cadre de l'activité à partir du contexte professionnel (p. 235).

Complétez l'analyse de l'activité : l'historique de cet entretien, sa problématique, les acteurs participant, ainsi que leurs objectifs (p. 236).

Complétez le déroulement de l'entretien de présentation de l'organisation de l'événement (p.236).

2 **À vous de jouer ! Entraînez-vous au changement de paramètres, à l'aide d'une nouvelle situation, préparez et simulez l'entretien. Remplissez une nouvelle fiche E4.**

Suite au succès de l'événement commercial pour promouvoir le DIY (*do it yourself*), vous envisagez de participer au salon Made In France qui aura lieu au mois de novembre prochain, à Paris, porte de Versailles (pendant 4 jours). Ce salon réunira des entreprises spécialisées dans la fabrication française. Durant cet événement, le prix de l'innovation sera décerné à l'entreprise qui a fabriqué le produit ou le service le plus innovant.

Vous devez faire une proposition incluant le coût de l'événement. Voici quelques éléments de coûts qui pourront vous aider :

- coût du stand pour les 4 jours (2 000 €) ;
- prévision d'hébergement pour deux collaborateurs ;
- déplacement du matériel et installation : 300 €.

Synthèse

Organiser des événements commerciaux

La communication événementielle repose sur la création d'un événement, qui peut cibler :

Un public interne : collaborateurs, managers	Les clients, distributeurs, actionnaires	Les journalistes, blogueurs, leaders d'opinion	Le grand public : consommateurs, citoyens
Séminaire, convention, congrès, challenge…	Salon, journée client, club utilisateur…	Conférence de presse, déjeuner, soirée…	Événement, spectacle, concert, festival…

Organiser un événement, c'est :

Mobiliser les participants
Définir le thème, communiquer sur le contenu, avoir des contacts réguliers avec la cible, optimiser les retours.

Préparer l'accueil
– Choix logistiques : lieu, traiteur, aménagement.
– Soigner l'accueil : équipe, documentation, goodies.

Animer l'événement
– Mettre en scène.
– Choisir les intervenants.
– Prévoir des activités/animations.

Évaluer le budget de l'événement

- Le budget de l'événement dépend du budget de communication.
- Chaque poste est évalué. Pour les postes importants, il faut obtenir des devis de plusieurs prestataires et les comparer.
- Le budget est un outil de suivi et de contrôle du projet.

Pour réussir la réunion de présentation de l'événement :

- **Préparer la réunion :** objectifs, cible, élaboration des supports, logistique
- **Animer la réunion :** l'animateur est l'homme-orchestre.
- **Convaincre :** préparer ses arguments commerciaux, relationnels, financiers et son pitch

L'évaluation de l'événement peut se faire de deux façons :

- Évaluation qualitative de la satisfaction : questionnaires…
- Évaluation quantitative de la participation

TESTEZ-VOUS

Quiz sur le chapitre 13
liennathan.fr/4p2qg7

MOTS CLÉS
Communication événementielle · Budget · Écart · Conduite de réunion · Évaluation qualitative · Pitch

CHAPITRE 14

Animer des espaces commerciaux

Contexte professionnel

Activité/Tâche
Animation d'espaces commerciaux

Compétences
– Organiser un événement commercial
– Animer un événement commercial
– Exploiter un événement commercial

Vers PIX
2.1. Interagir
2.2. Partager et publier

FB Concept, installée à Élancourt, dans les Yvelines, a été créée il y a douze ans par Jean-Philippe Le Quéré. L'entreprise est spécialisée dans la distribution et l'installation de fenêtres, volets, portes d'entrée et portes de garage. Elle commercialise plusieurs marques réputées de portes en PVC, bois, aluminium (dont la marque Hörmann) et deux poseurs très compétents se chargent de l'installation. Toutes les portes sont blindées et garanties dix ans.
Le chiffre d'affaires de FB Concept est réparti ainsi : 40 % pour les fermetures (fenêtres, portes), 30 % pour les portes de garage et 30 % pour les volets.
Étant « Point conseil Hörmann », FB Concept doit respecter la politique commerciale de cette marque et ce contrat de distribution lui permet de bénéficier de participations de la marque à ses actions de communication.

L'entreprise a de nombreux concurrents sur le marché de la pose de fenêtres, en particulier les marques Tryba et Art & Fenêtres, qui communiquent beaucoup sur le secteur. Mais elle se différencie par la relation client et la personnalisation de cette relation.

FB Concept est située dans une zone de chalandise qui comprend de nombreux quartiers pavillonnaires installés depuis vingt à trente ans. Ces habitations représentent un fort potentiel de renouvellement des fermetures (portes d'entrée, fenêtres, volets, portes de garage et portails). La problématique de FB Concept est bien sûr d'arriver à contacter leurs propriétaires afin d'obtenir des rendez-vous, de leur proposer des devis puis de les relancer pour conclure les ventes et obtenir des commandes.

Votre rôle

Vous avez été recruté(e) par FB Concept après l'obtention de votre BTS NDRC pour développer la relation client et le chiffre d'affaires de l'entreprise.

Vos objectifs

I Mettre en place une stratégie de communication

1. À partir de l'analyse du marché des portes et fenêtres, étudiez les opportunités de ce marché pour FB Concept. — Annexes 1, 2 et 3
2. Analysez les choix de communication de l'entreprise FB Concept et faites le bilan de ses opérations. — Annexes 4, 5, 6 et 7
3. Proposez des axes de développement de la communication pour accroître la notoriété de l'entreprise.

II Organiser une opération Journée « portes ouvertes »

M. Le Quéré vous demande d'étudier le projet d'une journée « portes ouvertes ».

4. Quels sont les intérêts pour FB Concept d'organiser une opération Journée « portes ouvertes » ? — Fiche ressource 1 — Annexe 7
5. Proposez à M. Le Quéré les actions à mener pour organiser cette opération dans les locaux de FB Concept (thème de la journée, jeu-concours organisé, animation, buffet…).
6. Proposez un calendrier de préparation pour que cette opération soit organisée pendant deux jours (vendredi et samedi) à la mi-avril.
7. Déterminez la cible à contacter pour cette opération et proposez les moyens de la contacter.

III Organiser une animation dans un centre commercial

Vous étudiez à présent la faisabilité d'une animation dans un centre commercial.

8. Définissez le(s) objectif(s) de ce type d'animation pour FB Concept. — Fiche ressource 2 — Annexes 7 et 8
9. Étudiez les opportunités que représentent les différents centres commerciaux installés à proximité de l'entreprise FB Concept. Choisissez-en un pour organiser l'animation. Justifiez votre choix. Préparez l'argumentaire que vous utiliserez pour convaincre M. Le Quéré d'y installer un stand.

Vous avez décidé de réserver un espace éphémère pendant 3 jours (jeudi, vendredi, samedi) dans le centre commercial que vous avez sélectionné.

10. À partir des informations obtenues auprès du centre commercial, préparez les différentes missions à réaliser pour optimiser l'organisation de cette animation. — Annexes 9 et 10
11. Trouvez des idées de présentation et de décoration de votre stand éphémère (12 m^2) en fonction des produits que vous avez choisi de présenter. — Fiche ressource 3

IV Évaluer les résultats des actions

12. Quelques jours avant le début de l'animation, vous préparez tous les outils qui seront utiles à l'exploitation des résultats. Présentez la méthodologie que vous mettrez en œuvre pour recueillir les informations des différents contacts sur le stand. — Fiche ressource 4

Vous avez pu recueillir un certain nombre d'informations à la suite de cette opération.

13. Analysez les résultats et proposez les actions de suivi de cette animation. — Annexe 11

Votre dossier

Annexe 1 — Le marché de la fenêtre en France sauve la mise

L'activité de la fenêtre ne souffre pas de la pandémie. Les opportunités d'affaires pour 2021 sont réelles et le produit, s'il se renouvelle assez peu, bénéficie de compléments de gamme…

Avec une croissance de + 1,6 % entre 2017 et 2019, la fenêtre fait mieux que résister. Et alors que le PVC reste en tête, il recule face à l'aluminium toujours en progression. Performances, confort, coloris, voici un produit qui gagne en épaisseur.

Quels ont été les effets de la crise sanitaire sur l'activité de la fenêtre en 2020 ? La covid semble avoir douché des perspectives prometteuses et l'arrêt brutal de l'activité au printemps a d'abord fait chuter la croissance. Mais avec le recul, les industriels aujourd'hui disent mieux s'en sortir que prévu. Le marché de la fenêtre est un marché habituellement dynamique, il est estimé à plus de 10 millions d'unités posées en France en 2019.

Un marché franco-français puisque 89 % des produits vendus sont fabriqués en France et que les importations sont en recul de 5,1 % par rapport à 2017. Globalement, les projets en rénovation dominent (67 %) loin devant le neuf (33 %). Et l'activité enregistre une croissance de + 1,6 % en volume entre 2017 et 2019. Dans un contexte alors marqué par la crise des Gilets jaunes et la diminution des incitations fiscales.

https://www.verre-menuiserie.com, 22/04/2021

Annexe 2 — La gamme de produits proposée par FB Concept

- **Bel'm :** fabricant français de portes en acier, aluminium et bois
- **Hörmann :** spécialiste des portes d'entrée et de garage, fabrication allemande
- **Cadiou :** fabricant français de portails, clôtures, portillons sur mesure
- **Oknoplast :** fabricant français de fenêtres et portes
- **Bubendorff :** spécialiste français des volets roulants
- **Ehret :** numéro 1 des volets en aluminium

Annexe 3 — L'organisation de FB Concept

Cinq personnes travaillent chez FB Concept.

Jean-Philippe Le Quéré, responsable de l'entreprise, s'occupe de la partie commerciale. Il réalise le chiffrage des devis, négocie avec les clients et suit l'avancement des dossiers.

Son épouse se charge de l'aspect administratif et comptable. Elle rencontre les banques, passe les commandes et suit les relations avec les fournisseurs.

Deux poseurs professionnels installent les fermetures. Les chantiers durent entre une journée (pour l'installation d'une porte) et deux ou trois jours (pour le changement de toutes les portes et fenêtres d'une maison).

Depuis quelques années, l'entreprise a recruté un employé à temps partiel pour les opérations de distribution de flyers dans les boîtes aux lettres de la zone de chalandise de l'entreprise.

L'entreprise utilise un logiciel pour réaliser les devis et suivre la facturation. Cet outil permet également de disposer d'informations sur les clients mais M. Le Quéré aimerait pouvoir réaliser plus d'actions commerciales (envois de SMS, campagne d'e-mailing…). Il réfléchit sur l'intérêt que pourrait lui apporter un logiciel de CRM.

Annexe 4 La communication hors média chez FB Concept

• Pendant plusieurs années, FB Concept a utilisé les services d'une entreprise de communication régionale pour améliorer sa visibilité sur sa zone de chalandise. M. Le Quéré avait signé avec elle un contrat pour la distribution de flyers, dépliants et catalogues dans les boîtes aux lettres autour de l'entreprise. Les services proposés par ce prestataire n'étant pas satisfaisants, le responsable a choisi de créer un emploi en CDI à temps partiel pour distribuer ces documents de communication. Il choisit les secteurs, élabore des plans de secteur chaque semaine pour cibler les prospects potentiels et peut ainsi mieux évaluer le retour de ses actions. Depuis ce changement, M. Le Quéré a constaté une augmentation de 60 % des retours. Sa distribution est plus sélective. Le secteur géographique de l'entreprise comprend une part très importante d'habitations construites depuis 30 à 40 ans. Leurs propriétaires sont donc potentiellement intéressés par les changements de portes d'entrée (sécurité, énergie, esthétique), volets et fenêtres.

• En outre, lorsque FB Concept réalise son catalogue de présentation de produits, les fabricants qui y figurent participent financièrement à son impression (environ 1 200 € pour 10 000 catalogues).

Annexe 5 La communication média chez FB Concept

▸ FB Concept organise chaque année, en mars-avril, une campagne d'affichage à l'arrière des bus de la ville et sur les panneaux d'affichage. Cette campagne pour les 180 bus coûte 3 000 € environ.

▸ FB Concept utilisait auparavant les quotidiens gratuits, avec des publicités d'une demi-page, mais les retours n'étaient pas convaincants. Ce mode de diffusion a donc été abandonné il y a cinq ans, la presse gratuite disparaissant par ailleurs sur le secteur.

▸ M. Le Quéré s'interroge sur la communication au cinéma, ayant été prospecté par les distributeurs de la région. Il existe une dizaine de salles dans sa zone de chalandise et le public correspondrait à la cible qu'il souhaite toucher. Il est toutefois un peu réticent compte tenu des difficultés techniques que représente la réalisation d'un spot pour le cinéma. Mais l'idée fait son chemin.

Annexe 6 La communication sur le site de l'entreprise et les réseaux sociaux

• Le **site Internet** de FB Concept présente les différents produits, les marques distribuées et un espace contact.
Il a été mis à jour par le fils de M. Le Quéré, qui a effectué un stage chez un graphiste, mais le dirigeant pense qu'il doit être amélioré.

• La **page Facebook** de l'entreprise est régulièrement mise à jour (même si M. Le Quéré n'a pas beaucoup de temps à y consacrer). Elle contient des vidéos de différents chantiers réalisés et communique sur les événements auxquels participe FB Concept afin de faire venir de nombreux clients.
M. Le Quéré étant très soucieux de l'e-réputation de son entreprise, les clients sont invités à faire part de leurs remarques sur la page Facebook.

Annexe 7 La communication événementielle

Chaque année, FB Concept participe à plusieurs événements.
• Elle installe un stand au Salon de l'immobilier et de l'aménagement de l'habitat d'Élancourt, qui regroupe une quarantaine d'entreprises spécialisées dans l'immobilier et la rénovation de la maison (agences immobilières, courtiers, banques, constructeurs, installateurs de fenêtres et/ou de vérandas, architectes, décorateurs d'intérieur). Ce salon s'adresse aux particuliers et a lieu un samedi au cours du mois d'avril, de 14 h à 18 h.
• Elle s'interroge sur l'opportunité pour elle d'organiser :
– des journées « portes ouvertes » dans ses locaux ;
– un stand dans un centre commercial.

Annexe 8 Implantation des hypermarchés autour d'Élancourt

De nombreux centres commerciaux sont installés autour d'Élancourt. Parmi eux :

• le **centre commercial Saint-Quentin-en-Yvelines (SQY Ouest)**, situé à 30 km à l'ouest de Paris, à 6 km d'Élancourt, à proximité de la gare et à la convergence de grands axes routiers (A12, A13, RN10). Enseignes présentes : hypermarché Carrefour, galerie commerciale de 136 locaux commerciaux. Zone de chalandise de 800 000 personnes (8 000 entreprises). Inauguré en 1987 et implanté en plein cœur de la ville nouvelle de Saint-Quentin-en-Yvelines sur plus de 50 000 m², il accueille près de 13 millions de visiteurs par an ;

• le **centre commercial Auchan Grand Plaisir**, situé à proximité de grandes surfaces (IKEA, Décathlon, Alinéa, Cultura, One Nation), comprend l'hypermarché Auchan et une galerie commerciale de plus de 110 boutiques. Zone de chalandise de plus de 780 000 habitants, surface de 12 800 m². Le centre accueille plus de 7 millions de visiteurs par an ;

• le **centre commercial Auchan Maurepas** est composé de l'hypermarché Auchan et d'une galerie commerciale de 30 magasins. Zone de chalandise de 335 000 habitants. Il attire plus de 12 000 véhicules par jour et plus de 4 millions de visiteurs par an ;

• le **centre commercial Leclerc – Bois-d'Arcy** comprend l'hypermarché Leclerc et une galerie commerciale d'une vingtaine de boutiques. Zone de chalandise de 200 000 personnes.

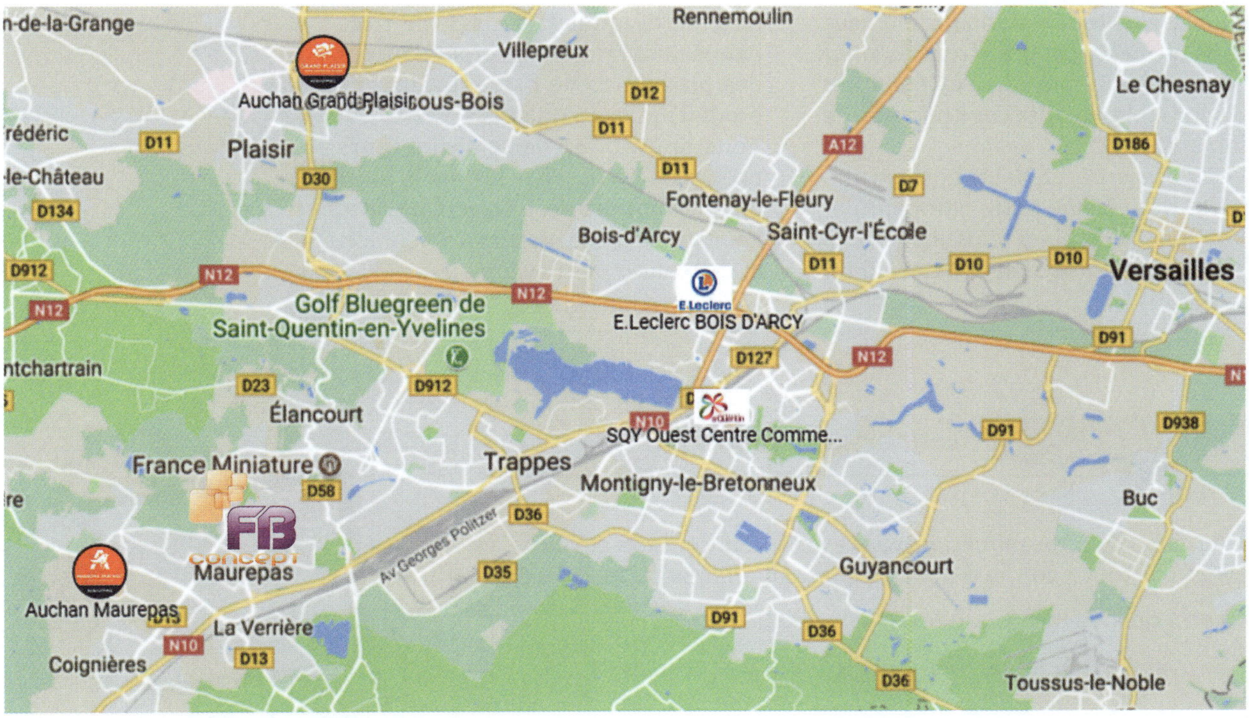

Annexe 9 — Informations sur les conditions de location d'un espace éphémère

ARRIVÉE SUR SITE

Pour l'installation, nous vous accueillons à 7 h 30 précises. Le passage par le PC Sécurité est obligatoire avant toute installation. Merci de vous présenter avec votre laissez-passer.

L'accès à la galerie se fait par l'entrée du personnel (porte métallique située sur le côté du centre). La totalité du matériel et des marchandises devra être rentrée en une seule fois.

Démontage : OBLIGATOIREMENT LE SAMEDI SOIR APRÈS 20 H (aucun démontage ne sera toléré le lundi matin).

HORAIRES

- **Ouverture de l'hypermarché :** du lundi au samedi de 9 h à 22 h
- **Ouverture des boutiques et des stands éphémères :** du lundi au samedi de 9 h 30 à 20 h (horaires de présence obligatoire)

QUALITÉ VISUELLE DU STAND

Obligatoire sur tous les stands : positionner une moquette événementielle pour délimiter votre emplacement.

Le stand doit être tenu propre et proposer un visuel de qualité à la clientèle (le mobilier ainsi que la moquette doivent être nettoyés par vos soins chaque soir si nécessaire).

RÈGLES DE VIE

Il est interdit :
- de démarcher en dehors de votre stand ;
- de distribuer des flyers ;
- de suivre les clients dans la galerie.

Annexe 10 — Organisation des présences sur le stand

Pour la réussite de cette animation, vous vous êtes engagé(e) à être présent(e) pendant les 3 jours. M. Le Quéré, votre responsable, viendra vous rejoindre le samedi.

Vous présenterez deux portes (une porte K-Line, une porte Hörmann) et une fenêtre K-Line. Vous disposerez d'un espace d'accueil composé d'un bureau, de quatre chaises, de trois panneaux sur lesquels seront déposés des plaquettes de présentation des produits et des catalogues.

Vous apporterez deux ordinateurs portables pour saisir les devis ainsi qu'une imprimante. L'objectif de cette animation sera de prendre des contacts et de réaliser des devis.

Annexe 11 — Résultats de l'animation

- Au cours de cette animation, vous avez eu 250 contacts et vous avez pu signer 5 contrats pour un chiffre d'affaires de 18 250 €.
- Votre taux de marge est de 35 %.
- Le coût de l'opération s'est élevé à 2 400 €.

FICHE RESSOURCE 1

ORGANISER UNE JOURNÉE « PORTES OUVERTES »

Les animations commerciales ont pour objectif soit de faire venir les clients (journées « portes ouvertes »), soit d'aller vers eux (roadshows, animations…). Elles doivent développer du trafic, permettre de rencontrer des clients, créer une émulation autour de l'activité de l'entreprise, générer des ventes et dynamiser l'image.

I Organiser une journée « portes ouvertes »

Une journée « portes ouvertes » représente une opportunité de rencontrer :
– de nouveaux prospects ;
– les clients actuels de l'entreprise : c'est un très bon moyen pour les fidéliser. C'est aussi l'occasion pour eux de rencontrer d'autres collaborateurs de l'entreprise que ceux qu'ils ont l'habitude de côtoyer, comme les responsables du suivi des commandes, du service comptable… Ainsi, ils peuvent rencontrer des personnes qu'ils ont l'habitude de contacter par téléphone ou par courriel. En ce sens, la journée « portes ouvertes » est un moyen de créer du lien entre collaborateurs et clients.

1. Définir le cadre

• Quels sont les objectifs ?

Ils doivent être clairement définis : s'agit-il de faire découvrir une nouvelle gamme de produits ? d'améliorer l'image de l'entreprise ? de séduire des clients ? de vendre ses produits ? d'attirer de nouveaux talents ?

• Qui inviter ?

Il peut s'agir de trouver de nouveaux clients, de fidéliser les clients actuels, de contacter des partenaires. Dans tous les cas, le plus difficile sera d'inciter les prospects et clients à se déplacer dans l'entreprise. Il faut donner une valeur ajoutée claire et marquante à l'événement.

• Quand organiser la journée « portes ouvertes » ?

Le calendrier est important. Il faut trouver une date qui ne risque pas d'être perturbée par des facteurs climatiques, des événements environnants…

• Combien de jours dure l'opération ?

Elle peut se dérouler sur un week-end (vendredi, samedi, dimanche) ou seulement une journée, tout dépend des disponibilités de la clientèle. S'il s'agit d'une clientèle de professionnels, une journée peut suffire, de préférence en semaine. Les particuliers seront plus disponibles le week-end.

2. Tracer les grandes lignes

Comme pour tout événement, il faut prévoir plusieurs mois avant les grandes lignes du projet :
– repérer les étapes de la visite ;
– prévoir de faire participer le public ;
– réfléchir à l'accueil et à la fin de la visite.

Thème fédérateur	Cadeau	Jeu-concours	Animation : invité	Buffet / Cocktail
Choisir le thème de la journée (ex. : « Journée de l'évasion »).	Prévoir un cadeau pour les visiteurs, une remise (ex. : réduction de 20 % sur l'installation).	Créer les bulletins de participation : coordonnées des contacts.	Inviter un consultant, un journaliste, un auteur, une personnalité, un expert…	Prévoir, selon le nombre de personnes, des viennoiseries, un buffet…

II Communiquer sur la journée

Différents types de communication sont à prévoir selon l'envergure de la journée.

Invitations de vos contacts	– E-mailing – Cartons d'invitation – Réseaux sociaux – Distribution de flyers dans les boîtes aux lettres (ou boîtage) – Campagne de phoning – Site Internet
Communication sur l'événement auprès du public	– Bannière sur le lieu de la journée « portes ouvertes » – Affichage dans les journaux – Flyers – SMS envoyé aux clients et prospects – Conférence de presse
Participation des collaborateurs	Toutes les équipes sont mobilisées (équipes technique, commerciale, administrative) autant dans la préparation que dans la réalisation.

Comme pour tous les événements, penser à communiquer avant, pendant et après.

III Soigner l'accueil et l'animation

La journée « portes ouvertes » est l'occasion de faire une bonne impression. Pour la réussir, il est nécessaire :
– que l'accueil soit chaleureux, avec des hôte(sse)s, un buffet, un décor original et adapté au thème ;
– que l'organisation marque les esprits avec des activités, une animation centrale (magicien ou acteur, danseurs, échassiers, musiciens…)

Spécificités B to B	– Récupérer des cartes de visite à l'entrée pour constituer un fichier. – Préparer un accueil « VIP », si possible par les commerciaux. – Éviter les jeux-concours pour les professionnels.
Spécificités B to C	– Organiser un jeu-concours : poser 2 ou 3 questions sur le thème de la journée (tirage au sort parmi les bonnes réponses). L'objectif sera de recueillir des bulletins de participation avec les coordonnées des visiteurs. – Préparer les lots à gagner : produit de l'entreprise, week-end gastronomique, produits high-tech, coffrets cadeaux ou chèques cadeaux. – Occuper les enfants qui accompagnent les parents par des animations, comme un bar de maquillage, une structure gonflable. Ainsi, les parents seront plus disponibles pour rencontrer les commerciaux.

IV Assurer le suivi de la journée « portes ouvertes »

Pour finaliser cette journée, il est important de prévoir le suivi :
– prévoir la campagne de remerciements (pour tous les participants) ;
– penser au questionnaire d'évaluation (ou « mur de tweets »), voire envoyer le questionnaire sous la forme d'un formulaire (Google Forms ou Survey Monkey) ;
– relancer les contacts par téléphone ;
– transmettre les cadeaux promis et résultats du concours (si concours).

FICHE RESSOURCE 2

ORGANISER UN ROADSHOW OU UNE ANIMATION DANS UN CENTRE COMMERCIAL

I Préparer un roadshow

Un roadshow est une tournée promotionnelle, une sorte de salon itinérant qui s'effectue au sein de plusieurs villes prédéfinies et auxquelles participent généralement plusieurs collaborateurs. Il peut s'agir du lancement d'un nouveau produit ou d'une campagne promotionnelle. Dans certaines situations, les entreprises utilisent des camions affichant leur communication pour faciliter l'entrée en contact avec le public.

II Animer un espace éphémère

Dans des centres commerciaux ou dans des espaces de vente ou d'exposition dédiés, des espaces éphémères accueillent les entreprises qui souhaitent promouvoir leurs produits.

1. Le concept d'espace éphémère

Le magasin (ou boutique) éphémère est un point de vente installé pour une courte durée. On parle aussi de « pop-up store » car le concept consiste à apparaître puis à disparaître au bout de quelques semaines, voire quelques jours.

2. Les avantages des espaces éphémères

Ces espaces éphémères peuvent être très avantageux pour les marques. Ils permettent :
– de joindre les consommateurs cibles dans un environnement expérientiel ;
– de personnaliser le contact avec les clients actuels, de créer de nouveaux contacts, de mieux connaître les clients potentiels ;
– de lancer de nouveaux produits et de les promouvoir d'une manière originale ;
– de créer de nouveaux marchés en se déplaçant vers les clients et en choisissant des emplacements stratégiques au niveau national ou international ;
– de tester de nouveaux marchés, de nouveaux produits, de nouveaux clients en limitant l'investissement, car il est bien entendu qu'un espace éphémère, même s'il est choisi dans un cadre prestigieux, coûte toujours moins cher et surtout engage moins la marque qu'un concept store ;
– de créer une animation pour un événement (un anniversaire, par exemple) ;
– de profiter de la saisonnalité : pendant le mois précédant Noël, des stands (chalets) sont installés dans les galeries des centres commerciaux pour promouvoir les produits régionaux et artisanaux.

3. Les principes d'organisation

Pour organiser l'opération autour d'un espace éphémère, les principes d'organisation ressemblent beaucoup à ceux utilisés pour les événements :
– définir le(s) objectif(s) et le budget alloué ;
– réserver l'espace éphémère disponible ;
– planifier les réservations d'espace sur des temps forts (période de fin d'année ou de fêtes) ;
– préparer l'installation de l'espace et la décoration, le planning de présence du personnel ;
– choisir les produits à présenter, valoriser la documentation.

4. La communication

Pour promouvoir l'événement, différentes actions peuvent être prévues :
– création d'un site éphémère (*landing page* ou page d'atterrissage destinée à promouvoir l'événement éphémère) ;
– événement Facebook ; *live-tweet* ;
– campagne d'e-mailing ;
– création d'une campagne Google Ads ou publicité payante sur Facebook ;
– SMS géolocalisés vers les personnes qui passent près de l'événement.

FICHE RESSOURCE

3

EXPLOITER LES ÉVÉNEMENTS COMMERCIAUX

Au-delà de l'évaluation qualitative des résultats, qui se fait en interrogeant les participants et en analysant leurs réactions, le bilan comporte une part quantitative qui aide à analyser la rentabilité.

I Évaluer l'efficacité de l'événement

Différents indicateurs peuvent être utilisés pour mesurer l'efficacité d'un événement. Ils seront utilisés pendant ou après l'événement.
Un événement a pour objectif d'améliorer la notoriété d'une entreprise ou d'une marque. Les retombées se mesurent aussi par l'image sur les réseaux sociaux.

Mesure de la participation à l'événement	Analyse de l'amélioration de la notoriété → site / blog	Étude des retombées sur les réseaux sociaux
Taux de réponses aux invitations $= \frac{\text{Nombre d'inscriptions}}{\text{Nombre de visites}}$	Nombre de visites sur le site suite à l'événement	Nombre d'abonnés à la page Facebook
Taux de présence $= \frac{\text{Nombre de présents}}{\text{Nombre d'inscriptions (invitations)}}$	Nombre d'abonnés à la newsletter	Nombre de mentions « J'aime »
Nombre d'inscriptions aux ateliers (conférences)	Onglets consultés	Nombre de pages partagées
Nombre de personnes touchées par l'événement	Nombre et nature des documents téléchargés	Nombre de commentaires

Les retombées dans la presse (obtenues grâce à une veille) sont aussi importantes pour faire parler de l'événement et augmenter le chiffre d'affaires. Elles génèrent du trafic et améliorent la visibilité de l'entreprise.

II Exploiter les contacts

Ce sont les retours mesurables en **nombre de contacts (fiches) qualifiés, nombre de rendez-vous obtenus** et **ventes générées** qui servent à évaluer l'intérêt de l'événement. Au-delà du nombre de contacts ou de rendez-vous, c'est aussi la qualité de ces contacts qui importe.

III Calculer les retombées commerciales

Le ROI (retour sur investissement) consiste à faire un bilan financier de l'événement. S'il est assez facile de calculer le coût de l'opération, il est souvent difficile d'évaluer les retours en termes de chiffre d'affaires réalisé et de marge brute.

ROI = Ventes générées / Coût de l'événement

ou

ROI = Marge nette / Coût de l'événement

EXEMPLE

Une entreprise dépense 50 000 € pour organiser un événement et évalue que les clients qui sont devenus des leads ont dépensé 200 000 € avec elle dans les 6 mois suivant l'événement. On peut donc estimer le ROI : 200 000 / 50 000 = 4, ce qui signifie que pour 1 € dépensé, l'entreprise a obtenu 4 €. Il faut ensuite évaluer ce ROI en termes de marge.

IV Faire le bilan de l'événement

À partir des résultats, on vérifie si les objectifs ont été atteints, en termes quantitatifs et qualitatifs. Lorsque l'opération est réalisée sur plusieurs années, on évalue l'évolution des résultats pour comparer les retours par rapport aux investissements et décider si elle sera reconduite l'année suivante. Il faut aussi observer si le budget prévisionnel a été dépassé, sur quel(s) poste(s) les écarts ont été les plus importants. Cette analyse permet de prendre des décisions pour l'avenir et de conclure sur l'intérêt de l'événement.

Applications

Maîtrise

1 Organiser une journée « portes ouvertes »

Les Jardins d'Olivier ont été créés par Olivier Vernon en 2002. Installés dans la banlieue de Rennes (35), ils proposent un large choix de végétaux sur une superficie de 8 000 m² de serres et 6 hectares d'extérieur.
La société présente ses produits ainsi que ses services de conseil en aménagement de jardins aux particuliers et aux professionnels.
Pour développer sa notoriété, elle envisage d'organiser une manifestation, de type journée « portes ouvertes », au cours de laquelle des visiteurs viendraient découvrir ses produits et ses réalisations.

1. Quels sont les avantages d'organiser une journée « portes ouvertes » ?
2. À quel(s) autre(s) événement(s) la société pourrait-elle participer ?
3. Proposez l'organisation de la journée : thème, répartition des tâches entre les différents collaborateurs, budget prévisionnel.
4. Élaborez le flyer de présentation de la journée « portes ouvertes » fixée les samedi 15 et dimanche 16 avril.
5. Conseillez le responsable de l'entreprise sur l'utilisation des réseaux sociaux pour informer les contacts potentiels sur les journées « portes ouvertes ». Proposez des exemples de messages à faire paraître sur la page Facebook de l'entreprise un mois avant chacune de ces journées, 15 jours avant, la semaine précédente et pendant l'événement.

Document 1 Présentation des Jardins d'Olivier

L'entreprise Les Jardins d'Olivier a su se développer en apportant conseils et services à ses clients. Elle cible les particuliers (80 % de sa clientèle), mais la part des professionnels dans son portefeuille se développe : elle est passée de 10 à 20 % en quatre ans. Elle est devenue le leader sur l'agglomération rennaise grâce à un savoir-faire sans précédent.
Sur une surface de 8 000 m², elle présente plusieurs secteurs :
1) « Pépinière » (arbres, arbustes) ;
2) « Plantes, fleurs » ;
3) « Équipement matériel ».
Les Jardins d'Olivier sont présents sur les réseaux sociaux. Olivier anime une page « Conseils » sur l'entretien des jardins. Chaque semaine, il diffuse une information sur ce qu'il faut faire selon la saison (exemples : comment et quand rabattre les rosiers ? À quelle époque tailler les rhododendrons ? Comment faire des boutures d'hortensias ?).

Document 2 Le projet de journée « portes ouvertes »

La cible à toucher est constituée de particuliers et d'entreprises (clients et prospects) installés à 30 km autour de l'entreprise. L'objectif est de présenter des réalisations intégrant les arbres, arbustes, plantes et fleurs vendus par Les Jardins d'Olivier.

Les moyens à disposition :
– 4 jardiniers disponibles pendant 15 jours pour préparer les présentations, les nouveaux produits, les nouvelles réalisations ;
– 2 personnes chargées d'organiser l'accueil (secrétaire et comptable de l'entreprise) ;
– 2 vendeurs qui renseigneront les visiteurs ;
– 4 commerciaux chargés de récupérer les coordonnées des contacts intéressés (prévoir des fiches prospects ou la saisie directe par les participants), coupons-réponse à un jeu-concours comportant quelques questions sur le jardinage et lots à gagner : conseil en aménagement de jardin, arbres et arbustes.

La communication sur l'événement :
– publicité sur la radio locale – 5 spots de publicité de 30'' (le spot est enregistré par un commercial) ;
– distribution de 5 000 flyers au format A5 dans les boîtes aux lettres quelques jours avant chaque journée « portes ouvertes ».

Document 3 Coûts des différents supports pour la journée « portes ouvertes »

▸ **Publicité radio**

Tarif Grand Ouest – RadioFrancepub.com – Base 30'' – Lundi au dimanche

6 h-7 h	7 h-8 h	9 h-10 h	10 h-11 h	11 h-14 h	14 h-17 h	17 h-18 h	18 h-19 h	19 h-20 h
80 €	17 €	151 €	109 €	89 €	33 €	95 €	93 €	44 €

Tarif HT en € – Frais d'exploitation : 1 € HT par message diffusé.

Format (en secondes)	5''	10''	15''	20''	25''	30''	35''	40''	45''
Indice tarifaire	50 %	60 %	75 %	85 %	95 %	100 %	125 %	150 %	170 %

▸ **Coût de la distribution d'imprimés publicitaires**

Devis pour la distribution d'imprimés publicitaires :
– Campagne réalisée dans un délai de 10 jours
– Distribution minimale de 1 000 flyers
– 150 € HT pour la distribution de 1 000 messages

Document 4 Coût des cadeaux remis aux visiteurs

Pour cette journée « portes ouvertes », vous envisagez d'offrir différents cadeaux.

Pour tous les participants : un sac au nom de l'entreprise (1 000 produits au prix unitaire 3 €)

Pour les gagnants des concours :
- **1er prix :** un olivier d'une valeur de 359 € (coût de revient : 250 €)
- **2e prix :** un magnolia d'une valeur de 259 € (coût de revient : 170 €)
- **Du 3e au 10e prix :** un oranger d'une valeur de 99 € (coût de revient : 68 €)

2 Évaluer les résultats des opérations de communication

LO DÉCO, spécialiste de l'aménagement intérieur, est installé à Rouen depuis cinq ans. Cette société, créée par Lydia Sbaïhi et Olivia Tea à la suite de leur formation en architecture d'intérieur, compte une vingtaine de salariés. Elle assure la réalisation de devis sur mesure, la recherche de matériaux et mobiliers ainsi que l'installation par une équipe de poseurs compétente et efficace.
Elle s'adresse autant aux particuliers pour l'aménagement intérieur (séjours, bureaux, salons, chambres, entrées) qu'aux professionnels pour l'aménagement intérieur d'entreprises et de leurs bureaux.
Les deux gérantes s'occupent de la recherche de prospects à partir de leur site Internet et de leurs pages Facebook et LinkedIn. Très concurrencées sur la ville de Rouen, elles ont participé à la Foire internationale de Rouen afin de se rapprocher de leurs prospects. Pas tout à fait convaincues de l'intérêt de cette manifestation, elles hésitent à réserver l'année prochaine. Elles ont l'impression que la journée « portes ouvertes » qui a été organisée pendant trois jours consécutifs, et pour laquelle elles ont vraiment réussi à faire venir des prospects professionnels, a été plus concluante.
Elles voudraient toutefois en avoir confirmation. Elles vous ont donc fourni certains chiffres et résultats de ces deux opérations et vous demandent de les analyser.

1. Analysez la rentabilité de la journée « portes ouvertes » et de la participation à la Foire internationale de Rouen.
2. Étudiez l'efficacité de ces deux opérations.
3. Choisissez l'action la plus pertinente pour LO DÉCO l'année prochaine.
4. Préparez votre entretien de vente de l'animation la plus adaptée à l'entreprise LO DÉCO.
5. Anticipez les objections que pourront vous formuler les deux responsables de l'entreprise et préparez leur traitement

Document 1 Présentation de la Foire internationale de Rouen

La Foire internationale de Rouen est organisée chaque année fin mars-début avril sur 11 jours. C'est un événement commercial qui attire le public de toute la région normande. Elle accueille environ 130 000 visiteurs et plus de 200 exposants, de secteurs d'activité très différents, sont présents.

Document 2 Présentation de l'opération « Portes ouvertes » chez LO DÉCO

L'opération « Portes ouvertes » a été organisée en septembre. Au cours de ces trois journées, les prospects ont été invités par courriel, avec campagne d'affichage, message sur le site de LO DÉCO, sa page Facebook et sa page LinkedIn, et campagne de prospection téléphonique.

Document 3 Étude des coûts des deux opérations commerciales

- La participation à la Foire internationale de Rouen a coûté 75 458 €. 1 245 coordonnées d'entreprises et de particuliers ont été recueillies. Sur ces 1 245 contacts, la relance a permis d'obtenir 125 rendez-vous et 80 devis ont été conclus pour la moitié.
- L'organisation des trois journées « portes ouvertes » est beaucoup plus difficile à quantifier, mais on estime à 7 850 € le coût de cette opération, comprenant la communication réalisée pour cet événement. Lors de ces journées, 90 visiteurs ont été accueillis, dont 60 ont accepté un rendez-vous. Ces rendez-vous ont permis de réaliser 45 devis, qui se sont transformés en 20 ventes.
- Le chiffre d'affaires moyen d'une affaire s'élève à 15 681 €.
- Le taux de marge appliqué est de 30 % sur le coût de revient des projets.

Expertise

3 Organiser un roadshow

Vous travaillez dans la société VéranKit, spécialisée dans la construction de vérandas en kit. Votre responsable souhaiterait mobiliser des partenaires pour développer son activité à travers la France. Pour ce faire, il aimerait rencontrer des installateurs qui prendraient en charge la construction des vérandas, des carreleurs, des électriciens et des plombiers (pour le chauffage).
Étant en veille sur le marché, il a eu des informations sur un roadshow organisé par des spécialistes de la piscine et correspondant à ce qu'il souhaiterait mettre en place pour la promotion des vérandas en kit. Lors de cet événement, plusieurs professionnels du secteur de la piscine présentent leurs réalisations à d'autres professionnels.
Il aimerait donc utiliser ce concept pour rencontrer les professionnels recherchés, qui seraient formés gratuitement à l'installation des vérandas en kit de la société.
Les présentations seraient organisées dans des hôtels qui ont accepté de mettre à disposition de VéranKit un espace de 150 m². D'autres installateurs, carreleurs, électriciens et plombiers se chargeront des formations des professionnels conviés.

1. Préparez une présentation du concept du roadshow coorganisé afin de convaincre les professionnels pressentis pour effectuer la tournée avec Vérankit.
2. Élaborez un planning de ce roadshow qui devrait avoir lieu au mois de mars dans les villes de Lille, Rennes, Tours, Orléans, Troyes, Chambéry, Gap et Sisteron. Pour chaque étape, vous compterez un jour de déplacement, un jour de mise en place (installation) et un jour d'animation. Vous prévoirez des semaines sur six jours, donc deux animations par semaine.
3. Constituez le fichier des installateurs de vérandas, carreleurs, électriciens et plombiers autour des villes où vous vous rendrez lors de ce roadshow.
4. Préparez les invitations et les messages que vous leur adresserez pour les relancer avant l'animation et après.
5. En utilisant un outil comme WordPress, créez le site du roadshow. Vous pourrez vous inspirer du site http://roadshow-des-specialistes.fr/.

Document 1 Présentation du Roadshow des Spécialistes

Chaque année, les **fabricants** de matériel pour piscine proposent de **nouveaux équipements** et services pour les **professionnels de la piscine** mais doivent attendre le salon de Lyon pour les leur présenter.
En 2017, plusieurs fabricants de matériel, **spécialistes** dans un ou plusieurs domaines, se sont associés pour organiser un roadshow afin d'**aller au contact des professionnels** du marché en demande d'informations.
Le Roadshow des Spécialistes est articulé autour d'une salle d'exposition dans laquelle vous pouvez **rencontrer directement les partenaires** et suivre de **mini-formations thématiques** sur des aspects du métier de chaque spécialiste peu abordés dans les formations habituelles.

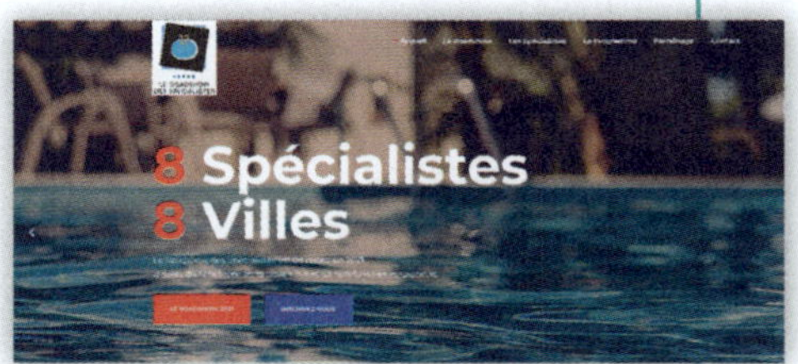

Venez à la rencontre de spécialistes de la piscine et inscrivez-vous directement sur le site ! **8 dates** sont prévues dans 8 villes différentes : Toulouse, Lille, Nantes, Bordeaux, Biarritz, Colmar, Lyon, Le Castelet.

D'après http://roadshow-des-specialistes.fr/

Document 2 Participants à votre roadshow

Voici les noms des quatre entreprises qui participeront avec vous au roadshow.

CAPS Société d'électricité	AS Entreprise Plomberie	Install' Vérandas	Sté P. Gras Carrelage – Parquet

En route vers l'épreuve E4

Voir PRÉSENTATION DE L'ÉPREUVE page 309

A Les compétences évaluées

○ **Cibler et prospecter la clientèle**
Les compétences à acquérir
1 – Analyser un portefeuille client
2 – Identifier des cibles de clientèle
3 – Mettre en œuvre et évaluer une démarche de prospection
4 – Développer des réseaux professionnels

B Travail à faire

1 À partir du cas FB Concept, complétez le verso de la fiche E4 correspondant au ciblage et à la prospection, et à l'exploitation et la mutualisation de l'information commerciale.

CIBLAGE ET PROSPECTION		
Démarche		
Objectifs fixés		
Activités réalisées		Outils mobilisés
Résultats obtenus		
BILAN RÉFLEXIF		
Atouts et points d'appui	Solutions mises en œuvre	Propositions d'amélioration
EXPLOITATION ET MUTUALISATION DE L'INFORMATION COMMERCIALE		
Informations sur le marché, les clients, le secteur, etc.		
Objectifs fixés		
DÉMARCHE DE VEILLE		
Sources utilisées		Outils mobilisés
CONTRIBUTION À L'EXPERTISE COMMERCIALE DE L'ORGANISATION		

Expliquez succinctement la démarche de prospection de FB Concept lors de cette animation dans un centre commercial (contexte professionnel p. 251).

Expliquez les différentes activités réalisées, les résultats obtenus et faire votre bilan réflexif.

Recherchez les informations dont vous aurez besoin pour cette animation commerciale.

2 Préparez un diaporama qui présentera votre entreprise, votre démarche de prospection, le ciblage, les résultats et l'exploitation et mutualisation de l'information commerciale.

Synthèse

Animer des espaces commerciaux

Organiser une journée « portes ouvertes » nécessite de définir en amont :

- **Le cadre** : Objectifs, personnes, dates et durée
- **Les grandes lignes** : Thèmes, cadeaux, jeu-concours, animation, buffet, cocktail
- **La communication** : Invitations, communication vers le public, cibles B to B, B to C…
- **L'animation** : Accueil, jeux, musiciens, acrobates…
- **Le suivi** : Relances, remerciements, questionnaires satisfaction

Organiser un événement dans un espace éphémère

Choix du type d'événement

- **Concept de roadshow** : Présentation/tournée dans différentes villes
- **Types d'espaces éphémères** : Magasins ou boutiques éphémères, installés pour de courtes durées, dans un centre commercial
- **Principes d'organisation** : Réservation d'espace, planification, préparation du planning et de l'animation, présentation de documents

Les retombées commerciales des événements doivent être analysées.

- **Évaluation qualitative** : Questionnaire de satisfaction, impact sur l'image de l'entreprise dans la presse et sur le Web
- **Exploitation des contacts** : Nombre de contacts, Nombre de rendez-vous, Ventes générées
- **Calcul du retour sur investissement** :

$$\text{ROI} = \frac{\text{Ventes générées}}{\text{Coût de l'événement}}$$

$$\text{Ou ROI} = \frac{\text{Marge nette}}{\text{Coût de l'événement}}$$

- **Bilan financier** : Écart Résultats / Objectifs ; Écart Budget réel / Objectif

TESTEZ-VOUS

Quiz sur le chapitre 14
liennathan.fr/i3ua27

MOTS CLÉS : Journée « portes ouvertes » · Roadshow · Espace éphémère · Street marketing · Retombées commerciales

Voir PRÉSENTATION DE L'ÉPREUVE page 309

PRÉPARER L'ORGANISATION D'UN ÉVÉNEMENT

Renov'Bains, installée à Limoges (87), distribue du matériel pour l'aménagement de salles de bain, sanitaires, chauffage et climatisation. Vous êtes commercial(e) dans cette société et vous avez proposé à votre responsable l'organisation d'un petit-déjeuner auquel vous avez invité vos principaux clients. Vous avez décrit, dans la fiche ci-dessous, l'activité correspondant à l'entretien avec votre responsable pour le convaincre de l'intérêt de ce petit-déjeuner.

CADRE DE L'ACTIVITÉ	
Nom de l'organisation	Renov'Bains
Adresse	Limoges (Haute-Vienne)
Type de structure	SARL
Offre commerciale	Aménagement de salles de bain, sanitaires, chauffage, climatisation
Type(s) de client(s)	Installateurs (plombiers, chauffagistes)

ANALYSE DE L'ACTIVITÉ	
Date(s) : octobre	**Lieu de l'activité :** bureaux de l'entreprise Renov'Bains
Historique/problématique de l'activité	L'entreprise souhaite organiser un petit-déjeuner afin de retrouver ses clients et leur présenter de nouveaux produits.
Acteurs concernés (statut, rôle, motivations)	Le commercial dont le rôle est de développer la clientèle et de fidéliser les clients actuels. Le responsable de l'entreprise dont le rôle est d'assurer la pérennité de sa société tout en étant attentif à la rentabilité des activités menées. Motivations : Argent – Orgueil.
Objectifs opérationnels	Convaincre le responsable d'organiser un petit-déjeuner et d'inviter les clients privilégiés.

DÉROULEMENT DE L'ACTIVITÉ	
Phases	**Outils mobilisés**
• **Préparation de l'entretien avec le responsable :** – Sélection des clients invités au petit-déjeuner – choix de la date. – Évaluation du coût prévisionnel du petit-déjeuner, recherche de fournisseurs. • **Réalisation de l'entretien avec le responsable :** – Présentation du planning de l'organisation. – Argumentation sur les résultats attendus grâce à ce petit-déjeuner.	– Budget prévisionnel – Liste des fournisseurs – Planning – Argumentaire – Traitement des objections
Résultats	Accord obtenu pour l'organisation du petit-déjeuner avec un budget de 500 €.
Difficultés rencontrées	Pas de difficultés. Le responsable a bien compris l'intérêt pour l'entreprise de rencontrer ses clients.

Suite à la réussite de ce petit-déjeuner, vous pensez qu'il serait opportun de participer à la Foire de Limoges qui se tiendra du 21 au 29 mai afin d'y présenter vos produits, rencontrer vos clients les plus fidèles, prospecter et mieux connaître votre marché. L'objectif est de les inviter à une journée d'animation le 25 mai pour les remercier de leur fidélité. Vos clients participeront à différentes animations au cours de la journée et seront invités au repas de gala prévu le soir. Votre responsable vous demande de lui présenter un dossier complet sur cette manifestation et vous avez rendez-vous avec lui dans 40 minutes pour lui présenter vos arguments lors d'un entretien d'une quinzaine de minutes.

Travail à faire

1 Préparer l'événement commercial

Compte tenu des paramètres à prendre en compte pour la simulation (document 2), préparer l'entretien avec votre responsable au cours duquel vous présenterez :
– le plan de cet entretien ;
– le planning des tâches à réaliser pour la préparation, l'animation et le suivi de la Foire ;
– la sélection des quatre installateurs que vous inviterez à cette foire ;
– le budget de la participation au salon ;
– les arguments pour le convaincre de l'intérêt de votre présence au salon ;
– le traitement des objections qu'il pourrait émettre au cours de cet entretien.

Annexe 1 Le fichier clients, secteur Limoges

N°	Nom	Ville	CA annuel
1	Lerendu	Limoges	15 000 €
2	Gonzalez	Bonnac-la-Côte	310 000 €
3	Darthou	Limoges	18 000 €
4	Mortier	Limoges	34 000 €
5	Renov	Panazol	32 000 €
6	Chatard	Saint-Léonard -de-Noblat	55 000 €

N°	Nom	Ville	CA annuel
7	Ribeiro	Saint-Léonard-de-Noblat	18 000 €
8	Henriques	Saint-Junien	270 000 €
9	Pradeau	Roussac	250 000 €
10	Léon	Chateauponsac	220 000 €
11	Renault	Saint-Victurnien	14 000 €
12	Bardet	Compreignac	6 000 €

Annexe 2 Les paramètres à prendre en compte pour la simulation

<table>
<tr><th colspan="5">PARAMÈTRES À PRENDRE EN COMPTE PAR LE CANDIDAT POUR LA SIMULATION</th></tr>
<tr><td>Objet de l'activité</td><td colspan="4">Organisation de la participation de l'entreprise à un salon professionnel</td></tr>
<tr><td>Date(s) et lieu – durée</td><td colspan="4">Aujourd'hui dans le bureau de votre responsable – 15 à 20 minutes</td></tr>
<tr><td>Délimitation de séquence(s)</td><td colspan="4">Entretien complet</td></tr>
<tr><td>Historique de la relation</td><td colspan="4">Vous avez organisé plusieurs événements qui ont été très positifs pour l'image de l'entreprise, mais elle n'a jamais participé à la Foire de Limoges.</td></tr>
<tr><td>Objectifs de la communication</td><td colspan="4">Convaincre votre responsable de l'intérêt de participer à ce salon, en termes de rentabilité, de temps, d'opportunités commerciales.</td></tr>
<tr><td rowspan="4">Informations à exploiter</td><td colspan="4">Éléments de coût de la Foire de Limoges</td></tr>
<tr><td>Stand
Animation stand
Documents promotionnels</td><td>1 675 €
1 500 €
2 000 €</td><td>Affiches
Spots radio
Programmes : encart</td><td>400 €
300 €
100 €</td></tr>
<tr><td>Repas de gala
Dîner de clôture</td><td>100 € par participant
50 € par participant</td><td>Déjeuner</td><td>20 € par participant</td></tr>
<tr><td colspan="4">Les installateurs sélectionnés participent toute la journée du 25 mai (déjeuner et repas de gala).</td></tr>
<tr><td>Contrainte(s)</td><td colspan="4">Votre responsable vous a attribué un budget de 7 500 €.
Le rendez-vous a lieu début mars.</td></tr>
<tr><td>Acteur(s) concernés (statut, rôle)</td><td colspan="2">VOUS : jeune commercial depuis 6 mois, vous avez déjà obtenu plusieurs projets et vous êtes chargé du développement du portefeuille installateurs.</td><td colspan="2">JURY : responsable de l'entreprise, vous avez pour objectif d'améliorer la visibilité de votre entreprise sur la région de Limoges.</td></tr>
</table>

2 Réaliser l'entretien de négociation de l'organisation d'un événement commercial

Vous simulerez l'entretien avec votre responsable.

CHAPITRE 15

Collecter et remonter l'information commerciale

Contexte professionnel

Activité/Tâche	Compétences	Vers PIX
Reporting de l'activité commerciale	Exploiter et mutualiser l'information commerciale.	**1.1.** Mener une recherche et une veille d'information **4.2.** Protéger les données personnelles et la vie privée

Vous êtes commercial(e) depuis quelques semaines chez Café Tradition, société créée en 1996 par Nathan Martin. Cette entreprise familiale d'une cinquantaine de salariés a fait le choix de la « tradition et de l'authenticité ». M. Martin collabore avec ses fournisseurs (principalement boliviens) dans la sélection des grains de café vert et a fait le choix, à l'instar des entreprises artisanales françaises, de la torréfaction traditionnelle, qui transforme le café vert en café brun.

L'entreprise vise les cafés, hôtels, restaurants (CHR) et les collectivités. Toutefois, son cœur de cible reste les « traditionnels », c'est-à-dire les cafés et brasseries, qui représentent les deux tiers de son chiffre d'affaires.

Café Tradition cultive son image de spécialiste du café et a même ouvert une école de *baristas*. Les *baristas*, véritables artistes du café, possèdent une connaissance approfondie du café : ils ont appris à le préparer, à le décorer et à le servir au client.

Votre rôle

Vous reprenez un portefeuille de 300 clients composé uniquement de cafés-brasseries dans Paris (75) et les Hauts-de-Seine (92). Lors de votre entretien d'embauche, Mme Chapin, responsable du secteur Île-de-France, a décidé avec vous des objectifs suivants :

– vous devez augmenter de 10 % votre portefeuille clients sur le semestre 1, sans augmenter votre budget de prospection actuel. Vos efforts de prospection seront ciblés sur les reprises et nouvelles créations de cafés-brasseries au sein de votre secteur géographique ;

– vous avez un objectif de veille et de reporting, évalué sur votre capacité à collecter des informations sur l'activité de Café Tradition et son environnement (clients, concurrents…).

Vos objectifs

I Mener une veille sur l'environnement

Dans le cadre de votre intégration, vous accompagnez Guillaume, un commercial senior, pendant deux jours. Vous échangez avec lui sur sa démarche de veille.

1 Identifiez les enjeux d'une pratique de veille, voire d'intelligence économique, pour votre métier de commercial. Fiche ressource 1 / Annexes 1 et 2

2 En prenant exemple sur l'expérience de Guillaume, quels types de veille devez-vous mettre en œuvre ? Fiche ressource 2

3 Vous avez commencé à regrouper quelques documents. Classez-les selon les différents types de veille. Annexes 3 à 6 et 9

4 Caractérisez les types d'informations que vous avez collectées et évaluez la valeur des informations contenues dans les documents (pertinence, actualité, fiabilité). Annexe 9 / Fiche ressource 3

5 En quoi ces informations vous permettront-elles de prospecter efficacement ?

6 Énumérez les mots-clés permettant d'effectuer une recherche sur vos concurrents principaux. Fiche ressource 4

7 Mettez en place une veille sur Google Alertes et commentez la fiabilité des résultats de votre recherche.

8 Caractérisez l'offre et la demande du marché à partir de l'ensemble des informations. Fiche ressource 5

9 Présentez l'influence de l'environnement sur le marché de l'entreprise Café Tradition à partir de l'outil PESTEL.

II Collecter des informations pertinentes dans le cadre de la prospection

Afin d'atteindre les objectifs fixés par Mme Chapin en termes d'augmentation du portefeuille clients, vous recherchez les créations de cafés-brasseries dans votre secteur.

10 Effectuez la recherche sur le site du BODACC en justifiant la pertinence de cette source d'information. Fiche ressource 4 / Annexe 7

11 Sélectionnez deux adresses qui vous semblent intéressantes.

12 Que vous apportent les informations suivantes dans votre démarche de prospection : l'adresse ? le menu ? les horaires d'ouverture d'une brasserie ?

13 Vous vous intéressez particulièrement au Wellplay, qui sera repris dans quelques semaines par Iris Martin. Repérez les informations à collecter en amont de l'entretien sur le bar à cocktail et la propriétaire, *via* le site du BODACC (annexe 7) et Google Maps, puis au moment de l'entretien. Annexe 8

14 Listez les informations utiles sur le profil LinkedIn de Mme Martin. Annexe 10

III Réaliser un reporting de l'activité en respectant les obligations légales

Vous finalisez votre veille puis remontez les informations à Mme Chapin.

15 Identifiez les risques de partager votre veille par le Web et proposez quelques actions de protection possibles. Fiche ressource 6

16 Vous avez regroupé les cessions et créations de cafés-brasseries de votre secteur dans une base de données. Recherchez les contraintes légales sur la constitution de ce fichier.

17 Quels sont les droits de Café Tradition pour prospecter à partir de ce fichier ? Les cafetiers ont-ils également des droits ?

Votre dossier

Annexe 1 — Entretien avec Guillaume, commercial chez Café Tradition

Quel portefeuille clients gérez-vous ?

J'ai un des plus gros portefeuilles clients parmi les commerciaux salariés. Je gère environ 400 clients pour un chiffre d'affaires moyen de 1 600 000 € par an. Il faut savoir que l'entreprise travaille également avec des VRP et des agents commerciaux.

Quelle est l'offre de votre entreprise ?

Du café en priorité ! En réalité, nous proposons deux grandes variétés de café : l'arabica et le robusta, qui regroupent une soixantaine de sous-variétés. Nous proposons également des machines de différentes marques (Unic, Cimbali, San Remo…), à la location ou en dépôt gratuit.

Comment orientez-vous vos clients vers la location ou le dépôt gratuit de machine ?

J'estime la consommation de café sur l'année à partir d'une multitude d'informations issues de ma veille et des rendez-vous avec les prospects. Par exemple, une machine à deux groupes d'extraction de ce type [*cf.* photo] est adaptée pour une consommation moyenne de 140 cafés par jour, environ 300 kg de café par an. Elle offre la possibilité de réaliser quatre cafés en parallèle (deux par groupe). Dans le métier, on considère qu'un client qui consomme plus de 400 kg de café par an est un bon client. On pourra lui proposer une machine en dépôt gratuit car sa consommation annuelle de café est suffisamment importante.

Et si la consommation annuelle de café de votre client cafetier baisse ?

Il y a forcément une prise de risque en termes de rentabilité : un nouveau concurrent qui s'installe dans la zone de chalandise ou encore une animation au comptoir. Cela est difficile à prévoir, il est possible qu'un contrat ne soit pas rentable un temps. Si cela dure, nous renégocions le contrat.

Comment prospectez-vous ?

Je dois trouver les cafés-brasseries qui sont clients de nos concurrents directs, les cafés Lavazza par exemple, pour tenter de les débaucher. Je cible également les créations ou les reprises de fonds de commerce. Je consulte régulièrement le BODACC.

Je reste à l'écoute des clients et des fournisseurs. Des manifestations, comme récemment le championnat de France du café, permettent aussi de rencontrer des prospects. Mais le bouche-à-oreille fonctionne bien. Par exemple, ce matin, lors d'un entretien avec un client, j'ai appris la reprise d'une brasserie dans le XIe arrondissement de Paris, Les Félibres. J'ai cherché l'adresse puis je vais analyser la zone de chalandise. Au niveau des horaires, la brasserie ouvre tôt, à 7 h, ce qui est attractif pour le petit café du matin. La carte et les menus sont également une mine d'informations. Un plat du jour à un prix abordable, c'est un café assuré dans 70 % des cas le midi. En revanche, le soir, je sais que seuls 30 % des clients finiront leur repas par un café ! Si j'ai le nom du gérant, je vais regarder son profil sur les réseaux sociaux.

Comment communiquez-vous l'information client au back-office ?

Sur le terrain, ma tablette est équipée d'une version de SAP moins lourde (c'est le PGI de Café Tradition). J'ai accès à mes fiches synthèse client, au Book pro pour les visuels des machines ou des cafés, aux fichiers Excel avec les tarifs du café.

Mais je ne suis pas le seul à renseigner la BDD. Les assistants commerciaux gèrent aussi l'ouverture des comptes (les nouveaux clients) et renseignent les fiches synthèse client (adresse, mail, contact…). Je leur transmets, pour chaque ouverture de compte, l'extrait K-bis, très important, notamment si des procédures collectives (redressement judiciaire ou liquidation) sont en cours. J'ai, comme tous les commerciaux, un comptable qui gère les encaissements, fait les relances, bloque les commandes et place des alertes en cas de retard de paiement important. La simple passation de commandes régulières est, elle, gérée par les télévendeurs.

Avez-vous un conseil à me donner ?

Toutes les semaines, je lis *L'Auvergnat de Paris*, qui présente des cafés, l'histoire des gérants, les innovations sur les machines. Je reste informé des dernières nouveautés, machines ou cafés, des tendances de consommation. Il ne faut pas oublier que le client a désormais accès à une multitude d'informations sur le Web, je dois lui apporter une valeur ajoutée, créer une relation de proximité pour mieux répondre à ses besoins.

Enfin, même si la machine et le café sont de qualité, le café peut être mauvais ! Si le grammage et la mouture ne sont pas ajustés, vous avez l'impression de boire de l'eau alors que le café est de qualité ! Ma plus-value, c'est le conseil, la transmission des bons gestes d'entretien de la machine, des conseils d'experts.

Annexe 2 — Vidéo : Qu'est-ce que l'intelligence économique ?

Qu'est ce que l'Intelligence Économique ?
Durée : 2'07
liennathan.fr/355cpq

Annexe 3 — Marché du café : 2,3 millions de tasses bues chaque… minute

Marché déjà énorme, le secteur ne cesse de croître dans l'Hexagone, dopé par la montée en gamme, les dosettes et le courant bio. La France est le 7e marché du café derrière le Brésil, les États-Unis, l'Allemagne, l'Indonésie, le Japon et l'Italie. Le café est la deuxième marchandise la plus échangée au monde, après le pétrole. La plus consommée, après l'eau. Il s'en boit 2,3 millions de tasses chaque… minute. […]. « Actuellement, 93 % des foyers en achètent au moins une fois par an en grande surface, constate Nelly Bonnet, directrice du pôle Économie pour le syndicat du café. Les Français en achètent en moyenne 14 fois par an et 72 % déclarent une consommation quotidienne. » […] JDE, Carte Noire-Lavazza et Nestlé sont les trois acteurs majeurs, mais on peut aussi citer Malongo, Meo, les marques de distributeurs, Segafredo, Illy, Cafés Richard… Ils ont chacun leur domaine de prédilection. » […] En France, si le marché a baissé de 0,9 % en volume, il a augmenté de 2,1 % en valeur (comparatif des périodes mars 2017-mars 2018 *vs* mars 2018-mars 2019).

www.leparisien.fr, Adeline Daboval, 9 avril 2019

Annexe 4 — Près d'un tiers des bars et restaurants n'ont toujours pas rouvert

[…] La possibilité de recevoir à nouveau des clients après de longs mois de fermeture quasi complète (hors vente à emporter) en raison de l'épidémie de Covid-19, a pourtant été vécue comme un soulagement par les patrons de bars et de restaurateurs. Mais des difficultés persistantes ont poussé certains professionnels à garder porte close. […] L'Umih pointe d'abord des **problèmes de recrutement** […] Sur des besoins annuels évalués à 300 000 travailleurs saisonniers, 100 000 n'étaient pas pourvus début juin, relevait le président de l'Umih, Thierry Grégoire […]. 110 000 salariés de l'hôtellerie-restauration pourraient ainsi avoir quitté le métier depuis mars 2020, soit 18 % des effectifs d'avant-crise, selon une étude publiée en mai par la société de conseil Akto, citée par BFMTV. Autre facteur qui freine les professionnels : **le manque de clientèle**. Un phénomène qui toucherait particulièrement les villes situées dans les zones touristiques hors littoral. Celles-ci pâtissent en effet de l'absence des touristes étrangers.

www.ouest-france.fr, 22 juin 2021

Annexe 5 — La consommation de café

[…] Allié du matin, compagnon indétrônable des fins de repas, le café est incontournable pour les Français qui sont plus de 8 sur 10 à déclarer en consommer, nous révèle une étude réalisée par C10 avec l'Ifop. […] Si le café fait quasi l'unanimité chez les hommes (88 %), les femmes sont 79 % à en consommer. Et plus on vieillit, plus on devient amateur de café, 92 % des plus de 50 ans en consomment. C'est + 9 points que la moyenne nationale. Le moment de consommation privilégié est très nettement le petit-déjeuner (62 %), loin devant le déjeuner à 47 %.

• • •

Annexe 5 La consommation de café (suite)

[...] **De plus en plus accrocs aux dosettes [...]** Pour 67 % des consommateurs de café, cette solution est préférée aux autres. Et ce sont plus de 2/3 des 25-34 ans qui optent pour ce mode de consommation rapide et pratique. [...] Si les exigences des Français en matière de café sont de plus en plus élevées, 1/4 des consommateurs continuent pourtant à consommer du café soluble et 13 % d'entre eux ont choisi le café en grains, reconnu pour ses qualités gustatives bien qu'il nécessite un équipement onéreux. [...] **Une consommation hors domicile, au bureau ou dans café-bar-brasserie** régulière, la consommation de café en CHR se répartie entre le matin (55 %) et l'après-midi (47 %). Près d'1 consommateur sur 3 consomme du café hors domicile, et ce, principalement sur son lieu de travail (76 %) ou dans un café-bar-brasserie-restaurant (40 %). Et s'ils plébiscitent le comptoir pour cet instant de dégustation, c'est parce que les Français

l'appréhendent comme un moment de détente (61 %) et de convivialité (59 %). Les marques les plus connues par les consommateurs en CHR sont dans l'ordre Lavazza, Cafés Richard et Segafredo. [...]

www.snacking.fr

Annexe 6 Comment la famille Lavazza fait sa révolution du café

Cet empire centenaire 100 % café est devenu numéro 3 mondial à coup d'acquisitions, dont Carte Noire en France, et grâce à un subtil dosage entre innovations et tradition. [...]

Les 25 000 restaurateurs, hôteliers ou entreprises clients de la marque ont le choix entre neuf cafés, en moyenne 10 à 15 % plus chers que ceux du concurrent Cafés Richard. « La matière première et la formation des baristas font toute la différence », assure Serge Merlet, directeur de Lavazza dans l'Hexagone. Les chiffres lui donnent plutôt raison : avec 16 % de parts de marché (127 millions d'euros de chiffre d'affaires) contre 14 % pour son challenger, la marque italienne domine le CHR. Mais c'est avec Carte Noire que le géant familial devrait jouer son prochain coup. Après avoir ouvert en 2017 un mégamagasin Lavazza dans le quartier chic de Milan où l'on peut acheter et déguster toutes sortes de crus,

tester des machines ou assister à des concours de baristas, le groupe songe à dupliquer ce concept de « flagship store » au cœur de Paris à l'enseigne, cette fois, de la marque tricolore.

Capital, Nathalie Villard, 30 avril 2020, © Prisma Média

Annexe 7 Recherche dans le BODACC

Créations et/ou cessions de cafés-brasseries

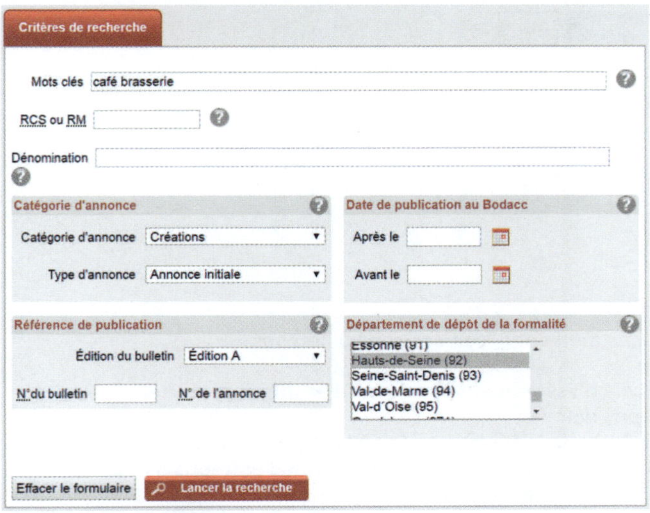

Annexe 8 Informations collectées sur Wellplay *via* le BODACC

- **Dénomination sociale :** Wellplay
- **Forme :** Société par action simplifiée
- **Capital :** 9 000 €
- **Administration :** président : Pandolfo Lucas ; directeur général : de la Chevardière de La Grandille Mathieu
- **Adresse :** 9 rue Paul-Bert 92700 Colombes
- **Origine du fonds :** création d'un fonds de commerce
- **Activités :** bar, restauration
- **Date de commencement d'activité :** 1er avril N

Annexe 9 Cafés Richard

Nos produits ont été élaborés pour les professionnels de la restauration. Maîtres d'œuvre dans notre métier de torréfacteur, nous avons un véritable savoir-faire dans la sélection, l'assemblage des cafés verts et le processus de torréfaction. En choisissant un café signé Richard, nos clients n'achètent pas un « simple café ». Ils savent qu'ils bénéficient d'un engagement de services et de tout un univers produit autour de leur café. Cela leur permet de véhiculer une image de grande qualité.

Les certifications qualité : des actions quotidiennes responsables

Nos engagements sont validés par **3 certifications majeures** :
La **certification ISO 9001** version 2008 de nos sites de torréfaction (Gennevilliers et Tours), délivrée par AFNOR Certification, atteste de l'**amélioration continue de notre système de qualité.** Une reconnaissance essentielle qui garantit notre engagement permanent pour la qualité et la satisfaction du client.

FLO-CERT confirme que nous respectons les **standards du commerce équitable** et que nous commercialisons des produits garantis par le label Max Havelaar.

ECO-CERT valide que les produits issus de l'agriculture biologique que nous proposons sont conformes au référentiel et que nous respectons aussi les **règlements officiels de l'agriculture biologique** tout au long des étapes de transformation du café.

www.cafesrichard.fr, 2021.

Annexe 10 Le profil de Iris Martin sur LinkedIn

Iris Martin

Gérante franchisée chez Columbus Café & Co

Columbus Café & Co • IUP de Commerce international de Lyon

Arcueil • Île-de-France • 250

Se connecter ...

Expérience

Gérante franchisée Columbus Café & Co
Columbus Café & Co
Nov. 2017 – Aujourd'hui • 1 an 3 mois
Vélizy, Île-de-France, France

Directrice Marketing de l'offre
LEADER PRICE
Av. 2015 – Oct. 2017 • 2 ans 6 mois
Thiais, Île-de-France, France

Management, gestion et animation de 3 équipes marketing, soit environ 20 personnes.
Membre du comité de direction de l'enseigne.
Établissement de la stratégie et politique globale d'assortiment et du plan d'action commercial.
Garante de la mise en œuvre des plans d'actions définis.
Interface directe et reporting hebdomadaire auprès de la Direction générale de l'enseigne.
Interface directe et coordination des différents projets avec les autres services de l'entreprise (achats, supply chain, exploitation, qualité, juridique, financier...)

FICHE RESSOURCE 1

LA VEILLE COMMERCIALE

I Les étapes de la veille

La veille répond à un besoin. C'est une démarche de recherche d'informations sur son environnement au sens large, qui s'articule en cinq étapes :

Étape 1 – **Expression du besoin :** le besoin doit être clairement défini en amont pour obtenir une information utile et utilisable. Il est lié à la stratégie de l'entreprise, avec comme objectif d'améliorer la position concurrentielle.

Étape 2 – **Recherche des sources :** les sources disponibles sont identifiées, hiérarchisées (selon les projets et le budget alloué à cette démarche de veille).

Étape 3 – **Collecte de l'information :** la collecte est mise en œuvre à partir des outils disponibles (portails, CRM, BDD du PGI…).

Étape 4 – **Traitement, analyse et exploitation :** les informations sont sélectionnées et analysées.

Étape 5 – **Diffusion et protection de l'information :** l'information est mise en forme et diffusée aux personnes concernées afin de prendre les décisions et de mettre en place des actions.

II De la veille à l'intelligence économique (IE)

L'intelligence est la capacité à donner du sens, à comprendre des données et à transformer l'information en avantage stratégique. L'IE s'appuie donc sur la veille afin de collecter des informations, de surveiller les concurrents, le marché, l'évolution des besoins des consommateurs pour dégager des tendances. Mais l'IE va plus loin que la veille car elle vise :
– d'une part, dans une logique défensive, à protéger le savoir-faire ou l'e-réputation de l'entreprise (grâce à une veille sur les blogs ou les réseaux sociaux, par exemple) ;
– d'autre part, dans une logique plus offensive, à influencer l'environnement (par exemple, en utilisant les réseaux pour véhiculer ses valeurs auprès de la cible afin de se différencier de ses concurrents, en partageant du contenu sur les réseaux pour influencer les comportements d'achat).
Enfin, alors que la veille fournit des informations, l'IE émet des recommandations et vise à faire parvenir aux décideurs des informations utiles au bon moment, permettant ainsi de réduire leur incertitude en leur fournissant des éléments de décision.

III L'intérêt de l'IE pour l'entreprise

La mise en place de l'IE doit permettre :
– d'**anticiper** (détection des changements tels une nouvelle technique, de nouveaux concurrents…) ;
– de **limiter les risques** (en détectant les dangers : dépôts de brevets, nouveaux concurrents…) ;
– de **progresser** (en détectant les écarts par rapport aux besoins du marché, aux concurrents) ;
– d'**innover** (en détectant les idées et solutions nouvelles) ;
– de **se développer** (en détectant les nouveaux partenaires).

FICHE RESSOURCE 2

LES TYPES DE VEILLE DE L'ENTREPRISE

Les domaines de la veille sont multiples car chaque fonction au sein de l'entreprise peut développer sa veille (marketing, juridique, finance…).
Certaines veilles sont apparues récemment avec le développement de l'exposition des marques sur Internet, comme la veille de l'e-réputation et la veille d'opinion sur les réseaux sociaux.

Type de veille	Objets d'étude	Objectifs
Veille juridique : règlements et législation du marché, des biens et services	– Les lois et décrets – La législation – Les nouveaux textes et débats – La jurisprudence	– Être en conformité avec la loi et anticiper les changements. – Utiliser les décisions juridiques pour lancer de nouveaux produits. – Se lancer sur de nouveaux marchés.
Veille technologique : innovation produits, procédés…	– L'évolution des produits – Les dépôts de brevets – L'évolution des procédés, des normes	– Être en conformité. – Repérer les actions des concurrents. – Mettre à jour les connaissances des commerciaux.
Veille sociétale : aspects socio-économiques, socioculturels, politiques… de la société	Les évolutions sociale (climat), culturelle (mœurs, valeurs) démographique (population), politique (opinions), économique (croissance, pouvoir d'achat)	– S'adapter aux attentes. – Repérer les freins actuels et à venir. – Modifier les produits et l'argumentation en fonction des attentes des consommateurs.
Veille sur le marché : analyse de la politique marketing de l'entreprise et des concurrents, de l'environnement interne et externe	– L'évolution du marché – Le positionnement de l'entreprise sur le marché – Le comportement des consommateurs – L'analyse des retombées des actions marketing	– Identifier de nouveaux marchés. – Proposer de nouveaux biens, services. – Améliorer les campagnes marketing. – Accompagner le lancement de l'offre.
Veille concurrentielle : évolution des concurrents actuels et potentiels, directs et indirects	– La politique de prix – La stratégie commerciale – Les nouveaux biens, services – Les partenariats, alliances, fournisseurs…	– Étudier et analyser les techniques des concurrents (*benchmarking*). – Repérer et maintenir l'avantage concurrentiel. – Adapter la politique commerciale et l'argumentaire de vente.
Veille commerciale : analyse de l'environnement commercial de l'entreprise (clients, prospects, fournisseurs, distributeurs…)	– L'actualité commerciale – L'évolution des clients (catalogue, solvabilité…) – L'évolution des fournisseurs (catalogue, solvabilité…) – La surveillance des appels d'offres, des contrats	– Identifier les prospects. – Optimiser les achats et l'offre commerciale. – Réagir face à la défaillance d'un fournisseur.
Veille e-réputation : image, notoriété	Les conversations sur les blogs, les forums et les réseaux sociaux	– Empêcher des détournements d'image. – Anticiper les décalages entre l'image perçue et l'image voulue. – Anticiper des signes de crise. – Repérer les attentes et la satisfaction. – Améliorer l'offre et proposer de nouveaux biens, services.
Veille d'opinion : niveau de satisfaction ou d'insatisfaction	Les critiques et les avis des consommateurs	

FICHE RESSOURCE 3

LES TYPES ET SOURCES D'INFORMATION

I Qu'est-ce qu'une information ?

Une information est un ensemble de données interprétées (chiffres, faits, images, événements…) qui prend son sens par le contexte dans lequel elle s'insère. L'information constitue une base de décision.

EXEMPLE : les ventes d'une équipe commerciale dans le secteur automobile s'élèvent à 120 000 € en janvier et 100 000 € en février. On constate une baisse de 16 % des ventes. Le manager peut alors décider d'un entretien avec l'équipe afin de rechercher les causes de cette baisse (perte d'un client important, baisse de la motivation…), de motiver ses commerciaux par une prime…

II Les types d'informations

Les informations se trouvent à l'intérieur ou à l'extérieur de l'entreprise. Il faut donc parfois les recueillir à l'aide de recherche ou d'études. On distingue plusieurs types d'informations.

L'information interne	Elle provient d'un service de l'entreprise (ex. : résultats des ventes, données comptables, rapport de visite).
L'information externe	Elle est présente dans l'environnement de l'entreprise (ex. : presse professionnelle, publications officielles…).
L'information primaire	Elle n'existe pas au moment où l'entreprise entame ses recherches. L'entreprise doit donc mener une étude quantitative ou qualitative, ou des observations sur le terrain, une enquête.
L'information secondaire	Elle est déjà existante et disponible soit dans l'entreprise, soit auprès d'organismes spécialisés.
L'information formelle	Elle est accessible publiquement et issue d'une source sûre ou de sources officielles (administrations, INSEE…). Compte tenu de la quantité considérable d'informations en sources ouvertes, la difficulté principale est d'identifier les sources pertinentes et fiables.
L'information informelle	Elle apporte souvent le plus de valeur ajoutée à l'entreprise. Il est possible de la collecter par un travail de réseau et de terrain (remontées des commerciaux), par exemple lors d'une conférence, d'un salon, d'une manifestation professionnelle.

III Les sources d'information

Suivant le besoin et l'objectif recherché, les sources d'information vont différer.

EXEMPLES

Objectif / besoin	Sources internes	Sources externes
Information sur le secteur d'activité, le marché (environnement, concurrents…), pour le lancement d'une offre, le développement d'un nouveau segment…	– Service Marketing – Reporting des commerciaux terrain – Analyse des ventes – Salons	– Sources traditionnelles : CCI, presse professionnelle/régionale, INSEE, gouvernement – Sources contemporaines : *open data* (informations dont l'accès et l'usage sont libres, issues de sources publiques et privées), pages Web des clients et/ou concurrents, sites institutionnels, sites de veille spécialisée – Banques de données répertoriant des articles de presse
Constituer / qualifier une BDD pour des opérations de communication *online* et *offline*	– Services commercial et Marketing – Remontée d'une opération de marketing direct (jeu-concours, couponing, followers)	Achat et location de fichiers

IV Les qualités de l'information

Une information a de la valeur si elle permet de réduire l'incertitude, d'améliorer la prise de décision et d'éviter les prises de risque. Comme la recherche d'informations passe essentiellement par le Web, il faut croiser les informations qui en sont issues avec d'autres sources (revues, sites officiels, livres…) pour apprécier sa fiabilité.

Plusieurs critères permettent d'apprécier la **valeur d'une information** :

La pertinence de l'information	**L'information doit apporter des éléments de réponse aux questions posées par entreprise.** → L'information répond-elle à mes besoins ?
L'actualité de l'information	**L'information doit être récente et datée.** → L'information est-elle actualisée ? (Repérer la date de création ou de mise à jour du site.)
La fiabilité de l'information	**L'information doit être exacte, précise, complète et à jour.** → S'agit-il d'un site commercial (dont le but est la promotion) ? d'un site officiel ? Il faut observer le suffixe de l'adresse URL : – « .gouv » : sites du gouvernement ; – « .perso » : sites personnels ; – « .asso » : sites associatifs ; – « .org » : organisations à but non lucratif. Le suffixe indique la nationalité du site (« .fr » pour les sites français, « .uk » pour les sites anglais, « .be » pour les sites belges, « .us » pour les sites américains…). Il doit être pris en compte selon les marchés et l'information recherchée (ex. : veille stratégique sur le marché national bancaire). → Le site est-il réputé ? connu ? digne de confiance ? → La forme du site est-elle adaptée et sérieuse ? (Repérer les fautes d'orthographe, la structure du site, le niveau de langage.) **L'auteur est-il sérieux ?** → Qui est l'auteur du site ? Est-il clairement identifié ? → S'exprime-t-il à titre personnel ? dans le cadre d'une mission professionnelle ? → Quelles sont ses publications ? Quel est son niveau d'expertise dans le domaine ?
L'accessibilité de l'information	**L'information doit parvenir au bon moment, au bon endroit sous une forme exploitable.** → L'accès est-il payant ? (Coût, achat, abonnement, location…) → Sous quel format l'information est-elle fournie ? Puis-je l'exploiter ? la modifier ? (Fichier Word, Excel, BDD issues d'un logiciel spécifique, PDF, fichier imprimé…)

FICHE RESSOURCE 4

LA RECHERCHE D'INFORMATION

La collecte d'informations commerciales nécessite la mise en œuvre d'une démarche afin d'obtenir des résultats conformes aux besoins et des informations de qualité. Cette démarche est plus spécifique si on utilise un moteur de recherche ou les réseaux sociaux.

I Le processus de recherche

On distingue trois phases.

La phase de préparation	Identification des types d'informations recherchées et des sources possibles (internes ou externes, gratuites ou payantes, papier ou numériques)
La phase de recherche	– Identification des outils disponibles et prédilection pour les portails ou BDD spécialisées – Utilisation d'un moteur de recherche en veillant à la syntaxe et aux mots-clés utilisés
La phase d'évaluation	Validation de l'information collectée (pertinence, fiabilité, récence)

II Créer une alerte Google

Le service Google Alertes permet de fouiller le Web pour collecter l'information dont on a besoin. Il s'agit d'un outil simple, gratuit et surtout très utile pour faire de la veille, surveiller sa réputation, celle de sa marque… ou même celle de ses concurrents.
Cinq étapes permettent de créer son alerte (préalablement, il faut posséder une adresse Gmail puis se rendre sur la page de l'outil http://www.google.fr/alerts).

Étape 1	**Écrire les mots-clés** dans la barre de recherche. On utilise des guillemets pour les expressions exactes (ex. : "marché du transport de personnes"), le signe - pour exclure des mots de la recherche.
Étape 2	**Choisir la fréquence** à laquelle on souhaite recevoir les alertes (ex. : une fois par jour maximum, une fois par semaine).
Étape 3	**Définir la ou les sources** d'où vont provenir les alertes : automatique pour prendre en compte toutes les sources, par type de sources (blogs, actualités, Web) et par format (vidéos, livres…).
Étape 4	**Choisir la langue** (toutes les langues ou une seule) **et les régions** (tous les pays ou un seul).
Étape 5	**Définir le nombre de résultats** (uniquement les « meilleurs » résultats ou tous).

À l'issue de cette démarche, un mail de confirmation est envoyé, qu'il faut valider. Il est aussi possible de recevoir les notifications uniquement par flux RSS pour ne pas saturer sa boîte mail.

III Collecter l'information avec les réseaux sociaux (*social selling*)

Un commercial utilise les réseaux sociaux pour obtenir de l'information sur ses prospects et accélérer les ventes. Les outils utilisés dans la pratique du social selling sont surtout LinkedIn et Twitter ; mais on peut également travailler avec Facebook, Instagram, Pinterest et même Snapchat.

EXEMPLE

La collecte d'informations avec LinkedIn

1. Dans la mesure du possible, utiliser un de ses contacts pour une mise en relation. Ce contact enverra alors un message à la cible et inclura le commercial dans ses destinataires.

2. Rédiger une invitation personnalisée, un message concis, motivant la mise en relation (réaction positive à un article, relation en commun, rencontre lors d'un événement…). Le message sera adapté au destinataire (collègue, connaissance, recruteur, prospect…). On pourra ensuite construire la relation progressivement en partageant un article pertinent, un témoignage client. Un profil LinkedIn attractif permettra d'asseoir sa légitimité (recommandations des collègues, publications, chiffres clés sur le marché…).

RÉALISER LE DIAGNOSTIC EXTERNE

La veille est indispensable pour l'entreprise afin d'anticiper les changements sur le marché, d'identifier les innovations, de démarcher de nouveaux clients, de modifier sa stratégie. L'entreprise doit être agile. Le commercial est un acteur de la veille par son contact quotidien avec les différents acteurs de l'environnement (clients, fournisseurs, concurrents…).

I Analyser l'offre

Après avoir identifié les différents acteurs du marché de l'entreprise, c'est-à-dire les concurrents directs et indirects, une étude plus approfondie permet de comparer les principaux concurrents en fonction de critères définis préalablement et qui permettent de dégager les avantages concurrentiels de chacun. Cette étude peut prendre plusieurs formes.

EXEMPLES

	Produit	Prix	Distribution	Communication
Acteur 1				
Acteur 2				
Acteur 3				

	Points forts*	Points faibles
Acteur 1		
[…]		

* CA, PM ou positionnement…

Cette étude s'appuie sur diverses sources : sites des concurrents, visite en tant que prospect, presse spécialisée (*Action commerciale*, *LSA*, *Capital, Le Point*…), moteurs de recherche sur Internet…

II Analyser la demande

Il faut tout d'abord définir la demande et la quantifier aux niveaux national et local : quels sont les clients, les prospects habituels de mon entreprise ? En existe-t-il d'autres sur le marché ? le secteur d'activité ?

III Analyser l'environnement

L'analyse de l'environnement et de son influence peut être réalisée à l'aide d'outils. La matrice PESTEL est une méthodologie d'analyse de l'environnement d'une entreprise, dont le nom est l'acronyme formé de ses différentes composantes : Politique, Économie, Social (ou Socioculturel), Technologie, Environnement (ou Écologie) et Législation.
Les domaines d'analyse sont généralement étudiés à travers l'ensemble des menaces ou opportunités qu'ils peuvent représenter pour l'entreprise ou le marché étudié.

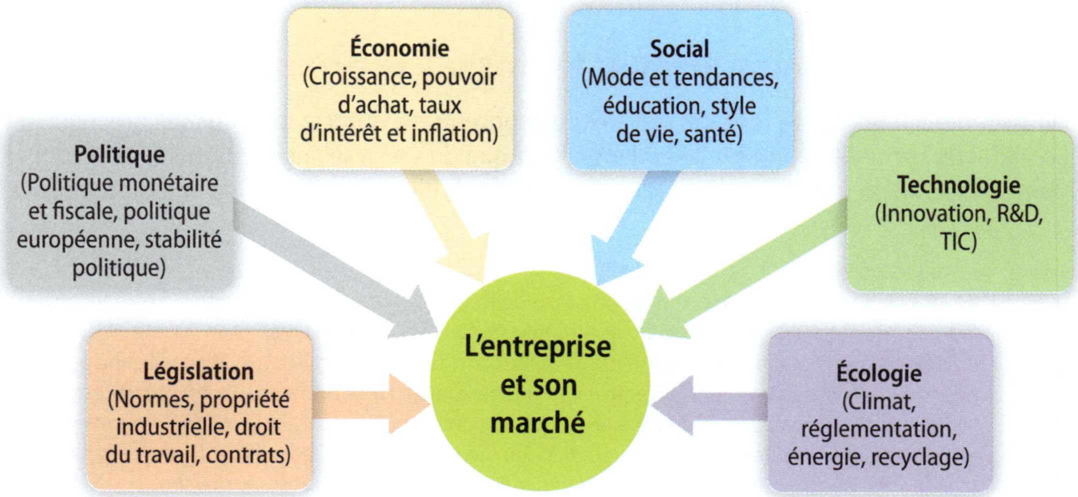

LA PROTECTION DES DONNÉES

De nombreuses informations sont récoltées au moment de la veille ou de la prospection. Il est important de distinguer les informations contenant des données personnelles et de respecter les obligations légales. Cela concerne la constitution des fichiers informatisés : fichiers de particuliers mais aussi fichiers de personnes morales contenant des noms de personnes physiques.

I Les sources légales

1. La loi Informatique et Libertés du 6 janvier 1978

Elle prévoit, dans son article 1 : « L'informatique doit être au service de chaque citoyen. [...] Elle ne doit porter atteinte ni à l'identité humaine, ni aux droits de l'homme, ni à la vie privée, ni aux libertés individuelles et publiques [...] ».

2. Le nouveau Règlement général sur la protection des données (RGPD)

Entré en vigueur dans l'Union européen le 25 mai 2018, il doit permettre de s'adapter aux nouvelles réalités du numérique. Les formalités préalablement réalisées auprès de la CNIL (Commission nationale de l'informatique et des libertés) pour saisir, utiliser ou céder des données nominatives disparaissent.

Ce RGPD poursuit trois objectifs :

– renforcer les droits des personnes (création d'un droit à la portabilité des données personnelles et de dispositions propres aux personnes mineures) ;

– responsabiliser les acteurs traitant des données (responsables de traitement et sous-traitants) ;

– crédibiliser la régulation grâce à une coopération renforcée entre les autorités de protection des données (décisions communes lorsque les traitements de données seront transnationaux et sanctions renforcées).

II Protéger les données personnelles

1. Définir les objectifs du fichier

Avant toute collecte et/ou utilisation de données personnelles, le responsable de traitement doit annoncer aux personnes concernées l'objectif recherché.

Appelés « finalités », les objectifs doivent respecter les droits et libertés des individus. Ils limitent la manière dont le responsable pourra utiliser ou réutiliser ces données.

2. Vérifier la pertinence des données

Seules les données strictement nécessaires à la réalisation de l'objectif peuvent être collectées : c'est le principe de minimisation de la collecte. Le responsable de traitement ne doit donc pas collecter plus de données que ce dont il a vraiment besoin. Il doit également faire attention au caractère sensible de certaines données : celles qui révèlent les origines raciales ou ethniques, les opinions politiques, philosophiques ou religieuses, l'appartenance syndicale, la santé ou la vie sexuelle d'une personne. La loi Informatique et Libertés interdit de recueillir et d'utiliser ces données.

EXEMPLE

La CNIL a sanctionné des sociétés qui avaient constitué et utilisé une base de données faisant apparaître les origines raciales ou ethniques des personnes à des fins de prospection commerciale.

3. Limiter la conservation des données

Une fois que l'objectif poursuivi par la collecte des données est atteint, il n'y a plus lieu de les conserver et elles doivent être supprimées. Cette durée de conservation doit être définie au préalable par le responsable du traitement, en tenant compte des éventuelles obligations à conserver certaines données.

4. Respecter l'usage des fichiers

– Les adresses mails privées ne peuvent être exploitées à des fins d'e-mailing sans l'accord préalable de leur titulaire car elles sont considérées comme des données privées : c'est le principe de l'***opt-in***. Une exception est faite pour les particuliers qui sont déjà clients de l'entreprise, à condition que la prospection concerne des produits analogues à ceux déjà fournis par l'entreprise.
– Les adresses professionnelles ne font pas l'objet d'un accord préalable en ce qui concerne l'envoi de publipostages électroniques : c'est le principe de l'***opt-out***. Toutefois, comme pour les particuliers, le destinataire professionnel d'une offre commerciale doit se voir proposer le moyen de faire cesser les envois. Il doit également avoir été informé que son adresse électronique sera utilisée à des fins de prospection.

5. Respecter les droits des individus

Toute personne figurant dans un fichier dispose de droits :
– un **droit à l'information préalable** quant au fichier dans lequel il est recensé et la destination des informations qu'ils contiennent ;
– un **droit d'accès direct et de rectification,** qui lui permet de prendre connaissance des informations le concernant contenues dans le fichier et d'obtenir une copie moyennant l'acquittement d'une redevance, voire d'exiger que ses données soient rectifiées ou supprimées. En cas de refus, il est possible de saisir la CNIL.
Le droit des personnes est renforcé avec le RGPD avec, notamment :
– un **droit à la portabilité des données personnelles :** il est possible de récupérer les données que l'on a transmises à une plate-forme, un RSN et les transmettre à un autre ;
– des **dispositions propres aux personnes mineures :** il est désormais nécessaire d'obtenir le consentement des parents des mineurs de moins de 16 ans avant l'inscription aux services en ligne.

III Les obligations de sécurité et de confidentialité

La circulation de l'information et le partage des données collectées par le biais des réseaux et d'Internet fragilisent les systèmes d'information des entreprises.
Le responsable du traitement des données doit mettre en œuvre les mesures de sécurité des locaux et des systèmes d'information pour empêcher que les fichiers soient déformés, endommagés ou que des tiers non autorisés y aient accès.
L'accès aux données est réservé uniquement aux personnes désignées ou à des tiers qui détiennent une autorisation spéciale et ponctuelle (le service des impôts, par exemple).
Il est important que les utilisateurs travaillant avec des données personnelles soient sensibilisés aux risques liés aux libertés et respectent certains engagements :
– ne pas utiliser les données à des fins autres que celles prévues dans leurs attributions ;
– ne divulguer les données qu'aux personnes dûment autorisées à en recevoir communication, en raison de leurs fonctions (qu'il s'agisse de personnes privées, publiques, physiques ou morales) ;
– ne faire aucune copie de ces données sauf à ce que cela soit nécessaire à l'exécution de leurs fonctions.
Le responsable du traitement des données est aussi tenu de fixer une durée raisonnable de conservation des informations personnelles.

Applications

Maîtrise

1 Identifier les types de veille

Prenez connaissance des contextes d'entreprise ci-dessous et répondez aux questions suivantes.

1 Retrouvez le type de veille dans chaque situation d'entreprise.

2 Déduisez-en l'utilisation possible pour l'entreprise.

	Situation	Type de veille	Utilisation(s) possible(s)
	**1. Apple** compare sans cesse ses produits avec ceux de Samsung, Sony, Nokia… et s'en inspire pour dominer le marché.		
	**2.** La PME **BioAttitude** produit des bières bio qu'elle souhaite commercialiser auprès de la grande distribution. Auparavant, elle achète auprès de Nielsen une enquête sur le prix, le nombre de références et l'emplacement des bières dans les hypermarchés.		
	**3.** L'entreprise de déménagement **Démépool** veut augmenter ses partenariats avec des groupes importants. Elle s'appuie sur la presse économique (*Les Echos*, *Le Monde*…) et BFM Business pour connaître les changements de siège, les fusions, acquisitions, stratégies susceptibles d'entraîner des déménagements de personnel.		
	**4.** L'agence immobilière **Immo Primo** s'est spécialisée dans la location. La réglementation sur le montant des loyers pour un propriétaire investisseur lui demande de maîtriser les lois en vigueur.		
	**5.** Dans le cadre de votre BTS, vous devez réaliser et animer un événement commercial. En stage chez un **concessionnaire automobile**, vous constatez que les prospects se déplacent de moins en moins à la concession. Vous décidez de rechercher les lieux où se trouve votre cible en semaine, le week-end pour des activités de loisir afin de fixer votre événement.		
	**6.** Le **club de tennis** dont vous êtes membre est numéro 1 de sa région mais il constate une chute importante de ses adhérents. Son président vous demande de réfléchir à la communication sur son site et les réseaux sociaux afin de se faire connaître et d'augmenter sa notoriété.		

Applications

Maîtrise

2 Analyser les sources d'information

Vous réalisez un stage dans le cadre de votre BTS NDRC au sein de APHP (Assistance publique – Hôpitaux de Paris), l'établissement public de santé qui exerce le rôle de centre hospitalier régional pour Paris et l'Île-de-France. Face au développement de la télémédecine, votre tuteur vous demande des informations afin de créer un événement à destination des médecins d'Ile-de-France pour la prise en charge de la télésurveillance et téléconsultation (loi du 23/02/2021), sous forme d'une conférence et d'une table ronde.

1. Analysez les types d'information des différents documents.
2. En fonction de votre besoin, quelles sources allez-vous privilégiez ?
3. Énumérez les qualités de l'information du document 2.

Document 1 La télésurveillance : la médecine de demain est déjà là

[...] Bien moins connue que la téléconsultation, utilisée par de nombreux Français depuis la crise sanitaire, la télésurveillance est testée depuis 2018 dans le cadre d'ETAPES (Expérimentations de Télémédecine pour l'Amélioration des Parcours en Santé) et devrait être étendue prochainement à l'ensemble du territoire pour mieux suivre des pathologies telles que l'insuffisance cardiaque, rénale ou respiratoire, les prothèses cardiaques implantables ou le diabète. Pour ce dernier, par exemple, elle évite au patient d'avoir à réaliser régulièrement une piqûre sur le doigt pour faire analyser son sang dans un appareil dédié : à la place, via un dispositif médical collé sur le bras, celui-ci suit son niveau de glucose depuis son smartphone.
Cependant, la télésurveillance ne se réduit pas aux seules maladies chroniques, où son déploiement est d'autant simplifié que le patient a l'habitude de suivre sa pathologie. [...] elle peut prendre la forme d'un patch qui permet aux équipes soignantes de suivre en temps réel les paramètres vitaux d'un patient, tels que le pouls, la température, etc.
Enfin, elle joue un rôle préventif qui (...) paraît toujours sous-estimé. Or, elle permet de détecter des maladies et réagir plus vite.

Cuong Duong, www.journaldunet.com, 21 décembre 2021

Document 2 Les députés prolongent la prise en charge intégrale de la téléconsultation

Les députés ont adopté le projet de loi renforçant les outils de gestion de la crise sanitaire et modifiant le code de la santé publique, et notamment la prise en charge intégrale de la téléconsultation jusqu'à la mi-2022. Dans le cadre de la lutte contre la pandémie de Covid-19 au printemps 2020, le gouvernement avait d'abord assoupli les modalités de réalisation de la téléconsultation, avant de porter son remboursement à 100 %, potentiellement jusqu'au 31 mai 2020. (...) puis jusqu'au 31 décembre 2021. Ces mesures ont permis une expansion des actes réalisés en téléconsultation, les faisant passer de 10 000 à 1 million par semaine au plus fort de la crise, lorsque les déplacements étaient par ailleurs très fortement restreints. Le gouvernement entend donc conserver les actes réalisés en téléconsultation, parce qu'ils permettent notamment de lutter contre les déserts médicaux et désengorgent les salles d'attente.

www.medecin-occitanie.org

Document 3 Tutoriel téléconsultation Maiia – version application mobile 2'40

Tutoriel téléconsultation Maiia - version application mobile
Durée : 2'40
liennathan.fr/93t3ve

Maîtrise

3 Vérifier la fiabilité des sources

Jeune commercial(e) au sein de Ferrero, leader du marché de la confiserie au chocolat en France, votre période d'intégration comprend une analyse des informations issues de la veille sur Internet concernant le produit phare Kinder.

Pour chaque source, analysez la fiabilité des informations en vérifiant les points suivants :
– Le site est-il connu ?
– Qui est l'auteur ?
– L'information est-elle datée ? à jour ?
– La source est-elle objective ?
Vous en déduirez la fiabilité de chacune des sources.

Informations	Source fiable ?
Nutella, Kinder, Rocher… comment Ferrero décline ses succès à toutes les sauces – 22/06/21 Capital.fr https://www.capital.fr/entreprises-marches/nutella-kinder-rocher-comment-ferrero-decline-ses-succes-a-toutes-les-sauces-1407159	☐ Oui ☐ Non
Ferrero de la pub au buzz, de la télé aux réseaux sociaux – Sébastien Bailly – 20 septembre 2018 http://www.eclaireursdelacom.fr/ferrero-de-la-pub-au-buzz-de-la-tele-aux-reseaux-sociaux/	☐ Oui ☐ Non
Barres chocolatées KINDER CHOCOLAT la boite de 16 pièces – 200 g – carrefour.fr https://www.carrefour.fr/p/barres-chocolatees-kinder-chocolat-8000500110683	☐ Oui ☐ Non
Kinder Cards « la magie du biscuit Kinder » Pub 20s – YouTube – 15/08/2020 https://www.youtube.com/watch?v=0YUGPcEtR_M	☐ Oui ☐ Non
Recette Kinder Délice Maison – 28/04/2020 blog https://www.maspatule.com/blog/2020/04/28/recette-kinder-delice-maison/	☐ Oui ☐ Non
Les barres Kinder cancérogènes ? – 07/2016 https://www.topsante.com/nutrition-et-recettes/bien-choisir-ses-aliments/les-barres-kinder-cancerogenes-612194	☐ Oui ☐ Non

Expertise

4 Rechercher une information

Vous êtes jeune commercial(e) chez BestFly, une start-up spécialisée dans les vols aériens bon marché. L'entreprise souhaite développer la cible des comités sociaux et économiques en commençant par un test dans le Val-d'Oise (95) et vous demande de constituer un fichier.

1. Préparez votre démarche de recherche des CSE du Val-d'Oise en listant les types d'informations dont vous avez besoin et les sources que vous avez à disposition.
2. Réalisez une recherche sur un moteur de recherche en définissant trois mots-clés différents.
3. Évaluez les résultats de votre recherche :
– nombre de résultats pour chaque mot-clé ;
– qualité des informations (pertinence et fiabilité).
4. Quelles sont les règles à respecter pour collecter des données sur les comités sociaux et économiques ?

Expertise

5 Protéger des données

Votre entreprise commercialise des jeux vidéo et utilise régulièrement Facebook pour faire des publicités personnalisées. Dans cette optique, vous transmettez le profil consommateur ciblé (par exemple, « jeune homme célibataire de 18 à 35 ans, fan de *Game of Thrones*, possédant un chien et résidant dans un appartement en Île-de-France »), ce qui permet d'obtenir un fichier qualifié et ciblé. La nouvelle réglementation européenne (le RGPD) vous questionne sur vos obligations.

1. En vous appuyant sur le document, identifiez les risques de collecter des données.
2. Quelles sont les obligations de votre entreprise si vous mettez en place une publicité à destination des particuliers *via* Facebook ?
3. Facebook a-t-il des obligations en tant que sous-traitant ?
4. Le service Marketing digital possède une BDD des fournisseurs de jeux vidéo. Peut-il utiliser ce fichier pour envoyer des offres ? Quelles sont les obligations de l'entreprise pour cette cible ?

Document Quel impact aura le RGPD sur vos campagnes Facebook Ads ?

La mise en place du fameux Règlement général sur la protection des données (RGPD), qui met en œuvre des règles précises sur la protection des données en Europe va changer la manière dont les entreprises traitent les données personnelles. […] Nous allons examiner le cas de Facebook qui est en première ligne et qui suite au scandale Cambridge Analytica se doit d'être encore plus irréprochable afin de retrouver la confiance des utilisateurs. Si vous utilisez Facebook dans votre stratégie digitale, vous avez certainement déjà utilisé les publicités Facebook. […]

Comment fonctionne Facebook Ads ?

Tout comme Google Adwords, **Facebook Ads** est un outil permettant de créer une **publicité** à moindre coût sur la plateforme en ciblant une audience de qualité. Cet outil est en effet très prisé par les annonceurs grâce à son efficacité, les annonceurs peuvent **affiner leur ciblage** grâce aux informations fournies par les utilisateurs de Facebook via leur profilage, mais sans que ces derniers ne l'approuvent. Grâce à une extension de navigateur installée, les annonceurs peuvent donc déterminer facilement leur groupe de cible en fonction de la localisation, du sexe, de l'âge, de la langue, du comportement et aussi de leurs centres d'intérêt. Les pages likées, consultées, partagées, ainsi que les commentaires et les posts publiés permettent également aux annonceurs d'affiner le ciblage de leur audience. Depuis le scandale Cambridge Analytica, Facebook a déjà commencé à modifier sa politique de confidentialité et tente d'être plus transparent avec ses utilisateurs afin de gagner leur confiance. […] l'entreprise a fait part de l'arrivée de **nouveaux outils** comme l'« Accès à vos informations » pour permettre aux utilisateurs européens de contrôler

leurs données sur Facebook […], par exemple supprimer des posts ou des commentaires ou permettre le transfert de ces données d'un service à un autre. […]. Le réseau social demande à ses utilisateurs de donner leur accord pour l'usage que fera Facebook des données récoltées […]

Ciblage publicitaire en pause

Afin de se conformer au nouveau règlement général sur la protection de données, Facebook a également pris la décision de **stopper […]** une fonctionnalité qui aide les marques à sélectionner finement leur ciblage publicitaire par l'intermédiaire des données fournies par des firmes spécialisées dans l'agrégation des données personnelles […]

Nouvelles règles pour les jeunes

Le RGPD a même imposé de nouvelles règles pour les adolescents entre 13 ans (l'âge minimum requis pour s'y inscrire) et 15 ans. Un accord parental sera désormais indispensable pour accéder à certaines fonctionnalités du site dont le partage, les publicités ciblées. […]

www.digitalesolution.fr

En route vers l'épreuve E4

Voir PRÉSENTATION DE L'ÉPREUVE page 309

A Les compétences évaluées

○ **Exploiter et mutualiser l'information commerciale**
Les compétences à acquérir
1 – Remonter, valoriser et partager l'information commerciale
2 – Collaborer à l'interne en vue de développer l'expertise commerciale

B Travail à faire

1 À partir du cas Café Tradition, complétez cet extrait de la fiche E4 proposé ci-dessous :

Réalisez l'analyse informationnelle concernant le marché de Café Tradition afin de détecter les opportunités ou menaces :
- la tendance générale du marché (taux d'évolution, marché en stagnation ou porteur...) ;
- l'offre avec une analyse comparative des concurrents au niveau national et/ou local ;
- la demande (clients, prospects…) ;
- l'environnement à l'aide de l'outil PESTEL.

EXPLOITATION ET MUTUALISATION DE L'INFORMATION COMMERCIALE	
Informations sur le marché, les clients, le secteur, etc.	
Objectifs fixés	
DÉMARCHE DE VEILLE	
Sources utilisées	Outils mobilisés
CONTRIBUTION À L'EXPERTISE COMMERCIALE DE L'ORGANISATION	

Identifiez votre besoin d'information puis fixez-vous des objectifs de recherche questions 1 et 2 p. 270.

Ajoutez les sources et les outils de vos recherches d'informations avec les démarches questions 3, 4 et 10 p. 270 (source interne/externe, presse spécialisée, Internet via une alerte Google et les mots clés…).

Concluez sur l'intérêt et les apports de cette analyse informationnelle pour votre prospection, votre négociation-vente ou l'organisation d'un événement commercial au sein de votre entreprise ou de Café Tradition questions 5 et 12 p. 270.

2 Présentez votre analyse du marché sur un diaporama en privilégiant les tableaux et en terminant par un diagnostic externe (opportunités et menaces) sans oublier de mentionner vos sources.

Synthèse

Collecter et remonter l'information commerciale

Définir le besoin
- Connaître ses clients pour mieux cibler.
- Connaître son marché, son secteur…

Rechercher des sources
- Distinguer les types de veille (commerciale, juridique, technologique…).
- Identifier les types de sources (internes / externes).
- Identifier les types d'informations recherchées : internes / externes, primaires / secondaires, formelles / informelles.

Collecter l'information
- Utiliser Google Alertes
- Collecter de l'information via les réseaux sociaux.
- Remonter l'information du terrain (force de vente).

Traiter et exploiter l'information
- Vérifier la qualité des informations.
- Constituer des BDD.
- Analyser l'offre et la demande.
- Anticiper les changements du marché et l'influence de l'environnement.

Protéger les données
- Respecter les contraintes légales.
- Protéger les données personnelles.
- Garantir la sécurité et la confidentialité des données.

TESTEZ-VOUS

Quiz sur le chapitre 15
liennathan.fr/62q4vh

MOTS CLÉS

Veille · Intelligence économique · Information · PESTEL · *Opt-in* · *Opt-out* · RGPD

CHAPITRE 16

Exploiter et partager l'information commerciale

Contexte professionnel

Activité/Tâche	Compétences	Vers PIX
– Qualification de data client – Diagnostic en termes de relation client et de performance commerciale	– Valoriser et partager l'information commerciale – Collaborer à l'interne en vue de développer l'expertise commerciale	**1.1.** Mener une recherche et une veille d'information **1.2.** Gérer des données

Bellenuptia a été créée en 1960. À partir de sa première boutique ouverte sur le boulevard Magenta à Paris, l'entreprise s'est développée autour d'un réseau de 10 points de vente en France, en Espagne et au Maroc, et sur Internet depuis 5 ans.
Des partenariats avec l'ensemble des professionnels du secteur ont été tissés de façon à pouvoir proposer non seulement des robes de mariée, mais aussi une offre complète proposant tous les services liés à la réception.

Vous venez d'être nommé(e) responsable commercial(e) dans l'entreprise. Vous avez pour missions de dynamiser les ventes et de coordonner les actions commerciales en tirant profit des données issues du site Internet, des données des boutiques et des échanges avec vos partenaires. L'objectif est de continuer à vous démarquer pour garder une image haut de gamme et innovante, dans un contexte concurrentiel de plus en plus intense dans le secteur.

Votre rôle

Vous êtes en charge de la communication et du reporting auprès de la direction commerciale du siège. À votre arrivée, et avant d'accéder aux différentes données, vous analysez le système d'information commerciale de l'entreprise de façon à :
– analyser la pertinence et la qualité des données clients collectées ;
– proposer de nouvelles actions commerciales.
Vous faites également partie d'une équipe projet transversale chargée de faire des propositions en vue de l'évolution du système d'information et des logiciels de relation client du groupe.

Vos objectifs

I Analyser le système d'information et le stockage de l'information

Dans un premier temps, vous prenez connaissance du fonctionnement du SI de Bellenuptia.

1 Présentez l'offre et les moyens dont Bellenuptia dispose pour récupérer des données clients et les informations essentielles à son fonctionnement.

Annexes 1, 2 et 3
Fiche ressource 1

2 Présentez l'organisation des systèmes d'information de Bellenuptia en précisant les informations qui circulent dans chaque système et qui alimente les différents SI.

II Partager l'information

Pour un atelier de personnalisation des robes dans le magasin Magenta, avec la participation d'une styliste un e-mailing d'invitation valorisant les textiles innovant et écologique est envoyé aux clients de Paris et de la petite couronne ayant une carte de fidélité ou un compte sur le site Internet.

Annexe 4
Fiche ressource 2
Fiche ressource 3

3 Identifiez les informations du SIM à mobiliser et les freins pour y accéder. Quel outil améliorerait l'accès et la diffusion des données recueillies pendant l'atelier ?

Avec les partenaires vous créez un blog sur le site présentant les nouveautés du secteur.

4 Quelles données fournissent les informations des partenaires ? Identifiez les freins pour les obtenir et les évolutions qui amélioraient le fonctionnement du SIM ?

III Traiter et exploiter l'information client

Suite à l'achat d'un PGI avec une base de données clients unique. Vous devez optimiser le reporting des données. Sara Belila, future mariée qui a un compte client sur le site web a rendez-vous pour un essayage.

Annexes 5 et 7
Fiche ressource 4
Fiche ressource 5

5 Préparez l'accueil de cette cliente (prise de contact) et identifiez l'offre la plus adaptée. Concluez sur l'utilité de disposer des informations issues du site internet.

La séance d'essayage ne permet pas de concrétiser l'achat. La future mariée hésite entre deux modèles et doit honorer un autre rendez-vous dans une boutique concurrente.

6 Quel *reporting* faites-vous sur la fiche client ? Créez un modèle d'e-mailing avec une zone pour hyperpersonnaliser le message afin de relancer la cliente quatre jours plus tard.

Vous recevez de vos partenaires un fichier de nouveaux contacts.

7 Identifiez un profil de client intéressant et une action commerciale pour cette cible.

IV Établir un diagnostic et améliorer la performance commerciale

La directrice commerciale vous demande de préparer un diagnostic sur la performance commerciale de Bellenuptia et de faire des propositions pour continuer à la développer.

Annexes 6, 8 et 9
Fiche ressource 6

8 Identifiez les facteurs qui donnent à Bellenuptia un avantage concurrentiel et les évolutions du consommateur à prendre en compte pour le conserver.

9 À partir de votre veille sur les magasins connectés, préparez les arguments qui justifieraient d'investir dans ce type d'outil pour les magasins du groupe.

10 Analysez le tableau de bord du mois de mars et montrez l'intérêt des indicateurs retenus. Proposez pour chaque indicateur une action de remédiation.

11 Proposez un tableau de bord pour le magasin Magenta permettant de prendre les décisions pertinentes pour cibler les produits, les prix et la clientèle la mieux adaptée.

Votre dossier

Annexe 1 — L'offre de Bellenuptia présentée par la directrice commerciale

En quelques mots, pouvez-vous présenter votre activité ?
Notre force, c'est près de 60 ans d'expérience que nous mettons au service des mariées. Nous proposons souvent des robes pour les filles, les nièces, voire les petites filles de nos anciennes clientes ! Mais c'est surtout notre capacité à nous renouveler sans cesse pour être en phase avec les attentes actuelles des clientes qui fait la différence. Nos ateliers de production permettent à nos clientes de personnaliser leur robe, la dessiner avec notre styliste pour créer le modèle de leurs rêves sur mesure. Nous proposons aussi un large choix de robes de mariée de créateurs (250 robes en boutique). Nos modèles vont du 34 au 54. Les prix des robes de mariée vont de 259 € jusqu'à plus de 2 000 €.

Quels accessoires proposez-vous ?
Voiles, jupons, bijoux, boléros, lingerie, chaussures, pochettes, coussins d'alliance, accessoires de coiffure…

Proposez-vous d'autres services ?
La livraison est gratuite en France métropolitaine. Nous prenons en charge toutes les retouches et nous travaillons avec un grand réseau de prestataires pour faciliter l'organisation de tout ce qui pourra rendre ces moments inoubliables : DJ, photographes, salles et lieux de réception (châteaux, domaines), fleuristes, hôtels et voyages de noces, wedding planners, bijoux et alliances, faire-part de mariage… Cela nous permet de partager des informations clients et de mener des actions promotionnelles communes.
Nous proposons dans nos magasins des cartes de fidélité gratuites qui donnent la possibilité d'avoir des réductions conséquentes. Sur notre site, elles permettent d'accéder aux services de tous les professionnels du mariage avec d'intéressantes réductions.

Annexe 2 — Les actions promotionnelles de Bellenuptia

• Les salons
Depuis des années, l'entreprise a une participation active dans les Salons du mariage pour renforcer le lien avec les clients et collecter des informations pour les prospecter.

• Les jeux et concours
L'entreprise s'est différenciée de ses concurrents par une communication et des promotions très actives. Des jeux et des concours sont organisés régulièrement en magasin, sur les salons, mais aussi à partir du site Internet. Les lots à gagner concernent, le plus souvent, la gratuité ou des remises importantes sur l'achat de la robe de mariée pour l'heureuse gagnante.

• Les cartes de fidélité
Les cartes de fidélité du magasin permettent d'avoir accès à des conditions de paiement privilégiées ou à des remises sur les robes des demoiselles d'honneur. Elles permettent aussi de parrainer d'autres membres de la famille ou des amies pour leur faire bénéficier de remises en cas de mariage dans les deux ans après l'attribution de la carte de fidélité.

• La collecte des données clients
Ces cartes de fidélité ainsi que les jeux et concours permettent de collecter des données sur les clients, leur famille et de créer un réseau de prospects. Bellenuptia sait, par expérience, qu'une jeune mariée satisfaite a souvent des sœurs et des amies dans les mêmes tranches d'âges qui sont autant de nouvelles clientes potentielles.

• L'exploitation des données clients
Bellenuptia réalise de nombreuses actions de prospection par publipostage et e-mailings à partir des données collectées dans les magasins, sur les salons, à partir des cartes de fidélité et des informations données lors de jeux et concours.
Cependant, faute de compétences et d'outils adaptés, les données clients qui transitent sur le site sont peu exploitées. Les vendeurs en magasin n'ont pas accès aux demandes d'information ou aux transactions faites par la cliente sur le site.
La culture d'entreprise a toujours favorisé l'innovation produit et la communication en face-à-face. Les dirigeants craignaient de se lancer dans de coûteux investissements technologiques. Un premier pas a été franchi avec le développement du site. Il faut maintenant aller plus loin pour tirer parti de toutes les informations qu'il peut apporter.
Bellenuptia envisage de moderniser ses magasins avec des outils connectés, qui permettraient aussi la remontée directe d'informations.

Annexe 3 — La communication à partir du site Bellenuptia

Les témoignages de mariés sur BELLENUPTIA

Message à votre ami :

Inspiration Déco, Tendance Robes, Voyages de Rêve, recevez chaque semaine le meilleur du Bellenuptia !

Ma date de mariage prévue :

Mon département de mariage :

Mon adresse mail :

☐ Je souhaite recevoir la newsletter et les informations sur nos partenaires.

JEU-CONCOURS
DU 10 JANVIER
AU 28 FÉVRIER N

Gagnez une robe de mariée*

d'une valeur d'achat de 800 €**.

Le tirage au sort se fera sur notre page Facebook Bellenuptia.

Pour participer, remplissez les informations ci-dessous :

Votre nom (obligatoire) :

Votre prénom (obligatoire) :

Votre adresse de messagerie (obligatoire) :

Téléphone (obligatoire) :

Date du mariage (obligatoire) :

* Sur stock, offre non cumulable avec d'autres promotions en cours, valable uniquement dans les boutiques Bellenuptia.
** Sous réserve de la robe achetée si vous êtes tirée au sort, un remboursement de 800 € sera effectué.

Annexe 4 — L'information une ressource stratégique pour Bellenuptia

La veille sur les nouvelles tendances pour *renouveler continuellement l'offre*

L'offre de Bellenuptia doit suivre les tendances marketing émergentes qui sont remontées par les :
- collaborateurs des services de R&D, de la production, de la logistique *via* leurs logiciels de gestion ou par des notes ou mails qu'ils rédigent.
- commerciaux qui notent dans le CRM leur veille marketing (à partir des salons, de la presse professionnelle)
- vendeurs en magasin qui remontent des demandes récurrentes des clients à la directrice commerciale, par mail ou oralement lors des réunions commerciales

Cependant, les informations ne sont pas toujours centralisées correctement entre les différentes sources.

La circulation de l'information

Les commerciaux ont souvent besoin d'informations provenant de divers services tels que :
- le service Production (pour vérifier la faisabilité des demandes de personnalisation des robes…) ;
- le service Logistique (pour vérifier l'état des stocks de robes et d'accessoires ou le suivi des livraisons…). Mais les commerciaux ont du mal à connaître les évolutions des stocks. Faute de PGI, et avec une structure en silos, l'informations circule mal entre les différents services et avec les partenaires.

Le traitement des informations commerciales opérationnelles

Pour mener des actions marketing, Bellenuptia s'appuie sur les informations commerciales collectées au niveau de chaque magasin et sur les salons. Mais le point faible reste l'analyse des données en provenance du site Web. Les vendeurs en boutique ne peuvent pas savoir si la cliente a déjà fait une demande d'information sur le site ou si elle est intéressée par l'offre d'un des partenaires. Les commerciaux auraient aussi souhaité avoir accès aux informations collectées par les partenaires, pour pouvoir proposer une offre globale.

Les évolutions du SI envisagées par Bellenuptia

Une restructuration du système d'information est envisagé les dirigeants de Bellenuptia afin de créer :
- des synergies entre les données du site, des magasins et des autres services (R&D, production…)
- des actions commerciales sur différents supports (site Web, application mobile, sites des partenaires…) ;
- un partage d'informations efficient avec les partenaires ;
- des boutiques avec une vitrine connectée et miroirs interactifs, permettant de récupérer les données des clientes.

Annexe 5 — Fiche client Sara Belila remontée du CRM

FICHE CLIENT / PROSPECT	
NOM : BELILA **PRÉNOM :** SARA	**Connaissance de Bellenuptia à partir :** ☑ Site / ☐ Salon ☑ Magasin : Magenta – Atelier du 10/12/N ☐ Autre (préciser) :
Adresse : 12 allée des Roses **Complément adresse :** Appartement 124 **Téléphone :** 06 12 34 00 00 **Mail :** sb@laposte.net	**Code postal :** 75010 **Ville :** Paris **Activité / Profession :** Pharmacienne **Date de naissance :** 08/09/1990

CONTACTS

☑ Magasin Date : 10/12/N	☑ Actions Site	☑ Webinar/Blog

SITE WEB

Création de compte sur le site : OUI Date de création du compte : 15/12/N **INFORMATIONS MARIAGE** Date du mariage : 18/09/N+1 Thème du mariage : Campagne anglaise	**BLOG** Commentaire suite à l'atelier : « Sympa mais les tissus ne sont pas d'une qualité top ! Moi, j'aime la soie et c'est pas leur truc ! »	**Devis :** OUI **Personnalisation robe :** 300 € **Détails :** tissus taffetas léger 100 % soie vanille / dentelle perlée

Pages consultées

Robes par prix	Robes par forme	Sites partenaires	
☑ Entre 259 € et 1 000 € ☑ Entre 1 000 € et 1 200 € ☐ Entre 1 200 € et 1 400 € ☐ Entre 1 400 € et 1 800 € ☐ Plus de 1 800 € ☑ Options de personnalisation	☑ Courte ☐ Droite ☐ Fluide ☐ Princesse ☐ Sirène ☑ Trapèze	☐ DJ Mariage ☑ Châteaux / Domaines Prestige ☐ Salles de Réception Mariage ☐ Wedding Planners ☐ Bijoux et Alliances Mariage	☐ Photographes Mariage ☐ Fleuristes Mariage ☑ Hôtels Mariage ☐ Faire-Part de Mariage

BOUTIQUE

Boutique	Commercial(e)	Date	Objection rencontrée	Traitement de l'objection	Action à prévoir	Date de l'action prévue
Magenta	Mylène Chapuis	10/12/N-1	Lors de l'atelier : produits sympas mais trop chers	Addition des avantages produit, conditions commerciales	Rendez-vous essayage	28/01/N+1

Annexe 6 — Fichier envoyé par les partenaires (lundi 12 janvier)

Nom	Verrier	Benoit	Dollet	Bensous	Labès	Marin	Belair
Prénom	Brice	Sophie	Charles	Lola	Inès	Isabelle	Karin
Date du mariage	13 mars	5 avril	6 juin	3 mai	30 mai	23 juillet	15 octobre
Source contact	DJ Mariage	Photographes Mariage	Châteaux Domaines Prestige	Salles de Réception Mariage	Hôtels Mariage	Bijoux et Alliances Mariage	Faire-Part de Mariage
Budget	300 €	200 €	2 500 €	550 €	500 €	2 000 €	250 €
Gamme de prestation	Bas	Moyen	Haut	Bas	Haut	Haut	Haut
Commande	Non	Non	Non	Oui	Oui	Oui	Non
Devis	Oui	Oui	Non			Non	Non
Robe de mariée achetée	Non	Non	Non	Non	Non	Non	Oui

Annexe 7 — Magasin connecté : innovations pour les commerces de proximité

• La vitrine connectée

La vitrine connectée permet un accueil virtuel du client qui, après avoir rentré son mail, peut accéder à des infos *offline* et *online*, et garder contact 24 h/24 et 7 jours/7 avec son commerçant. Elle est dotée d'un écran tactile. À terme, on peut imaginer un paiement *via* la vitrine qui donnerait un accès au catalogue et permettra de prendre un rendez-vous pour des essayages.

Vitrine tactile immobilier wintouchpro
Durée : 0'56
liennathan.fr/592bjy

• Le miroir intelligent

Accéder à un catalogue produits, découvrir des accessoires, faire un selfie en cours d'essayage et le partager avec ses amis immédiatement.

Après avoir renseigné son mail, il permet de partager sur les réseaux sociaux, d'appeler un conseiller…

Le miroir interactif et connecté
Durée : 1'50
liennathan.fr/hw55s5

Annexe 8 — Données mars N issues du nouveau CRM Bellenuptia

Indicateur en %	Prévu	Réel	Écart (Réel – Prévu)
CA global (par rapport à N-1)	+ 3 %	– 1 %	– 4 %
CA par pays			
France	60 %	55 %	– 5 %
Espagne	20 %	5 %	– 15 %
Maroc	20 %	40 %	+ 20 %
CA par type de produits			
Robes	70 %	60 %	– 10 %
Autres prestations	30 %	40 %	+ 10 %
Nombre de nouveaux clients	+ 2 %	– 5 %	– 7 %
Nombre de clients satisfaits	80 %	60 %	– 20 %
Délais de livraison	En moins de 2 jours	1 semaine en moyenne	Retard de 5 jours en moyenne

Annexe 9 — Chiffres mars N du magasin Bellenuptia Magenta

Le magasin Magenta est en perte de vitesse par rapport aux autres points de vente de Bellenuptia. Le directeur commercial souhaite identifier les produits à privilégier et ceux à abandonner.

Il veut mettre en place des actions promotionnelles à mener pendant les mois d'avril et de mai pour identifier :

– les gammes de produits et de prix les plus porteuses (objectif : garder 3 gammes de prix et 4 modèles de base, plus la personnalisation si cela se justifie) ; et les gammes à délaisser à partir de septembre ;

– les types de clientes à privilégier pour les actions promotionnelles d'avril/mai.

MAGENTA (Mars N)

Robes par prix (en fonction du tissu et accessoires)*	Taux de marge	CA/prix
Entre 259 € et 1 000 €	30 %	65 %
Entre 1 000 € et 1 200 €	35 %	20 %
Entre 1 200 € et 1 400 €	20 %	5 %
Entre 1 400 € et 1 800 €	22 %	8 %
Plus de 1 800 €	23 %	2 %
		100 %

* Budget moyen pour une robe de mariée / 1 000 euros (sondages Opinionway).

Robes par forme	Taux de marge	CA/ forme
Courte	40 %	10 %
Droite	21 %	5 %
Fluide	21 %	5 %
Princesse	32 %	45 %
Sirène	31 %	10 %
Trapèze	24 %	2 %
Personnalisable	34 %	23 %
		100 %

Âge cliente	CA/âge cliente
18-25 ans	30 %
25-35 ans	45 %
35-45 ans	20 %
+ 45 ans	5 %
	100 %

FICHE RESSOURCE

1

L'ORGANISATION DE L'INFORMATION DANS UNE ENTREPRISE

Pour prendre les bonnes décisions au bon moment, les entreprises doivent disposer d'informations de qualité (pertinentes, fiables, précises et récentes). L'information est donc une ressource stratégique qu'il est essentiel de maîtriser car elle contribue à la qualité des décisions prises, qu'elles soient de nature stratégique ou opérationnelle.

I Le système d'information de l'entreprise

1. Les composantes du système d'information

Un système d'information est un ensemble organisé de ressources :
– des moyens humains : personnes intervenant au niveau du système d'information ;
– des moyens matériels : éléments physiques permettant d'émettre, de recevoir ou de manipuler de l'information (ordinateurs, serveurs…) ;
– des logiciels : programmes nécessaires au fonctionnement du système d'information.

2. Les fonctions du système d'information

Le système d'information a quatre fonctions principales :

1. Acquérir de l'information, par collecte ou saisie, de façon automatique ou manuelle.

↓

2. Traiter l'information grâce à des retraitements automatiques ou manuels, de façon à rendre l'information utile et utilisable.

↓

3. Stocker l'information de façon durable.

↓

4. Diffuser l'information aux différents acteurs de l'organisation.

L'objectif d'un SI est donc de rendre accessible une information à la bonne personne, au bon moment, dans le bon format.

3. Le système d'information dans une entreprise commerciale

Dans une entreprise commerciale, trois systèmes d'information s'emboîtent les uns dans les autres.

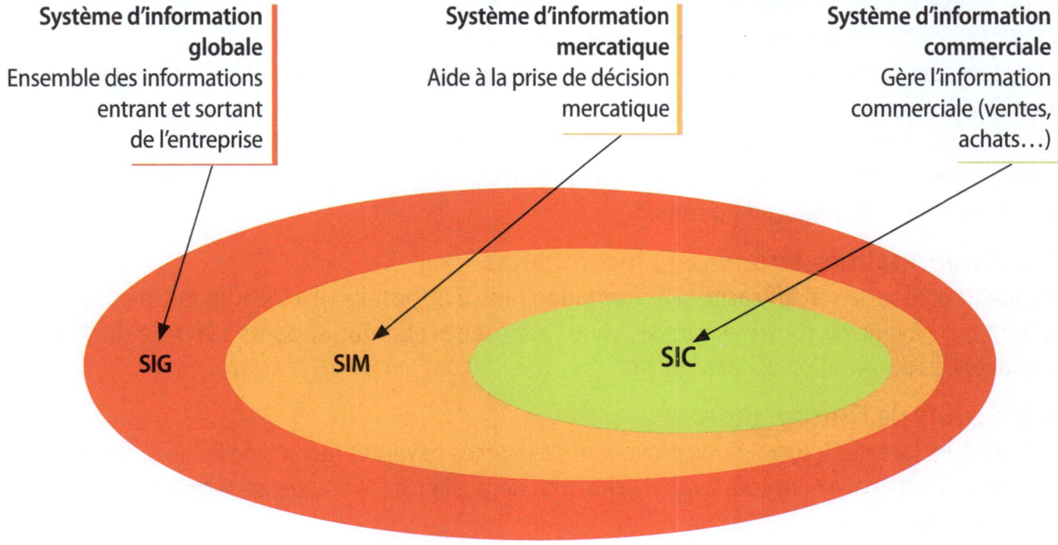

II Le système d'information globale (SIG)

Le système d'information globale permet de collecter, d'analyser et de transmettre l'ensemble des informations qui proviennent :
– de l'extérieur de l'entreprise : elles concernent les contextes politique, économique, sociologique, technologique, écologique, légal, fiscal (subventions à l'innovation) ;
– de l'intérieur de l'entreprise (approvisionnement, logistique, production, stockage, commercialisation, comptabilité, finances, RH…).

III Le système d'information mercatique (SIM)

Le SIM permet de collecter, d'analyser et de transmettre les informations concernant le marché, la concurrence et l'environnement. Ces informations peuvent provenir :
– de l'extérieur (l'arrivée sur le marché de nouveaux produits, de nouveaux distributeurs, les tendances nouvelles, l'évolution du comportement du consommateur…) ;
– de l'intérieur (statistiques de vente, rapports des commerciaux, analyses de coûts).
Le SIM permet donc de mener une veille commerciale.
Ces informations permettent aux responsables du marketing de prendre des décisions stratégiques (création d'une attitude positive à l'égard de l'entreprise ou de la marque, détection des opportunités, planification des objectifs…).

IV Le système d'information commerciale (SIC)

Le SIC permet de collecter, d'analyser et de transmettre les informations commerciales concernant les produits et les clients pour prendre des décisions opérationnelles et améliorer les ventes (promotions…) et les actions commerciales.
À la différence du SIM qui se situe sur le plan stratégique de l'analyse et de la prise de décision, le SIC concerne le niveau opérationnel.

V Les limites du SIM

Le fonctionnement du SIM peut être limité par différents phénomènes.

1. La surabondance d'informations

Des informations inutiles ou l'envoi massif de messages peuvent venir encombrer le SI ou saturer les collaborateurs. Si le personnel de l'entreprise reçoit trop d'informations, le risque est qu'ils ne prennent plus le temps de les lire : trop d'informations tue l'information.

2. La perte d'informations

– Les capacités de stockage dans l'entreprise doivent être suffisantes.
– Les process doivent être clairement définis au niveau de la collecte et de l'entrée des informations dans le SI.
– Des données peuvent également se perdre après avoir transité entre plusieurs personnes.
– L'entreprise doit veiller à conserver la mémoire de son savoir et de ses savoir-faire (ex. : assurer la transmission lors du départ d'un senior).

3. Des informations erronées ou incomplètes

Le SI peut perdre de son efficacité si l'information mise à disposition est incomplète, trop ancienne ou non mise à jour, de source douteuse, voire fausse. Le SI étant un support à la prise de décision, la qualité de l'information est essentielle.

4. Les coûts de l'information

Le SI peut inclure des informations provenant de sources payantes (achats de fichiers, d'études…). Il convient d'en analyser le coût avant l'achat afin de vérifier si l'avantage apporté est supérieur au coût d'acquisition.

FICHE RESSOURCE 2

LES OUTILS DE GESTION DE L'INFORMATION CLIENT

I Le PGI

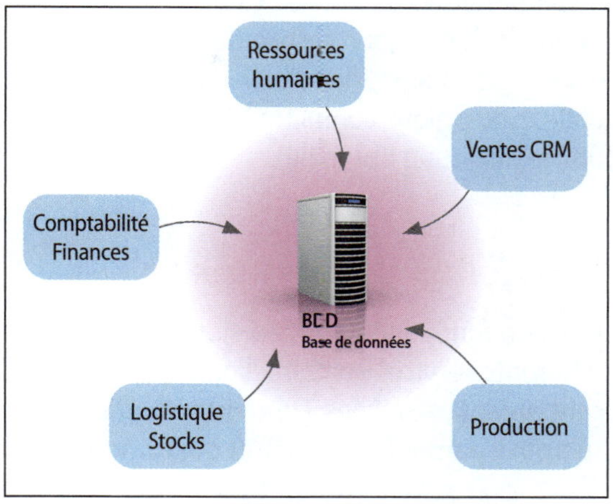

1. Qu'est-ce un PGI ?

Le PGI (progiciel de gestion intégré – ou ERP, *Entreprise Resource Planning*) propose, dans un même logiciel et à partir d'une seule base de données, l'ensemble des fonctionnalités nécessaires à la gestion de l'activité de l'entreprise : gestion des achats, gestion des ventes, gestion comptable, contrôle de gestion, gestion de production et planification, gestion des stocks (logistique). Il permet de traiter et d'alimenter l'ensemble du système d'information de l'entreprise (sauf si celle-ci ne choisit d'implémenter que certains modules).

2. Les avantages du PGI

Toutes les transactions de l'entreprise sont enregistrées dans une seule base de données. Le PGI garantit donc l'unicité du système d'information de l'entreprise. À partir d'une base de données commune, il permet l'ajout, la suppression, la modification et/ou la lecture des données. Les données sont donc uniques et non redondantes pour toute l'entreprise. Quand une donnée est enregistrée dans le système d'information, elle est automatiquement propagée dans tous les modules qui en ont l'utilité.

EXEMPLE : les coordonnées d'un nouveau client, rentrées dans le SI par un commercial, sont aussi accessibles par le service Comptabilité clients, le service Livraisons, le SAV…

Dans le contexte actuel, il est intéressant que le PGI puisse être connecté aux différents outils mobiles des commerciaux (smartphones, tablettes…) et que les données puissent être consultables à distance et en temps réel. L'ERP est aujourd'hui de plus en plus relié à Internet.

II Le CRM

Un logiciel CRM (*Customer Relationship Management* – ou GRC, gestion de la relation client) centralise les informations et échanges commerciaux entre l'entreprise et ses clients ou prospects, en gardant un historique détaillé des échanges. C'est un module qui permet de contrôler l'ensemble des actions menées avec les clients et de piloter l'activité commerciale grâce à des tableaux de bord. Il est soit relié, soit intégré au PGI.

Fonctionnalités d'un logiciel CRM

Fonctionnalités pour les commerciaux	Fonctionnalités pour le service Marketing
– La gestion des contacts (clients, prospects) – La gestion des étapes de la relation avec le client (devis, commande, livraison, retour, avoir, facture…) – L'accès au catalogue produits (données produits, tarifs) – La planification des ventes pour organiser les actions de prospection/vente	– L'étude du comportement des clients – L'envoi d'offres ciblées sur différents canaux pour communiquer avec le client (courrier, mail, fax, SMS) – La création de la documentation commerciale et sa mise à disposition des commerciaux – La gestion des territoires commerciaux – Les tableaux de bord pour visualiser les indicateurs permettant de suivre les actions commerciales – L'analyse statistique en fonction de critères définis

FICHE RESSOURCE

3

LA STRUCTURATION DE L'INFORMATION

L'environnement actuel se caractérise par le *Big Data*, c'est-à-dire la production de milliards de données chaque jour (recherches sur Internet, transactions sur les sites marchands, réactions sur les réseaux sociaux, géolocalisation des téléphones portables…). Toutes ces informations sont essentielles pour mieux connaître le client et doivent être structurées correctement afin d'en permettre une exploitation optimale.

I Les « silos de données »

Dans un fonctionnement en silos, les données des clients obtenues sur différents canaux et par différents services sont stockées dans des bases de données (BDD) différentes. Elles ne sont ni centralisées ni unifiées. L'entreprise ne peut donc pas analyser correctement l'information car elle se trouve dans différentes BDD qui communiquent mal entre elles.

EXEMPLES : la base de données clients qui est consultable en boutique ne donne pas d'informations sur les achats d'un client sur le site Internet de l'entreprise. De même, si les BDD de la production et de la logistique communiquent mal avec les services commerciaux, il est peu probable que l'entreprise puisse bénéficier des remontées des réclamations clients pour faire évoluer les produits.

II La nécessité d'un référentiel client unique

La notion de référentiel client unique correspond à la situation où une entreprise réussit à alimenter une seule et unique BDD clients, quels que soient les canaux de contact entrants ou sortants ayant permis de collecter une information relative au client (points de vente, site Web, réseaux sociaux, centre de relation client…).
Il donne à l'entreprise une vue totale ou une vue 360° du client en unifiant toutes les données dans une base commune.
La mise en place du référentiel client unique est facilitée par l'adoption d'un PGI qui permet de consolider les données en provenance des différents services et canaux de l'entreprise à partir d'une BDD unique pour toute l'entreprise.
Le PGI permet en effet de maîtriser la globalité des informations sur les clients et de suivre l'historique des échanges réalisés avec chacun d'eux dans le temps.
Le système d'information est interconnecté avec toutes les opérations de l'entreprise et en réseau avec les autres unités commerciales et le siège : prise de commandes, analyse du chiffre d'affaires, gestion des stocks et des commandes, tableaux de bord…

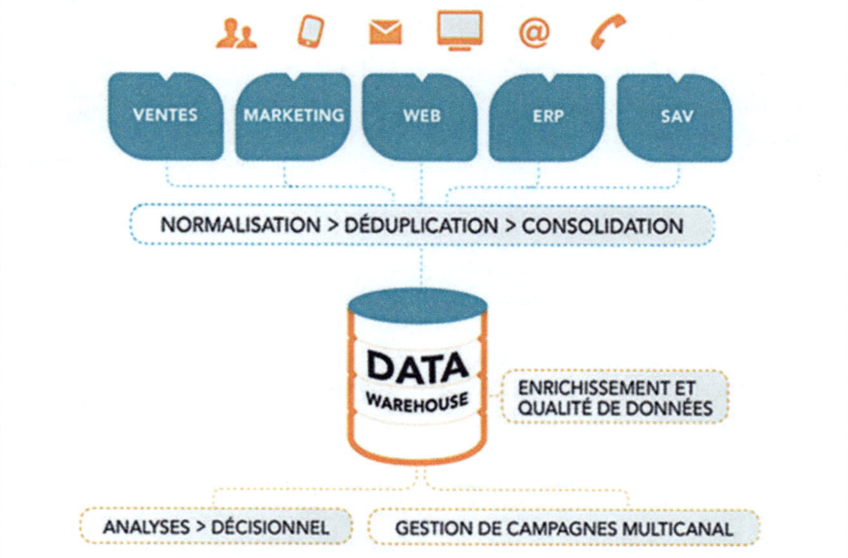

www.amabis.com

FICHE RESSOURCE

4

L'EXPLOITATION DES DATA CLIENT

I Le consommateur, un « être permanent »

La généralisation du smartphone a transformé la relation commerciale en apportant :
– l'ubiquité : le consommateur est connecté et joignable partout ;
– la permanence : le consommateur est connecté et joignable tout le temps ;
– l'individualité : le consommateur a un téléphone mobile qui l'identifie de manière unique.
Grâce à ces trois spécificités, les entreprises peuvent collecter de nombreuses données sur les comportements des clients. Interagir avec un « être permanent » pendant « 365 jours » nécessite d'automatiser certains processus marketing.

II Traquer les traces des clients sur le Web

Aujourd'hui, les clients, prospects et contacts laissent des traces sur le Net. Les entreprises accumulent ces traces de navigation grâce aux cookies et aux outils de tracking, ce qui leur permet de connaître quand, combien de temps et de fois le consommateur a navigué sur leur site, s'il a été ou non au bout d'une transaction…
L'analyse de ces données permet un meilleur ciblage pour les actions marketing : promotions, mises en avant d'offre…

III La *social media intelligence*

Sur les médias sociaux, le consommateur peut donner des avis, devenir coproducteur, participer à la communication de l'entreprise. Les consommateurs peuvent publier leurs propres contenus. Dans beaucoup de secteurs, certains blogueurs ont acquis une forte capacité de prescription.
Les entreprises cherchent donc à analyser les comportements et les données des consommateurs sur les blogs, les sites d'avis clients, les sondages en ligne, les réseaux sociaux, les phénomènes d'influence.

IV Du data mining à l'analyse prédictive

Le data mining regroupe l'ensemble des outils et technologies permettant d'analyser les informations d'une base de données marketing pour y trouver des informations utiles à l'action marketing.
L'analyse prédictive est un type d'exploration de données qui s'appuie sur l'analyse statistique afin de prédire, à partir des données passées, les activités futures et les comportements. Certains secteurs d'activité (comme l'assurance) l'utilisent depuis plusieurs années. Il devient ainsi possible de profiler les clients grâce aux historiques d'achat, aux produits qu'ils regardent, aux données partagées par les réseaux sociaux, aux données démographiques (âge, sexe…). On peut donc identifier les clients à contacter en premier, les arguments à mettre en valeur pour un client spécifique, le type de contenu et la forme de communication (courriel, téléphone…) qui obtiendra le meilleur engagement.

FICHE RESSOURCE

5

METTRE EN PLACE UNE NOUVELLE RELATION CLIENT

I Mieux connaître ses clients pour avoir un avantage concurrentiel

Le *Big Data* n'est pas uniquement un phénomène de récolte massive d'informations, c'est aussi le meilleur moyen d'approcher une cible particulière, de communiquer efficacement le bon message, de se différencier des autres acteurs. L'avenir n'est plus seulement de comprendre les comportements des consommateurs, mais d'anticiper leurs actions futures. Les entreprises qui pourront décrire précisément ce que le client fera demain obtiendront un véritable avantage concurrentiel.

EXEMPLE

Les opérateurs de téléphonie mobile analysent les profils de leurs clients afin de déterminer s'ils sont susceptibles de monter en gamme ou, au contraire, de passer chez un concurrent.

II Du *Big Data* au *Smart Data*

Considéré comme le nouvel or noir des marques, le *Big Data* doit être intégré aux actions promotionnelles pour en augmenter le ciblage et la pertinence.
Le *smart data*, consiste à sélectionner dans la masse de données fournies par le *big data* les informations les plus pertinentes pour faire des campagnes marketing. Il permet aux entreprises de pousser plus loin l'individualisation de la relation commerciale et de répondre aux attentes des consommateurs qui se sont habitués à bénéficier d'une relation plus personnalisée.

EXEMPLE

Une entreprise de vente de prêt-à-porter peut extraire de l'immense masse de données procurée par le *big data* les informations les plus pertinentes (âge, panier moyen, habitudes d'achat, domicile…) pour mener des campagnes marketing direct avec une communication interactive et un contenu personnalisé par le biais du téléphone mobile (SMS et SMS géolocalisés), du courrier électronique (e-mailing), du télémarketing (téléprospection ciblée), de la télévision interactive, des réseaux sociaux…

III Vers une hyperpersonnalisation de la relation

L'hyperpersonnalisation est la quête ultime des entreprises afin de proposer un produit dédié à chaque client. L'intelligence artificielle (IA) permet aujourd'hui de traiter un nombre conséquent de données dans un temps très court. Grâce à la récolte systématique, à l'analyse et à l'exploitation en temps réel d'une multitude d'informations concernant le client et son contexte, l'IA rend possible la personnalisation au niveau individuel. L'hyperpersonnalisation permet de s'adresser de manière spécifique à un petit groupe d'individus, et d'adapter l'offre et le message au canal de communication et au profil de client défini. Elle repose sur une segmentation très fine, à partir de différents critères comme :
– la cible (caractéristiques sociodémographiques et socioprofessionnelles, mode de vie, habitudes de consommation…) ;
– le produit (caractéristiques recherchées pour un produit : puissance, couleur, marque, capacité de stockage, service…) ;
– le canal de communication préféré par le client (réseaux sociaux, e-mailing, SMS, site Internet…) ;
– le message lui-même, qui doit être adapté au canal de communication et au profil de client défini.

EXEMPLE

Pour les anniversaires de leurs clientes, une chaîne de magasins de produits de beauté envoie un mail ou un courrier (selon le canal préféré de la cliente), proposant :
– un cadeau à retirer en boutique, basé sur les goûts définis *via* les achats passés ;
– une remise sur des produits nouveaux similaires ;
– des conseils beauté selon le profil de la cliente (couleur des yeux…) et ses centres d'intérêt (maquillage, parfum…).

FICHE RESSOURCE

6

AMÉLIORER LA PERFORMANCE COMMERCIALE GRÂCE À L'INFORMATION

I Protéger ses données

Le système d'information de l'entreprise contient des données stratégiques et confidentielles. Plusieurs mesures peuvent être mises en place :
– bloquer les utilisateurs non autorisés et filtrer les accès par des codes personnels, modifier régulièrement les mots de passe ;
– attribuer différents niveaux d'accès (accès à tout ou partie des informations) et d'action (lecture, écriture, modification, suppression) en fonction des services, des personnes et de leur niveau hiérarchique ;
– instaurer des procédures et des systèmes d'alerte afin de limiter la saisie accidentelle d'informations incorrectes ;
– disposer de sauvegardes automatiques et régulières.

II Optimiser la diffusion des données

Afin que chaque collaborateur dispose de la bonne information au bon moment, il est recommandé de mettre en place des systèmes de traitement automatique des données issues du PGI ou du CRM (analyse quotidienne, mensuelle, annuelle, comparaison dans le temps…) et de publier régulièrement ces rapports vers les personnes concernées.
Les données pourront être proposées sous différentes formes, selon les besoins : statistiques, moyennes, prévisions…
Des tableaux de bord permettront de visualiser efficacement ces informations.

III Élaborer des tableaux de bord

1. Choisir les indicateurs

Les tableaux de bord permettent une analyse synthétique et rapide des données qui sert à orienter le pilotage de l'activité et à améliorer la performance commerciale. Ils peuvent porter sur tout ou partie de l'activité de l'entreprise, sur les résultats d'un magasin, d'un produit en regroupant quelques indicateurs pertinents. Leur choix est lié au contexte de l'activité, aux produits commercialisés et aux priorités de l'entreprise.

Exemples d'indicateurs	Ratios
Chiffre d'affaires	Quantité × Prix unitaire HT (déclinable par marque, famille, produit)
Marge commerciale	Prix de vente HT – Prix d'achat HT
Taux de marque	(Marge commerciale / Prix de vente) × 100 Ou (Prix de vente HT – Prix d'achat HT) / Prix de vente HT
Taux de marge	(Marge commerciale / Prix d'achat) × 100 Ou (Prix de vente HT – Prix d'achat HT) / Prix d'achat HT
Productivité commerciale	CA réalisé par commercial et par période (l'heure)
Taux de réclamation	Nombre de réclamations / Nombre de ventes
Taux d'attrition	Nombre de clients perdus / Nombre total de clients
Taux de fidélisation (ou de rétention)	Nombre de clients fidèles / Nombre total de clients (Ou part des clients de N toujours clients en N+1)
Coût d'une visite	Coût de prospection / Nombre de visites
Coût d'acquisition d'un client	Coût de prospection / Nombre de nouveaux clients
Coût de rétention d'un client	Coût de fidélisation / Nombre de clients fidélisés
Délais de paiement	Délai moyen de paiement des clients : (Créances clients TTC / Chiffre d'affaires TTC) × 360

Exemples d'indicateurs	Ratios
Panier moyen (Montant moyen dépensé par un consommateur lorsqu'il effectue un achat dans l'entreprise)	$\frac{\text{Chiffre d'affaires}}{\text{Nombre de commandes}}$
Problèmes de paiement et de produits	Nombre de retours, nombre d'impayés

2. Construire les tableaux de bord

Pour construire un tableau de bord commercial, il faut définir des objectifs, décrire les activités et remonter les résultats.

	Définitions	Exemples
Objectifs de vente	Les objectifs commerciaux sont fixés par le manager commercial.	– % de portefeuille clients par commercial – % de renouvellement dans le chiffre d'affaires du commercial – % de prospects contactés
Activités de vente	Les activités permettent d'atteindre des objectifs commerciaux de vente pour ensuite constater des résultats.	– Une promotion – Une action de prospection sur une nouvelle cible de clientèle
Résultats	Ils découlent des activités qui ont eu lieu. Ce sont des éléments sur lesquels le manager commercial ne peut agir, mais sur lesquels il fait un constat de façon à mettre en place des actions correctives.	– Augmentation/diminution du chiffre d'affaires – Parts de marché – Augmentation de la marge – % de clients satisfaits

EXEMPLE : choix d'indicateurs pour un tableau de bord de suivi d'une opération de promotion (objectif : suivre la relance du CA)

Indicateurs retenus	Prévu	Réel	Écart (Réel – Prévu)	Actions correctives
CA global				
CA/type de clients				
CA/type de produits				
Nombre de nouveaux clients				

3. S'appuyer sur les tableaux de bord pour la prise de décision

Pour que les tableaux de bord soient fiables, il faut penser en amont à organiser un *reporting* régulier des commerciaux afin de disposer d'une information de qualité.

Grâce à ces tableaux de bord, il sera alors possible :
- d'assurer le suivi des performances individuelles et collectives ;
- de vérifier la bonne affectation des moyens ;
- de diagnostiquer les points faibles de l'activité pour programmer des actions correctives.

Au niveau marketing et commercial, les tableaux de bord permettent :
- d'identifier les tendances et comportements des clients et prospects afin de prendre de meilleures décisions commerciales ;
- de mieux cibler les actions commerciales, les campagnes de prospection et la fidélisation ;
- de conquérir plus efficacement de nouveaux marchés ;
- de fidéliser les clients existants.

Applications

Maîtrise

1 Faciliter la prise de décision grâce au PGI

LudoBois est une entreprise de fabrication de jouets en bois 100 % française et artisanale implantée en Bretagne. Elle est spécialisée dans la vente aux crèches et écoles maternelles. Les jouets peuvent être personnalisés selon les besoins pédagogiques des équipes.
Les ventes ont décollé depuis la création d'un site Internet à partir duquel les clients peuvent passer commande. LudoBois compte maintenant plus de 5 400 clients répartis dans toute la France, en Belgique et en Suisse. Les commerciaux qui suivent les commandes ont de plus en plus de difficultés à suivre l'historique des différents contacts. Cela d'autant plus que les clients peuvent les contacter dans les trois boutiques de la marque, mais aussi, depuis peu, à partir du site par le *Click to Call* et les mails, ou par téléphone directement auprès du centre de relation client.
Les informations clients se multiplient, mais paradoxalement, les commerciaux ont plus de difficultés à gérer les contacts et à cibler les clients prioritaires pour les actions promotionnelles. En effet, le PGI actuel est ancien et ne prend pas en compte les informations en provenance du site Internet. Il n'est pas relié aux outils mobiles des commerciaux (tablettes, smartphones…). Il propose des synthèses de l'activité tous les soirs.

1. Présentez l'activité de LudoBois, les différents modes de contact client et les difficultés rencontrées par les commerciaux.
2. Montrez les types d'informations apportés actuellement par le PGI aux commerciaux de LudoBois.
3. À partir de l'exemple du document 1, proposez des évolutions à apporter au PGI actuel pour faciliter le travail des commerciaux de LudoBois.

Document — La transition vers un PGI dans le Cloud, une décision qui s'impose

Interview de Kevin Heredia, superviseur du centre de relation client

Qu'est-ce qui vous a conduit à appuyer le projet d'évolution de l'actuel PGI ?
En service depuis 15 ans, notre ERP a fait son temps. Il permet à la comptabilité de nous envoyer des rapports, des tableaux de bord une fois par jour. Or, pour répondre aux demandes spécifiques de nos clients, nos commerciaux doivent avoir accès à des données en temps réel sur les finances, la production et les expéditions. Ils doivent pouvoir, à partir de leur smartphone ou d'une tablette, connaître le niveau des stocks, le suivi de la livraison ou des informations concernant les possibilités d'adaptation de la production aux besoins du client.

Quelles informations concernant la production peuvent être utiles aux commerciaux terrain ?
Dans notre activité, le client est en quelque sorte un coproducteur. Nous avons besoin d'adapter notre production à ses demandes. Par exemple, le responsable d'une crèche bretonne a contacté un de nos commerciaux pour lui demander s'il était possible de réaliser des personnages en bois représentant les différents costumes bretons pour une activité à thème folklorique. Faute de pouvoir avoir accès immédiatement aux données de la production, nous n'avons pu le rappeler que le lendemain. Nous avons remporté le marché, mais le client était mécontent car le délai de réponse a été jugé trop long. De même, avoir des données en temps réel concernant les disponibilités des pièces permet au commercial de répondre aux demandes des clients concernant le suivi des commandes et améliore la satisfaction des clients.

Applications

Maîtrise

2 Choisir un CRM selon les besoins des téléconseillers

Floralys est une entreprise de vente de fleurs. Elle doit faire face à une vive concurrence et à l'évolution de la demande des clients. Pour se différencier, elle fait évoluer son offre en multipliant les modes de contact sur le site et les réseaux sociaux. Elle s'interroge sur l'intérêt de faire évoluer son CRM afin de faciliter la gestion des données provenant de la gestion commerciale interne et des échanges avec les clients sur le site Internet. Les données ne sont actuellement ni reliées entre elles ni agrégées.

1. Visionnez la vidéo puis montrez ce qu'est un CRM et les évolutions client qu'il doit prendre en compte.
2. Présentez les évolutions qui s'imposent aux commerciaux de Floralys.
3. Proposez de nouvelles fonctionnalités pour faire évoluer le CRM de Floralys de façon à faciliter le travail des commerciaux.

Document 1 Floralys développe ses services aux clients

Floralys a mis en place une centrale d'achat permettant à ses clients fleuristes (un peu plus de 5 500) d'acheter au meilleur prix. Après avoir mené une enquête auprès d'eux, elle a pu mieux comprendre leurs besoins (gamme, livraison, qualité des produits, conditions commerciales) et adapter son offre. Floralys lance à présent une offre de fidélisation de ses clients et souhaite pouvoir publier sur son site des informations sur la provenance des végétaux, le niveau des stocks, le suivi de la livraison...

L'entreprise assure à ses clients des conseils adaptés à chacune de leurs demandes et les contacts clients se multiplient sur différents canaux, en face-à-face, mais aussi au téléphone, par mail, par SMS, par tchat…

Document 2 Qu'est-ce qu'un CRM ?

Le CRM, ou gestion de la relation client, est un outil vous permettant de gérer vos interactions avec vos clients, de collaborer efficacement, d'accroître votre productivité et d'accélérer votre croissance !

Qu'est-ce qu'un CRM et comment fonctionne-t-il ? Salesforce
Durée : 2'40
liennathan.fr/xx24e2

Document 3 Un poids croissant du digital dans l'activité des téléconseillers

Interview d'Irène Lhermitte, responsable commerciale de l'entreprise

Vous avez actuellement un CRM avec un logiciel de phoning intégré. Pourquoi ne vous convient-il pas ? Notre CRM date des années 2000. Depuis, les usages des clients ont fortement évolué et notre CRM ne nous donne pas accès aux nouvelles applications pour répondre à ces évolutions.

De quelles évolutions parlez-vous ? Nous avions tout misé sur le face-à-face et le téléphone, mais ces modes de communication ne sont plus la panacée. Les clients ne se déplacent plus, ils ne décrochent plus, ils migrent des médias traditionnels vers le digital. 95 % de nos clients consultent plusieurs sites Internet avant de passer chez nous ou de nous appeler. Désormais, le Web s'impose comme le premier et parfois unique point de contact. Les réseaux sociaux prennent une importance croissante.

Comment le CRM peut-il répondre à ces évolutions ? Il faut que le CRM nous permette d'accéder facilement, à partir d'une plateforme unifiée pour l'ensemble des canaux et des outils digitaux, à toutes les données concernant chaque client. Nous perdons beaucoup de temps avec les obligations de reporting, l'enregistrement des clients dans le CRM. Or, on sait qu'actuellement, le client s'enregistre et se qualifie lui-même à partir du site ou des applications mobiles. Le CRM doit faire remonter ces informations automatiquement dans une base de données clients centralisée de façon à ne plus avoir à saisir plusieurs fois la même donnée.

Document 4 — Optimisez votre relation client avec l'IA

Optimisez votre relation client avec l'IA
Durée : 2'00
liennathan.fr/6m9t2y

Document 5 — Comprendre le marketing prédictif

**Comprendre le marketing prédictif #4-
Affiner sa connaissance client grâce à l'IA**
Durée : 2'09
liennathan.fr/i584ag

Expertise

3 *Big Data* et nouveau parcours client

Cooking est une PME spécialisée dans la vente d'accessoires de cuisine. Une application smartphone et tablette « MY Cooking » a été créée pour renforcer le lien avec les clients et suivre l'entreprise à partir des réseaux sociaux. Cooking voudrait aller plus loin en prenant appui sur les nombreuses données clients collectées depuis le site et l'application mobile pour personnaliser davantage sa relation client et créer une communauté des passionnés de cuisine.

1. Recherchez les informations à récolter sur les clients suite aux évolutions de Cooking.
2. Listez les solutions évoquées dans les documents pour prédire le comportement d'achat et personnaliser la relation client puis proposez-en deux à Cooking.

Document 1 — Profiler ses clients : un avantage concurrentiel

Le *Big Data*, c'est aussi le meilleur moyen d'approcher une cible particulière, de communiquer efficacement le bon message ou encore de proposer une campagne de communication ultra-ciblée. En effet, les entreprises du secteur du *retail* [commerce de détail] sont en mesure de profiler leurs clients grâce aux historiques d'achat, aux produits qu'ils regardent, aux données partagées par les réseaux sociaux et aux données démographiques (âge, sexe, etc.). C'est grâce à l'analyse de ces informations que Macy's a boosté ses ventes en magasins de 10 %.

www.marquesetreseaux.com

Document 2 — Le marketing prédictif grace au *big data*

L'approche prédictive permet de comprendre le comportement d'un consommateur et d'anticiper ses intentions : en analysant le présent, on prévoit le futur. [...] Le *machine learning* ou l'apprentissage automatique, est la capacité à apprendre et à mémoriser des informations que l'IA pourra ensuite utiliser. Et c'est la *data* que laisse l'utilisateur derrière lui qui nourrit le *machine learning*. [...]

Dès son arrivée sur votre e-boutique chaque visiteur, puis en fonction de son comportement, des produits consultés, de la fréquence, du temps de consultation, ou encore de ses historiques de commandes, les algorithmes d'IA vont cerner le profil du visiteur et vont alors proposer un *e-merchandising* personnalisé. L'IA remarque qu'un client a un fort intérêt pour les chemises à carreaux ? vous pouvez lui suggérer en priorité les produits les plus adaptés à ses affinités. Notons que la personnalisation de votre e-commerce peut représenter jusqu'à 42 % de votre chiffre d'affaires.

Vous allez pouvoir prédire les intentions d'achats de vos clients pour ensuite les relancer *via* des e-mails personnalisés : le bon produit, au bon moment. [...]

https://blog.sailendra.fr

Expertise

4 Prendre en compte les data client en omnicanal

Ballerina, une entreprise créée en 2005 par Marie Beja, propose un large choix de ballerines personnalisables au niveau du type de cuir, de la couleur et de la forme des talons.
Une boutique sur le boulevard des Italiens à Paris vend les modèles présentant les différentes options. Les prix de ces produits haut de gamme vont de 75 € à 450 €. Très légères, les Ballerina peuvent se glisser dans un sac à main et attirent une clientèle de femmes d'affaires qui les utilisent en échange de leurs chaussures à talons dès qu'elles sortent de leur bureau. Ballerina a aussi un site Internet à partir duquel les ventes ont explosé.

1 Présentez l'offre de Ballerina et ses différents canaux de contact avec ses clientes.

2 Identifiez le problème que doit gérer Ballerina pour valoriser ses différents canaux.

3 Proposez une action qui permettrait à Ballerina de collecter des data client sur tous ses canaux et de les utiliser pour proposer un message cohérent à ses clientes.

Document 1 — L'offre Ballerina

Ballerina a su mettre en valeur son offre sur le Net avec une application pour smartphone, des liens sur les réseaux sociaux, un service de *Click to Call* relié à un service de relation client et de *Click & Collect* dans les boutiques de la marque.
Les data client qu'elle collecte à partir de ses différents canaux lui permettent de faire des actions promotionnelles de plus en plus ciblées à partir des fonctionnalités de son CRM. Ces actions sont aussi accessibles à partir du site. Mais les clientes qui arrivent en boutique sont souvent déçues car les points de vente ne sont pas à la hauteur des évolutions de la marque sur le Net. Les vendeurs en boutique sont incapables de connaître les échanges, les achats effectués par la cliente sur le Net, leurs préférences…

Document 2 — Le digital pour enrichir l'expérience client en magasin : Taylor Co

Tailor Corner révolutionne l'acte d'achat en magasin
Durée : 2'49
liennathan.fr/96nk7e

Document 3 — L'intégration des canaux de contact client

Le distributeur de meubles de designers danois Design Within Reach a poussé très loin l'intégration de tous ses canaux commerciaux […]. Exemple : Cathy s'intéresse à l'achat d'un mythique fauteuil Eames sur le site Web du marchand. Design Within Reach lui envoie alors un mail lui proposant un rendez-vous. Pour mener l'échange textuel, le vendeur dispose, à l'écran, d'une fiche analytique avec tous les produits que Cathy a regardés en ligne par le passé, ainsi que la liste de ses achats antérieurs. Le vendeur pourra aussi lui proposer les accessoires que d'autres clients qui ont un profil similaire ont achetés par le passé.
L'intelligence artificielle sera de plus en plus couramment utilisée pour analyser les sentiments – positifs ou négatifs – des consommateurs. Qu'il s'agisse de capter leurs émotions en boutique *via* des caméras de reconnaissance faciale, ou d'analyser le ton de leur conversation en ligne ou de leurs posts sur les réseaux sociaux.
Le commerce prédictif n'en est qu'à ses balbutiements. Même en boutique, il sera sollicité pour livrer ses data. David Godest, fondateur de la start-up française de marketing de proximité Dolmen, analyse : « Dans l'OCDE, 95 % des ventes s'effectuent encore en magasin, mais les commerçants ne savent pas grand-chose de leurs clients. »

D. Nora, www.nouvelobs.com, 18 janvier 2018

En route vers l'épreuve E4

Voir PRÉSENTATION DE L'ÉPREUVE page 309

A Les compétences évaluées

○ **Exploiter et mutualiser l'information commerciale**
Les compétences à acquérir
1 – Remonter, valoriser et partager l'information commerciale
2 – Collaborer à l'interne en vue de développer l'expertise commerciale

B Travail à faire

1 À partir de votre activité en entreprise ou du cas Bellenuptia, complétez cet extrait de la fiche E4 proposé ci-dessous :

CADRE DE L'ACTIVITÉ	
Nom de l'organisation	
Adresse/code postal/ville	
Type de structure	
Offre commerciale	
Type(s) de client(s)	
Méthodes de vente	

Complétez le cadre de l'activité à partir du contexte professionnel (p. 289) et des annexes 2 et 3 (p. 291-292).

[…]

EXPLOITATION ET MUTUALISATION DE L'INFORMATION COMMERCIALE	
Informations sur le marché, les clients, le secteur, etc.	
Objectifs fixés	
DÉMARCHE DE VEILLE	
Sources utilisées	Outils mobilisés
CONTRIBUTION À L'EXPERTISE COMMERCIALE DE L'ORGANISATION	

Présentez les questions 1, 2, 3, 4, 6, et les annexes 1, 2, 3, 9 (p. 291, 292, 294) :
- la tendance générale du marché ;
- l'offre en montrant la position et l'avantage concurrentiel ;
- la demande (caractéristiques des clients, prospects…) ;
- l'environnement (vous pouvez utiliser l'outil PESTEL).

Identifiez les moyens et les outils de veille, annexes 1, 2, 3 et 9.

Indiquez les objectifs de l'exploitation et recherche d'information (questions 4, 5, 6, 7).

Identifiez les sources de veille (personnel, services…), annexes 1, 2, 3 et 9.

Concluez sur l'intérêt et les apports de cette analyse informationnelle pour améliorer les performances commerciales, questions 6, 7, 10,13, 14,15, 17.

2 Présentez dans un diaporama votre entreprise ou Bellenuptia :

a. Le SI actuel et ses évolutions souhaitables.
b. Les démarches de veille (source interne/externe, presse spécialisée, Internet…).

3 Présentez oralement cette partie du PPT.

Synthèse

Exploiter et partager l'information commerciale

L'information circule dans une entreprise à travers trois systèmes d'information.

Le SIG : ensemble des informations entrant et sortant de l'entreprise

Le **SIM** : informations concernant la mercatique pour prendre des décisions stratégiques

Le **SIC** : informations commerciales pour prendre des décisions opérationnelles et améliorer les ventes

Pour améliorer la gestion de l'information client, l'entreprise doit adapter ses outils.

Le PGI
Il permet, à partir d'un seul progiciel et d'une seule base de données, d'avoir l'ensemble des fonctionnalités nécessaires à la gestion de l'ensemble de l'activité d'une entreprise.

Le CRM
Il centralise les informations et échanges commerciaux entre l'entreprise et ses clients ou prospects.

La restructuration de l'information dans les entreprises demande :

– d'abandonner le fonctionnement en « silos de données » ;
– d'adopter un référentiel client unique comme ceux que proposent les PGI.

Ce qui permet d'agréger toutes les données clients et de les exploiter grâce au data mining.

- Recueil et analyse des traces laissées sur le Web
- Recueil et analyse des données et comportements sur les médias sociaux

Mise en place d'une nouvelle relation client hyperpersonnalisée

Une bonne gestion de l'information permet d'améliorer la performance commerciale.

- Protection des données
- Optimisation de la diffusion des données
- Élaboration de tableaux de bord

TESTEZ-VOUS

Quiz sur le chapitre 16
liennathan.fr/irb868

MOTS CLÉS

Système d'information · Système d'information mercatique · Tableau de bord · Système d'information commerciale · CRM (GRC) · Référentiel client unique · Data client · Big Data · Data mining · Hyperpersonnalisation · PGI (ERP)

PRÉSENTATION DE L'ÉPREUVE E4 DU BTS NDRC

I Les objectifs de l'épreuve

Cette épreuve, de coefficient 5, a pour objectif d'évaluer votre capacité à exercer les activités relevant du pôle 1 du référentiel et à évaluer les compétences qui s'y rapportent.

Activités/Tâches	Compétences
– Développement de clientèle – Négociation, vente et valorisation de la relation client – Animation de la relation client – Veille et expertise commerciales	– Cibler et prospecter la clientèle. – Négocier et accompagner la relation client. – Organiser et animer un événement commercial. – Exploiter et mutualiser l'information commerciale.

II Les modalités de l'examen

Elles diffèrent selon le type de formation que vous suivez :

Type de formation	Voie scolaire dans un établissement public ou privé sous contrat, CFA ou section d'apprentissage habilité	Formation professionnelle continue dans les établissements publics habilités	Voie scolaire dans un établissement privé, CFA ou section d'apprentissage non habilité, enseignement à distance
Forme	CCF 2 situations d'évaluation	CCF 2 situations d'évaluation	Oral de 1 h + 40 minutes de préparation

III La constitution du dossier support

Que ce soit sous forme ponctuelle ou en contrôle en cours de formation, l'épreuve prend appui sur des **activités réelles, vécues ou observées** par vous durant votre formation ou au cours de votre activité professionnelle. À cette fin, vous constituez un **dossier support** décrivant vos activités. Il doit être présenté sous forme professionnelle et avoir un caractère personnel et authentique.

Ce dossier doit comprendre **deux fiches descriptives d'activités professionnelles** de nature différente :
– l'une relative à une **négociation-vente et à l'accompagnement d'une relation client** ;
– l'autre relative à **l'organisation et à l'animation d'un événement commercial**.

Chaque fiche, dont le modèle à remplir intégralement est imposé, comprend une description des activités réalisées dans un contexte réel et inclut :
– une analyse en amont (ciblage, prospection de clientèle) ;
– une analyse informationnelle (connaissance du marché, du client et du secteur, veille, partage d'informations) ;
– une analyse réflexive montrant votre capacité à prendre du recul et à vous remettre en question dans le but d'analyser et d'évaluer votre pratique professionnelle.

S'y ajouteront les attestations de stage (et, le cas échéant, les attestations d'activités réalisées hors stage) ou les certificats de travail, attestant de la réalité des activités décrites et des situations professionnelles figurant dans le dossier support de l'épreuve. Chaque fiche descriptive doit être accompagnée d'une annexe présentant l'offre commerciale (deux pages maximum). Cette annexe obligatoire sert au jury pour préparer la nouvelle situation qu'il vous remettra sous la forme d'une « fiche sujet ».

Votre dossier support, dont le contrôle de conformité sera étudié, sera mis à la disposition d'un jury.

IV Organisation et déroulement de l'épreuve E4

1. Si vous êtes évalué(e) en contrôle en cours de formation (CCF)

Le CCF comporte deux situations d'évaluation qui se déroulent dans le cadre normal de la formation et prennent appui sur les fiches du dossier support.

Situation A	Situation B
Ciblage et prospection de clientèle – Exploitation et mutualisation de l'information commerciale Cette situation fait l'objet d'évaluations régulières tout au long de la formation. Le candidat explicite toutes les activités réalisées et procède au bilan reflexif. L'évaluation porte sur deux activités professionnelles référencées dans le dossier support de l'épreuve. Le jury vérifie que vous avez été capable, dans votre dossier, d'expliciter votre démarche, vos travaux, les outils mobilisés et les résultats obtenus, et que vous avez été en mesure de mener un bilan réflexif. Le jury complète alors la grille d'évaluation.	**Simulation de 20 minutes** Une fiche-sujet est élaborée par la commission d'interrogation pour chaque candidat, afin de procéder à une évaluation sous forme de simulation. La simulation porte sur une activité figurant dans votre dossier support (entretien de vente, négociation avec un supérieur sur le choix d'un événement commercial, réunion de présentation des résultats d'un événement commercial…) à laquelle la commission apporte des changements de paramètre. La fiche-sujet vous est remise suffisamment tôt avant la simulation afin de vous permettre de vous approprier ces modifications. Le jour de l'interrogation, vous simulez la situation avec les membres du jury. Ensuite, la commission s'entretient avec vous sur les réponses apportées afin d'évaluer votre degré de maîtrise des techniques, de vous permettre de justifier vos choix et de procéder à une analyse réflexive de la simulation.

2. Si vous êtes évalué(e) en épreuve ponctuelle

- **La préparation en loge (40 minutes)**

Ce temps vous permet d'analyser la fiche-sujet qui vous est remise et de préparer la simulation : la fiche-sujet indique l'activité choisie par la commission d'interrogation parmi celles de votre dossier et précise les modifications apportées à l'activité ainsi que le ou les rôles qui seront tenus par un ou des membres de la commission lors de la simulation.

- **L'exposé et l'entretien relatifs au ciblage et à la prospection de clientèle (20 minutes maximum)**

Dans un premier temps (10 minutes maximum), vous présentez l'activité choisie par la commission (avant les modifications introduites pour la seconde partie de l'épreuve). Vous explicitez les démarches que vous avez entreprises, les travaux que vous avez effectués, les outils mobilisés et les résultats obtenus pour ce qui concerne le ciblage et la prospection de clientèle. Vous en dressez un bilan réflexif.
Dans un second temps (10 minutes maximum), la commission d'interrogation conduit un entretien avec vous pour éclaircir ou approfondir tout ou partie des points abordés précédemment.

- **La simulation de négociation (20 minutes maximum)**

Vous simulez avec le ou les membres de la commission l'activité décrite dans la fiche-sujet (entretien de vente, négociation avec un supérieur, réunion de présentation des résultats…). Vous vous entretenez ensuite avec la commission sur les réponses apportées afin d'évaluer votre degré de maîtrise des techniques, de justifier vos choix et de procéder à une analyse réflexive de la simulation.

- **La présentation et l'entretien relatifs à l'exploitation et la mutualisation de l'information commerciale (20 minutes maximum)**

Vous présentez tout d'abord (pendant 10 minutes maximum) les démarches, les travaux, les outils et les résultats mobilisant vos compétences d'exploitation et de mutualisation de l'information commerciale dans les deux activités décrites dans le dossier support d'épreuve, y compris celle qui n'a pas fait l'objet d'une simulation.
Vous vous entretenez ensuite (pendant 10 minutes maximum) avec la commission d'interrogation afin de préciser et de justifier votre démarche et vos choix, d'approfondir vos analyses et de valoriser globalement votre approche des informations commerciales.

V Modèle de la fiche E4

BTS NÉGOCIATION ET DIGITALISATION DE LA RELATION CLIENT FICHE DESCRIPTIVE D'ACTIVITÉ PROFESSIONNELLE		
E4 – RELATION CLIENT ET NÉGOCIATION VENTE		
N° :	◯ Négociation vente et accompagnement de la relation client	◯ Organisation et animation d'un évènement commercial
TITRE :		
Nom :	Prénom :	N° Candidat :

CADRE DE L'ACTIVITÉ	
Nom de l'organisation	
Adresse/code postal/ville	
Type de structure	
Offre commerciale[1]	
Type(s) de client(s)	
Méthodes de vente	

ANALYSE DE L'ACTIVITÉ	
Date(s) :	**Lieu de l'activité :**
Historique/problématique de l'activité	
Acteurs concernés (statuts/rôles/motivations)	
Objectifs opérationnels	

DÉROULEMENT DE L'ACTIVITÉ	
Phases	**Outils mobilisés**
Résultats	
Difficultés rencontrées	

[1] **Annexe à joindre à la fiche (1 page recto verso)**

CIBLAGE ET PROSPECTION	
Démarche	
Objectifs fixés	
Activités réalisées	**Outils mobilisés**
Résultats obtenus	

Bilan réflexif		
Atouts et des points d'appui	**Solutions mises en œuvre**	**Propositions d'amélioration**

EXPLOITATION ET MUTUALISATION DE L'INFORMATION COMMERCIALE	
Informations sur le marché, les clients, le secteur, etc.	
Objectifs fixés	

Démarche de veille	
Sources utilisées	**Outils mobilisés**

Contribution à l'expertise commerciale de l'organisation

VI Modèle fiche E4 changement de paramètre

FICHE SUJET – CANDIDAT

- ◯ **Négociation vente et accompagnement de la relation client**
- ◯ **Organisation et animation d'un évènement commercial**

PARAMÈTRES À PRENDRE EN COMPTE PAR LE CANDIDAT POUR LA SIMULATION		
Objet de l'activité		
Date(s) et durée		
Lieu		
Délimitation de séquence(s)		
Historique de la relation **Relation à l'entreprise** Objectif ➡ Définir à quel moment de cette relation vous intervenez et le travail que vous devez encore fournir (convaincre, fidéliser, etc.).		
Objectifs de la communication		
Informations à exploiter		
Contrainte(s)		
Acteur(s) concernés (statut/rôle)	**VOUS :**	**JURY :**

A

Actualisation : calcul qui consiste à déterminer une valeur future en tenant compte de l'inflation.

Analyse transactionnelle : technique d'analyse des relations de communication visant notamment à détecter l'« état du moi » dans lequel se trouve son interlocuteur (Parent, Adulte, Enfant).

Argument : phrase qui a pour but de convaincre le client que la solution proposée répond à ses besoins et à ses motivations. Un argument se construit autour de trois éléments selon la méthode CAP : Argument = Caractéristique + Avantage + Preuve.

B

Besoin en fonds de roulement (BFR) : somme que l'entreprise doit posséder pour payer ses charges courantes en attendant de recevoir les paiements dus par ses clients. BFR = Actif circulant – Dettes circulantes

Besoins : état de tension ou de désir d'un individu (besoin de sécurité, besoin d'appartenance…).

Biais (cognitif) : mécanisme de la pensée causant une distorsion de compréhension ou de jugement.

***Big Data* :** phénomène d'explosion des données permettant une récolte massive d'informations, en particulier sur les clients.

Bilan : photographie comptable de l'entreprise en fin d'exercice. Il recense le patrimoine de l'entreprise, c'est-à-dire tout ce que l'entreprise possède, dans la colonne « Actif », et ses ressources financières disponibles dans la colonne « Passif ».

Bilan fonctionnel : bilan obtenu après réorganisation des postes du bilan comptable selon leur fonction et leur degré de liquidité, ce qui permet d'établir une analyse.

Bon de commande : document qui permet de valider les termes de la transaction entre le vendeur et l'acheteur.

Budget commercial : ensemble des dépenses commerciales nécessaires à la commercialisation des produits (prospection, négociation, communication, fidélisation).

***Business to Business* (B to B) :** expression qui définit une activité commerciale interentreprises, c'est-à-dire les échanges entre professionnels.

***Business to Consumer* (B to C) :** expression qui définit l'activité commerciale des entreprises en direction des particuliers/consommateurs.

***Business to Government* (B to G) :** expression qui désigne les relations commerciales entre une entreprise privée et une administration publique.

C

Charges directes : charges qui peuvent être affectées directement à un produit.

Charges fixes : charges indépendantes de l'activité, du chiffre d'affaires ou du volume de production.

Charges indirectes : charges relatives à plusieurs produits faisant l'objet d'un retraitement.

Charges variables : charges proportionnelles à l'activité de l'entreprise, aux quantités vendues ou au chiffre d'affaires.

Ciblage : sélection d'un ou de plusieurs segments de consommateurs auxquels l'entreprise s'adresse en proposant un bien ou un service.

Communication événementielle : communication qui repose sur la création d'un événement par l'entreprise et qui a pour objectif d'améliorer l'image, la notoriété, ou de promouvoir des produits en réunissant des publics cibles ou des influenceurs.

Communication hors média : communication personnalisée (marketing direct, street marketing, promotion des ventes, événements).

Communication média : communication de masse qui utilise les médias publicitaires. Elle s'adresse à tout le monde pour faire connaître un produit ou une entreprise.

Communication non verbale : communication reposant sur tous les éléments qui ne sont pas exprimés verbalement : langage corporel au sens large (gestes, expressions du corps et du visage, élocution, tenue vestimentaire, façon de se maquiller et de se coiffer).

Communication paraverbale : ensemble des éléments relatifs à la voix : registre, volume sonore, rapidité, timbre, rythme, cadence, ton, diction…

Communication verbale : communication intégrant les éléments d'information transmis par la voix.

Conduite de réunion : phases de préparation, d'animation et d'évaluation d'une réunion commerciale ou d'un événement.

Congruence : harmonie entre le langage et le corps, qui expriment la même chose pour assurer la communication la plus efficace possible (ex. : prononcer des mots et avoir une attitude du corps en cohérence).

CRM (*Customer Relationship Management* – GRC, gestion de la relation client) : dispositif informatique et marketing permettant d'optimiser le traitement et l'analyse des données relatives aux clients et prospects.

D

Data client : informations ou données concernant le client.

Data mining : analyse des informations d'une base de données pour y trouver des informations utiles à l'action marketing et d'éventuelles corrélations signifiantes et utilisables entre les données.

Délivrabilité : nombre de mails réellement délivrés lors d'une campagne d'e-mailing.

Demande : quantité de biens ou de services demandés par des consommateurs particuliers ou professionnels sur un marché.

E

Écart de coût : dépenses réelles diminuées des dépenses prévisionnelles.

Écart-type : indicateur de dispersion qui permet d'évaluer la dispersion de la série autour de la valeur centrale.

Écoute active : attitude servant à encourager la parole et à mettre en valeur son interlocuteur, renforcée par la reformulation pour mieux comprendre l'autre.

E-mailing : technique très utilisée lors des campagnes de prospection, qui consiste à envoyer des mails personnalisés à un certain nombre de destinataires ciblés, recensés dans une base de données.

Empathie : fait d'être capable de se mettre à la place de l'autre, d'écouter sans juger, d'avoir la volonté de comprendre l'autre de manière objective.

Environnement : ensemble des facteurs (politiques, économiques, sociologiques, technologiques, écologiques et légaux) qui peuvent influencer un marché et l'activité d'une entreprise.

Escompte : réduction financière accordée au client qui règle au comptant.

Espace éphémère : espace de vente installé dans un centre commercial ou un centre d'exposition dédié qui accueille les entreprises souhaitant promouvoir leurs produits.

Évaluation qualitative : mesure des résultats d'un événement et de la satisfaction des participants. Elle est souvent réalisée à partir d'enquêtes ou de questionnaires de satisfaction.

F

Facture : document comptable qui détaille et prouve la vente ou l'achat de prestations ou de marchandises.

Fichier prospects : répertoire qui recense des informations sur les clients potentiels, susceptibles d'être intéressés par les offres de l'entreprise.

Fonds de roulement net global (FRNG) : excédent de ressources disponibles après avoir financé les emplois stables. FRNG = Ressources stables – Emplois stables

Fréquence : rapport entre le nombre d'individus présentant une modalité et l'effectif total. La fréquence (notée f) permet de comparer plusieurs séries statistiques et de suivre l'évolution de la variable dans le temps et dans l'espace.

G

Guide d'entretien téléphonique : outil élaboré lors d'une campagne de prospection téléphonique qui prépare chaque étape de l'appel.

H

Hyperpersonnalisation : segmentation très fine de la cible qui permet de s'adresser de manière très spécifique à un petit groupe d'individus.

I

Inbound marketing : strategie marketing qui consiste à attirer un internaute sur un site internet pour ensuite le transformer en prospect puis en client.

Information : ensemble de données interprétées qui prend son sens par le contexte dans lequel elle s'insère.

Intelligence économique (IE) : ensemble des actions coordonnées de recherche, traitement et distribution de l'information utile aux acteurs économiques, en vue de son exploitation et d'une prise de décision de la direction. La veille fait partie de l'IE.

J

Journée « portes ouvertes » : manifestation organisée au sein d'une entreprise dans le but d'accueillir et de rencontrer les clients et prospects.

M

Marché : lieu formel ou virtuel sur lequel sont échangés des biens ou des services (l'offre) auprès de consommateurs particuliers ou professionnels (la demande).

Marge : gain réalisé par l'entreprise par rapport au coût d'achat d'un produit ou à son coût de production.

Marge commerciale : différence entre le prix de vente et le prix d'achat d'un produit.

Marketing opérationnel : ensemble des techniques marketing mises en œuvre pour atteindre les objectifs du marketing stratégique.

Marketing stratégique : ensemble des décisions relatives à la stratégie marketing qui permettent de segmenter, cibler un groupe de consommateurs et de définir le positionnement de l'entreprise.

Médiane : indicateur de position qui donne la valeur de la variable coupant la série en deux effectifs égaux (la série est préalablement classée par ordre croissant). Elle est notée Me.

Méthode ABC : méthode de segmentation d'un portefeuille clients inspirée de la loi de Pareto mais qui l'affine en divisant les clients en trois segments : 20 % des clients (gros clients) réalisent 80 % du chiffre d'affaires, 30 % des clients (clients moyens) réalisent 15 % du CA et 50 % des clients (petits clients) ne réalisent que 5 % du CA.

Méthode de Mayer : méthode d'ajustement linéaire qui permet de prévoir les ventes en recherchant la droite de régression de la série : $y = ax + b$.

Méthode des 20/80 : méthode de segmentation commerciale ou marketing qui se base sur la loi de Pareto : 80 % du chiffre d'affaires sont réalisés par 20 % des clients.

Mix marketing : ensemble des décisions issues des cinq domaines de la politique commerciale (ou 5P : *Product, Price, Place, Promotion, People*) permettant d'assurer la promotion d'un bien, d'un service ou d'une marque sur un marché.

Mode : indicateur de position qui permet de donner un ordre de grandeur à la série observée. Le mode (noté Mo) correspond à l'effectif le plus élevé.

Motivation : raison poussant le consommateur à réaliser son acte d'achat.

Moyenne : indicateur de position qui correspond au rapport entre la somme des valeurs de la variable étudiée et l'effectif total. Elle est notée x.

MQL (*Marketing Qualified Leads*) : nombre de contacts qui ont laissé leurs coordonnées à la suite d'une action proposée en ligne (téléchargement d'un catalogue, abonnement à une newsletter, demande de devis…).

N

***Networking* (ou réseautage) :** technique qui a pour but de rentrer en contact avec un grand nombre de personnes afin de se constituer un réseau relationnel.

O

Objection : critique ou demande d'information complémentaire exprimée par le client, qui fait obstacle à la solution proposée et argumentée par le vendeur. Une objection est l'expression d'une hésitation, d'une incompréhension, voire d'une crainte du client qui a peur de s'engager.

Offre : quantité de biens ou services proposés sur un marché.

***Opt-in* :** principe par lequel un individu (personne physique) doit donner son accord explicite avant une prospection directe (mail).

***Opt-out* :** principe par lequel une personne morale peut être prospectée sans consentement préalable. Le démarchage de personnes physiques sans consentement est interdit en Europe.

P

Persona : personnage imaginaire représentant un groupe ciblé d'utilisateurs potentiels présentant des spécificités importantes et des buts précis. Le profil d'un persona contient des informations (nom, prénom, photo, âge, métier ou statut social), une personnalité et tout autre facteur se révélant utile pour enrichir son profil dans le cadre d'une activité de marketing/vente.

PESTEL : analyse des facteurs Politiques, Économiques, Socioculturels, Technologiques, Écologiques et Légaux de l'environnement qui peuvent influencer (positivement ou négativement) un marché ou une entreprise.

Pitch : discours d'un commercial de 3 à 4 minutes synthétisant les arguments essentiels à utiliser lors d'une négociation ou d'une présentation de projet.

Plan de réponse aux objections : outil élaboré lors d'une campagne de prospection téléphonique qui permet d'anticiper les barrages et les objections émises par l'interlocuteur. Le but est de préparer des réponses pour ne pas être pris au dépourvu lors de l'appel.

Point mort : date à laquelle le seuil de rentabilité est atteint.

Politique de marque : ensemble des éléments et démarches mis en œuvre pour identifier et différencier une marque de celles de la concurrence.

Positionnement : manière dont est perçu un bien, un service ou une marque dans l'esprit des consommateurs face à la concurrence.

Processus d'achat : succession d'étapes conduisant un client à choisir et à acheter un produit (ex. : recherche d'informations, comparaison des offres, prise de décision).

Progiciel de gestion intégré (PGI – *Enterprise Resource Planning*, ERP) : logiciel qui propose, à partir d'une seule base de données, l'ensemble des fonctionnalités nécessaires à la gestion de l'activité de l'entreprise.

Programmation neurolinguistique (PNL) : technique de communication mettant en relation le langage et l'ensemble des perceptions captées grâce à nos sens (canal visuel, canal auditif, canal kinesthésique).

Prospect : client potentiel ciblé lors d'une campagne de prospection.

Q

Qualification : recueil d'informations pertinentes sur les prospects. Elle est réalisée au moment de la création du fichier, à partir des données obtenues, qu'il convient de vérifier. Elle sera enrichie et actualisée au fur et à mesure des contacts établis avec les prospects.

R

Rabais : réduction accordée au client suite à un défaut de qualité des produits, de conformité de la commande ou à un retard de livraison.

Rapport de place : position que chacun des acteurs assume par rapport à l'autre. Il dépend de leur statut et du rôle qu'ils jouent.

Référentiel client unique : centralisation dans une base de données unique de toutes les informations clients, en provenance des différents canaux de contact entrants ou sortants (points de vente, site Web, réseaux sociaux, centre de relation client...). Il donne à l'entreprise une vision à 360° de chaque client.

Règle des 4 × 20 : pratique commerciale ayant pour objectif d'enclencher une atmosphère favorable entre le commercial et son client en vue de créer les conditions d'une écoute active.

Règlement au comptant : paiement par le client de l'intégralité de la somme due dès la réception de la facture.

Règlement différé : aussi appelé « crédit interentreprises », règlement qui consiste pour le vendeur à accorder à l'acheteur un délai pour régler sa facture.

Remise : réduction commerciale accordée en fonction des quantités achetées ou de l'importance que le client ou le prospect revêt pour l'entreprise.

Représentation graphique : manière de présenter des données sous forme de schéma (histogramme, diagramme en bâtons, circulaire...).

Réseau d'affaires : ensemble de contacts professionnels susceptibles de déclencher des opportunités d'affaires.

Réseau social : communauté de personnes réunies par un lien social ou des centres d'intérêt communs. Sur Internet, on distingue les réseaux sociaux généralistes et les réseaux sociaux professionnels.

Retombées commerciales : retour sur investissement (ROI, *Return On Investment*). ROI = Ventes générées / Coût de l'événement ou ROI = Marge nette / Coût de l'événement

RGPD (règlement général sur la protection des données) : ce règlement européen, mis en place depuis le 25 mai 2018, a notamment pour objectifs de renforcer les droits des personnes et de responsabiliser les acteurs traitant des données.

Ristourne : réduction calculée sur le montant global des ventes réalisées avec un client sur une période donnée.

Roadshow : tournée promotionnelle organisée comme un salon itinérant qui a pour objectif d'aller à la rencontre des clients.

S

Scoring : note attribuée à un client ou un prospect pour évaluer son potentiel commercial.

Segmentation : découpage du marché ou d'une population (souvent des clients ou prospects) en sous-ensembles homogènes.

Seuil de rentabilité (SR) : chiffre d'affaires à partir duquel l'entreprise réalise des bénéfices.

***Social selling* :** technique de prospection qui utilise les réseaux sociaux pour entrer en contact avec des acheteurs potentiels.

SONCASE : typologie permettant de classifier les besoins ou motivations possibles d'un client (Sécurité, Orgueil, Nouveauté, Confort, Argent, Sympathie, Environnement).

SQL (*Sales Qualified Leads*) : nombre de MQL (personnes qui ont laissé leurs coordonnées sur un site) qui ont été contactés et qualifiés par la force de vente (envoi de mails, appels téléphoniques).

Statut : position sociale ou hiérarchique.

Stratégie relationnelle : stratégie de communication mise en œuvre face un interlocuteur. Selon les objectifs et la marge de manœuvre, elle peut être intégrative (relation gagnant-gagnant), distributive (gagnant-perdant) ou de compromis (marchandage).

Street marketing : opération de marketing hors média organisée dans la rue pour promouvoir les biens ou services et rencontrer directement les prospects et clients.

Suspect : personne ciblée qui n'a pas encore été contactée lors d'une campagne de prospection.

Système d'information (SI) : ensemble organisé de ressources (moyens humains, matériels et logiciels) qui permet de collecter, d'analyser et de transmettre l'information.

Système d'information commerciale (SIC) : partie du système d'information de l'entreprise qui permet de collecter, d'analyser et de transmettre les informations commerciales concernant les produits et les clients dans le but de prendre des décisions opérationnelles et d'améliorer les ventes et les actions commerciales. À la différence du SIM, qui se situe sur le plan stratégique de l'analyse et de la prise de décision, le SIC concerne le niveau opérationnel.

Système d'information mercatique (SIM) : partie du système d'information de l'entreprise qui permet de collecter, d'analyser et de transmettre les informations internes et externes concernant le marché, la concurrence et l'environnement.

T

Tableau de bord : présentation synthétique d'indicateurs permettant une analyse rapide des données pour orienter le pilotage de l'activité et améliorer la performance.

Taux de conversion : pourcentage de destinataires qui ont réalisé l'action qui leur était demandée dans le message envoyé au cours d'une campagne d'e-mailing.

Tournée : organisation des visites et des déplacements que le commercial doit réaliser lors d'une prospection sur le terrain.

Trésorerie nette (TN) : somme restant après le financement de l'activité de l'entreprise. TN = Trésorerie active – Trésorerie passive ou TN = FRNG – BFR

V

Valeur client (ou *Lifetime Value*) : somme des chiffres d'affaires ou de la marge espérée sur un client tout au long de la relation commerciale, de laquelle sont soustraits les coûts occasionnés par cette relation et le coût d'acquisition du client.

Variable qualitative : caractéristique non mesurable (ex. : nature du produit acheté) qui permet de classer une population ou un ensemble de clients.

Variable quantitative : caractéristique mesurable qui prend une valeur numérique (ex. : nombre de commandes par client).

Veille : démarche de collecte, de traitement et de diffusion de l'information dans le but d'améliorer le développement de l'entreprise par la connaissance de son environnement.

Crédits photographiques

p. 9 : heatray/AdobeStock ; p. 11b : Nizwa Design/AdobeStock; p. 13 : fenskey/AdobeStock; p. 14 : hg: hcast/AdobeStock; p. 14 hd : Laz'e-Pete/AdobeStock ; p. 14 mhg : Chany167/AdobeStock ; p. 14 m : olly/AdobeStock ; p. 14 b : olly/AdobeStock ; p. 23bd : Rido /AdobeStock ; p. 24 : fizkes /AdobeStock ; p. 25 : MoustacheGirl /AdobeStock ; p. 26 : Promise Consulting Inc ; p. 27 : autofocus67/AdobeStock ; p. 31 : Photographee.eu/AdobeStock ; p. 32 : Cookie Studio/ AdobeStock ; p. 33 : maverick_infanta/AdobeStock ; p. 34h : Moebs Stéphane/AdobeStock ; p. 34m : Chany167/AdobeStock ; p. 34b : Milan Ilic/AdobeStock ; p. 41h : Mlap Studio/AdobeStock ; p. 41b : Maksym Yemelyanov/AdobeStock ; p. 42h : Scanrail/AdobeStock ; p. 42 : Stockgiu/AdobeStock ; p. 45 : Photographee. eu/AdobeStock ; p. 46 : beermedia/AdobeStock ; p. 47 md : fotoinfot/AdobeStock ; p. 47bg : VadimGuzhva/AdobeStock ; p. 47bd : s4svisuals/AdobeStock ; p. 48 : peshkova/AdobeStock ; p. 53 : hedgehog94/AdobeStock ; p. 54 : yasuhiro a georgejmclittlemano/AdobeStock ; p. 55h : STUDIO GRAND OUEST/ AdobeStock ; p. 55b : olllinka2/AdobeStock ; p. 56h : esoxx/AdobeStock ; p. 56b : suriya/AdobeStock ; p. 59 : DragonImages/AdobeStock ; p. 61 : Mopic/ AdobeStock ; p. 62 : © bearsky23/AdobeStock p. 69 : PSA Groupe ; p. 70h : Goodpics/AdobeStock ; p. 70b : Mimi Potter/AdobeStock ; p. 71 : sdp_creations/ AdobeStock ; p. 81 : photosjcc/AdobeStock ; p. 83m© andranik123/AdobeStock ; p. 89h : Jacob Lund/AdobeStock ; p. 89b : IjinanDesign/AdobeStock ; p. 89b : vermicule/AdobeStock ; p. 89b : IjinanDesign/AdobeStock ; p. 91h : camerawithlegs/AdobeStock ; p. 91b ©Juanmarcos/AdobeStock ; p. 95 : Stéphane Masclaux/AdobeStock ; p. 97h : micheldouliez/AdobeStock ; p. 97m et 97b : SG- design/AdobeStock ; p. 98m : artagent/AdobeStock ; p. 98b : LIGHTFIELD STUDIOS/AdobeStock ; p. 103 : Peter Atkins/AdobeStock ; p. 104 : Andrea/AdobeStock ; p. 105h : Jakub Jirsák/AdobeStock ; p. 106h : auremar/AdobeStock ; p. 106m : Andrey Popov/AdobeStock ; p. 109 : Sara Wlodarczyk/SMIIRL (www.smiirl.com, team@smiirl.com) ; p. 111hg ; boonchok/AdobeStock ; p. 111hm : nyul/AdobeStock ; p. 111hd : WavebreakMediaMicro/AdobeStock ; p.111 mg : Stephen Coburn/AdobeStock ; p. 111md : Jeanette Dietl/ AdobeStock ; p. 111bg : adiruch na chiangmai/AdobeStock ; p. 112 : Antonioguillem/AdobeStock ; p. 114 : araraadt/AdobeStock ; p. 115 : celianestudio/ AdobeStock ; p. 119a : fizkes/AdobeStock ; p. 119b : BillionPhotos.com/AdobeStock ; p. 120h : YakobchukOlena/AdobeStock ; p. 120b : jackfrog/AdobeStock ; p. 121 : Syda Productions/AdobeStock ; p. 122 : carballo/AdobeStock ; p. 123 : JJAVA/AdobeStock ; p. 124 : nnnnae/AdobeStock ; p. 127 : WHEELIZ ; p. 129, 130, 131, 132, 133 : WHEELIZ ; p 132m : icsnaps /AdobeStock ; p. 132b : Drobot Dean/AdobeStock ; p. 141 : auremar/AdobeStock ; p. 143hg : doethion/ AdobeStock ; p. 143hm : Monique Pouzet/AdobeStock ; p. 143hd : ARochau/AdobeStock ; p. 143mg : ablokhin/AdobeStock ; p. 143mm : anuruk/ AdobeStock ; p. 143md : peshkova/AdobeStock ; p. 143bg : mnikolaev/AdobeStock ; p. 143bd : Rob/AdobeStock ; p. 144h : Sentavio/AdobeStock ; p. 144mg : liyasov/AdobeStock ; p. 144mm : Delphotostock/AdobeStock ; p. 144md : lioneldivepix/AdobeStock ; p. 145 : Artem Zamula/AdobeStock ; p. 156 : Julien Eichinger/AdobeStock ; p. 147 : alphaspirit/AdobeStock ; p. 151 : zinkevych/AdobeStock ; p. 155 : JackF/AdobeStock ; p. 166 : michaeljung/ AdobeStock ; p. 158 : baranq/AdobeStock ; p. 165 : tpx/AdobeStock ; p. 166 : ldprod/AdobeStock ; p. 167h : Chlorophylle/AdobeStock ; p. 167m : Rene/ AdobeStock ; p. 168 : zuchero/AdobeStock ; p. 169 : Andrey Popov/AdobeStock ; p. 173, 175, 176, 177h : Amsterdam Air ; p. 177b : Robert Kneschke/ AdobeStock ; p. 178h : scaliger/AdobeStock ; p. 178b : pixelheadphoto/AdobeStock ; p. 187 : zhu difeng/AdobeStock ; p. 188h : Alex Green/AdobeStock ; p. 188b : contrastwerkstatt/AdobeStock ; p. 189h : fotogestoeber/AdobeStock ; p. 189b (1) : Cobalt/AdobeStock ; p. 189b (2) : hasinadav/AdobeStock ; p. 189b (3) : Destina/AdobeStock ; p. 189b (4) : Vlad Kochelaevskiy/AdobeStock ; p. 190 : zinkevych/AdobeStock ; p. 191h : kebox/AdobeStock ; p. 191b ©stockphoto-graf/AdobeStock p. 192 : Kange Studio/AdobeStock ; p. 195 : Colin/AdobeStock ; p. 197h : Bohdan Tsyhanov/AdobeStock ; p. 197bg : BRN-Pixel/ AdobeStock ; p. 197bd : BRN-Pixel/AdobeStock ; p. 198 : Drobot Dean/AdobeStock ; p. 199 : Bohdan Tsyhanov/AdobeStock ; p. 200m : alfa27/AdobeStock ; p. 200bg : ALF photo/AdobeStock ; p. 209 : araraadt/AdobeStock ; p. 215 : PointImages/AdobeStock ; p. 217 : OCEAN/Orange ; p. 218h : arrow/AdobeStock ; p. 219 : Bojan/AdobeStock ; p. 220 : yusak_p/AdobeStock ; p. 227 : 3D at Home ; p. 228h : Christian Hillebrand/AdobeStock ; p. 228m : goodluz/AdobeStock ; p. 229h : Concept web Studio/AdobeStock ; p. 230h : scerpica/AdobeStock ; p. 231 : SIAL ; p. 232 : Freefly/AdobeStock ; p. 235 : Bohin France ; p. 237 : Bohin France ; p. 237b : auremar/AdobeStock ; p. 238-239 : Bohin France ; p. 240h : Robert Kneschke/AdobeStock ; p. 240m : Syda Productions/AdobeStock ; p. 240b : grafnata/AdobeStock ; p. 240h : sleep/AdobeStock ; p. 247 : powerbeephoto/AdobeStock ; p. 248 : VOLVO Cars ; p. 251 : coralimages/Adobe Stock ; p. 253m : Kange Studio/Adobe Stock ; p. 253b : Kange Studio/Adobe Stock ; p. 254 : Rafal Olechowski/Adobe Stock ; p. 255h : FB Concept ; p. 255m :Roman Milert/Adobe Stock ; p. 256h : PriceM/Adobe Stock ; p. 256b : Rido/Adobe Stock ; p. 261h : Aurelio/Adobe Stock ; p. 261b : Kruwt/Adobe Stock ;p. 269 : ram69/ Adobe Stock ; p. 271h : Samuel B./Adobe Stock ; p. 271m : robin/Adobe Stock ; p. 272h : Gualtiero Boffi /AdobeStock ; p. 272m : © Halfpoint/Adobe Stock ; p.273h : © Yves Roland 2012/Adobe Stock ; p.273m : © Lennartz/Adobe Stock ; p. 274b : WavebreakMediaMicro/Adobe Stock ; p. 278 : Oleksandr Delyk/ Adobe Stock ; p. 304h : Atlantis/Adobe Stock ; p. 283 de haut en bas : © Scanrail/Adobe Stock ; africa-studio.com (Olga Yastremska and Leonid Yastremskiy)/ Adobe Stock ; p. 285h : Oleg/Adobe Stock ; p. 286 : © Tatyana /Adobe Stock ; p. 289 : Jacob Lund/Adobe Stock ; p. 291 : Franz Pfluegl/Adobe Stock ; p. 292 : photographmd/Adobe Stock ; p. 297 : Dalibor/Adobe Stock ; p. 303h : misha_ru/Adobe Stock ; p. 303b : georgerudy ; p. 304 : Harald Biebel/Adobe Stock ;p. 305b : Minerva Studio/Adobe Stock ; p. 306 : COLOR PHOTO/Adobe Stock

IMPRIM'VERT
Votre imprimeur agit pour l'environnement

N° projet : 10279600 - Dépôt légal : Avril 2022
Achevé d'imprimer en Mars 2022 en Italie par L.E.G.O. S.p. A., Lavis (TN)